职业院校
汽车类"十二五"规划教材

工业和信息化高职高专
"十二五"规划教材立项项目

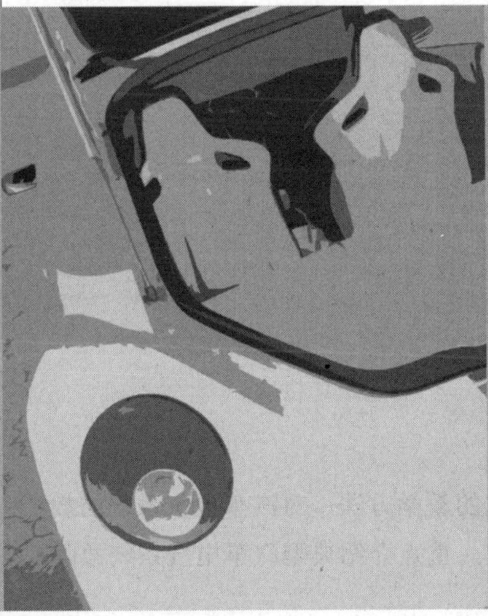

汽车电气系统检修（第2版）

Maintenance of Automobile Electric Systems (2nd Edition)

◎ 安宗权 曾宪均 主编
◎ 张军 张燕 付艳 副主编

人 民 邮 电 出 版 社
北 京

图书在版编目（CIP）数据

汽车电气系统检修 / 安宗权，曾宪均主编. -- 2版
. -- 北京 : 人民邮电出版社，2015.8
职业院校汽车类“十二五”规划教材
ISBN 978-7-115-39446-0

Ⅰ. ①汽… Ⅱ. ①安… ②曾… Ⅲ. ①汽车－电气系统－检修－高等职业教育－教材 Ⅳ. ①U472.41

中国版本图书馆CIP数据核字(2015)第114601号

内 容 提 要

本书以汽车电气系统常见的故障检修任务为线索，采取项目式的教学方法，对汽车电气系统的教学内容进行了有机整合；在阐述汽车电气系统基本结构原理的同时，重点介绍典型汽车电气系统故障的检修方法。

全书共分为 9 个项目，主要介绍了汽车电源、启动系、点火系、照明与信号、仪表与警报、辅助电器及汽车整车电路故障等方面的检修。每个项目按照“项目要求—相关知识—项目实施—项目小结”的形式安排内容，突出实用性。

本书可作为高职高专院校汽车专业的教材，也可供从事汽车维修和管理工作的技术人员参考。

◆ 主　　编　安宗权　曾宪均
副 主 编　张　军　张　燕　付　艳
责任编辑　刘盛平
执行编辑　刘　佳
责任印制　杨林杰

◆ 人民邮电出版社出版发行　　北京市丰台区成寿寺路 11 号
邮编　100164　　电子邮件　315@ptpress.com.cn
网址　http://www.ptpress.com.cn
大厂聚鑫印刷有限责任公司印刷

◆ 开本：787×1092　1/16
印张：19　　　　2015 年 8 月第 2 版
字数：426 千字　　　　2015 年 8 月河北第 1 次印刷

定价：42.00 元

读者服务热线：(010)81055256　印装质量热线：(010)81055316
反盗版热线：(010)81055315

Foreword

前言

第 2 版

汽车电气系统检修是高职高专院校汽车专业的核心课程。本书依据教育部高职高专示范院校教材建设要求，紧紧围绕高素质技能型人才的培养目标，以能力为本位，以工作过程为导向，确定编写思路和特色。

在内容编排上，以汽车电气系统故障检修为主线，将教材分为9个检修项目，每个项目均按照"项目要求—相关知识—项目实施—项目小结"4个部分进行组织。帮助高职院校的教师比较全面、系统地讲授这门课程，使学生在掌握相关理论知识的同时，能够熟练地对汽车电气系统的故障进行检测、诊断与维修。

本书修正了第1版中的差错，在项目中增加了案例思考题。

本书的参考学时为92学时，其中理论环节为52学时，实践环节为40学时，各项目的参考学时参见下面的学时分配表。

章　节	课程内容	学时分配	
		讲　授	实　训
项目一	汽车电气与电路的认知	2	1
项目二	蓄电池的检测及充电	6	4
项目三	充电系统及交流发电机的检修	8	4
项目四	启动系统与启动机的检修	8	4
项目五	点火系统的检修	8	6
项目六	照明、信号、仪表、报警电路的检修	8	6
项目七	电动刮水器和清洗器的检修	4	4
项目八	电动车窗玻璃升降器的检修	4	4
项目九	拆画分析汽车系统电路图	4	7
课时总计		52	40

本书由芜湖职业技术学院安宗权和邢台职业技术学院曾宪均担任主编，长春汽车工业高等专科学校张军、安徽国防科技职业学院张燕、鹤壁职业技术学院付艳担任副主编。其中项目一、项目二、项目六由曾宪均编写，项目三由付艳编写，项目四、项目八由张燕编写，项目五、项目七由安宗权

编写，项目九由邢台职业技术学院陶炳全编写。

本书在编写过程中，张妮、苏磊、刘海红、贾慧利、韩小伟、袁野、吴健等在资料收集、整理和技术支持方面做了大量工作，在此致以诚挚的谢意！

由于时间仓促，加之编者水平有限，书中难免存在错误和不当之处，敬请广大读者批评指正。

编者

2015年4月

Contents

目 录

Chapter 1

项目一 汽车电气与电路的认知

一、项目要求

随着汽车工业飞速发展，汽车技术日新月异，汽车电气系统的故障需要更专业的检测方法和维修设备进行规范化的检测和维修。对汽车电气工作原理的认识、电路的组成特点的认识、正确的诊断思路和熟练使用地诊断维修设备，对机电维修工在工作中提高故障点查找的准确性及缩短排查故障的时间，都起到至关重要的作用。任何先进、专业的检查设备都应在正确的维修思路指导下合理选择、使用，才能发挥其高效性和精确性。现代汽车技术中电子控制技术的广泛应用，使得汽车电气系统越来越复杂。只有充分理解现代汽车电路的特点，合理使用各种汽车电气故障诊断方法，才能有效地进行电气系统的故障诊断和维修。

在汽车电气系统的故障检修中，应遵循咨询、计划、决策、实施、检查和评估 6 步法。咨询——根据故障案例，查阅相关的维修技术资料；计划——针对故障现象制订相应的工作计划可行性方案；决策——对可行性方案进行论证；实施——进行故障的检修；检查——对所排除故障进行检查确认；评估——工作总结，对故障现象进行深度分析。

【知识要求】

1. 掌握汽车电气设备的组成与特点。
2. 掌握常用的汽车电气与电路故障的诊断方法。

重点掌握内容：汽车电气与电路故障的诊断方法。

【能力要求】

1. 能正确认识汽车上的常用电气设备。
2. 能正确使用电气设备中常用的检测仪表和工具。

二、相关知识

（一）汽车电气设备的组成与特点

汽车电气与电子设备是汽车的重要组成部分，其工作性能的优劣直接影响汽车的动力性、经济性、安全性、可靠性、舒适性和排气净化等。汽车的种类繁多，但电气系统的组成和设计都遵循一定的规律。

1. 汽车电气设备的主要组成

（1）电源系统

电源系统包括蓄电池、发电机及电压调节器。发电机是汽车上的主要电源，蓄电池是辅助电源。发电机工作时，由发电机向全车用电设备供电，同时给蓄电池充电。蓄电池的作用是启动发动机时向起动机供电，同时当发电机不工作时向用电设备供电。电压调节器的作用是保持发电机的输出电压恒定。

（2）用电设备

汽车上的用电设备可分为起动机，点火系统，照明与信号系统，仪表、报警与电子显示系统，辅助电气系统及电子控制部分等。

① 起动机。起动机用于启动发动机。

② 点火系统。点火系统用于点燃发动机汽缸内的可燃混合气。

③ 照明与信号装置。照明装置包括车内外各种照明灯。信号装置包括电喇叭、闪光器、蜂鸣器及各种信号灯，提供安全行车所必需的信号。

④ 仪表、报警与电子显示系统。仪表包括发动机转速表、车速里程表、燃油表、水温表、机油压力表等。报警及电子显示装置用来监控汽车各系统的工况。

⑤ 辅助电气系统。辅助电气系统包括电动刮水器、风窗洗涤器、空调中控门锁、电动车窗和电动座椅等。

⑥ 电子控制部分。电子控制部分包括电子控制燃油喷射装置、点火装置、自动变速器和防抱死制动装置等。

（3）配电装置

配电装置包括中央接线盒、电路开关、保险装置、插接器和导线等。

2. 汽车电气设备的特点

现代汽车种类繁多，电气设备的数量不等，功能各异，但电路设计都遵循一定的原则，了解这些原则对汽车电路的分析和故障的检修是很有帮助的。

（1）低压

汽车电气系统的额定电压主要有 12 V 和 24 V 两种。汽油车普遍采用 12 V 电源，柴油车采用 24 V 电源。在汽车运行中，12 V 电源系统电压为 14 V，24 V 电源系统电压为 28 V。

（2）直流

由于起动机由蓄电池供电，而向蓄电池充电又必须使用直流电源，所以汽车电源必须是直流电源。

（3）单线制

汽车上所有用电设备都是并联的。单线制是利用发动机、底盘、车身等金属机体作为各种用电设备的公共线，电源到用电设备只需设一根导线。任何电路中的电流都是从电源正极出发，经导线流入用电设备后，通过发动机等金属机体流回电源负极形成回路。由于单线制节省导线、线路清晰简化、安装检修方便，并且用电设备不需与车体绝缘，因此现代汽车广泛采用单线制。

（4）负极搭铁

采用单线制时，蓄电池的一个电极必须接到车架上，俗称“搭铁”。若将蓄电池的负极接到车架上，则称为“负极搭铁”。目前世界各国生产的汽车基本上都采用“负极搭铁”形式。

（5）2 个电源

汽车上有蓄电池和发电机 2 个供电电源。蓄电池是辅助电源，发电机未运转时向有关电气设备供电；发电机是主电源，当发电机运转到一定转速后，开始向所有电气设备供电，同时给蓄电池充电。

（6）用电设备并联

汽车上各种用电设备和电源都采用并联方式连接，各用电设备都由各自串联在其支路中的专用开关控制，互不产生干扰。

（二）汽车电气和电路故障的基本诊断方法

随着现代汽车电子设备的增多，汽车电路及电气出现的故障愈显复杂。发生故障后，选用合适的诊断方法是顺利排除故障的关键。为此下面介绍几种汽车电路、电气故障常用的诊断方法。

1. 观察法

电路、电气出现故障后，通过对导线和电气元件可能产生的高温、冒烟，甚至出现电火花、焦糊气味等，靠观察和嗅觉（闻气味）来发现较为明显的故障部位。

2. 触摸法

用手触摸电气元件表面，根据温度的高低进行故障诊断。电气元件正常工作时，应有合适的工作温度，若温度过高或过低，意味着有故障。例如：起动机运转无力时，若蓄电池极桩与导线接触不良，触摸时将有烫手感觉。

3. 试灯法

用试灯将已经出现或怀疑有问题的电路连接起来，通过观察试灯的亮与不亮或亮的程度，来确诊某段电路有无故障。

4. 短路法

当低压电路断路时，用跨接线或螺丝刀等将某一线路或元件短路，来检验和确定故障部位。如制动灯不亮时，可在踏下制动踏板后，用螺丝刀将制动灯开关两接柱连接来检验制动灯开关是否良好。对于现代汽车的电子设备而言，应慎用短路法来诊断故障，以防止短路时因瞬间电流过大而损坏电子设备。

5. 断路法

汽车电气设备发生短路（搭铁）故障时，可用断路法判断，即将怀疑有短路故障的电路断开后，观察电器设备中短路故障是否还存在，以此来判断电路短路的部位。

6. 机件更换法

对于难以诊断且故障涉及面大的故障，可利用更换机件的方法来确定或缩小故障范围。

7. 仪表检测法

利用万用表等仪表，对电气元件及线路进行检测，来确定电路故障。对现代汽车上越来越多的电子设备来说，仪表检测法有省时、省力和诊断准确的优点，但要求操作者必须具备熟练应用万用表的技能，以及对汽车电气元件的原理、电路组成等能准确地把握。

（三）汽车电气设备维修中常用的检测仪表和工具

1. 通导性测试笔

通导性测试笔或称自供电试灯，用于测试某一电路是否具有完整的支路或是否具有通导性。这种测试笔的手柄内装有 1 节干电池和 1 个灯泡，一端是探针，另一端带有导线和鳄鱼嘴的夹子。将其与某一电路串联时，干电池将电流送入整条电路，如果电路是完整的，灯泡就会亮起。这是一种快速检测工具，但不能代替欧姆表。

注意

与欧姆表一样，通导性测试笔不应接在一个带电的电路中，否则，测试笔中的灯泡会被烧坏。通导性测试笔的外型及电路如图 1-1 所示。

2. 试灯

12 V 试灯用于测量电路中是否存在电压。它看起来与通导性测试笔很相似，但它没有内部电池，而且其灯泡为 12 V。当试灯一头接地，另一头探针触到带电压的导体时，灯泡就会亮。与通导性测试笔一样，试灯不能取代电压表。因为它只能显示是否有电压，不能显示电压的高低。试灯的外形及电路如图 1-2 所示。

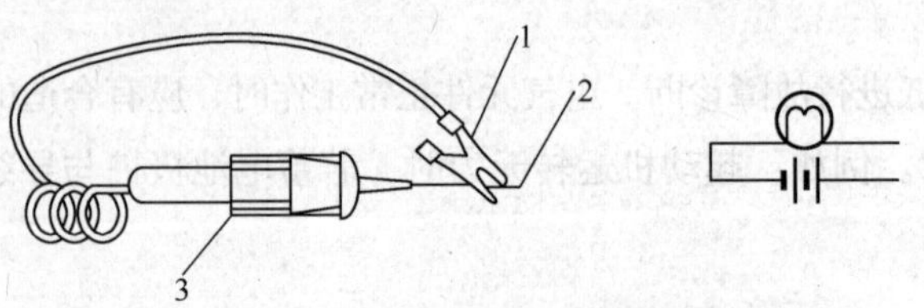

图1–1　通导性测试笔的外型及电路
1—鳄鱼夹　2—探针　3—手柄中的电池

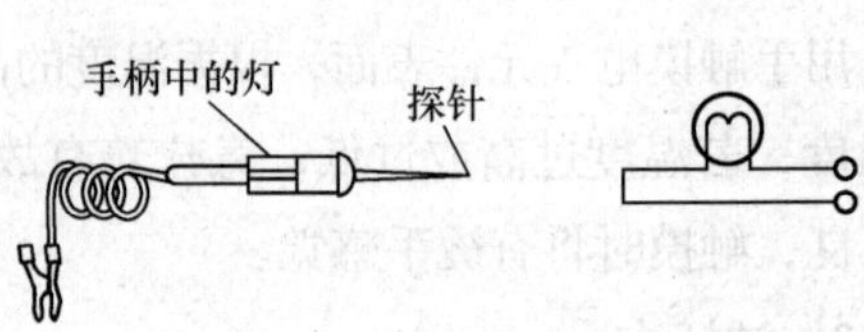

图1–2　试灯的外形及电路

3. 跨接导线

跨接导线有时可作为故障诊断的辅助工具，可用于跨过某段被怀疑已断开的导线，而直接向某一部件提供电的通路，也可用于不依赖于电路中的开关或导线而向电路中加上电池电压。它可配上与通导性测试笔相同的探针和夹子，也可设计为各种特殊形式。跨接导线的形式如图 1-3 所示。

注意

要定期用欧姆表对跨接导线本身进行通导性的测试。导线自身接头产生的电阻将影响故障诊断的正确性。

4. 指针式万用表

指针式万用表利用一个在所测数值相关刻度上摆动的弹簧指针来显示所测数据。测量数据实际上是与电表内的已知数据相对照，并反映在表盘上。使用者要按所设定的量程，判定并读出仪表上的示值。指针式万用表的外形如图 1-4 所示。

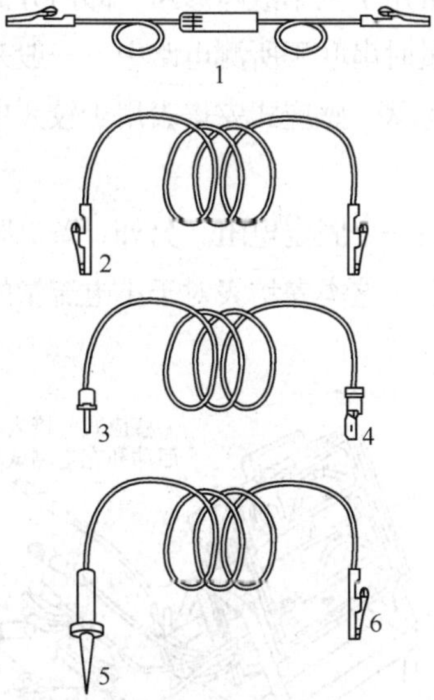

图1-3　跨接线的形式

1—带直列式熔断器的鳄鱼夹　2、6—鳄鱼夹
3—针形端子　4—接片端子　5—探针

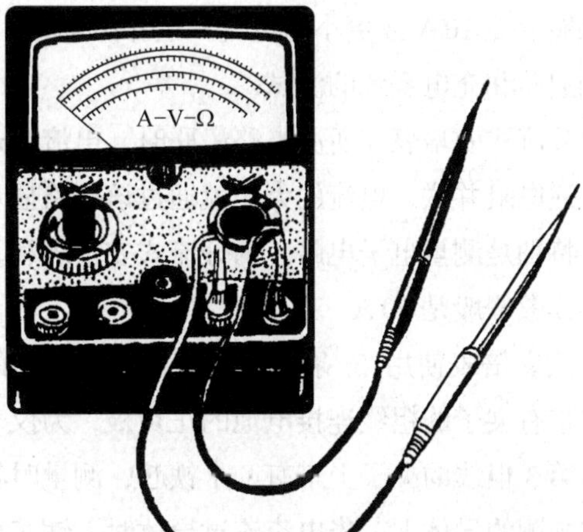

图1-4　指针式万用表的外形

指针式万用表可用于测量电压、电阻和电流。

（1）电压测量

进行电压测量时，所测电路必须通电，仪表的表笔应并联于所测部件的两端。一般指针式万用表电压挡的量程挡位为：2 V、20 V 和 200 V。

（2）电阻测量

使用电阻挡测试电路电阻之前，必须将其校准到“0”Ω的位置，这样才能得到准确的读数。每一次变换量程挡都要对其重新校准，否则读数可能出现误差。指针式欧姆表调零时，两表笔互相接触，仪表的指针应移向表盘右侧。精确调整指针零位时，应转动零点调节旋钮直到指针与刻度盘上的零点对齐。当测量仪表的 2 支表笔没有碰在一起或没有与所测电路连接时，表上所示应为无穷大电阻。指针式仪表的指针应停留在刻度盘的最左侧，欧姆表中的各种不同量程挡可用于大范围电阻值的测试。如果不知道所测电阻的大约范围，应首先选择较高量程挡，然后再向低量程挡转换。测量电阻时，要首先确定所测部件没有电流通过，然后再将仪表与所测元件的两端连接，同时还要使该部件在电路中与其他部件分开。进行测量时，表内的电池向所测部件提供电压，使电流通过该部件，仪表利用内部已知数据与所流经的电流进行比较，这样，该部件的电阻就显示在仪表上了。指针式万用表欧姆挡典型的量程挡为：200 Ω、20 kΩ、200 kΩ 和 2000 kΩ。

注意 绝对不要将欧姆表接在带电的电路中，否则电路中的电流会损坏仪表中的线圈。某些仪表内装有保险来保护仪表。

（3）电流测量

安培表用于测量流过某一电路的电流量。有2种安培表常用于汽车故障诊断，即内分流式安培表和感应式安培表。内分流式安培表用于小电流的测量，测量时串联于所测电路中。一般来讲，这种仪表只能承受10 A或更小的电流。万用表也属内分流式安培表。感应式安培表用于较大电流量的测量，如启动和充电系统的测试。

当内分流式安培表与所测电路串联时，电流将通过表内的一个固定电阻，另外一条电阻较高的电路与上述电阻并联，电流的大小就通过该电路显示在仪表上。这类安培表对于小电流量的测量十分精确，特别是测量电子电路。内分流式安培表和万用表的最大读数一般是10 A。

感应式安培表使用 3 条接线来获得流经电路的电流。2 根带有夹子的粗线连接电池的正负极，为仪表提供电源，第3根线的夹子上带有一个铁芯，测量时将铁芯夹夹在被测的导体上。当电流流过导体时，铁芯周围的磁力线在夹子的铁芯中产生感应电流，感应电流显示在仪表刻度盘上。这类仪表不应用于小电流量的测量，因为它不是用来精确测量低于10 A电流的仪器。感应式安培表如图1-5所示。

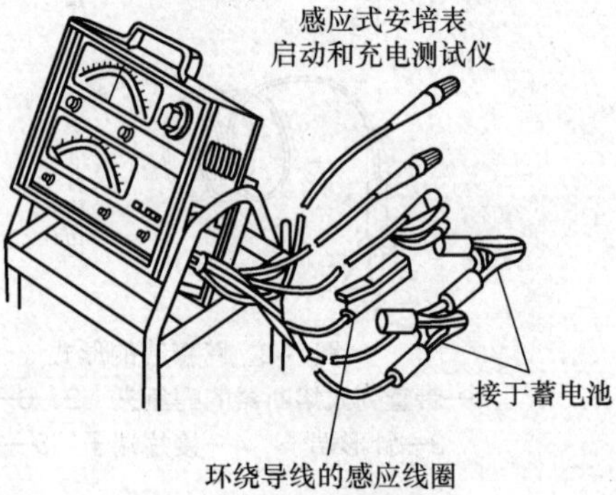

图1–5 感应式安培表

注意 内分流式安培表必须与所测电路串联，绝不能与所测部件并联。否则将使原应流经部件的电流绕过该部件直接流入仪表，过高的电流会烧坏仪表和电路。

5. 数字式万用表

数字万用表（DMM）在许多方面都优于绝大多数型号的模拟表，其中最主要的方面是它更准确。影响模拟表精确度的因素不单是内部电路，指针也会因从不同的角度观察仪表而指在不同的位置。而数字式的却不必因此为读数不准而担心。

数字万用表有一个测试值的电子数字读出装置。数字万用表具有使测试精确的电子电路，其准确度超过0.1%，远远超过模拟表。数字万用表已普遍用于电气诊断和检测，尤其是电气系统的检测。

当数字万用表的正导线带电而负导线接地时，它即在读数前显示一个“+”符号。如果两极导线相反，读数前将会出现“–”符号，以示相反极性。

大部分高质量的仪表是由表内以干电池为电源的内部电路提供已知数据。如果电池电力不足，就将影响读数的精确度。因此，要时常检查表内电池以确保数据的准确性。大部分数字式仪表都有一个电池警告标志，用来显示电池的电位状况。

电压表具有极敏性，它可显示正电压或负电压。数字式电表用“+”或“−”来表示正电压或负电压。电压表有几个供选择的挡位，各挡的量程不同读数也有所不同。所选择的量程挡应以得到最精确读数为准。一般数字式仪表的量程挡位为：DC（直流）200 mV、2 000 mV、20 V、200 V、1 000 V和 AC（交流）750 V。

数字式欧姆表调零时，同样使两表笔互相接触，如果显示屏上显示不为零，则说明表内电池可能电力不足，需要更换电池才能使用。当测量仪表的 2 支表笔没有碰在一起或没有与所测电路连接时，表上所示应为无穷大电阻。数字式仪表在显示屏的最左侧显示“1”或“+ 1”。同样，测量电阻时，要首先确定所测部件没有电流通过，然后再将仪表与所测部件的两端连接，同时还要使该部件在电路中与其他部件分开。进行测量时，表内的电池向所测部件提供电压，使电流通过该部件，仪表利用内部已知数据与所流经的电流进行比较，这样，该部件的电阻就显示在仪表上了。

三、项目实施

（一）常用检测仪表与工具的使用项目要求

① 通过该项目的实施，应能够对各种检测仪表和工具在汽车电气系统故障诊断中规范使用。

② 该项目应具备跨接导线、通导性测试笔、试灯、万用表等工具。

（二）实施步骤

1. 跨接导线的使用

跨接导线是一种简单、有效的测试工具，它可以使电流“绕过”被怀疑是开路或断路的电路部分，从而使电路形成回路，进行通导性测试。如果连接跨接导线后电路正常工作，则表示所跨过的部位存在开路（断路）故障。跨接导线只能用于旁通电路的非电阻性部件，如开关、连接器和导线段等，切勿将跨接导线直接跨接在用电设备的两端，否则会烧坏其他相关电路元件。跨接导线的正确使用如图 1-6 所示，其中 a、b、d 是正确的使用方法，c 是错误的使用方法。

注意

请思考：为何将跨接导线跨接在用电设备的两端，会造成烧坏其他相关电路元件的后果？结合汽车电路负极搭铁的特点，在检修汽车电路时需要注意什么？

2. 通导性测试笔的使用

通导性测试笔（有源试灯）用于通导性检查，通导性测试笔仅用于无源电路。首先断开蓄电池或拆卸所测电路的熔断器，在应该导通的电路上选择两点，将通导性测试笔的两条引线连接至两点，如果电路导通，则通导性测试笔电路应形成回路，灯泡会点亮。通导性测试笔的正确使用如图 1-7 所示。

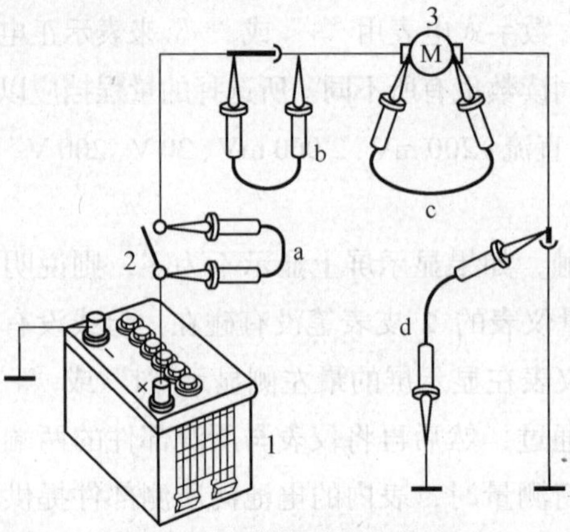

图1–6 跨接导线的正确使用

1—蓄电池 2—开关 3—电动机

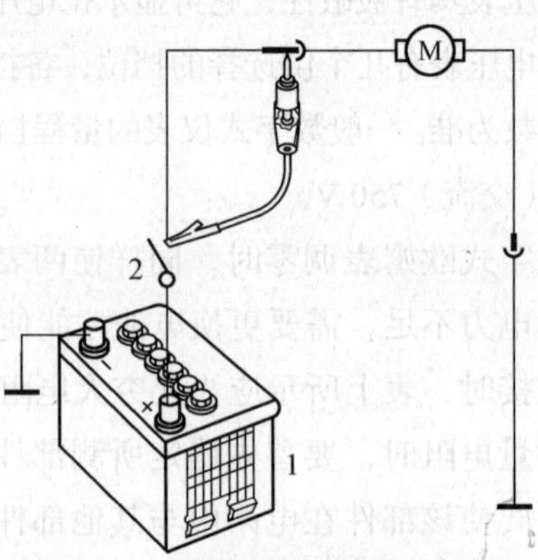

图1–7 通导性测试笔的正确使用

1—蓄电池 2—开关

3. 试灯的使用

无源试灯用于测试所检测点是否有电压，使用方法是将试灯的一条端子接地，用另一条端子沿电路接触不同的点，检测是否有电压，如果试灯点亮，表明检测点有电压。试灯的正确使用如图 1-8 所示。

4. 数字万用表的使用

（1）电压的测量

① 将万用表的测试导线按图 1-9 所示插入相应插孔（红表笔插入 V/Ω插孔，黑表笔插入 COM 插孔）。

② 将万用表的功能选择开关置于电压测量挡位，并根据待测量电压的类型选择直流和交流位置（DC/AC 开关选择）。

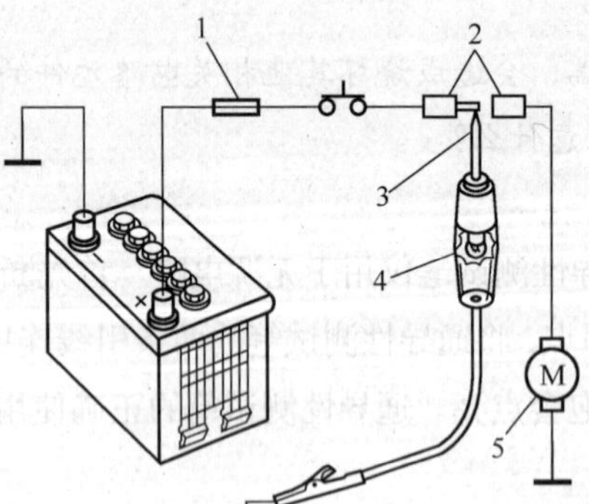

图1–8 无源试灯的正确使用

1—熔断器 2—连接器 3—探针 4—测试灯 5—电动机

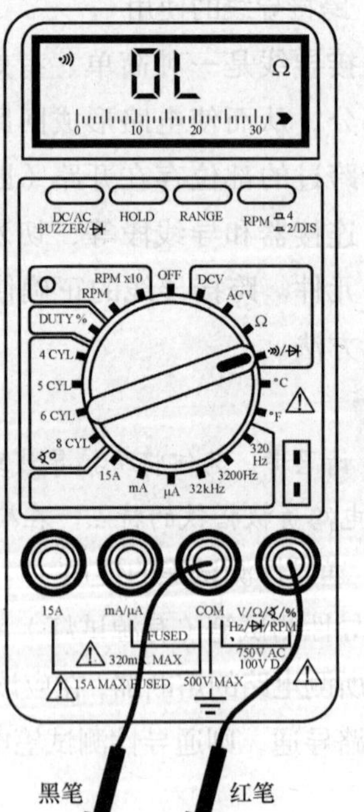

图1–9 数字万用表

③ 根据待测电压的大小选择量程（通过 RANGE 开关选择）。

④ 将万用表的测试导线接入待测电路，黑表笔接地，红表笔接信号线。

⑤ 闭合待测试电路，观察万用表显示区域的电压读数。

⑥ 按下 HOLD 按钮，锁定测量结果，并与标准值进行对比。

（2）电阻的测量

① 将万用表的测试导线按图 1-9 所示插入相应插孔（红表笔插入 V/Ω插孔，黑表笔插入 COM 插孔）。

② 将万用表的功能选择开关置于电阻测量挡位，此时若不设置量程，万用表为自动量程状态。

③ 若需进行量程设置可按下 RANGE 控制键，进入手动量程设置模式，此后如再按下一次控制键，量程范围将再更换一次。若想返回自动量程，可按下该键 2s 后松开，即可返回。

④ 手动量程的选择范围：0 ~ 320 Ω、0 ~ 3.2 kΩ、0 ~ 32 kΩ、0 ~ 320 kΩ、0 ~ 3.2 MΩ、0 ~ 32 MΩ。

⑤ 将万用表的测试导线接入待测元件，黑表笔和红表笔分别连接待测元件的接线端子。

⑥ 观察万用表显示区域的数据显示。

⑦ 按下控制区域的 HOLD 按钮，锁定测量结果，与标准值进行对比。

（3）电路通导性测试

① 将万用表的测试导线按图 1-9 所示接入相应插孔（红表笔插入 V/Ω插孔，黑表笔插入 COM 插孔）。

② 将万用表的功能选择开关置于电路导通/二极管测试挡位。

③ 将万用表的两测试导线接入被测试电路。

④ 若万用表的蜂鸣器发出报警声，表明所测电路没有断路情况。

（4）二极管的测量

① 将万用表的测试导线按图 1-9 所示接入相应插孔（红表笔插入 V/Ω插孔，黑表笔插入 COM 插孔）。

② 将万用表的功能选择开关置于电路导通/二极管测试挡位。

③ 将万用表的两测试表笔接被测试二极管的 2 个管脚。

④ 将万用表的两测试表笔对调后再接被测试二极管的 2 个管脚。

⑤ 在③、④两种测试情况下，若一次测量的结果呈高阻状态，另一次测量结果呈低阻状态，则表明二极管性能良好；若两次测量结果都呈低阻状态，表明二极管已击穿；若两次测量结果都呈高阻状态，表明二极管已烧坏。

四、拓展知识

（一）汽车电路基础元件

1. 电路开关

汽车电路中，各用电设备都设有单独的控制开关，如灯光开关、灯光组合开关、雨刮器开关、转向信号灯开关、危急报警开关、倒车灯开关、制动灯开关、喇叭开关、空调开关等。开关是切断或接通电路的一种控制装置。其动作可以手控，也可以根据电路或车辆所处状况自控。开关的作用如图 1-10 和图 1-11 所示。开关分常开和常闭 2 种形式。常开是指开关在常态位置或静止位置时，电路是不通的；常闭是指开关在常态位置或静止位置时，电路是接通的。

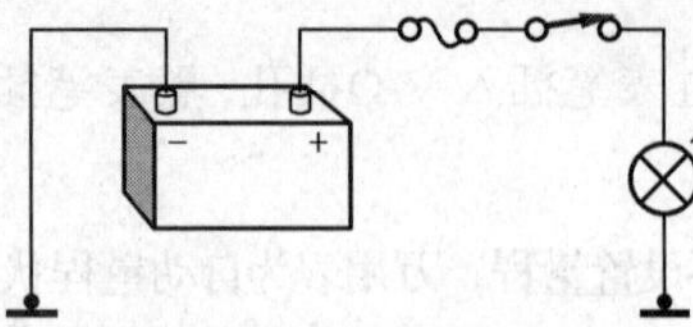

图1–10　开关接通

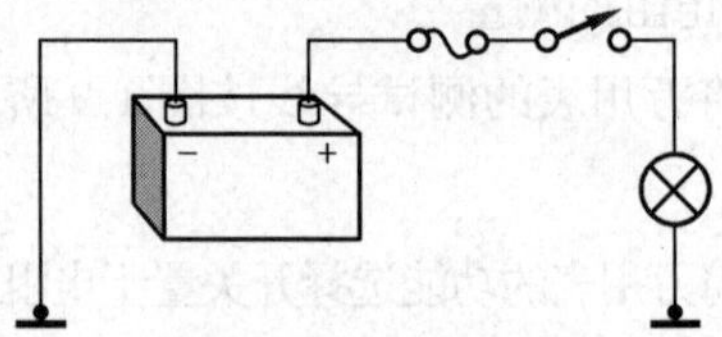

图1–11　开关断开

开关在电路图中的表示方法有多种，常见的有结构图表示法、表格表示法和图形符号表示法等。以点火开关为例介绍电路开关的表示方法，如图 1-12 所示。点火开关的功能主要有锁住方向盘转轴（LOCK 挡），接通仪表指示灯（ON 或 IG 挡），启动发动机（ST 或 START 挡），给附件供电（ACC 挡主要是收放机专用），发动机预热（HEAT 挡）。其中启动、预热挡工作时消耗电流很大，开关不宜接通过久，所以这 2 个挡位在操作时必须用手克服弹簧力，扳住钥匙，一松手就弹回点火挡，不能自行定位，其他挡位均可自行定位。

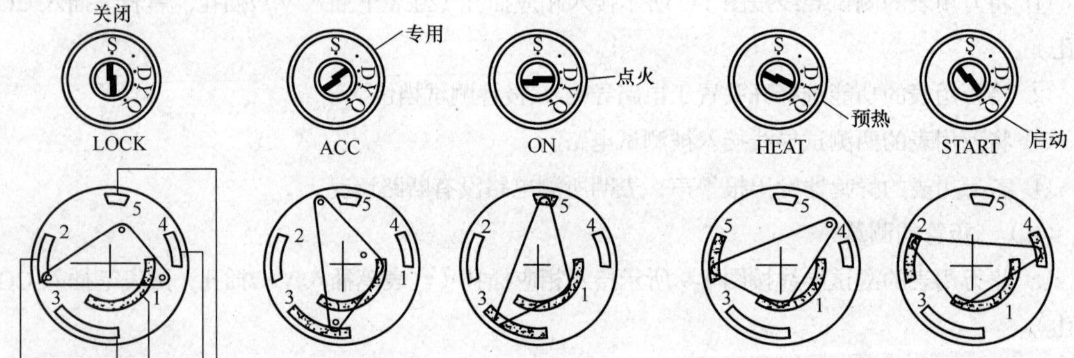

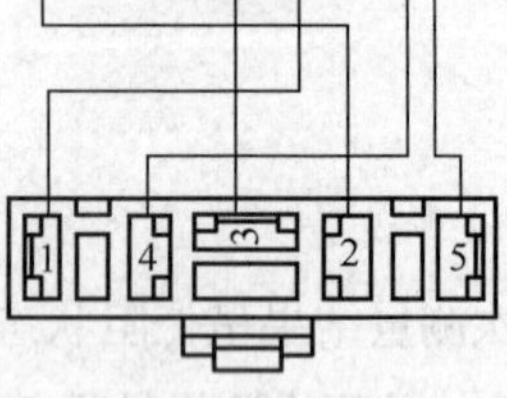

（a）结构示意图

	1	3	5	2	4
LOCK 锁住（S）	●				
ACC专用（·）	●—	—●			
ON 点火（D）	●—	—●—	—●		
HEAT 预热（H）	●—	—	—	—●	
START 启动（Q）	●—	—	—	—●—	—●

（b）表格表示法

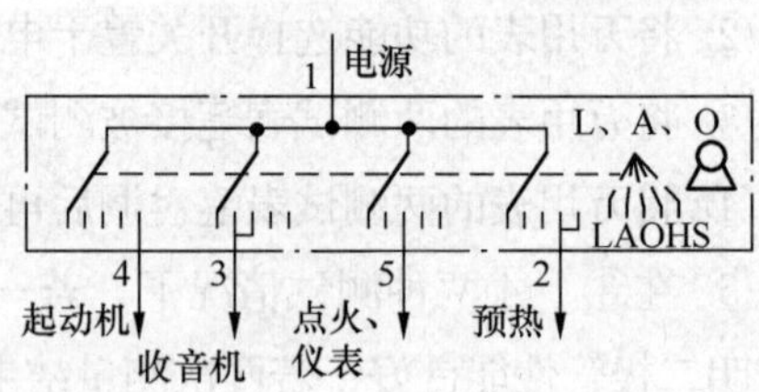

（c）图形符号表示法

图1–12　点火开关的结构及表示方法

2. 电路保护装置

当电路中的电流超过规定的电流时，汽车电路保护装置能够自动切断电路，从而保护电气设备和防止烧坏电路连接导线，并把故障限制在最小范围内。汽车上的电路保护装置主要有熔断器、易熔线、电路断路器和继电器。

（1）熔断器

熔断器俗称保险，它是插接式装置，通过超过额定电流值就熔断（烧毁）的导体将两个端子相连接。在将电路故障修复后必须更换熔断器。

有 4 种基本类型的熔断器：管式熔断器、大电流（大功率）熔断器、标准片式熔断器和微型片式熔断器，如图 1-13 所示。熔断器的电路符号如图 1-14 所示。片式熔断器的应用最为广泛，并具有规定的安培值和颜色编码。熔断器一定标明有额定安培值和电压值。熔断器外壳体上的 2 个小孔可以使修理工很方便地检查电压降、工作电压或通导性。

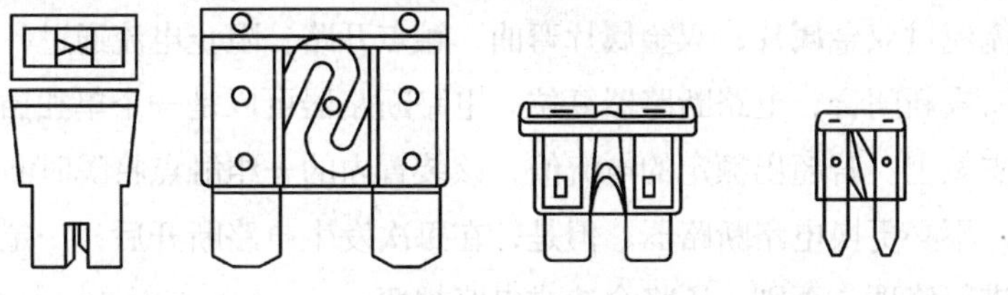

（a）管式熔断器　（b）大功率熔断器　（c）标准片式熔断器（d）微型片式熔断器

图1–13　熔断器的类型

熔断器的构造是，当电流超过一定的程度后，金属线将熔断和烧毁，以将电路断开。电路断开后将使电路导线和部件免受过大电流的损害。

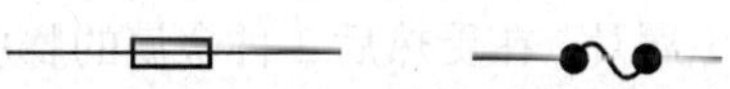

图1–14　熔断器的电路符号

熔断器将按照承载安培值的能力分类。举例来说，一个 10 A 的保险在电流超过 10 A 至一定时间后将断开。

注意

① 熔断器熔断后，必须真正找到故障原因，彻底排除故障。

② 一定不要使用更高额定值的熔断器进行更换。一定要参阅维修手册或用户手册，以确认更换的电路保护装置符合确切的规格规定。

③ 熔断器支架与熔断器接触不良会产生电压降和发热现象，安装时要保证接触良好。

（2）易熔线

易熔线是一种大容量的熔断器，用于保护电源电路和大电流电路。易熔线的安装位置接近电源。易熔线通常在不宜采用保险或电路断路器的情况下保护较大范围的车辆电路。若发生过载，易熔线较细的导线将熔断，以在发生损坏前断开电路。易熔线的电路符号如图 1-15 所示，易熔线的结构如图 1-16 所示。

图1–15　易熔线的电路符号

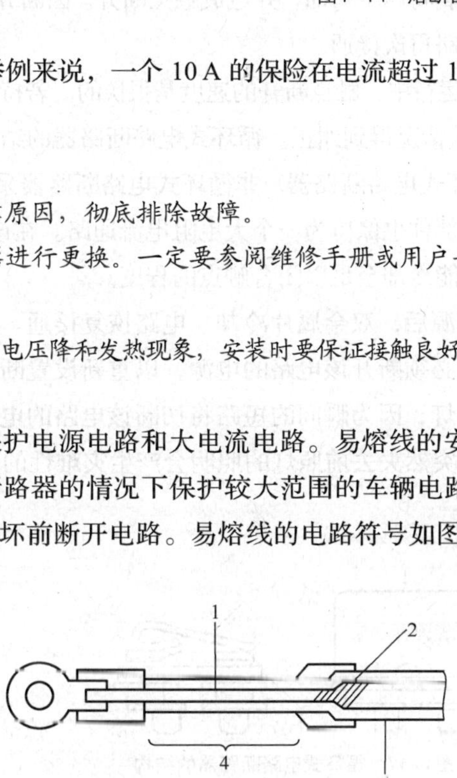

图1–16　易熔线的结构

1—细导线　2—接合片　3—电路导体

4—电路过载细导线熔断

注意

① 绝对不允许换用比规定容量大的易熔线。

② 易熔线熔断，可能是主要电路发生短路，因此需要仔细检查，彻底排除隐患。

③ 不能和其他导线绞合在一起。

（3）电路断路器

断路器在电路中的作用是防止过载，通过断开电路和截断电流以防止导线和电气设备过热以及由此造成的火灾等后果。电路断路器是机械装置，利用2种不同金属（双金属片）的热效应断开电路。如果额外的电流流过双金属片，双金属片弯曲，触点开路，阻止电流通过，当无电流时，双金属片冷却从而使电路重新闭合，电路断路器复位。电路断路器可以是一个单独插接的总成，或是安装在开关内或电刷支架上。若超出额定的电流值，该装置内的一组触点将瞬时断开电路。与熔断器不同，每次断开后，不必更换电路断路器。但是，在每次发生电路断开后，一定要查清造成电路过载或短路的原因并进行修理，否则，还将会造成电路损坏。

一般来说，有2种类型的电路断路器——循环式和非循环式。

① 循环式电路断路器。循环式电路断路器配备有一个由 2 种不同热膨胀系数的金属构成的双金属片。在受热后2种金属的膨胀率不同。当超过一定量的电流流过双金属片时，因为热量的积累，高膨胀率的金属将产生弯曲，并造成触点断开。因断开电路，没有电流流过，该金属将冷却并收缩，直到触点将电路再次接通。

在实际的运行中，触点断开的速度是很快的。若持续存在过载，电路断路器将反复循环（断开、闭合），直到该情况得到纠正。循环式电路断路器的结构如图1-17所示。

② 非循环式电路断路器。非循环式电路断路器采用由线圈缠绕的双金属片，即使在触点断开的情况下，该部件也保持为一个大电阻电流通路。在该电路的电源被断开以前，线圈所产生的热量使双金属片不能冷却至足以闭合触点的程度。

在断开电源后，双金属片冷却，电路恢复接通。对于非循环式电路断路器来说，一旦断路器断开电路，则必须断开该电路的电源，以重新设置断路器。非循环式电路断路器不能用于重要的电路，如前大灯，因为瞬间的短路将切断该电路的电压，直到断路器能够重新设置，这样便会造成在夜间如果突然失去前照灯的照明会产生灾难性的后果。非循环式电路断路器的结构如图1-18所示。

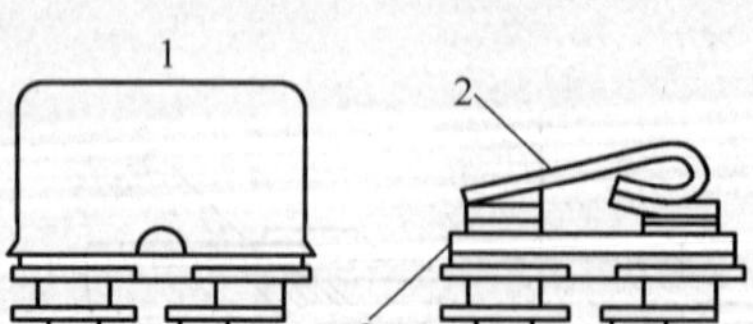

图1-17 循环式电路断路器的结构

1—外壳 2—双金属片 3—触点

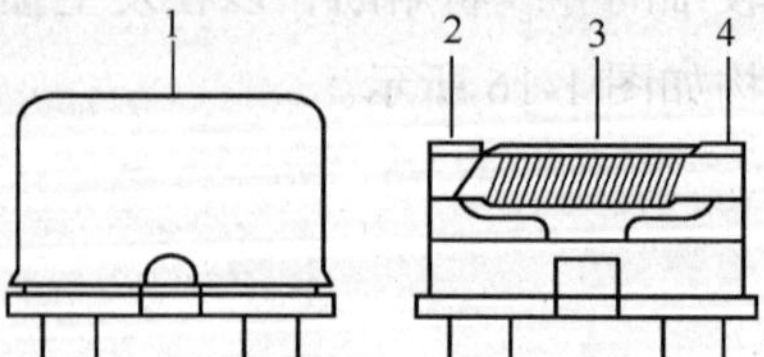

图1-18 非循环式电路断路器的结构

1—外壳 2—触点 3—线圈 4—双金属臂

（4）继电器

在汽车中，有许多地方应用了继电器，如燃油泵、喇叭和启动系统等。继电器是一个电气开关，其作用是用一个小电流控制一个大电流，从而可以减少控制开关的电流负荷，减少烧蚀现象的产生。继电器结构简图如图 1-19 所示，包括一个控制电路、一个电磁铁、一个电枢和一组触点等。继电器的电路符号如图 1-20 所示。

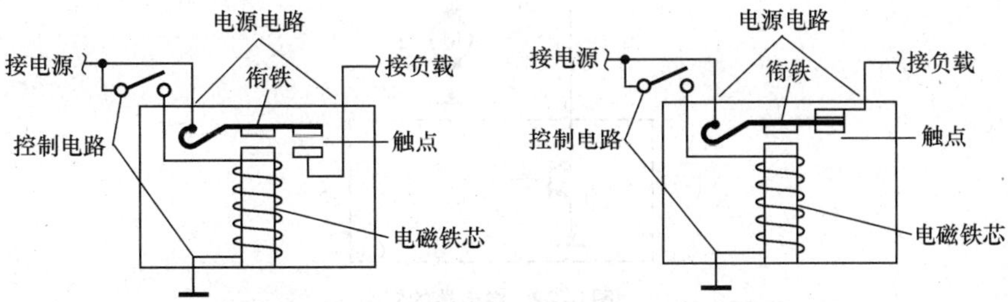

（a）常开继电器简图　（b）常闭继电器简图

图1-19　继电器结构简图

汽车上的继电器很多，常见的有 3 类，其动作状态如图 1-21 所示。第 1 类继电器平时触点是断开的，继电器动作后触点接通；第 2 类继电器平时触点是闭合的，继电器动作后触点断开；第 3 类继电器平时动断触点接通，动合触点断开，动作后变成相反状态。

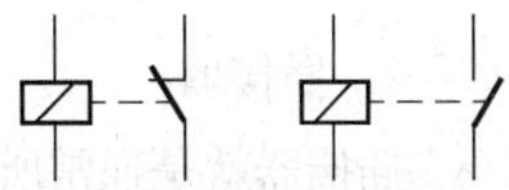

图1-20　继电器的电路符号

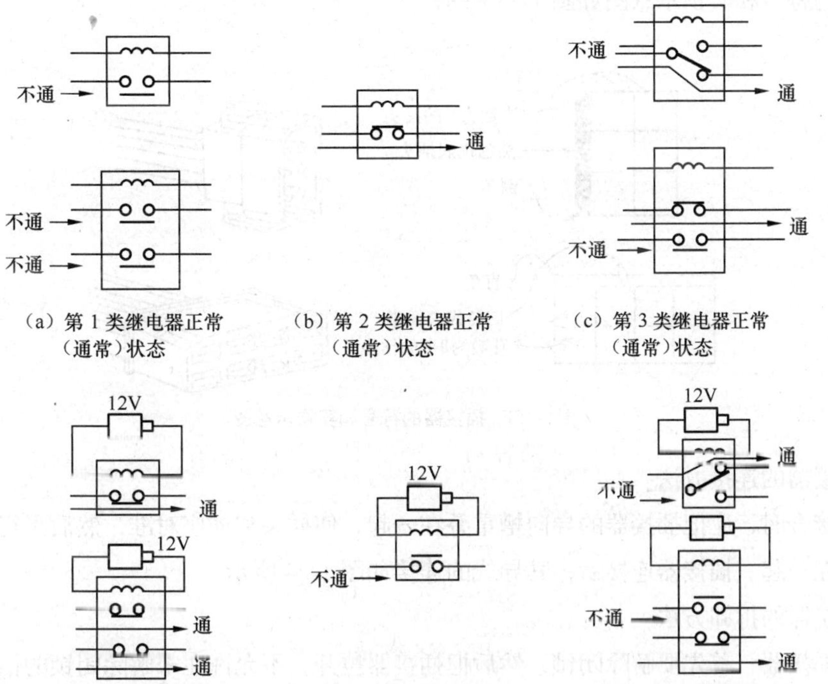

（a）第 1 类继电器正常（通常）状态　（b）第 2 类继电器正常（通常）状态　（c）第 3 类继电器正常（通常）状态

（d）第 1 类继电器线圈通电时的情况　（e）第 2 类继电器线圈通电时的情况　（f）第 3 类继电器线圈通电时的情况

图1-21　继电器的动作状态

继电器的应用如图 1-22 所示。

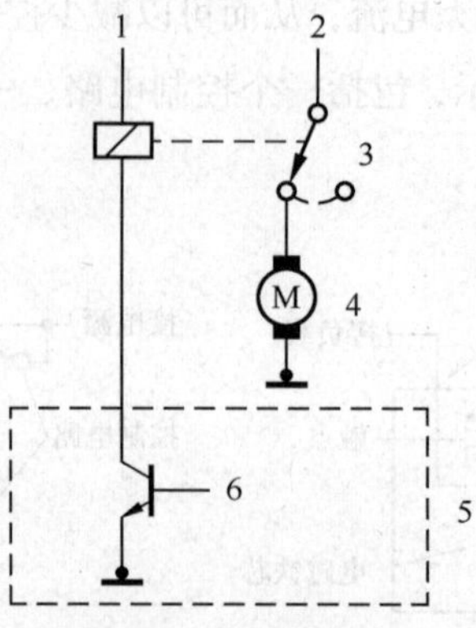

图1-22 继电器的应用

1—来自点火开关 2—来自蓄电池 3—燃油泵继电器 4—燃油泵电机
5—动力系统控制模块 6—燃油泵继电器控制装置

3. 插接器

插接器就是通常所说的插头和插座，用于导线与导线间或线束与线束间的连接。为了防止插接器在汽车行驶过程中脱开，所有的插接器均采用了闭锁装置。

（1）插接器的识别方法

插接器的符号和实物示意图如图 1-23 所示。

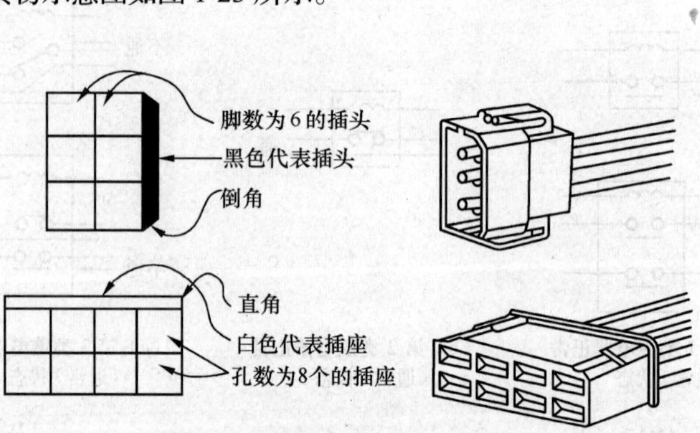

图1-23 插接器的符号和实物示意图

（2）插接器的连接方法

插接器接合时，应把插接器的导向槽重叠在一起，使插头和插座对准，然后平行插入即可十分牢固地连接在一起。插接器连接后，其导线的连接如图 1-24 所示。

（3）插接器的拆卸方法

要拆开插接器，首先要解除闭锁，然后把插接器拉开，不允许在未解除闭锁的情况下用力拉导线，否则会损坏闭锁装置或连接导线。插接器的拆卸方法如图 1-25 所示。

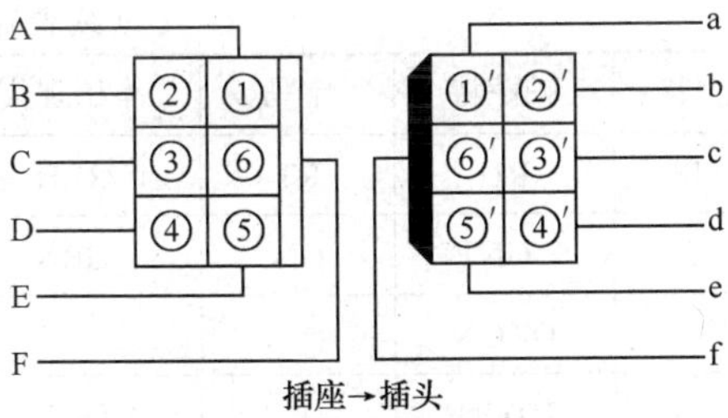

图1–24　插接器的连接方法

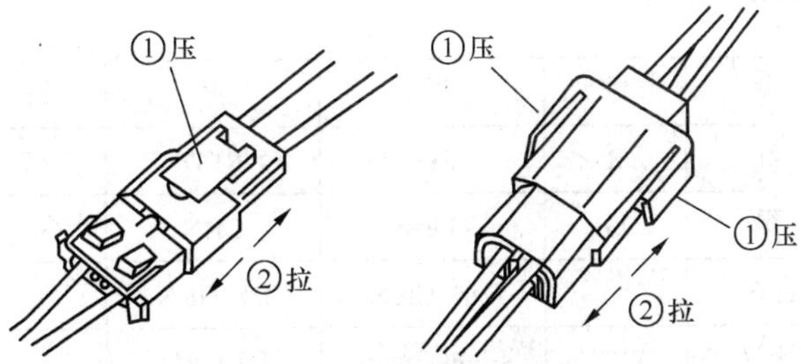

图1–25　插接器的拆卸方法

4. 导线

汽车用导线有高压导线和低压导线 2 种，均采用铜质多芯软线。

（1）低压导线

① 导线截面积。导线截面积主要根据其工作电流选择，但对于一些工作电流较小的电气，为保证机械强度，导线截面积不小于 0.5 mm^2。各种低压导线的标称截面积所允许的负载电流值见表 1-1。

表 1-1　　低压导线的标称截面积所允许的负载电流值

导线的标称截面积/mm^2	1.0	1.5	2.5	3.0	4.0	6.0	10	13
允许电流值/A	11	14	20	22	25	35	50	60

汽车 12 V 电气系统主要线路导线标称截面积见表 1-2。

表 1-2　　汽车 12 V 电气系统主要线路导线标称截面积

标称截面积/mm^2	用　途
0.5	尾灯、顶灯、指示灯、仪表灯、牌照灯、刮水器、时钟、燃油表、水温表、油压表等电路
0.8	转向信号灯、制动灯、停车灯、断电器等电路
1.0	前照灯、电喇叭（3 A 以下）电路
1.5	前照灯、电喇叭（3 A 以上）电路
1.5～4.0	其他 5 A 以上电路
4～6	柴油车电热塞电路
6～25	电源电路
16～95	启动电路

② 导线颜色。各国汽车厂商在电路图上多以字母（英文字母）表示导线颜色及条纹颜色。主要国家汽车制造厂商导线颜色代号见表 1-3。

表 1-3　　汽车导线颜色代号

	中	英	美	德	日	帕萨特	宝马	本田现代
黑	B	Black	BLK	SW	B	BK	SW	BLK
白	W	White	WHT	WS	W	WT	WS	WHT

（续表）

	中	英	美	德	日	帕萨特	宝马	本田现代
红	R	Red	RED	RT	R	RD	RT	RED
绿	G	Green	GRN	GN	G	GN	GN	GRN
深绿		Dark Green	DK GRN			DKGN		
淡绿		Light Green	LT GRN		Lg	LTGN		LT GRN
黄	Y	Yellow	YEL		Y	YL	GE	YEL
蓝	Bl	Blue	BLU	BL	L	BU	BL	BLU
淡蓝		Light Blue	LT BLU		Sb	LTBU		LT BLU
深蓝		Dark Blue	DK BLU			DKBU		
粉红	P	Pink	PNK		P	PK	RS	PNK
紫	V	Violet	PPL	VI	PU	PL	VI	PUR
橙	O	Orange	ORN		Or	OG	OR	ORN
灰	Gr	Grey	GRY		Gr	GY	GR	GRY
棕	Br	Brown	BRN	BK	Br	BN	BR	BRN
棕褐		Tan	TAN			TN		
无色		Clear	CLR			CR		

导线颜色要易于区别，导线上采用条纹标志要对比强烈，双色线的主色所占比例大些，辅色所占比例小些，主色条纹与辅色条纹沿圆周表面比例为 3:1 ~ 5:1。双色线标注第一色为主色，第二色为辅色，我国规定汽车导线颜色的选用程序见表 1-4。

表 1-4　　汽车导线颜色的选用程序

选用程序	1	2	3	4	5	6
	B	BW	BY	BR		
导线颜色	W	WR	WB	WB	WY	WG
	R	RW	RB	RY	RG	RBl
	G	GW	GR	GY	GB	GBl
	Y	YR	YB	YG	YB	Yw
导线颜色	Br	BrW	BrR	BrY	BrB	
	Bl	BlW	BlR	BlY	BlB	BlO
	Gr	GR	GrY	GrBl	GrB	GrO

③ 线束。汽车用导线除蓄电池导线、高压线和起动机导线外，均用绝缘材料缠绕包扎成束，避免水、油的浸蚀和磨损。线束布线过程中不允许拉得太紧，线束穿过洞口或锐角处应有套管保护，线束位置确定后，应用卡簧或绊钉固定。汽车线束如图 1-26 所示。

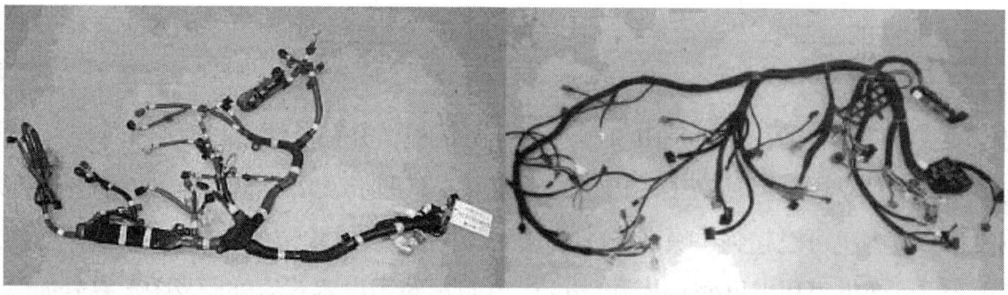

图1-26　汽车线束

（2）高压导线

在汽车点火线圈至火花塞之间的电路使用高压导线，高压导线分为普通铜芯高压导线和高压阻尼点火导线，带阻尼的高压导线可抑制和衰减点火系产生的高频电磁波，降低对电控装置和无线设备的干扰。

（二）汽车电路常用电子元器件

1. 电阻

当电路中不需要最大电流或电压时，可利用电阻来限制电流。电阻产生电压降并将电能转化成热能。电阻将电能转化为热能的功能在汽车上的许多地方都有应用，如后窗除霜装置、加热器和点烟器等。灯泡中的灯丝也会产生热，但它主要是起照明作用。

（1）定值电阻

定值电阻的电阻值是固定的，并以Ω为单位标定。它用于降低电路中的电压或限制电流。定值电阻可根据其用途装在某一部件里或接在电路上。

电阻线用于向一已知负载提供预定电压。电阻线的规格是以每英尺多少Ω来表示，电阻线的长度对整个系统的工作十分重要。电流通过电阻线时，电压会因电阻而降低。可根据检测出的电压降的情况，来执行预先设定的反应措施。其典型应用是车灯故障警告系统。

注意　电阻线和易熔线十分相似，都是连接于导线之间。不要错误地将电阻线代替易熔线。电阻线一般比易熔线长，并标有“电阻——不可切断或并接”（RESISTOR——DO NOT CUT OR SPLICE）字样。

（2）步进电阻

步进电阻具有 2 个或 2 个以上供选择的固定电阻值。将导线连接到电阻器上不同的抽头接线端，就可获得几种不同的电阻值。空调鼓风机上用的电阻就属于这一类。选择鼓风机风量控制钮，可增加或减少鼓风机串联电路中的电阻，减小或增加鼓风机的电流，从而选择风机风量。

（3）可变电阻

可变电阻利用 2 个或多个锥管和 1 个滑臂来可获得一定范围内的电阻值。转柄电阻器是可变电阻的一种形式。仪表板的照明控制和收音机的音量控制都是可变电阻在汽车上的应用的例了。转柄电阻器中，电流从电源进入电阻线圈，然后从线圈上的滑臂输出。另一种可变电阻叫电位器。它的工作原理与转柄电阻器相同，所不同的只是增加了第 3 条支路。电流通过电阻线圈接地。滑臂依其在电阻线圈上的位置产生一个介于源电压和零电压之间的输出电压。这类装置常用于电控系统，用于检测某一机械部件的运动状况。

2. 电容

电容可以吸收和储存电荷。电容是由 2 个或多个导体板，并在导体之间填加非导电性介质制成。电容具有通交流阻直流的功能，其所产生的微小的直流电流有助于吸收峰值电压，防止击穿断开的触点。若用于音响设备，电容也可以起到“噪音”过滤器的作用。电容的单位为法拉（F）。电容器的种类很多，可分为固定电容、可变电容和半可变（微调）电容。常见电路中电容器的外形及图形符号如图 1-27 所示。

注意

① 电容器在电路中所承受的电压不能超过其耐压值。在滤波电路中，其耐压值不能小于交流电压有效值的 1.42 倍。

② 使用电解电容时，要注意其正、负极性，不能接反。

③ 对于不同的电路，应选用不同类型的电容器。谐振回路可选用云母、高频陶瓷等电容器；隔直流可选用纸介、云母、电解、陶瓷等电容器；旁路交流可选用涤纶、纸介、陶瓷、电解等电容器；滤波电路可选用电解等电容器。

④ 电容器在装入电路前，需检查有无短路、断路和漏电现象，并核实其电容量。

3. 二极管

在电路中二极管具有单向导电性，只允许电流从一个方向流向另一个方向，而阻止电流相反方向的流向。二极管可用来制作逻辑电路。这种电路只有在某些条件满足一定次序时才能起作用。例如，点火开关钥匙警告蜂鸣器的电路，只有在点火开关在关闭（OFF）位置而车门打开的情况下才能被接通。

二极管是一种半导体装置，用于在不希望电流流过的方向或路径上阻止电流流过。二极管通常由特殊加工的半导体硅制成，当施加正向电压（PN 结正向偏置）时，二极管导通，二极管相当于导体（正向压降可忽略），电流流过该电路；当施加反向电压（PN 结反向偏置）时，二极管截止，二极管相当于绝缘体，电流将被阻断。普通二极管的外形及图形符号如图 1-28 所示。

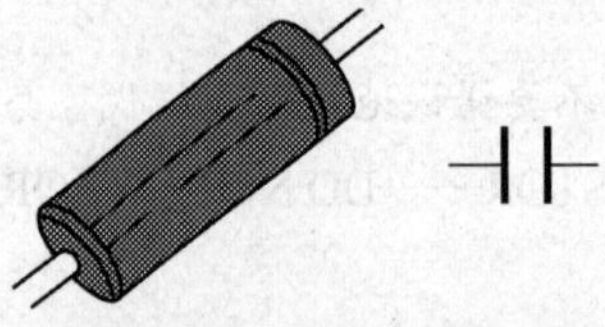

图1-27 电容器的外形及图形符号

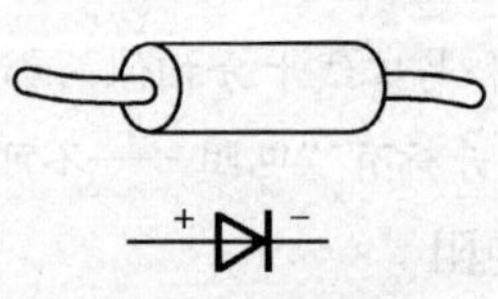

图1-28 普通二极管的外形及图形符号

在汽车上二极管的种类很多，主要用于以下方面。

① 整流——将交流变为直流。

② 电压调节。

③ 控制能够造成固体电路损坏的电压峰值和波动。

④ 仪表板指示灯。

4. 三极管

三极管又称为晶体管，三极管的 3 个极分别是基极、集电极和发射极。将一个微小的电流或电压施加在基极上，就可以控制流经其他两极较大的电流，这就意味着三极管可以当作放大器和开关来使用。基极非常薄，并且导电性与发射极和集电极相比较弱。一个非常小的基极—发射极电流可以控制一个非常大的集电极—发射极电流。三极管的类型有 NPN 型和 PNP 型，汽车电路中最常使用的是 NPN 型三极管。

（1）NPN 型

NPN 型三极管结构及图形符号如图 1-29 所示。

NPN 型三极管的工作原理如图 1-30 所示。

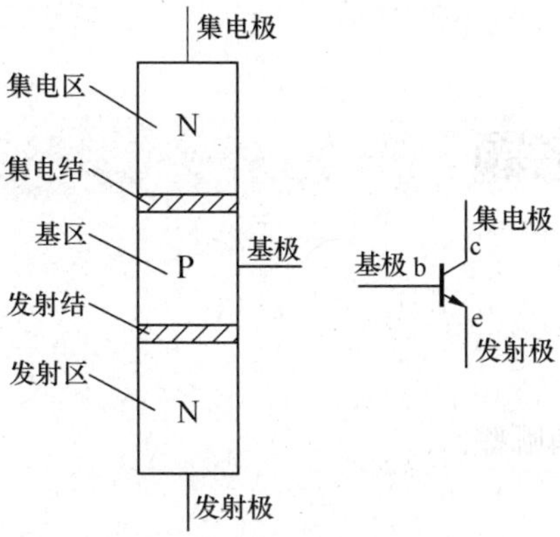

图1-29　NPN型三极管结构及图形符号

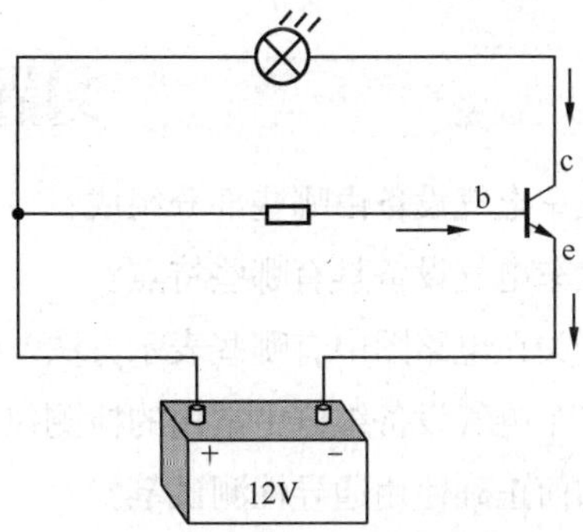

图1-30　NPN型三极管的工作原理

（2）PNP 型

PNP 型三极管结构及图形符号如图 1-31 所示。

PNP 型三极管的工作原理如图 1-32 所示。

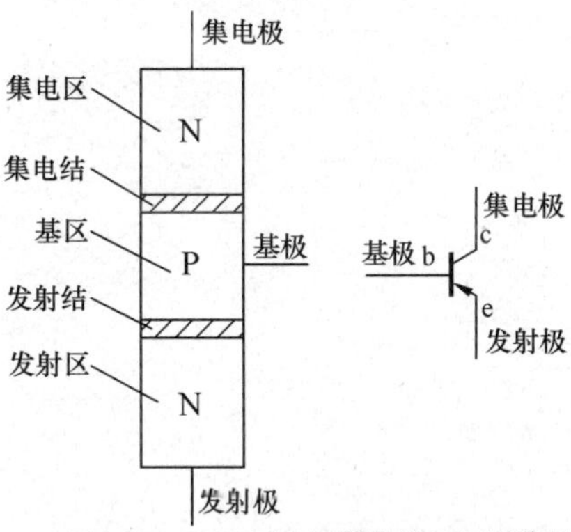

图1-31　PNP型三极管结构及图形符号

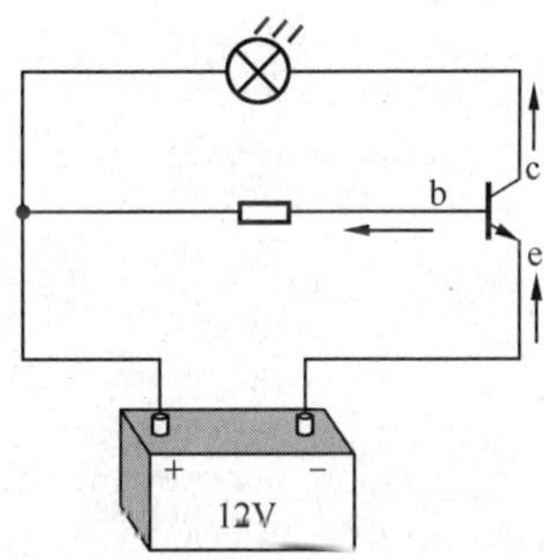

图1-32　PNP型三极管的工作原理

小结

① 汽车电气设备的组成包括了电源系统、用电设备和配电装置，汽车电气设备的特点是低压、直流、单线制、负极搭铁、2 个电源和用电设备并联。

② 汽车电气和电路故障的基本诊断方法有观察法、触摸法、试灯法、短路法、断路法、机件更换法、仪表检测法。

③ 汽车电气设备维修中常用的检测仪表和工具有通导性测试笔、试灯、跨接导线、指针式万用表、数字式万用表。

④ 为保证检测结果的正确，必须按规范要求正确使用通导性测试笔、试灯、跨接导线、万用表等汽车电气设备故障诊断的常用工具。

习题及思考题

① 汽车电气设备由哪些部分组成?

② 汽车电气设备具有哪些特点?

③ 开关在电路图中有哪些表示方法?

④ 汽车电气设备维修中常用的检测仪表和工具有哪些?

⑤ 如何正确使用通导性测试笔?

⑥ 如何正确使用试灯?

⑦ 如何正确使用跨接导线?

⑧ 如何正确使用万用表?

Chapter 2

项目二 蓄电池的检测与充电

一、项目要求

汽车蓄电池的常见故障有亏电、漏电、容量变小、性能恶化等。该项目通过对蓄电池进行检测、充电和维护过程的实施与学习，使同学在掌握蓄电池的结构与工作原理等方面理论知识的同时，能够掌握常见的蓄电池故障排除方法。

【知识要求】

1. 熟悉蓄电池的组成与结构。
2. 掌握蓄电池的工作原理。
3. 掌握蓄电池的型号及性能参数。
4. 掌握蓄电池的正确使用和维护。

重点掌握内容：蓄电池的工作原理；蓄电池的正确使用和维护。

【能力要求】

1. 能正确拆装蓄电池，并对蓄电池进行日常维护。
2. 能正确对蓄电池的技术状况进行检查，并能针对具体问题进行维护和充电。

二、相关知识

（一）蓄电池的作用及类型

蓄电池作为汽车的电源之一，其作用主要是向起动机提供足够的电能以启动发动机。作为可逆直流电源，蓄电池既能储存电能，还能为车上的电气设备如驻车灯、收音机、点烟器以及报警系统等提供电能，同时蓄电池可以吸收电路系统中的电压波动，起到保护电路的作用。

蓄电池有多种类型。铅酸蓄电池因技术成熟、价格便宜、结构简单、启动性好，在汽车上得到广泛应用。铅酸蓄电池的电解液为稀硫酸，极板的活性物质主要成分为铅。铅酸蓄电池常见的类型有普通蓄电池、免维护蓄电池、玻璃纤维蓄电池和胶体蓄电池等。在这里所说的蓄电池都是指铅酸蓄电池。

（二）蓄电池的安装位置

当选择蓄电池在车上的安装位置时，一般要考虑以下因素。

① 汽车部件的重量分布。

② 靠近起动机，以缩短电缆长度。

③ 便于拆卸。

④ 防止脏污。

⑤ 环境温度适宜。

⑥ 减震性好。

上述因素通常会因为车型、用途、工作温度等的不同而变化。极端的温度条件可能需要为蓄电池加装加热器或冷却风扇。另外蓄电池充电过程产生的气体也是需要考虑的因素。

一般来说，轿车的蓄电池多安装在发动机舱内或风挡玻璃前的流水槽内，也有的安装在行李箱侧壁或者备胎井内，还有少数安装在乘员舱内的座椅下面。

（三）蓄电池的结构

最简单的铅酸蓄电池可以由一对正、负极板插入稀硫酸构成，称为一个单格电池，通常设计其标称电压为 2 V。额定电压为 12 V 的蓄电池，是由 6 个 2 V 的单格电池通过铅联条串联而成，每个单格电池由间壁相互隔开。整个蓄电池由极板、隔板、电解液、外壳等组成。蓄电池的结构如图 2-1 所示。

（1）极板

极板是蓄电池的核心部件，对蓄电池的性能有最直接的影响。极板由活性物质和栅架构成，活性物质附着在栅架上。正极板上的活性物质是深棕色二氧化铅（PbO_2），负极板上的活性物质是青灰色海绵状铅（Pb），其结构如图 2-2 所示。电能和化学能的相互转化依靠极板的活性物质和电解液中的 H_2SO_4 的化学反应来实现。

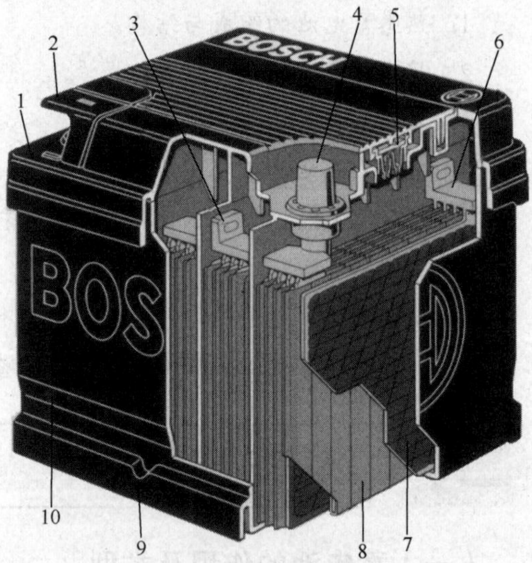

图2-1 蓄电池的结构

1—上盖 2—极柱盖 3—穿壁联条 4—极柱 5—过滤器 6—极板组联条 7—负极板 8—正极板和袋式隔板 9—安装导轨 10—壳体

栅架是极板的骨架，主要成分是铅。为了减缓栅架腐蚀，提高极板机械强度，减少蓄电池失水量和自放电，延长蓄电池使用寿命，蓄电池栅架多采用铅-低锑合金、铅-锑-砷合金、铅-钙合金、铅-钙-镍-铬合金或银-铅-钙合金等。

极板的厚度影响蓄电池性能和使用寿命，在保证机械强度的情况下采用薄型极板可以提高蓄电池的性能。为了提高放电电流，一般将多片同极性的极板用联条连成极板组，正、负极板组的极板相互交叉嵌合。一般负极板组的极板比正极板组的极板多一片，正极板夹在负极板间，可减少正极板活性物质脱落。其结构如图 2-3 所示。

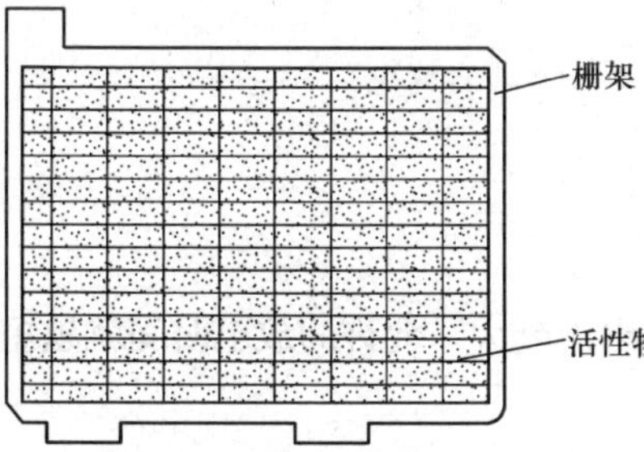

图2–2　极板的结构

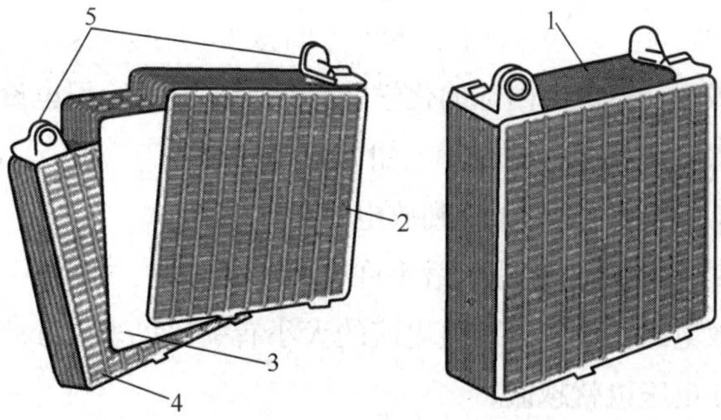

图2–3　极板组的结构

1—极板组总成　2—负极板　3—隔板　4—正极板　5—铅联条

（2）隔板

隔板处于正负极板之间，除了要具有好的绝缘性能以防止极板短路，还要有良好的通透性，以便电解液能自由渗透，同时还应具有耐酸和抗氧化性能，因此隔板常用微孔橡胶、微孔塑料、玻璃纤维等材料。新型蓄电池多采用袋式微孔塑料隔板，将正极板包裹，防止正极板活性物质脱落。其结构如图 2-4 所示。

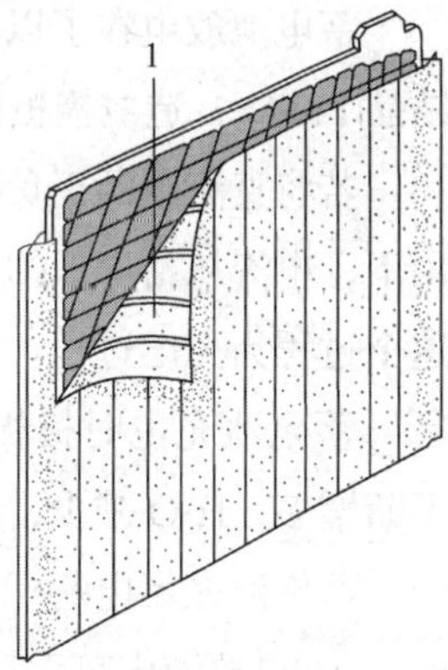

图2–4　袋式隔板

1—袋式微孔塑料隔板

（3）电解液

电解液是由密度为 1.84 g/cm^3 的纯硫酸与蒸馏水按一定比例配制而成的稀硫酸溶液，其作用是参与化学反应，进行能量转化。电解液的密度对蓄电池性能影响较大，密度一般为 1.24 g/cm^3 ~ 1.31 g/cm^3。另外，电解液的纯度也是影响蓄电池性能和使用寿命的重要因素。配制电解液必须用纯净的专用硫酸和蒸馏水。

（4）壳体及其他

蓄电池的壳体是用来盛放极板和电解液的容器，应耐酸、耐热、抗震，所以多采用硬橡胶或聚丙烯塑料制成由间壁分隔成多个单格容器的整体式结构。壳体上部使用相同材料的密封盖，电池盖上设有对应每个单格电池，用于添加电解液或补充蒸馏水的加液孔。加液孔上旋有加液孔盖，以防止电解液的溅出。加液孔盖上制有微型通气孔，可以排出蓄电池内部化学反应中产生的气体。新型蓄电池加液孔盖的通气孔上安装有过滤器，避免水蒸气逸出，减少水的消耗。

蓄电池壳体的顶部或侧面有向外部提供电气连接的极柱，旁边有（+）、（−）标记，一般正极柱比负极柱粗。

（四）蓄电池的工作原理

蓄电池极板上的活性物质和电解液之间发生电化学反应是可逆的，所以蓄电池是一个可逆电源。铅酸蓄电池充放电时总的电化学反应方程式为

$$PbO_2 + 2H_2SO_4 + Pb \underset{\text{充电}}{\overset{\text{放电}}{\rightleftharpoons}} 2PbSO_4 + 2H_2O$$

蓄电池放电时，极板上的 PbO_2 和 Pb 转变为硫酸铅（$PbSO_4$），沉附在正、负极板上，极板上的

活性物质减少；电解液中 H_2SO_4 不断减少，H_2O 增多，电解液密度下降；蓄电池电压降低，内阻增大，容量减小；蓄电池内部的化学能转化为电能供给用电设备。

蓄电池放电终了的特征如下。

① 单格电池电压降到放电终止电压。

② 电解液密度降到最小许可值。

放电终止电压与放电电流的大小有关，见表 2-1，放电电流越大，允许的放电时间就越短，放电终止电压也就越低。

表 2-1 单格电池放电终止电压

放电电流（A）	$0.05C_{20}$	$0.1C_{20}$	$0.25C_{20}$	C_{20}	$3C_{20}$
放电时间	20 h	10 h	3 h	25 min	5 min
单格电池终止电压（V）	1.75	1.70	1.65	1.55	1.50

C_{20}：蓄电池的额定容量。

蓄电池放电终了以后继续放电，称为过放电。此时电池电压急剧下降，同时生成不易还原的粗结晶 $PbSO_4$，造成极板硫化，蓄电池容量下降，使用寿命缩短，因此应避免过放电。

若将直流电源正负极连接蓄电池的正负极，当直流电源电压高于蓄电池电压时，在电源力的作用下，电流从蓄电池的正极流入，负极流出，蓄电池内部发生的电化学反应将电能转化为化学能，这个过程为充电过程。

蓄电池充电时极板上的 $PbSO_4$ 转变为 PbO_2 和 Pb，极板上的活性物质增多；电解液中 H_2SO_4 不断增多，H_2O 减少，电解液密度上升；蓄电池电压升高，内阻减小，容量增大。

蓄电池充足电的标志如下。

① 电解液中有大量气泡冒出，呈沸腾状态。

② 电解液的密度和蓄电池的端电压上升到规定值（单格电压为 2.7 V），且在 2 ~ 3 h 保持不变。

蓄电池充电终了以后继续充电，称为过充电。此时 $PbSO_4$ 已基本全部转化为 PbO_2 和 Pb，过剩的充电电流会将水电解生成 O_2 和 H_2 逸出。因此，蓄电池应避免长时间过充电并且需要定期补充蒸馏水。

由于充放电过程中电解液密度和蓄电池端电压发生变化，在使用中可以通过测量电解液密度和电池端电压判断充放电程度。

（五）蓄电池的技术参数

1. 额定电压

蓄电池的额定电压有 6 V 和 12 V 2 种。轿车一般用额定电压为 12 V 的蓄电池，电压等级为 24 V 的载重卡车可以将 2 块 12 V 蓄电池串联使用。

蓄电池在无充放电，且内部电解质的运动处于平衡状态时的电动势，称为静止电动势。静止电动势大小与电解液的密度和温度有关，一定程度上能够反映蓄电池的荷电状况。蓄电池工作时，电解液密度总是在 1.12 ~ 1.30 g/cm^3 之间变化。选择蓄电池时，一定要选择额定电压和车上电气系统电压等级一致的蓄电池。

2. 额定容量

蓄电池的容量是蓄电池的主要性能参数，标志着蓄电池的对外供电能力。蓄电池的容量是指在放电允许的范围内输出的电量，与放电电流和电解液的温度有关。容量等于放电电流与放电时间的乘积。

额定容量是检验蓄电池质量的重要指标之一。根据国标 GB 5008.1—1991《启动用铅酸蓄电池技术条件》规定，将充足电的新蓄电池，在电解液密度$\rho_{25℃}$为（1.28 ± 0.01）g/cm^3，初始温度为（25 ± 5）℃的条件下，以 20 小时放电率的放电电流（即 C/20 A）连续放电至单格终止电压 1.75 V 时，输出的电量称为蓄电池的额定容量，用 C_{20} 表示，单位为 Ah。有的国外蓄电池标号上出现 20 HR，指的是 20 小时放电率，H 是 Hour（小时），R 是 Rate（比率）。

选择合适型号的蓄电池很重要，如果选择容量较大的蓄电池，会导致充电不足，而容量较小的蓄电池，容易发生过度充放电循环，会导致蓄电池使用寿命较短。

3. 储备容量

储备容量（reserve capacity，RC）表示在汽车充电系统失效时，蓄电池能为照明和点火系统等用电设备提供 25 A 恒流的能力。根据国标 GB 5008.1—1991《启动用铅酸蓄电池技术条件》规定，蓄电池在（25 ± 2）℃的条件下，以 25 A 的额定电流恒流放电至单格终止电压 1.75 V（整个电池终止电压为 10.5 V）时的放电持续时间，称为蓄电池的储备容量。单位为 min。

4. 冷启动电流

冷启动电流（cold cranking amperage，CCA）通常规定在 0 ℉（−18 ℃）时，蓄电池 30 s 持续放电至端电压为 7.2 V 时所能提供的电流，是蓄电池对于低温启动性能的表现。蓄电池制造时根据使用地区环境温度不同，有提高耐热性或者提高耐寒性的设计，一般为热带地区设计的蓄电池 CCA 值低，为寒冷地区设计的蓄电池 CCA 值高。为寒冷地区设计的蓄电池在热带使用寿命肯定会缩短。选择蓄电池要根据当地温度去选 CCA 值适当的蓄电池，如当地气温高就要用 CCA 值低的产品，因为蓄电池对于气温很敏感，一般以气温 25 ℃为基准，气温每上升 10 ℃，寿命就会缩短一半。

（六）蓄电池的型号

有关蓄电池型号的规定，全世界不同地域有多个标准，最常见的有中国的国标（GB）、美国汽车工程师学会（SAE）标准、日本工业标准（JIS）、德国标准化学会（DIN）标准和欧洲标准（EN）等。

虽然不同标准的规定方法不同，但其主要内容都包含蓄电池额定电压、额定容量、冷启动电流以及类型、储备容量等。例如，有的蓄电池上面写着 CCA：700　CA：875　RC：106，表示冷启动电流 700 A，启动电流 875 A，储备容量 106 min；也有一些合资品牌蓄电池上同时标注 GB 和 DIN 或 EN 标准型号，如 6-QA-180，12 V 180 Ah 540 A（EN），表示额定电压 12 V，额定容量 180 Ah，冷启动电流 540 A。

在这里简要介绍中国的国标（GB）和欧洲标准（EN）对蓄电池型号的标定意义。

① 某 GB 标准蓄电池型号为 6-QA-60，其意义如图 2-5 所示。

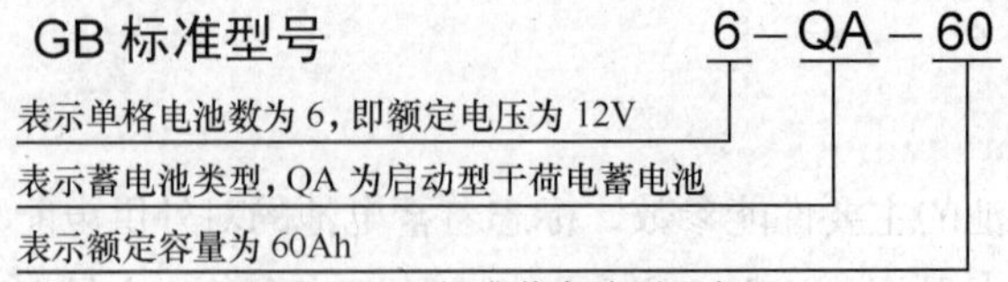

图2-5 GB标准蓄电池型号意义

② 某 EN 标准蓄电池型号为 544 059 036，其意义如图 2-6 所示。

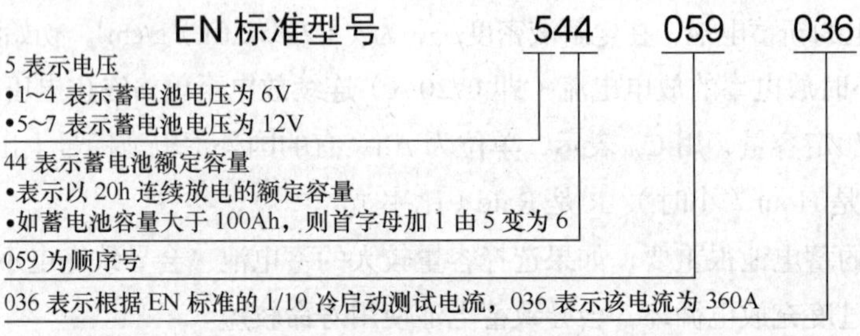

图2-6 EN标准蓄电池型号意义

③ 国标（GB）和欧洲标准（EN）标准型号蓄电池的对照。虽然不同厂家生产的蓄电池的型号适用的标准不同，但是只要关键技术参数对照，类型和尺寸合适，是可以互相替代使用的。例如，GB 6-QA-210 型号的蓄电池与 DIN 或 EN 标准型号 710 014 054 的蓄电池相比，它们的额定电压都为 12 V，额定容量都为 210 Ah。

（七）蓄电池的常见故障及其排除

蓄电池常见的故障可分为外部故障和内部故障。外部故障有外壳裂纹、封胶干裂、极柱腐蚀或松动等。内部故障主要有极板硫化、活性物质脱落、极板短路和自放电等。常见内部故障的故障特征、故障原因和排除方法见表 2-2。

表 2-2 蓄电池常见内部故障的故障特征、故障原因和排除方法

名称	项目	说明
极板硫化	故障特征	蓄电池极板上生成一层白色粗晶粒的 $PbSO_4$，在正常充电时不能转化为 PbO_2 和 Pb 的现象称为“硫酸铅硬化”，简称“硫化”。硫化的电池放电时，电压急剧降低，过早降至终止电压，电池容量减小。蓄电池充电时单格电压上升过快，电解液温度迅速升高，但密度增加缓慢，过早产生气泡，甚至一充电就有气泡
	故障原因	① 蓄电池长期充电不足或放电后没有及时充电，导致极板上的 $PbSO_4$ 有一部分溶解于电解液中，环境温度越高，溶解度越大。当环境温度降低时，溶解度减小，溶解的 $PbSO_4$ 就会重新析出，在极板上再次结晶，形成硫化 ② 蓄电池电解液液面过低，使极板上部与空气接触而被氧化，在汽车行驶过程中，电解液上下波动与极板的氧化部分接触，会生成大晶粒 $PbSO_4$ 硬化层，使极板上部硫化 ③ 长期过量放电或小电流深度放电，使极板深处活性物质的孔隙内生成 $PbSO_4$，平时充电不易恢复 ④ 新蓄电池初充电不彻底，活性物质未得到充分还原 ⑤ 电解液密度过高，成分不纯，外部气温变化剧烈
极板硫化	排除方法	轻度硫化的蓄电池，可用小电流长时间充电的方法予以排除；硫化较严重的蓄电池采用去硫化充电方法消除硫化；硫化特别严重的蓄电池应报废

（续表）

名称	项目	说　明
活性物质脱落	故障特征	正、负极板上活性物质 PbO_2、Pb 脱落，主要指正极板上的活性物质 PbO_2 的脱落。蓄电池容量减小，充电时从加液孔中可看到有褐色物质，电解液浑浊
	故障原因	① 蓄电池经常过充电，极板孔隙中逸出大量气体，在极板孔隙中造成压力，而使活性物质脱落 ② 低温大电流放电，密度过高，会导致活性物质脱落 ③ 汽车行驶中的颠簸振动
	排除方法	对于活性物质脱落的铅蓄电池，若沉积物较少时，可清除后继续使用；若沉积物较多时，应更换新极板和电解液
极板短路	故障特征	蓄电池正、负极板直接接触或被其他导电物质搭接称为极板短路。极板短路的蓄电池充电时充电电压很低或为零，电解液温度迅速升高，密度上升很慢，充电末期气泡很少
	故障原因	① 隔板破损使正、负极板直接接触 ② 活性物质大量脱落，沉积后将正、负极板连通 ③ 极板组弯曲 ④ 导电物体落入池内
	排除方法	出现极板短路时，必须将蓄电池拆开检查。更换破损的隔板，消除沉积的活性物质，校正或更换弯曲的极板组等
自放电	故障特征	蓄电池在无负载的状态下，电量自动消失的现象称为自放电。如果充足电的蓄电池在 30 天之内每昼夜容量降低超过 2%，称为故障性自放电
	故障原因	① 电解液不纯，杂质与极板之间以及沉附于极板上的不同杂质之间形成电位差，通过电解液产生局部放电 ② 蓄电池长期存放，硫酸下沉，下部密度比上部密度大，使极板上、下部产生电位差引起自放电 ③ 蓄电池溢出的电解液堆积在电池盖的表面，使正、负极柱连通 ④ 极板活性物质脱落，下部沉积物过多使极板短路
	排除方法	自放电的蓄电池，可将其正常放完电后，倒出电解液，用蒸馏水反复清洗干净，再加入新电解液，充足电后即可使用

三、项目实施

（一）蓄电池安全使用、检查维护、充电与检测项目要求

① 通过该项目的实施，应能够对蓄电池进行安全正确的使用，并掌握蓄电池检查和维护的方法和步骤。

② 该项目应具备常见类型蓄电池和万用表、吸式密度计、高率放电计、充电机等检测与维护设备。

（二）实施步骤

1. 蓄电池安全、正确使用及操作的注意事项

① 有关蓄电池的警告说明和安全规程。由于蓄电池内部有酸液，充电时还会放出可燃气体，所以使用蓄电池要注意安全。一般蓄电池上标有安全警告图标，如图2-7所示，应按要求使用。

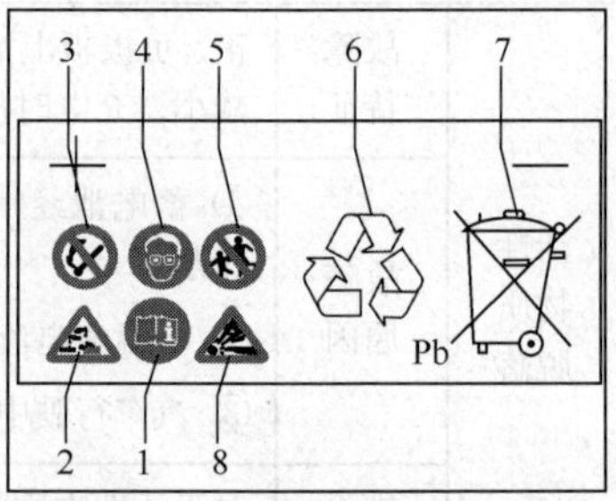

图2-7 蓄电池警告图标

1—参阅使用手册相关信息 2—腐蚀危险 3—禁止明火 4—戴护目镜 5—儿童禁止接触 6—可回收处理 7—不可作为垃圾丢弃 8—爆炸危险

② 连接或断开蓄电池电缆、蓄电池充电机或跨接电缆时，点火开关必须处于“OFF”（关闭）或“LOCK”（锁止）位置，并且所有电气负载必须为“OFF”（关闭），除非操作程序中另有说明，否则会损坏车辆上的电子设备。

③ 蓄电池电极短路产生的电流强度，足以导致烧伤，所以要防金属工具搭铁，造成蓄电池短路。

④ 避免过度的充放电循环和长时间放电。这对极板的活性物质有非常大的损害，会大大缩短蓄电池使用寿命。

⑤ 蓄电池极柱上不允许涂抹油脂，按规定扭矩拧紧蓄电池极柱螺栓，不能过度施力。

⑥ 蓄电池搭铁极性必须与发电机一致，不得接错。

⑦ 断开蓄电池接线时，应先断负极后断正极，装复时按相反顺序。

⑧ 对于带有中央排气软管的蓄电池，软管必须一直连接在蓄电池上，并保持软管畅通。

⑨ 蓄电池的大电流放电、深度充放电和长期亏电闲置是最影响蓄电池寿命的负面因素，所以使用中应尽量避免。

2. 蓄电池的检查和维护

安装前，应检查待用蓄电池型号是否和本车型相符，电解液密度和高度是否符合规定。

保持蓄电池外表面的清洁干燥，电解液泄露会在极柱上产生白色的硫酸铅和黄色的硫酸铁糊状物质，这些物质都有较强的腐蚀性。

及时清除极柱和电缆卡子上的氧化物，对蓄电池、蓄电池托架、极柱和电缆卡子进行清洗时，应先用碱水或10%苏打水溶液或者氨水擦洗，再用清水冲洗，最后干燥，如图2-8、图2-9和图2-10所示。注意清洗蓄电池之前，要拧紧加液孔盖，防止苏打水进入蓄电池内部。

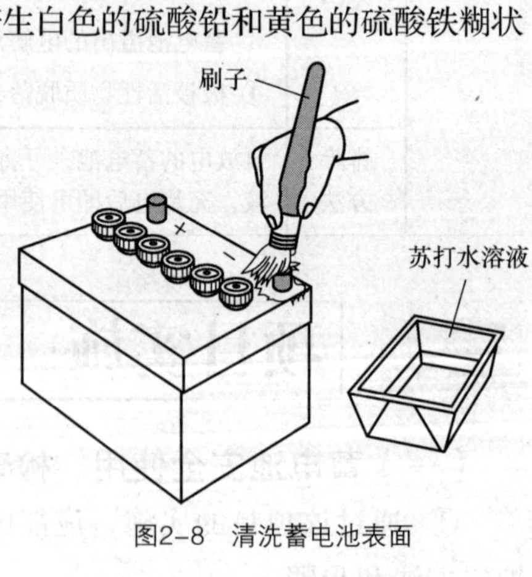

图2-8 清洗蓄电池表面

① 极柱卡子应按规定力矩紧固，保证与极柱之间接触良好。

② 保持加液孔盖上通气孔的畅通，定期疏通。

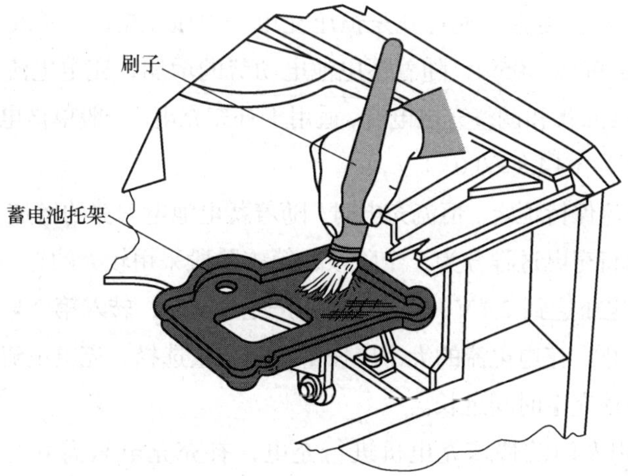

图2-9　清洗蓄电池托架

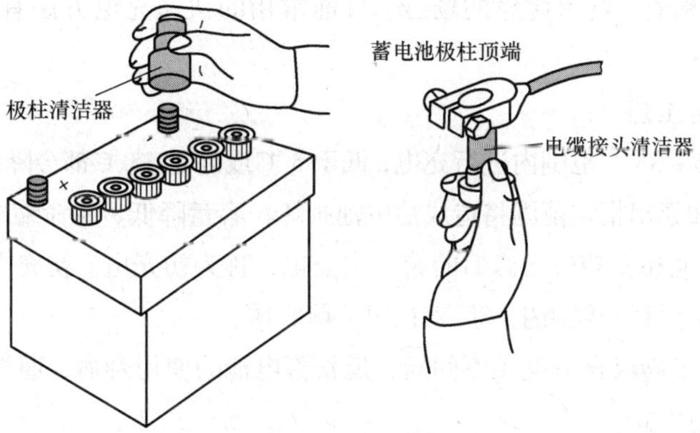

图2-10　清洁蓄电池极柱和电缆卡子

③ 蓄电池充电时应打开加液孔盖，使气体顺利逸出，以免发生事故。

④ 定期检查并调整电解液液面高度，液面不足时，应补加蒸馏水。

⑤ 汽车每行驶 1 000 km 或夏季行驶 5 ~ 6 天，冬季行驶 10 ~ 15 天，应检查蓄电池的放电程度，当冬季放电超过 25%，夏季放电超过 50%时，应及时将蓄电池从车上拆下进行补充充电。

⑥ 根据季节和地区的变化及时调整电解液的密度。冬季可加入适量的密度为 1.40 g/cm^3 的电解液，以调高电解液的密度（一般比夏季高 0.02 ~ 0.04 g/cm^3 为宜）。

⑦ 冬季蓄电池应经常保持在充足电的状态，以防电解液密度降低而结冰，引起外壳破裂、极板弯曲和活性物质脱落等故障。

⑧ 冬季向蓄电池内补加蒸馏水时，必须在蓄电池充电前进行，以免水和电解液混合不均而引起结冰。

3. 蓄电池的充电

（1）充电方法

蓄电池充电的方法有恒压充电、恒流充电和快速充电 3 种。

在汽车上，发电机对蓄电池的充电就是恒压充电。恒压充电时，充电初期电流较大，4 ~ 5 h 内即可达到额定容量的 90% ~ 95%，随着蓄电池电动势的增加，充电电流逐渐减小为零。因为充电时间较短，所以不需要照管和调整充电电流，适用于补充充电，一般单格电池充电电压选为 2.5 V，12 V 蓄电池的充电电压为（14.8 ± 0.05）V。

恒流充电的充电电流保持恒定。恒流充电时，随着蓄电池电动势的增加，应逐步提高充电电压。为缩短充电时间，通常将充电过程分为 2 个阶段，第 1 阶段采用较大的充电电流，使蓄电池的容量迅速恢复。当单格电池电压达到 2.4 V，开始电解水产生气泡时，转入第 2 阶段，将充电电流减小一半，直到完全充足电为止。充电电流的大小应按蓄电池容量选择，充电电流过大，会降低蓄电池性能；充电电流过小，会使充电时间过长。

快速充电就是采用专门的快速充电机进行充电，补充充电只需 0.5 ~ 1.5 h，大大缩短了充电时间，提高了充电效率，缺点是不能将蓄电池完全充足电，影响蓄电池的寿命。快速充电适用于电池集中、充电频繁、要求应急的场合。目前常用的快速充电方法有脉冲快速充电和大电流递减充电。

（2）蓄电池的充电工艺

蓄电池一般应在 5 ~ 35 ℃范围内进行充电，低于 5 ℃或高于 35 ℃都会降低寿命。充电的设定电压应在指定范围内，如超出指定范围将造成蓄电池损坏、容量降低、寿命缩短。

① 初充电：蓄电池在安装或大修后的第一次充电，称为初充电。初充电是否良好，将严重影响蓄电池的寿命。这个过程一般由生产厂家在出厂前完成。

② 浮充充电：为了确保直流电源不间断，延长蓄电池的使用寿命，通常都采用充电电源与蓄电池组并联的浮充供电方式。

③ 均衡充电：在正常运行状态下的电池组，通常不需要均衡充电。但如果发现电池组中单格电池之间电压不均衡时，则应对电池组进行均衡充电。

④ 补充充电：电池在存放、运输、安装过程中，会因自放电而失去部分容量。因此，在安装后投入使用前，应根据电池的开路电压判断电池的剩余容量，然后采用不同的方法对蓄电池进行补充充电。对备用搁置的蓄电池，每 3 个月应进行一次补充充电。

4. 蓄电池的技术状态检测

（1）检测蓄电池电解液液面高度

检测液面高度判断电解液量是否充足。蓄电池电解液液面应高于隔板上沿 10 ~ 15 mm。对于外壳有高度指示标线蓄电池，可外部观察，正常液面高度应介于两线之间，如图 2-11 所示。液面过低时应补充蒸馏水。

（2）检测蓄电池电解液密度

检测电解液密度可以用来判断蓄电池的放电程度。电解液密度可用专用的吸式密度计测量，其测量过程如图 2-12 所示。测量蓄电池电解液密度时，蓄电池应处于稳定状态。蓄电池充、放电或加注蒸馏水后，应静置 0.5 h 后再测量。

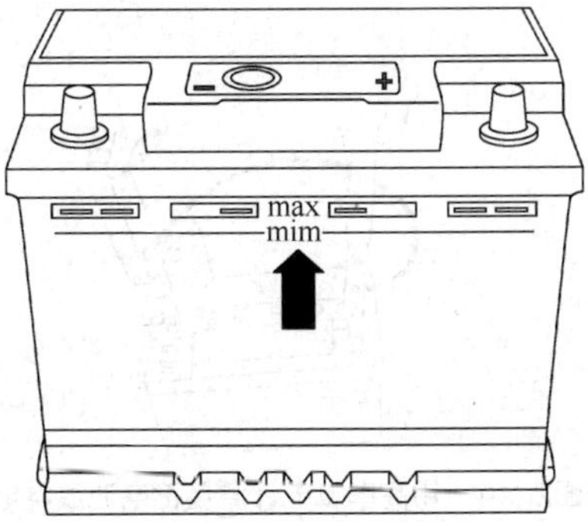

图2-11 观察法测量电解液液面高度

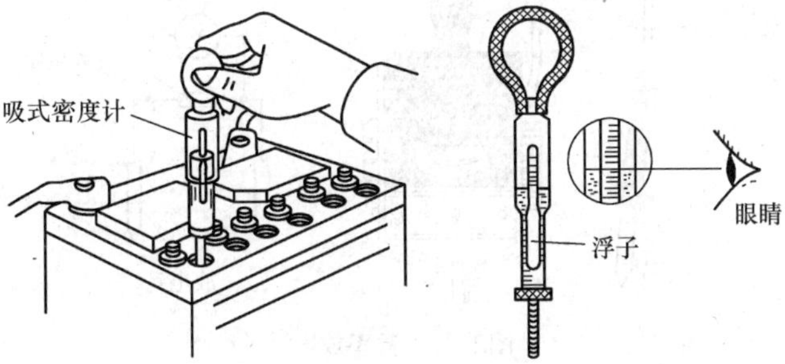

图2-12 检测蓄电池电解液密度

根据电解液密度判断放电程度，密度每下降 0.01 g/cm^3，蓄电池放电 6%，当蓄电池在夏季放电超过 50%，冬季放电超过 25%时应及时进行补充充电，否则会使蓄电池早期损坏。

根据各单格电池电解液密度的差值判断蓄电池是否失效。如果各单格电池具有相同的密度值，即使密度偏低，该电池一般可以通过补充充电恢复其容量。如果单格电池之间的密度相差超过 0.05 g/cm^3，则该电池失效。

（3）检测蓄电池开路电压

测量蓄电池开路电压判断蓄电池的放电程度。检测时将蓄电池断开，万用表置于电压挡，万用表的正、负表笔分别接蓄电池的正、负极。蓄电池开路电压与蓄电池的存电状态之间的关系见表 2-3。注意检测时蓄电池应处于静止状态，蓄电池充、放电或加注蒸馏水后，应静置 0.5 h 或更长时间后再测量。

表 2-3 蓄电池存电状态与开路电压的关系

存电状态（%）	100	75	50	25	0
蓄电池电压（V）	12.6 以上	12.4	12.2	12	11.9 以下

（4）检测蓄电池放电电压

检测蓄电池放电电压就是测量蓄电池以启动电流放电时的端电压，可以判断蓄电池的技术状况、放电程度和启动能力。检测时可用高率放电计检测或就车启动检测。

高率放电计的结构如图 2-13 所示。高率放电计是模拟起动机工作状态，检测蓄电池容量的仪表。它由一只电压表和一负载电阻组成，接入蓄电池时，蓄电池对负载电阻放电，放电电流可达 100 A 以上。检测时将高率放电计的正、负放电针分别压在蓄电池的正、负极柱上，如图 2-14 所示，保持 15 s，如果电压在 9.6 V 以上，并保持稳定，说明性能良好；如果稳定在 10.6～11.6 V，说明存电充足；如果稳定在 9.6～10.6 V，说明存电不足，应进行补充充电；如果电压迅速下降，说明蓄电池有故障，应进行修理或更换。

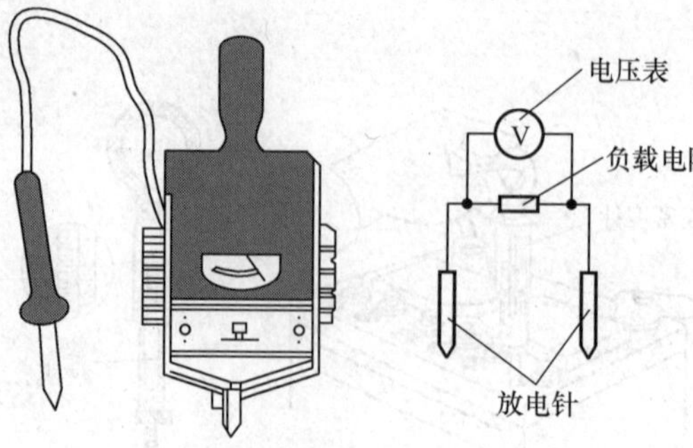

图2-13 高率放电计的结构

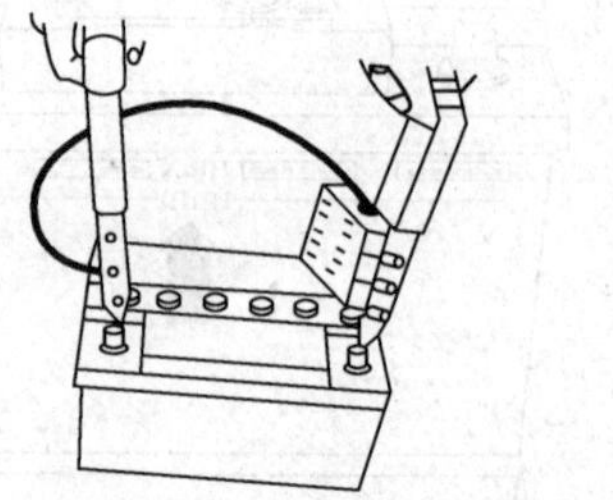
图2-14 用高率放电计测量蓄电池放电电压

就车启动检测就是在起动机正常的情况下，接通起动机进行检测。检测时先拔下分电器中央高压线并搭铁；将万用表置于电压挡，万用表的正、负表笔分别接在蓄电池正、负极柱上；接通起动机 15 s，读取电压表读数，对于 12 V 蓄电池，应在 9.6 V 以上，并保持稳定。

由于检测中蓄电池大电流放电，为防止造成损坏，要求被测蓄电池存电 75%以上，若电解液密度低于 1.22 g/cm^3，开路电压低于 12.4 V，应先充足电，再作测试。连续检测必须间隔 1 min 后再次测量。

在启动汽车时，不间断地使用起动机会导致蓄电池因过度放电而损坏。正确的使用办法是每次发动车的时间总长不超过 5 s，再次启动间隔时间不少于 15 s。

四、拓展知识

免维护蓄电池的正极板栅架采用铅-钙合金或铅-低锑合金，负极板栅架采用铅-钙合金，提高了氧在正极、氢在负极的析出电位，使蓄电池在使用时失水量少，在规定寿命期内不必补充蒸馏水；免维护蓄电池一般采用超细玻璃纤维棉制作隔板或者将正极板放在袋式隔板内，有了这些结构上的改进，可以保证蓄电池自放电少，荷电保持能力增强和极板寿命的延长。

免维护蓄电池通常采用极柱外露的全封闭式外壳，能够防止杂质侵入和水分蒸发。免维护蓄电池上部盖板内设有迷宫式液气分离结构且含有催化剂钯的中央通气孔和被称为“Fritte”的复燃（逆弧）保护装置。前者不但能够将充电过程中产生的水蒸气和硫酸蒸气冷却并将其收集回流，还能借助钯的催化作用将氢气和氧气还原成水回流，避免电解液的损失；后者是一个直径约为 15 mm，厚度为 2 mm 的圆形玻璃纤维垫，可防止外来火花侵入。

免维护蓄电池充电时依然会有少量气体从盖上的中央通气孔溢出，所以免维护蓄电池一般都接有通气软管用来将这些气体排出车外。在维修操作中注意不要拔下或阻塞该软管，以保证蓄电池正常排气。

免维护蓄电池与普通蓄电池相比，运行中只是免去了添加蒸馏水、调整电解液液面的工作，并非免去一切维护工作。

免维护蓄电池一般都内置温度补偿式密度计，俗称电眼，也有的叫蓄电池状态指示器。它是利用绿色的浮子球在不同密度的电解液中沉、浮的状态，再通过显色杆折射放大后在观察窗中显示出对应颜色的环状图形，来判断蓄电池的荷电状态的。通过观察电眼的观察窗颜色可以判断蓄电池的技术状况，一般绿色表示电量充足；深绿色或黑色表示电量不足，需进行补充充电；无色或淡黄色表示电解液不足，应报废或更换。电眼其结构如图 2-15 所示。

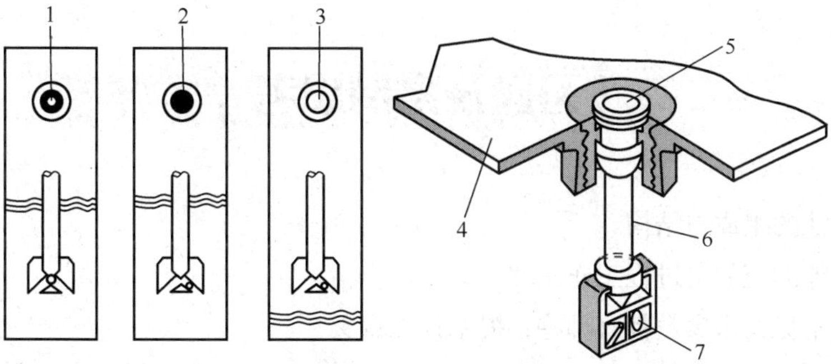

图2-15　电眼的结构

1—绿色（充电程度为65%或更高）　2—黑色（充电程度低于65%）
3—无色或黄色（蓄电池有故障）　4—蓄电池盖　5—观察窗
6—光学的荷电状况指示器　7—绿色浮子球

由于现代车载网络的能量消耗越来越大，因此对蓄电池容量的要求也越来越高。BMW 车辆自 2002 年安装了所谓的阀门调节式铅酸（VRLA）蓄电池，即吸收式玻璃纤维网垫（AGM）蓄电池。

相同规格的 AGM 或 VRLA 蓄电池具有下列优点：使用寿命更长；温度较低时起动安全性更高；电流需求较高时能可靠起动发动机；由于硫酸 100%地保留在玻璃纤维网垫内，因此蓄电池壳体损坏时也不会有硫酸流出。AGM 蓄电池与传统蓄电池相比，更加环保。车辆蓄电池充电时通过电解释放出氧和氢两种气体，会被释放到大气中去。使用 AGM 蓄电池，充电时正极处产生的氧气通过渗透性玻璃纤维网到达负极处，并在此与电解液中的氢离子发生反应而形成水。因此不会释放出任何气体，电解液也不会流失。

AGM 蓄电池没有电眼，壳体全封闭。任何情况下都不要打开 AGM 蓄电池，因为如果空气中的氧气进入其内部，蓄电池就会失去其化学平衡且无法正常工作。

对于使用 AGM 蓄电池的车辆，通常不得将其安装在发动机室内，因为机舱空间温差较高，会大大降低蓄电池的使用寿命。

小结

汽车电源系统是汽车电气设备能够正常工作的根本动力来源。蓄电池作为汽车重要电源部件，必须掌握其相关理论知识、安全使用、检测与维护技能。

本项目以蓄电池的安全使用、检查维护、充电和技术状况检测为载体，将蓄电池的结构、工作原理及型号等理论知识与其检测维护技能融为一体，涉及电化学、密度、基本电路等多方面的理论知识以及相关方面的安全使用与检查维护经验。在学习过程中，除了能对常见故障进行检查之外，应着重加深蓄电池型号及安全使用注意事项的理解，在对蓄电池进行检测和维护的基础上，掌握对汽车蓄电池常见故障进行维护的普适性方法，并熟悉其工作过程。

习题及案例思考

1. 习题

① 简述蓄电池的组成与结构。

② 试述蓄电池的充放电过程工作原理。

③ 蓄电池的常见技术参数都有哪些，揭示什么意义？

④ 蓄电池的型号如何识别，如何正确选择合适型号的蓄电池？

⑤ 蓄电池都有哪些常见故障，如何正确使用才能避免这些故障？

⑥ 蓄电池的安全使用注意事项都有哪些？

⑦ 试述免维护铅酸蓄电池的特点。

⑧ 蓄电池的技术状况检测都有哪些项目？

⑨ 如何对蓄电池进行充电？

2. 案例思考

① 案例一：

故障现象

一辆标致 307 轿车从车库开出后熄火，再次起动时发动机因起动机转速低而不能起动，并很快出现起动机不转，电动车窗不能升降的故障现象。按照车主的说法，蓄电池在车库第一次起动还是好的，突然失去电能，猜测是蓄电池坏了。

故障检修过程

故障可能性分析：根据此故障现象初步分析故障原因，蓄电池是在再次起动时其电能迅速下降至“没电”的，蓄电池严重亏电或蓄电池极板硫化的可能性较大；另一个可能的原因是电源线路连接不良，并非蓄电池本身原因。

故障诊断方法：用万用表测量静止状态下的蓄电池正负极桩之间的电压为 12V；接通起动开关时电压下降很小，说明蓄电池在起动状态下的输出电流很小，初步判断为蓄电池与起动机之间的电缆线连接不良，并非蓄电池本身的问题。

然后在起动发动机时，检测蓄电池正负极桩上两电缆线夹之间的电压，只有 7.2V，最终确认为蓄电池极桩与线夹接触不良。将蓄电池正负极桩线夹拆下，发现线夹内表面有一层黑色的氧化物。

故障处理措施：用砂纸将两个线缆夹内表面的氧化物清除干净，再装回线夹后，起动正常，故障排除。

故障实例分析

本案例所示故障是由蓄电池极桩上的线夹安装不紧引起的，因为极桩上的线夹如果没有松动，线夹内表面未接触空气、也不会产生电弧放电，线夹内表面就不容易氧化。该例故障在维修时未发现线夹内有松动，是因为其内部的氧化物及灰尘太多而膨胀，将线夹与极桩之间的间隙填满且涨紧了。

检查故障时，先测量蓄电池静态和起动工况正负极桩之间的电压，其目的是大致判断蓄电池是否严重亏电或极板硫化等。然后检查起动时蓄电池正负极线夹之间的电压，如果电压低于蓄电池正负极桩之间的电压，就可以确认线夹与极桩之间接触不良。

② 案例二：

故障现象

一辆上海桑塔纳轿车出车时启动困难，通过推车才将发动机起动，车主将此车开走，全天开车、停车、起动都很顺利。第二天再起动则又出现了起动机转速很低或根本不转，发动机又无法起动。

故障检修过程

故障可能性分析：根据该故障现象分析，蓄电池存在自放电现象或外电路有漏电的可能性最大，也有可能是发电机充电不良而使蓄电池不能恢复电量所致。

故障诊断方法：用辅助电源将发动机起动后，用万用表直流电压挡检查发电机的电压，为 14.5V 左右，属于正常。关断点火开关，将蓄电池的负极电缆线夹拆下，再用线夹触碰蓄电池负极的极桩时，不跳火，说明外电路没有短路或漏电。根据检查结果最后判断为该蓄电池自放电严重。

故障处理措施：将该蓄电池拆下，更换同型号的新蓄电池后，车辆放置数天也没有出现过因蓄电池亏电而不能起动的故障。

故障实例分析

蓄电池轻微的自放电是不可避免的，但每昼夜自行放电量超过额定电容的 2%就属于故障了。除了蓄电池盖表面脏污导致漏电外，导致蓄电池严重自放电最常见的原因是其电解液不纯。

Chapter 3

项目三 充电系统及交流发电机的检修

一、项目要求

汽车在行驶过程中，电气设备主要由发电机供电。汽车行驶过程中，应经常观察电流表或充电指示灯的工作状态，发现异常，应立即停车进行检查修理，以保证车辆正常行驶状态。充电系统经常出现的故障主要有不充电、充电电流过小、充电电流过大和充电电流不稳定等。该项目通过对交流发电机和充电系统故障的诊断、拆卸、检修、安装调整过程的实施与学习，使同学在掌握交流发电机和充电系统的结构与工作原理等方面理论知识的同时，具备对上述故障进行分析与排除的能力。

【知识要求】

1. 熟悉充电系统的组成与结构原理。
2. 掌握交流发电机的工作原理。
3. 掌握交流发电机的工作特性。
4. 掌握电压调节器调压原理。
5. 会分析充电系统常见故障原因，故障诊断及排除方法。

重点掌握内容：电压调节器的调压原理；充电系统常见故障分析与故障排除方法。

【能力要求】

1. 能正确拆装交流发电机，并对交流发电机的皮带进行调整；能对交流发电机各零部件及总成进行正确的检查；能对晶体管电压调节器进行检测。

2. 能正确检查充电系统的工作线路，并能对常见故障进行检修。

二、相关知识

现代汽车随着汽车性能的不断提高，汽车上用电设备的数量越来越多。因此，要求发电机要有较大的输出功率，如解放 CA1092 汽车发电机的功率为 350 W，而奥迪、红旗轿车发电机的功率为 1 200 W。而蓄电池的主要作用是启动发动机以及在发动机工作时充当备用电源。在发动机正常工作时，由发电机向全车用电设备供电，同时发电机还要向蓄电池进行补充充电，以保证蓄电池有足够的电力，同时电压调节器在发电机上保证其输出的电压稳定在一定范围内，防止因电压起伏过大而烧毁用电设备。充电系统的各元件位置如图 3-1 所示。

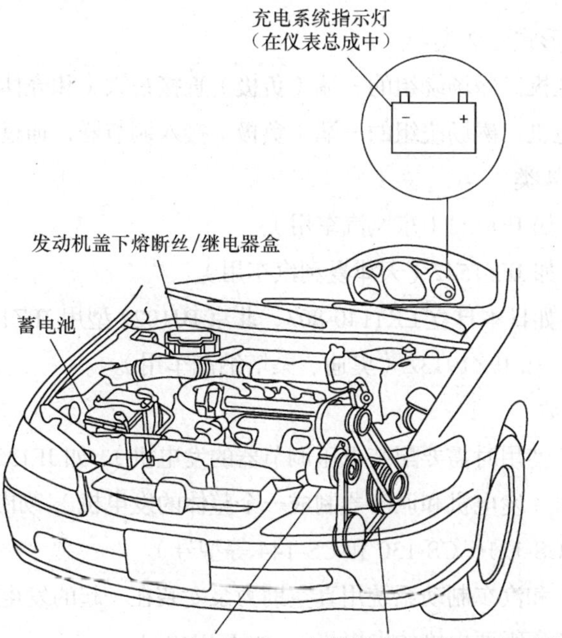

图3–1　充电系统的元件位置

（一）充电系统概述

由于当今汽车的电子装置日益增多，使充电系统迅速地显示出其重要地位。各种电控系统能否正常工作完全取决于汽车行驶时蓄电池的充电情况所产生电流的大小。

汽车的充电系统一般由以下几部分组成：蓄电池、发电机、电压调节器（简称调压器）、警告灯、点火开关、导线和电缆。蓄电池和发电机并联于汽车电路之中，发电机是主要电源，蓄电池是辅助电源。

当点火开关在启动位置时，蓄电池提供启动时所需的电力。在发动机启动过程中，车上所用电气系统的供电也是由蓄电池提供的。发动机启动以后，发电机不仅向蓄电池充电，保持正常充电水平，还要给车上所用电气装置供电。

汽车上所用发电机大多为三相交流发电机，主要由三相同步交流发电机和硅二极管整流器组成，所以又称为硅整流发电机，简称交流发电机。目前汽车上所用的交流发电机，按调节器是否单独安装可分为两大类：一类是调节器单独安装，称为普通整流发电机，多数用于中低档车型，如解放 CA1092 等；另一类是调节器安装在发电机内部，称为整体式硅整流发电机，广泛用于中高档车型，如奥迪轿车等。

如果对发电机的输出没有控制的话，它的电压将超出汽车电路的安全界限。汽车上采用电压调节器使发电机的输出电压稳定在 14 V 左右。调节器监测发电机的电压输出，通过控制发电机中电磁场强度来控制发电机的输出电压。为了使驾驶员了解发电机的情况，许多车的仪表盘上装有指示灯或电流表。

（二）交流发电机的构造

1. 交流发电机的分类

（1）按磁场绕组搭铁形式分2类

① 内搭铁型交流发电机。磁场绕组的一端（负极）直接搭铁（和壳体相联）。

② 外搭铁型交流发电机。磁场绕组的一端（负极）接入调节器，通过调节器后再搭铁。

（2）按整流器结构分4类

① 6管交流发电机，如JF1522（东风汽车用）。

② 8管交流发电机，如JFZ1542（天津夏利汽车用）。

③ 9管交流发电机，如日本日立LR1140-803、北京BJ1022型用JFZ141。

④ 11管交流发电机，如JFZ1913Z（奥迪、桑塔纳汽车用）。

（3）按总体结构分5类

① 普通交流发电机（使用时需要配装电压调节器的发电机），如JF132。

② 整体式交流发电机（发电机和调节器制成一个整体的发电机），如别克轿车的发动机上装配的是CS型发电机（包括CS-121、CS-130和CS-144等型号）。

③ 带泵交流发电机（和汽车制动系统用真空助力泵安装在一起的发电机），如JFZB292。

④ 无刷交流发电机（不需要电刷的发电机），如JFW1913。

⑤ 永磁交流发电机（磁极为永磁铁制成的发电机），如JFW1712。

2. 交流发电机的结构

目前国内外生产的汽车用硅整流发电机虽然在制造工艺、局部结构及工作性能上有所改进，形式各异，但其结构基本相同，主要由转子、定子、整流器、前端盖、后端盖、带轮及风扇等组成。图3-2和图3-3所示分别为JF132交流发电机的组件图和结构图。

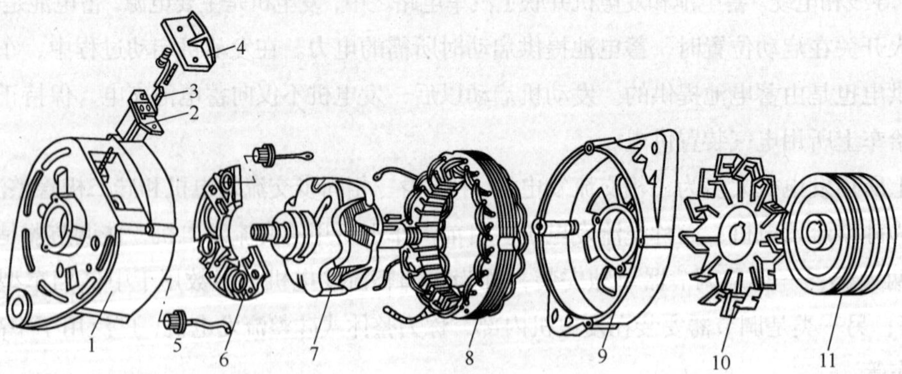

图3-2 JF132交流发电机的组件图

1—后端盖 2—电刷架 3—电刷 4—电刷弹簧压盖 5—硅二极管 6—散热板 7—转子 8—定子总成 9—前端盖 10—风扇 11—带轮

（1）转子

交流发电机的转子是发电机的磁极部分，用来产生磁场，由滑环、转子轴、爪极、磁轭、磁场绕组等部件组成，其组成如图 3-4 所示。

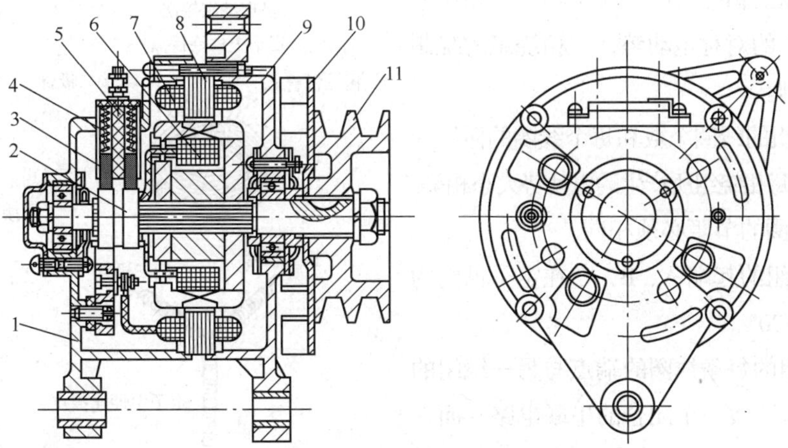

图3–3　JF132交流发电机的结构图

1—后端盖　2—滑环　3—电刷　4—电刷弹簧　5—电刷架　6—磁场绕组　7—电枢绕组　8—电枢铁芯　9—前端盖　10—风扇　11—带轮

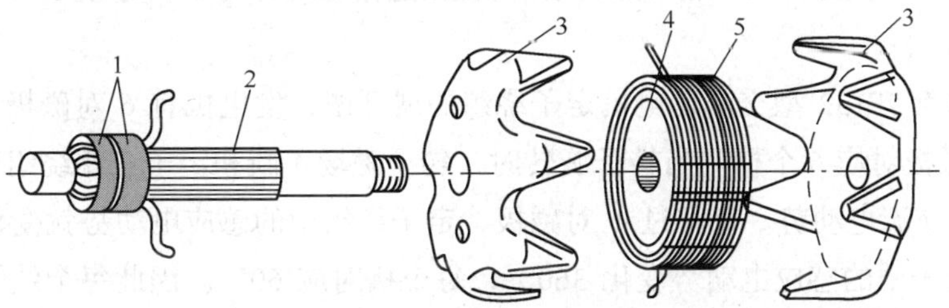

图3–4　交流发电机的转子

1—滑环　2—转子轴　3—爪极　4—磁轭　5—磁场绕组

由低碳钢制成的 2 块 6 爪磁极压装在转子轴上，爪极的空腔内装有磁轭并绕有磁场绕组，磁场绕组的两端引出线分别焊接在与轴绝缘的集电环（2 个铜制滑环）上，2 个电刷与滑环接触，将直流电流引入磁场绕组（该电流称为发电机的励磁电流）。磁场绕组通入励磁电流后产生磁场，被磁化的爪极其中一块为 N 极，另一块为 S 极，形成相互交错的 N、S 磁极，于是就形成了 4～8 对磁极，国产交流发电机多为 6 对磁极。

当转子转动时，就形成了旋转的磁场。将转子爪极设计成鸟嘴形的目的是使磁场呈正弦分布，以使电枢绕组产生的感应电动势有较好的正弦波形。

（2）定子

交流发电机的定子是发电机的电枢部分，其功用是用来产生交流电动势，由定子铁芯和对称的三相电枢绕组组成。定子铁芯由相互绝缘的内圆带嵌线槽的环状硅钢片叠成，嵌线槽内嵌入三相互相独立的三相对称定子线圈。当转子转动时，定子线圈切割旋转磁场的磁力线而产生三相交流电动势。三相绕组的连接方法可以分为星形（Y 形）连接和三角形（△形）连接 2 种，通常采用星形接法。星形接法在发电机低速旋转时也能发出足够的电量，所以被广泛用在汽车硅整流发电机上。例如，桑塔纳、奥迪等轿车的交流发电机的定子绕组均采用星形接法；而北京切诺基等轿车发电机定子绕组的连接方法采用三角形接法。定子及定子绕组的连接方式如图 3-5 所示。

为保证电枢三相绕组产生大小相等、相位差 120°（电角度）的对称电动势，三相绕组的绕制应遵循以下原则。

① 每相绕组的线圈个数和每个线圈的匝数应完全相等，保证每相绕组所产生的电动势大小相等。

② 每个线圈的节距必须相同。

③ 三相绕组的起端 A、B、C 在定子槽内的排列必须相隔 120°。

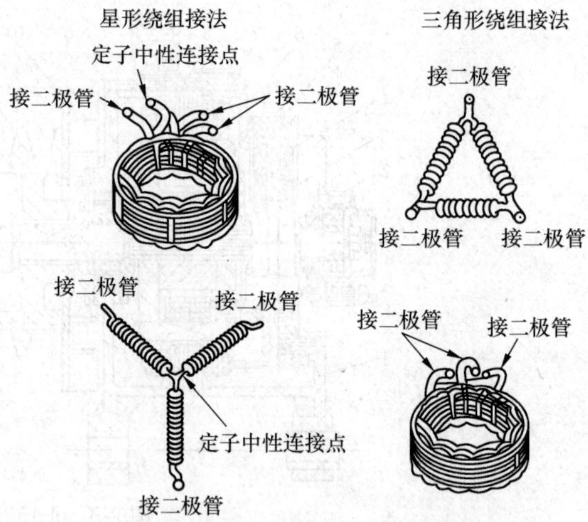

图3-5 定子及定子绕组的连接方式

三角形绕组的每条线圈的端点与另一绕组的端点首尾相连，形成一个闭合的串联电路。而 Y 形绕组中，每 2 个线圈绕组形成串联电路，而 3 个绕组的公共点为中性点。发电机中最常使用的是 Y 形绕组（70 A 发电机）。三角形绕组用于可使用圈套绕组的大功率发电机（100 A 旁接线端发电机）。

图 3-6 所示为 JF132 型交流发电机定子绕组的展开图，发电机有 6 对磁极，定子总槽数为 36 个，即 1 对磁极对应 6 个槽。当转子旋转时，转子磁场不断和定子三相绕组作相对运动，在定子绕组中产生交流电动势。每转过 1 对磁极，定子绕组中的感应电动势就变化 1 个周期，每转过 6 个槽，定子中的感应电动势变化 360°；每个槽对应 60°。因此每个线圈 2 条有效边的位置间隔是 3 个槽，每相绕组相邻线圈始边之间的距离为 6 个槽，三相绕组的始边的相互间隔可以是 2、8、14 个槽等。

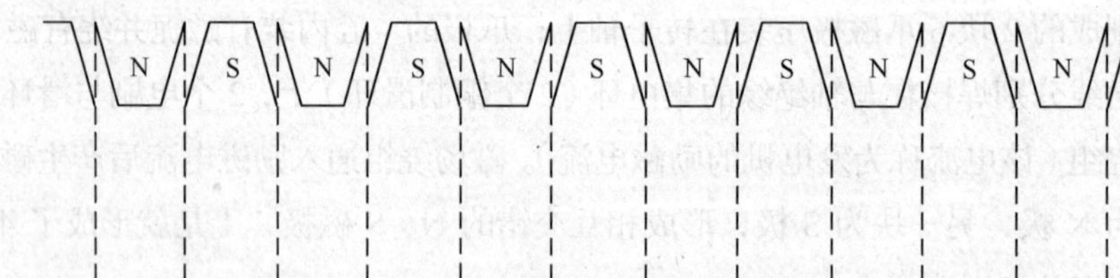

图3-6 JF132型交流发电机定子绕组的展开图

（3）整流器

由于汽车的电气系统使用直流电，所以发电机的交流电必须转变为直流电，这一过程称为整流。用很小的半导体二极管可将交流电转变为直流电。二极管只允许电流流向一个方向，它由外表掺杂的纯硅片制成。二极管可以正向连接（导电），也可以反向连接（不导电）。这些整流器连接于发电机的内部线路中，使发电机定子线圈流出的电流只流向正方向，而阻止电流流向反方向。

汽车交流发电机的整流器如图 3-7 所示，它是由 6 只硅整流二极管组成的三相桥式整流电路。其作用是将三相绕组中产生的三相交流电转换为直流电。部分发电机还有 3 只小功率励磁二极管和 2 只中性点二极管。

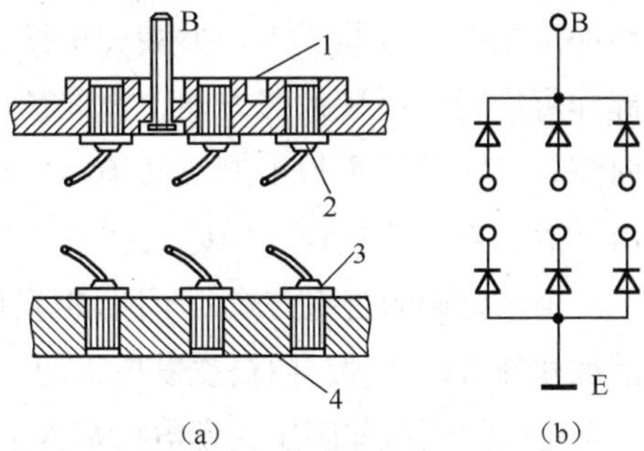

图3-7　交流发电机的整流器

1—绝缘散热板　2—正极管　3—负极管

4—后端盖（或接地散热板）　5—电枢接柱

二极管的引线为二极管的一极，其壳体部分为二极管的另一极。压装在后端盖（或与外壳相通的接地散热板）上的 3 只硅二极管的壳体为二极管正极，引线为二极管负极，称之为负极管；压装在外壳绝缘散热板上的 3 只硅二极管的壳体为二极管负极，引线端为二极管正极，称之为正极管。3 只正极管和 3 只负极管的引线端通过 3 个接线柱一一对应连接，并分别连接三相绕组的 A、B、C 端，就组成了三相桥式全波整流电路。

固定在散热板上的螺栓伸出发电机壳体外部，作为发电机的输出接线柱，该接线柱为发电机的正极，相应的标记为“B”（或“+”、“电枢”等）。

整流板的形状各异，有马蹄形、长方形、半圆形等，其中 JF1522A 交流发电机整流器总成如图 3-8 所示。

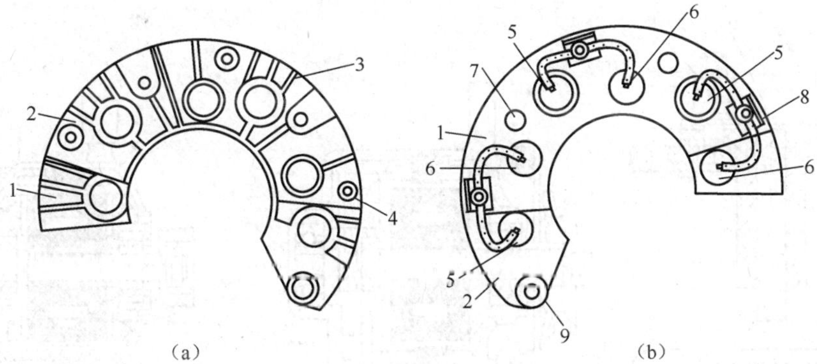

图3-8　JF1522A交流发电机整流器总成

1—负整流板　2—正整流板　3—散热片　4—连接螺栓　5—正极管　6—负极管

7—安装孔　8—绝缘垫　9—电枢接柱安装孔

（4）端盖及电刷组件

交流发电机的前后端盖由铝合金铸成，铝合金为非导磁材料，可减少漏磁，并具有重量轻、散热性好的优点。端盖起着固定转子、定子、整流器和电刷组件的作用。前端盖铸有安装臂、调整臂与出风口，后端盖铸有安装臂与进风口。当风扇转动驱动空气从进风口流入，经发电机定子铁芯表面再从出风口流出，将定子线圈对外输出电流时产生的热量带走，达到散热的目的。整流器则装于后端盖内侧或外侧上。

在后端盖内装有电刷组件，电刷组件包括电刷、电刷架和电刷弹簧，如图 3-10 所示。电刷架有两种形式，一种是外装式，从发电机的外部拆下电刷弹簧盖板即可拆下电刷（见图 3-9（a））；另一种是内装式，需拆开发电机后才能拆下电刷（见图 3-9（b））。电刷通过弹簧与转子轴上的滑环保持接触。外装式电刷拆装和更换在发电机外部即可进行，拆装检修方便，因此被广泛采用；内装式电刷若需更换电刷，必须将发电机解体，由于拆装检修不方便，因此现在很少采用。

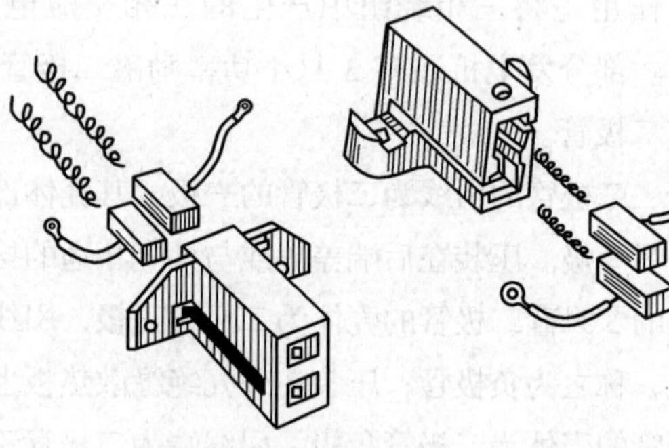

（a）外装式　（b）内装式

图3–9　发电机电刷架的形式

根据电刷的搭铁方式的不同，把发电机分为内搭铁和外搭铁 2 种。内搭铁发电机的 2 个电刷中，一个电刷的引线与固定在发电机端盖上的，与端盖绝缘的磁场接线柱（标“F”或“磁场”）相接，另一个电刷的引线与发电机外壳相接，直接搭铁；外搭铁发电机的 2 个电刷通过引线均与绝缘接线柱（标“F+”、“F−”或“F1”、“F2”）相接，磁场绕组通过“F−”或“F2”接线柱经调节器搭铁。

（5）带轮及风扇

交流发电机的前端装有带轮，由发动机通过风扇传动带驱动发电机旋转。带动交流发电机转子转动的带轮上有风扇叶片，用于对发电机的强制通风散热（叶片外装式，见图 3-11（a））。为提高发电机的效率，减小发电机的体积，有的发电机风扇叶片设在其转子上（叶片内装式，见图 3-11（b））。

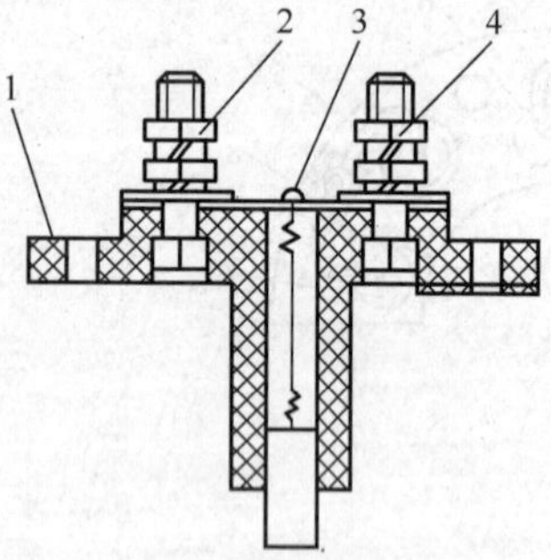

图3–10　电刷组件

1—电刷架　2—“磁场”接线柱

3—电刷与弹簧　4—“磁场”接线柱

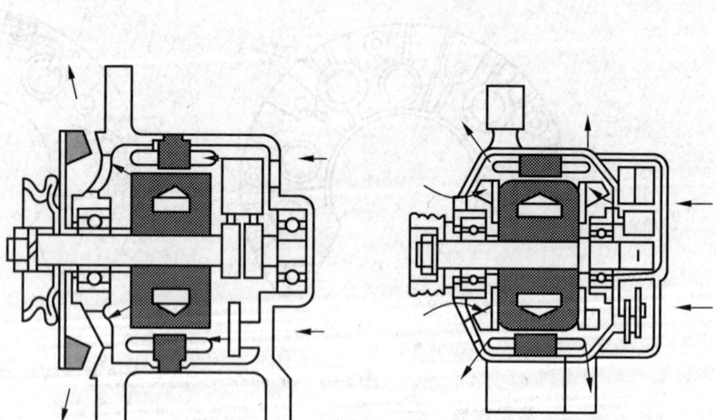

（a）叶片外装式　（b）叶片内装式

图3–11　交流发电机通风方式

（6）交流发电机的型号

交流发电机的型号规定如下：根据我国汽车行业标准 QC/T 73-93《汽车电气设备产品型号编制方法》的规定，汽车交流发电机的型号组成如下所示。

1	2	3	4	5

第 1 部分为产品代号，交流发电机的产品代号用字母表示，如 JF、JFZ、JFB、JFW 分别表示普通交流发电机、整体式交流发电机、带泵交流发电机和无刷交流发电机；

第 2 部分为电压等级代号，用 1 位阿拉伯数字表示，其中有：1——12V、2——24V、6——6V；

第 3 部分为电流等级代号，用 1 位阿拉伯数字表示，各代号表示的电流等级见表 3-1；

表 3-1　　发电机电流等级代号

电流等级代号	1	2	3	4	5	6	7	8	9
电流范围/A	～19	>19～29	>29～39	>39～49	>49～59	>59～69	>69～79	>79～89	>89

第 4 部分为设计序号，用 1 位阿拉伯数字表示产品的顺序；

第 5 部分为变形代号，用字母表示，交流发电机是以调整臂的位置作为变形代号，从驱动端看，Y——右边、Z——左边，调整臂在中间位置时不加标记。

（三）交流发电机的工作原理

1. 交流发电机发电原理

交流发电机产生交流电的基本原理是电磁感应原理。交流发电机是利用产生磁场的转子旋转，使穿过定子绕组的磁通量发生变化，在定子绕组内产生交流感应电动势。

当励磁绕组中有电流通过时，励磁绕组中便产生磁场，转子轴上的 2 个爪极分别被磁化为 N 极和 S 极。当转子旋转时，磁极交替地在定子铁芯中穿过，形成一个旋转的磁场，磁力线和定子绕组之间产生相对运动，在三相绕组中产生交流感应电动势。

在交流发电机中，由于转子磁极呈鸟嘴形，其磁场的分布近似正弦规律分布，所以在发电机定子绕组中产生的交流感应电动势也近似正弦规律变化。

三相同步交流发电机的工作原理如图 3-12 所示。发电机的转子为磁极，磁极绕组通过电刷和滑环引入直流电而产生磁场；发电机的定子为电枢，三相电枢绕组按一定的规律分布在定了的槽中，彼此相差 120° 电角度。

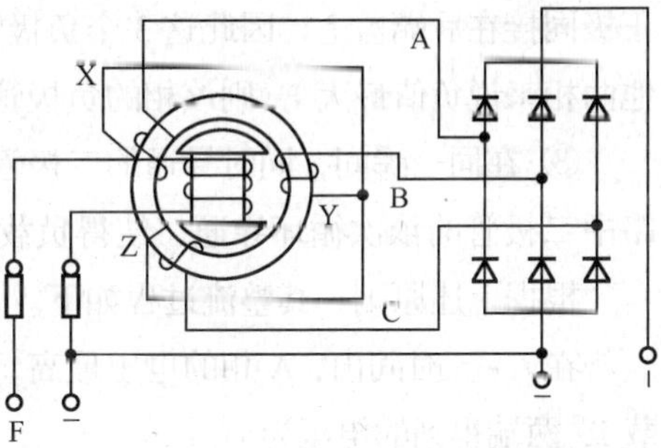

图3-12　交流发电机的工作原理

当转子旋转时，产生一个旋转的磁场，使得相对静止的电枢绕组切割磁力线而产生感应电动势。通过对磁极铁芯的特殊设计使磁场近似于正弦规律分布，因此三相电枢绕组产生的感应电动势近似按正弦规律变化，频率相同、幅值相等、相位互差 120° 电角度，可用下列方程式表示：

$$
\begin{aligned}
e_A &= \sqrt{2}E_\phi \sin\omega t \\
e_B &= \sqrt{2}E_\phi \sin\left(\omega t - \frac{2\pi}{3}\right) \\
e_C &= \sqrt{2}E_\phi \sin\left(\omega t - \frac{4\pi}{3}\right)
\end{aligned}
\tag{3-1}
$$

式（3-1）中，ω为电角速度，E_ϕ为每相绕组电动势的有效值（V），分别有如下关系式：

$$\omega = 2\pi f = \pi pn / 30 \tag{3-2}$$

$$E_\phi = \frac{E_m}{2} = 4.44KfN\Phi = 4.44K\frac{pn}{60}N\Phi = C_e\Phi n \tag{3-3}$$

式中：f——交流电动势的频率（Hz）；

K——绕组系数（和发电机定子绕组的绕线方法有关）；

n——发电机转速（r/min）；

p——磁极对数；

N——每项匝数（匝）；

Φ——每极磁通（Wb）；

C_e——电机结构常数。

2. 交流发电机整流原理

二极管具有单向导电特性。当给二极管加上正向电压时，二极管导通，呈现低阻态；当给二极管加上反向电压时，二极管截止，呈现高阻态。汽车交流发电机定子绕组中感应产生的交流电，通过 6 只二极管组成的三相桥式整流电路转变为直流电输出。

桥式整流电路及电压波形如图 3-13 所示。

① 由于 3 个正极管（VD_1、VD_3、VD_5）的正极分别接在汽车发电机三相绕组的首端（A、B、C），而它们的负极同接在元件板上，因此这 3 个正极管导通的条件是：在某一瞬间，哪一相的电压最高（相对其他两相来说正值最大），则该相的正极管导通。

② 由于 3 个负极管（VD_2、VD_4、VD_6）的负极分别接在发电机的三相绕组的首端，而它们的正极同接在后端盖上，因此这 3 个负极管的导通条件是：在某一瞬间，哪一相的电压最低（相对其他两相来说负值最大），则该相的负极管导通。

③ 在同一瞬间，同时导通的二极管就只有 2 个，即正极管、负极管各一个。三相桥式整流电路中二极管的依次循环导通，使得负载 R_L 两端得到一个比较平稳的脉动直流电压。

根据上述原则，其整流过程如下。

在 $t_1 \sim t_2$ 时间内，A 相的电压最高，B 相的电压最低，故 VD_1、VD_4 处于正向电压下而导通，负载 R_L 两端得到的电压为 U_{AB}。

在 $t_2 \sim t_3$ 时间内，A 相的电压最高，C 相的电压最低，故 VD_1、VD_6 处于正向电压下而导通，负

载 R_L 两端得到的电压为 U_{AC}。

在 $t_3 \sim t_4$ 时间内，VD_3、VD_6 导通，R_L 两端的电压为 U_{BC}。

这样依此类推，循环反复，就在 R_L 两端得到一个比较平稳的脉冲直流电压 U_L，1 个周期内有 6 个波形，如图 3-13（c）所示。

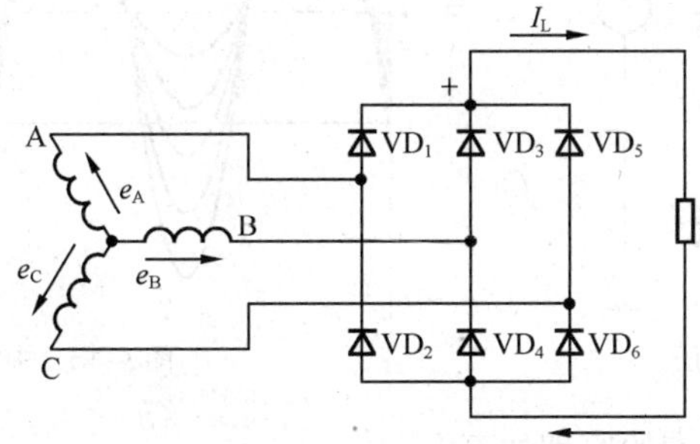

（a）整流电路

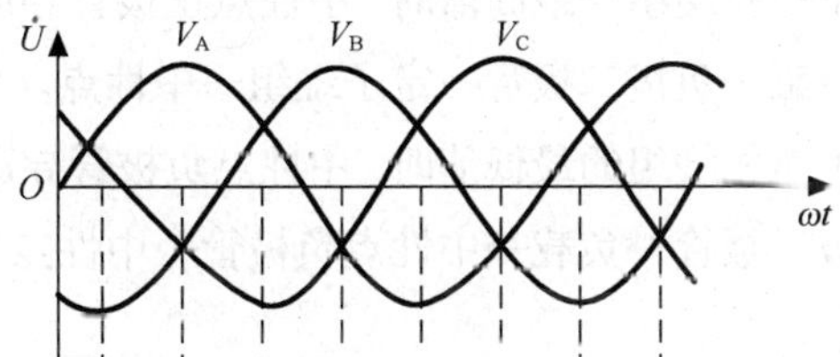

（b）三相交流电压

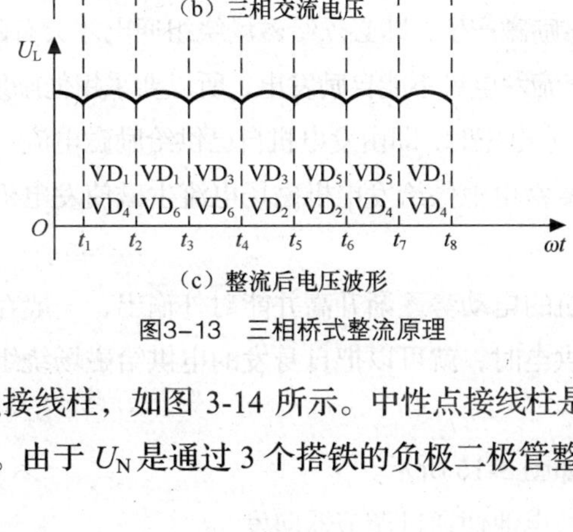

（c）整流后电压波形

图3-13　三相桥式整流原理

有的发电机具有中性点接线柱，如图 3-14 所示。中性点接线柱是从三相绕组的末端引出，标记为“N”，输出电压为 U_N。由于 U_N 是通过 3 个搭铁的负极二极管整流后得到的直流电压（即三相半波整流），所以

$$U_N - \frac{1}{2}U \tag{3-4}$$

交流发电机的转速高到一定程度，中性点电压高过发电机输出电压。中性点电压波形如图 3-15 所示。部分发电机在中性点接上 2 只中性点二极管，对中性点电压进行全波整流，可以有效利用中性点电压来增加发电机的功率。试验表明，加装中性点二极管的交流发电机，在结构不变的情况下可以提高发电机的功率 10%～15%。交流发电机中性点电压 U_N 一般用来控制各种用途的继电器，如磁场继电器、充电指示灯继电器等。

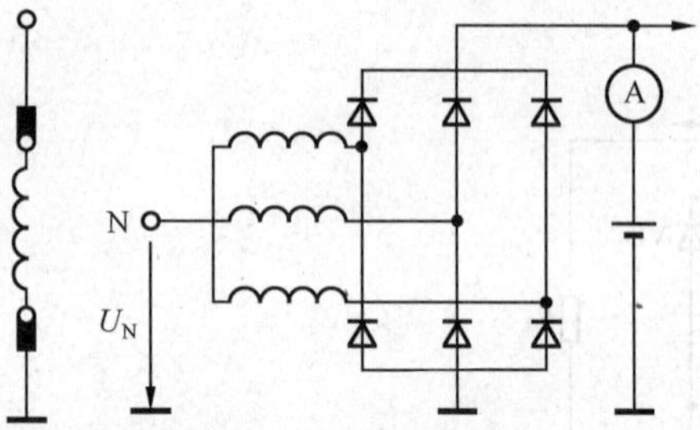

图3-14　交流发电机中性点电压

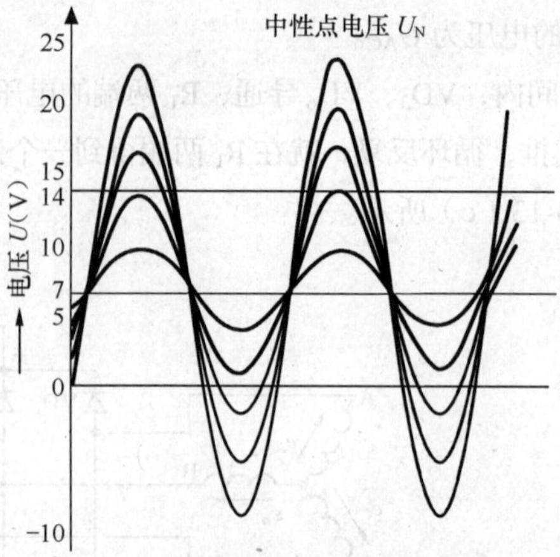

图3-15　中性点电压波形

中性点二极管提高发电机功率的原理如下。

当中性点电压瞬时值高于三相绕组的最高值时，中性点正极管导通对外输出电流，电流回路为：中性点→正极二极管→负载→某一负极二极管→定子绕组→中性点。

当中性点电压瞬时值低于三相绕组的最低值时，中性点负极管导通对外输出电流，电流回路为：中性点→定子绕组→某一正极二极管→负载→中性点负极管→中性点。

3. 交流发电机励磁方式

汽车交流发电机的磁场靠励磁产生，即必须给磁场绕组通电才会有磁场产生。由于二极管死区电压的存在，发动机转速低时交流发电机不能自励发电，所以要采用他励发电。需先由蓄电池供给励磁电流，当发电机电压达到蓄电池电压时，即由发电机自己供给励磁电流，也就是由他励转变成为自励。

在发动机启动期间，需要蓄电池供给发电机磁场电流生磁使发电机发电，这种供给磁场电流的方式称为他励发电。

随着转速的提高，发电机的电动势逐渐升高并能对外输出，一般在发动机怠速时发电机就能对外供电了。当发电机能对外供电时，就可以把自身发的电供给磁场绕组生磁发电，这种供给磁场电流的方式称为自励。

交流发电机的励磁电路如图 3-16 所示。

当点火开关 S 接通时，蓄电池便通过调节器向发电机的励磁绕组提供励磁电流，励磁电路为：蓄电池正极→点火开关 S→调节器“+”接线柱→调节器→调节器“F”接线柱→发电机的“F”接线柱→发电机励磁绕组→搭铁。

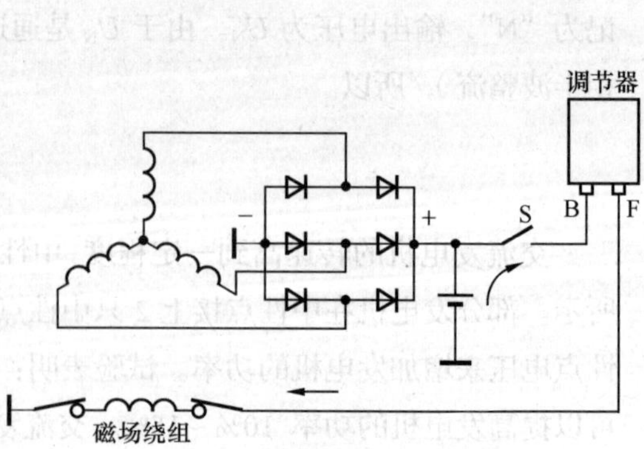

图3-16　交流发电机的励磁电路

当发动机启动后，发电机的输出电压略高于蓄电池电压时，发电机自己给励磁绕组提供励磁电流，励磁电路为：发电机正极→点火开关 S→调节器“+”接线柱→调节器→调节器的“F”接线柱→发电机的“F”接线柱→发电机励磁绕组→搭铁。

以上分析的励磁电路只是一个基本电路，该电路还存在着一个缺点，即驾驶员如果在发动机熄火后忘记将点火开关 S 关闭，蓄电池就会通过调节器向发电机励磁线圈长时间放电。针对这一缺点，有很多车型采用了 9 管交流发电机。如图 3-17 所示，增加了 3 个功率较小的硅二极管，专供励磁电流，称为励磁二极管，励磁二极管同时控制充电指示灯。3 只励磁二极管与 3 只负极二极管同样组成桥式整流电路，L 点与 B 点电位相等。

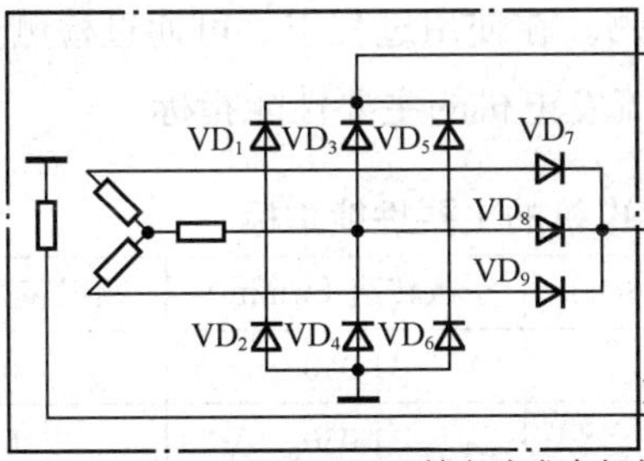

图3-17　9管交流发电机的整流电路

如图 3-17 所示，电路起到警告驾驶员停车后必须关断点火开关的作用，同时电路中还连接一个充电指示灯，用来监视发电机的工作情况，指示发电机是否有故障。其工作情况如下。

在发动机启动期间，发电机电压 U_{D+}小于蓄电池电压时，整流二极管截止，发电机不能对外输出，由蓄电池供给磁场电流。路径为蓄电池+→点火开关→充电指示灯→调节器→磁场绕组→搭铁→蓄电池–，充电指示灯亮。

当发动机转速升高到怠速及其以上时，发电机应能正常发电并对外输出，发电机电压大于蓄电池电压，发电机自励。$U_B = U_{D+}$，充电指示灯两端压降为零，充电指示灯熄灭。如果充电指示灯没有熄灭，说明发电机存在故障或充电指示灯电路有搭铁。

充电指示灯不仅可以指示发电机的工作情况，而且可在发动机停转后发亮，提醒驾驶员及时关闭点火开关。

（四）交流发电机的工作特性

汽车交流发电机的工作特点是转速变化范围大。对一般汽油发动机来说，其转速变化约为 1:8，对柴油发动机来说其转速变化约为 1:5，因此汽车交流发电机的工作特性应该以转速变化为基础。交流发电机的工作特性有输出特性、空载特性和外特性，其中以输出特性最为重要。了解发电机的工作特性对发电机的正确使用与维护具有指导意义。

1. 输出特性

输出特性是指保持发电机的端电压不变时（对 12 V 系列的交流发电机规定为 14 V，对 24 V 系列的交流发电机规定为 28 V），发电机的输出电流 I 与转速 n 之间的关系。即：U = 常数时，$I = f(n)$的曲线。交流发电机的输出特性曲线如图 3-18 所示。

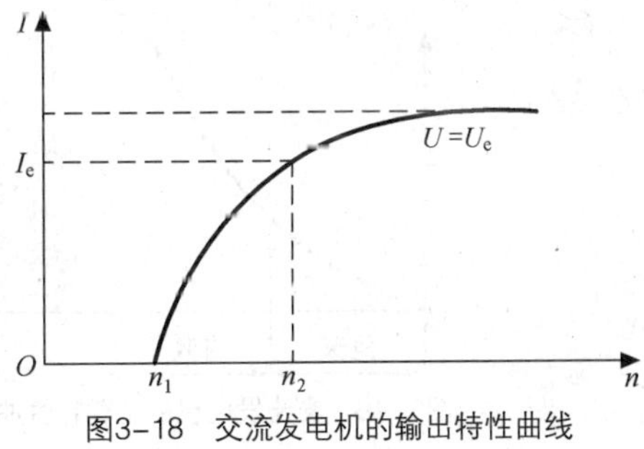

图3-18　交流发电机的输出特性曲线

由输出特性曲线图 $I = f(n)$的函数关系可以看出如下特点。

① n_1——发电机的空载转速，当发电机达到额定电压并能对外输出电流时的最小转速为 n_1，即空载转速。发电机转速小于 n_1 时，对外输出电流为零。空载转速常用来作为测试发电机性能的参数之一，也是用来作为选择发电机与发动机转速比的主要依据。

② n_2——发电机的满载转速，额定电流一般定为最大输出电流的2/3。

空载转速与满载转速是测试交流发电机性能的重要依据。发电机出厂时，通过试验，规定了空载转速与满载转速，并列入产品说明书。在使用过程中，可通过检测这 2 个数据，来判断发电机性能的好坏。表 3-2 所示为国产交流发电机的主要性能指标。

表 3-2 国产交流发电机的主要性能指标

交流发电机型号	额定电压（V）	额定电流（A）	空载转速（r/min）	额定转速（r/min）	使用车型
JFZ1913	14	90	1 050	6 000	桑塔纳
JFZ1512	14	55	1 050	6 000	广州标致
JFZ1918	28	27	1 150	5 000	切诺基
JF1314ZD	14	25	1 000	3 500	CA1090

从交流发电机的输出特性可知，当发电机转速达到一定值后，发电机的输出电流就不再随转速的增加而上升，其原因如下。

① 发电机电枢绕组的感抗作用。发电机的转速很高时，电动势的交变频率很高，电枢绕组的感抗作用增大，使发电机的内压降增大。

② 发电机电枢反应的影响。发电机的输出电流增大时，电枢反应增强，使发电机的电动势下降。

交流发电机的这种自动限流作用使得发电机具有自我保护能力。

2. 空载特性

空载特性是指发电机空载时，发电机端电压 U 与发电机转速 n 之间的关系。即：负载电流 $I_L=0$ 时，$U=f(n)$的曲线。发电机的空载特性曲线如图 3-19 所示，从曲线的上升速率和达到蓄电池电压的转速高低可判断发电机的性能是否良好。

3. 外特性

外特性是指发电机转速一定时，发电机的端电压 U 与输出电流 I 之间的关系。即：$n=C$时，$U=f(I)$的曲线，如图 3-20 所示。

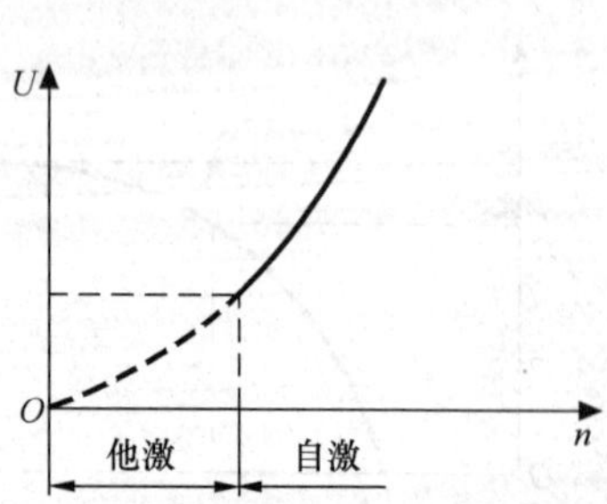

图3-19 交流发电机的空载特性曲线

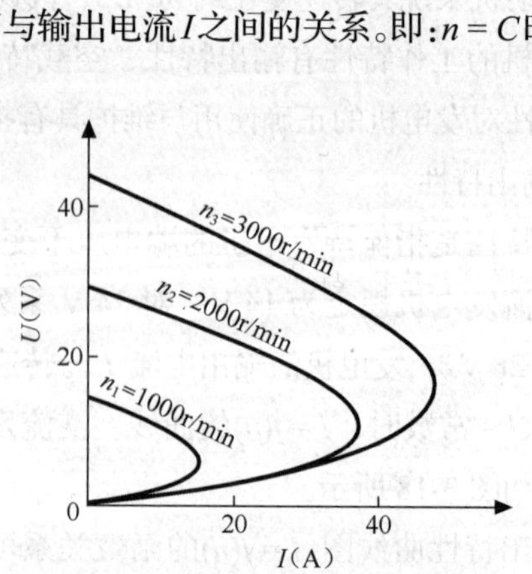

图3-20 交流发电机的外特性曲线

交流发电机的端电压与电动势及输出电流的关系为

$$U = E - R_Z I \quad (3\text{-}5)$$

式中：E——交流发电机等效电动势；

R_Z——发电机等效内阻，包括发电机电枢绕组的阻抗和整流二极管的正向导通电阻；

I——发电机的输出电流。

发电机在某一稳定的转速下的 R_Z 为一定值，如果 E 是稳定的，则发电机的端电压 U 将随输出电流增大而呈直线下降。但实际上发电机的端电压随输出电流的增大下降得更多，这是因为 E 也随 I 的增大而下降，原因有 2 点。

（1）发电机的电枢反应增强

电枢反应是指电枢电流产生的磁场对磁极磁场的影响。当发电机有输出电流时，电枢电流产生的磁场会造成磁极磁场的削弱和扭斜，从而引起电枢绕组电动势下降。随着发电机的输出电流的增大，电枢反应的影响也随之增大，发电机电动势下降也越多。

（2）励磁电流减小

发电机端电压下降后，发电机的励磁电流减小，磁场减弱，这又使发电机的电动势进一步下降。

从交流发电机的外特性可知，随着发电机输出电流的增加，其端电压下降较快。因此，在发电机高速运转时，如果突然失去负载，则会使发电机的电压突然升高而对汽车上的电子元器件造成损害。

（五）电压调节器

交流发电机的转子是由发动机通过皮带驱动旋转的，且发动机和交流发电机的转速比为 1.7 ~ 3。汽车用交流发电机工作时其转速很不稳定且变化范围很大，若对发电机不加以调节，其端电压将随发动机转速的变化而变化，这与汽车用电设备要求电压恒定相矛盾。因此，发电机必须要有一个自动的电压调节装置。交流发电机调节器的作用就是当发动机转速变化时，自动对发电机的电压进行调节，使发电机的电压稳定，以满足汽车用电设备的要求。

1. 交流发电机调节器的工作原理

交流发电机的每相绕组产生的感应电动势的有效值为

$$E_\phi = \frac{E_m}{2} = 4.44KfN\Phi = 4.44K\frac{pn}{60}N\Phi = C_e\Phi n \quad (3\text{-}6)$$

式中：f——交流电动势的频率（Hz）；

K——绕组系数（和发电机定子绕组的绕线方法有关）；

n——发电机转速（r/min）；

p——磁极对数；

N——每项匝数（匝）；

Φ——每极磁通（Wb）；

C_e——电机结构常数。

由于发电机的电动势及端电压与磁极磁通量也成正比关系，因此当发电机转速上升而使发电机的电压上升时，可以通过适当地减小磁极磁通量的方法使发电机电压保持稳定。

汽车用发电机电压调节器调节电压的方法如图 3-21（a）所示。

调节器动作的控制参量为发电机电压，即当发电机的电压达设定的上限值 U_2 时，调节器动作，使磁场绕组的励磁电流 I_f 下降或断流，从而减弱磁极磁通量，致使发电机电压下降；当发电机电压下降至设定的下限值 U_1 时，调节器又动作，使 I_f 增大，磁通量加强，发电机电压又上升；当发电机的电压上升至 U_2 时又重复上述过程，使发电机的电压在设定的范围内波动，得到一个稳定的平均电压 U_e。发电机在某一转速下，调节器起作用后的发电机电压波形如图 3-21（b）所示。

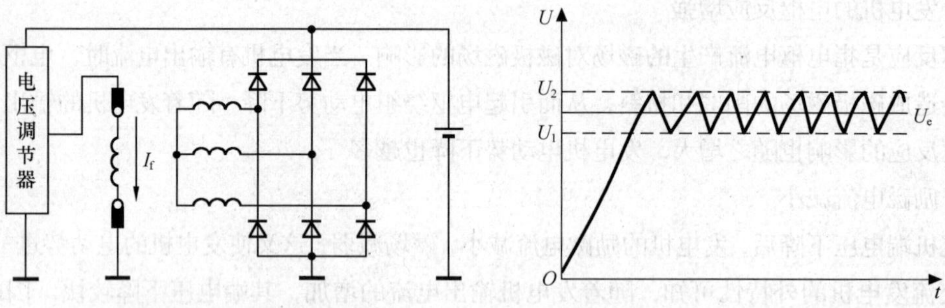

（a）发电机电压调节器原理图　（b）发电机电压调节器工作时的电压波形

图3-21　电压调节器基本原理

理论与实验表明，发电机转速不同时，磁场加强后发电机电压的上升速率和磁场减弱后的发电机电压下降速率均不同，不同转速下发电机电压上升及下降的变化情况如图 3-22 所示。

随着发电机的转速上升，发电机电压的上升速率增大而使发电机电压达到 U_2 时间缩短（励磁电流大的相对时间减少），同时发电机电压下降速率减小而使发电机电压降至 U_1 的时间延长（励磁电流小或无的相对时间增加），即发电机的转速上升后，通过其平均励磁电流的减小，磁场的减弱而使发电机的平均电压保持不变（见图 3-23）。

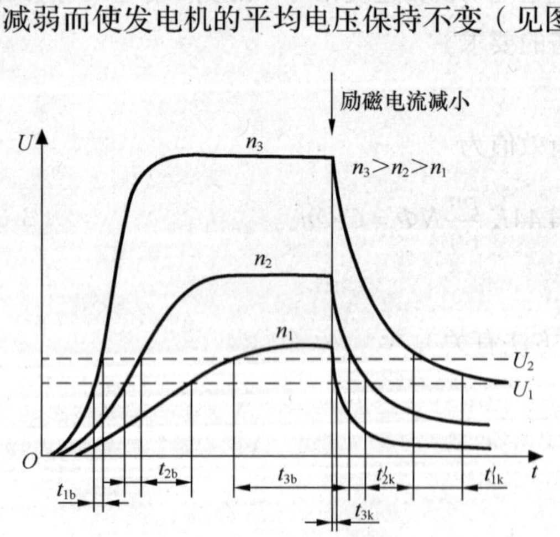

图3-22　不同转速下发电机电压升降曲线

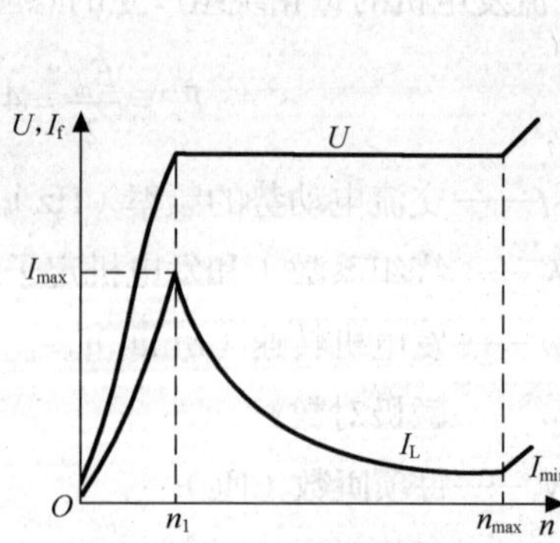

图3-23　发电机电压调节器的工作特性

n_1—调节器工作的起始转速

n_{max}—调节器开始失效的发电机转速

2. 交流发电机调节器的类型

由交流发电机的工作原理得知，对于某一发电机而言，实现对其电压的调节，只能通过改变发电机的转速和磁通量的大小来达到目的。而磁通量的大小又取决于励磁绕组电流的大小，因此，发电机的电压调节一般是通过控制励磁电流的大小来实现的。

电压调节器的类型较多，按元器件的性质来分，可分为触点式（也称电磁振动式）和电子式 2 大类。其中，触点式按触点的数目又可分单级和双级 2 种，按是否与其他继电器联动可分为单联式、双联式和三联式；电子式又分晶体管式、集成电路式和可控硅式 3 种。按搭铁形式分，可分为内搭铁式（与内搭铁式交流发电机配套使用）和外搭铁式（与外搭铁式交流发电机配套使用）。

电压调节器的型号编制如图 3-24 所示。例如，FT126C 表示 12 V 的双联机械电磁振动式调节器，第 6 次设计，第 3 次变形；FTD152 表示 12V 集成电路调节器，第 2 次设计。

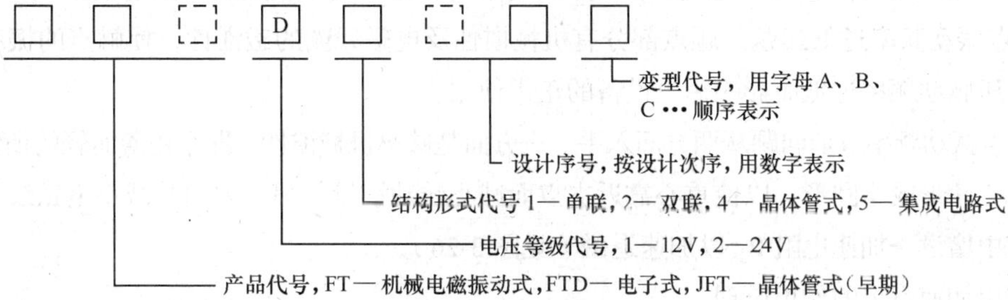

图3-24　电压调节器的型号编制

（1）触点式电压调节器

① 触点式电压调节器的基本原理。触点式调节器以电磁振动的方式工作，通过电磁铁控制触点的开闭来控制磁场绕组的励磁电流，实现对发电机电压的调节。因此，触点式调节器也称之为电磁振动式调节器。单级触点式调节器的原理如图 3-25 所示。

调节器触点在其弹簧力的作用下保持闭合，调节器的电磁线圈输入发电机的电压。当发电机转速在调节器起作用的范围内，发电机的电压达到上限电压 U_2 时，调节器电磁线圈产生的磁力克服触点弹簧力使触点 K 断开，R_{tj} 连入励磁回路，励磁电流减小，磁极磁通量减弱，使发电机的电动势及端电压下降；当发电机电压下降至下限电压 U_1 时，调节器电磁线圈的磁力已减弱至不足以保持 K 断开，K 在弹簧力的作用下又闭合，K 闭合后，R_{tj} 被短路，励磁电流增大，磁极磁通量增强，发电机电压随之上升；当发电机电压上升至 U_2 时，触点又被打开。触点如此不断地振动，使发电机电压在 U_1 ~ U_2 范围内波动，得到一个稳定的电压调节值 U_e。

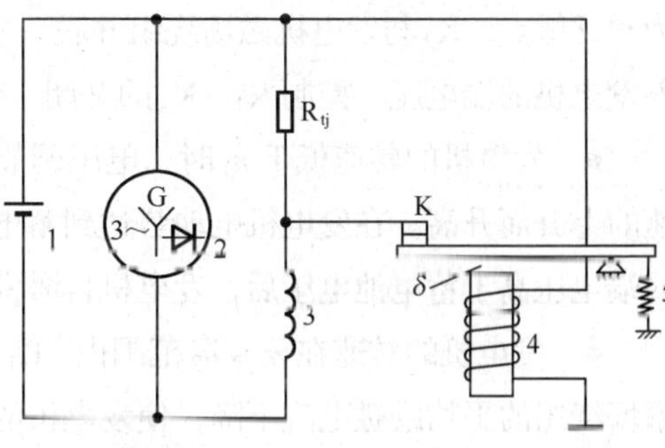

图3-25　单级触点式电压调节器的原理

1—蓄电池　2—发电机　3—发电机励磁绕组
4—调节器电磁线圈　5—触点弹簧　R_{tj}—调节器调节电阻
K—调节器触点　δ—触点衔铁与铁芯间的气隙

根据力矩平衡原理可以得到调节器调节电压 U_e 的关系式：

$$U_e = C\delta \frac{R_x}{W_x}\sqrt{F} \tag{3-7}$$

式中：C——调节器结构常数；

δ——触点衔铁与铁芯间的气隙（mm）；

R_x——电磁线圈的电阻（Ω）；

W_x——电磁线圈的匝数（匝）；

F——触点弹簧的拉力（N）。

② 普通单级触点式调节器的问题。

- 调节器工作范围与触点火花问题。触点式调节器的调节范围与调节电阻 R_{tj} 直接相关。增大 R_{tj}，使调节器调节范围增大。但增大 R_{tj} 后会使触点火花增大而迅速烧蚀。到目前为止，触点式电压调节器解决触点火花与调节范围之间矛盾的办法是采用双触点或单触点加灭弧电路。

- 触点振动频率过低问题。触点部分有机械惯性及电磁线圈的磁滞性，使触点的振动频率过低，导致电压脉动频率过低而影响用电设备的正常使用。

触决触点振动频率过低问题从两方面入手。一方面是减小机械惯性，即采用薄而轻的衔铁，并将其一端做成三角形或半圆形，以使重心靠近支点而减小转动惯量；另一方面是减小电磁线圈的磁滞性，在电路中增设一加速电阻 R_{js} 以加速退磁（见图 3-26）。

试推理出加速电阻的作用原理。

③ 温度变化对调节电压的影响问题。当温度升高时，电磁线圈的电阻会随之增大，在相同的电压下其磁化电流减小，磁力减弱，因此需要比温度低时要高的电压才能吸动触点，即调节电压 U_e 将会随温度的上升而升高。

（2）双级触点式电压调节器

① 双级触点式电压调节器的基本原理。双级触点式电压调节器的基本原理及工作特性如图 3-27 所示。

在发电机低速时起作用的 K_1 为常闭触点，与调节电阻 R_{tj} 并联；在发电机高速时起作用的 K_2 为常开触点，K_2 与发电机磁场绕组并联。当 K_2 闭合时，磁场绕组将无励磁电流通过。电磁铁 X 输入发电机的端电压，控制 K_1、K_2 的开闭，其工作过程如下。

- 发电机的转速低于 n_1 时，电压调节器还未起调节作用，K_1 保持闭合，发电机电压将随其转速的上升而升高。在发电机电动势达到蓄电池电压前，磁场绕组由蓄电池提供励磁电流；在发电机的端电压高于蓄电池电压后，发电机自激发电。

- 发电机的转速在 $n_1 \sim n_2$ 范围内，K_1 工作。随着发电机转速的上升，K_1 打开的相对时间增加，磁场绕组的平均励磁电流下降，使发电机的电压稳定在 U_{e1}。

- 发电机的转速在 $n_2 \sim n_3$ 范围内，K_1 失效（K_1 打开后已不能使发电机电压下降），K_2 未起作用（调节器电磁铁 X 的磁力还不足以使 K_2 闭合），因此发电机的电压将随其转速的上升而增高（电压失控）。

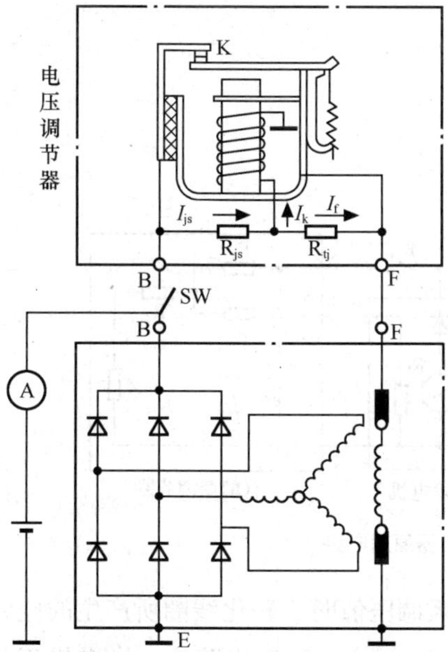

图3-26　加速电阻的作用原理

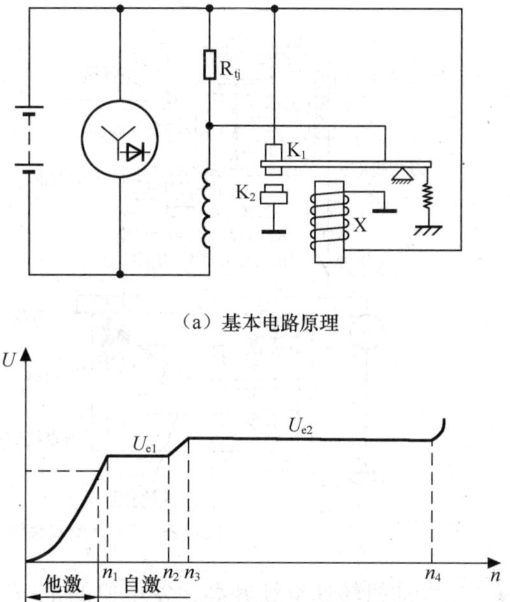

（a）基本电路原理

（b）工作特性

图3-27　双级触点式电压调节器的基本原理及工作特性

K_1—低速触点　K_2—高速触点　n_1—K_1打开的发电机起始转速　n_2—K_1开始失效的发电机转速　n_3—K_2闭合的发电机起始转速　n_4—K_2开始失效的发电机转速

- 发电机的转速在 $n_3 \sim n_4$ 范围内，K_2 工作。随着发电机转速的上升，K_2 闭合的相对时间增加，磁场绕组的平均励磁电流下降，使发电机的电压稳定在 U_{e2}。
- 假如发电机的转速能高于 n_4，K_2 也将失效（K_2 打开后已不能使发电机电压下降），即调节器失去调节作用，但实际上发电机最高转速要远低于 n_4。

② FT61 型双级触点式电压调节器的基本原理，如图 3-28 所示。

- 打开点火开关，当发电机转速较低，其端电压低于蓄电池端电压时，由于通过磁化线圈的电流不够大，磁化线圈所产生的吸力不足以克服弹簧的拉力将衔铁吸下，所以调节器低速触点 K_1 闭合，由蓄电池向发电机提供励磁电流（他励）。励磁电路为：蓄电池正极→电流表→点火开关→调节器火线接线柱 S→低速触点 K_1→衔铁→调节器磁场接线柱 F→发电机励磁绕组→搭铁→蓄电池负极。这种情况下，用电设备均由蓄电池供电，电流表指向“−”的一侧，调节器不起调节作用。
- 当发电机转速升高时，其端电压略高于蓄电池的端电压，但低于 14 V 时，调节器低速触点仍闭合，发电机由他励转入自励而正常发电。励磁电路为：发电机正极→点火开关→调节器火线接线柱 S→低速触点 K_1→衔铁→调节器磁场接线柱 F→发电机励磁绕组→搭铁→发电机负极。与此同时，所有用电设备均由发电机供电（包括经蓄电池作补充充电）。电流表指向“+”的一侧，调节器的工作电路为：发电机正极→点火开关→调节器火线接线柱 S→R_1→R_3→搭铁→发电机负极。

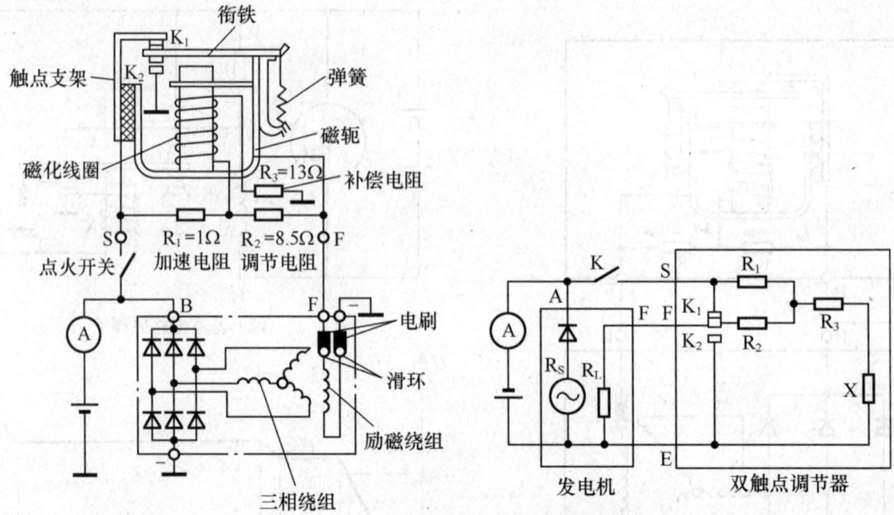

图3-28 FT61型双级触点式电压调节器原理电路

- 当发动机转速继续升高，发电机的电压`达到第一级调压值时，磁化线圈所产生的电磁力克服弹簧力，使低速触点 K_1 打开，但尚不能使高速触点 K_2 闭合。励磁电路为：发电机正极→点火开关→调节器火线接线柱S→R_1→R_2→调节器磁场接线柱F→发电机励磁绕组→搭铁→发电机负极。在励磁电路中串入 R_1 和 R_2，使励磁电流减小，端电压又下降，低速触点又闭合。低速触点 K_1 重新闭合后，切去电阻 R_1 和 R_2，使励磁电流再次增大，端电压再次升高。
- 当发动机转速较高，发电机的电压将超过第一级调压值，达到第二级调压值时，磁化线圈中产生的电磁力远大于弹簧力，使高速触点 K_2 闭合。励磁电路为：发电机正极→点火开关→调节器火线接线柱 S→R_1→R_2→磁轭→衔铁→搭铁→发电机负极。即励磁电路短接搭铁，于是励磁电流为“0”，发电机端电压急速下降，高速触点 K_2 重新断开，励磁电路又被接通，励磁电流又增大，电压又上升，高速触点又闭合。如此循环下去，在高速触点不断开合振动下实现第二级电压的调节工作。
- 发动机停转时，断开点火开关，发电机不发电，调节器恢复到不工作状态，即低速触点 K_1 常闭，高速触点 K_2 常开，电流表指针回到零位。

（3）电子式调节器

触点式调节器工作时的触点火花不可能完全消除，触点容易烧蚀，因而故障率高、使用寿命短。触点振动时产生的火花还会造成对无线电的干扰。此外，触点式调节器结构复杂，触点的振动频率低。因此，触点式调节器已不太适应现代汽车对电源系统的要求，电子式调节器避免了触点式调节器的不足，必将取代触点式调节器。

目前，国内外生产的电子调节器一般都是由 2 ~ 4 个三极管，1 ~ 2 个稳压管和一些电阻、电容、二极管等组成，再由印制电路板连接成电路，然后用铝合金外壳将其封装。与触点式调节器相比，电子式调节器具有体积小、重量轻、调节反应敏捷、无触点烧蚀、使用寿命长等优点。

① 电子式调节器的基本原理。不同厂家生产的不同型号的电子式调节器的电路结构和元件组成各有不同，但基本原理相同。电子式调节器都是利用三极管的开关特性，通过三极管导通和截止相对时间的变化来调节发电机的励磁电流。电子式电压调节器的基本电路如图 3-29 所示。

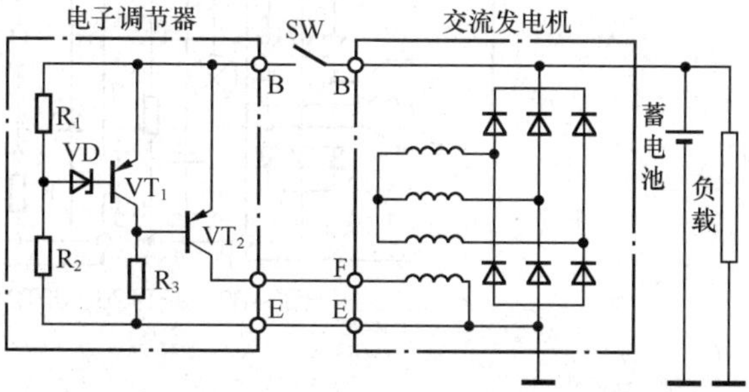

图3-29　电子式电压调节器的基本电路（内搭铁式）

发电机电压通过 R_1、R_2 组成的分压器，将一定比例的电压加于稳压管 VD；VD 根据发电机电压的变化而导通或截止，VT_1 为小功率三极管，起放大作用，VT_1 的导通或截止由 VD 控制；大功率三极管 VT_2 用于控制励磁电流，VT_2 导通时，发电机磁场绕组励磁回路通路，VT_2 截止时，励磁回路则断路。电路参数的设置使 VT_1、VT_2 均工作在开关状态。

工作时，在发电机电压达到调节电压以前，R_1 上的分压低于稳压管 VD 的导通电压，VD 不导通，使 VT_1 也不导通；VT_1 截止时，VT_2 的基极电位很低，使 VT_2 有足够高的正向偏压而饱和导通，发电机励磁回路通路。当发电机的电压上升至设定的调节电压时，R_1 上的分压达到了稳压管 VD 的导通电压，VD 导通，VT_1 也导通；VT_1 饱和导通后，VT_2 的基极与发射极之间被短路，VT_2 无正向偏压而截止，发电机励磁回路断路；发电机无励磁电流时，其电动势及端电压迅速下降，当降到 R_1 上的分压不足以维持 VD 导通时，VD 截止，VT_1 也截止，VT_1 截止后又使 VT_2 导通，发电机励磁回路又通路。如此反复，使发电机的电压维持在设定的调节电压值。

当发电机的转速上升时，发电机电压上升的速率增大，下降速率减小，使调节器控制 VT_2 的截止时间相对增加，发电机的平均励磁电流减小，从而使发电机的电压保持稳定。

② 晶体管电压调节器。所谓晶体管电压调节器是指由分立电子元件焊接于印制电路板而制成的电子式调节器。印制电路板被固定在冲压的铁盒或铝盒内，有的在盒内还加注硅橡胶等，以利于元件的固定和晶体管的散热。晶体管调节器示例如下。

- JFT126、JFT246 型晶体管调节器。JFT126、JFT246 型晶体管调节器的电路板固定在钢板冲压的盒内，内部充满了 107 硅橡胶，其电路如图 3-30 所示。

VT_3 为低频大功率硅管，与 VT_2 组成复合管，其电路原理参见前面的有关叙述，学生自行推理电路原理。

JFT126、JFT246 型及它们的一些变型晶体管调节器的电路结构相同，只是部分元件的参数有所不同，以适用于不同功率、不同型号的内搭铁式交流发电机。

- JFT106 型晶体管调节器。JFT106 型晶体管调节器的电路板封装于铝合金壳体内，适用于外搭铁式交流发电机，其电路如图 3-31 所示。

JFT106 型调节器属于外搭铁式晶体管调节器，调节电压为 13.8 ~ 14.6 V，可与 14 V、750 W 的外搭铁式 9 管式交流发电机配套，也可与 14 V、功率小于 1 000 W 的外搭铁式 6 管交流发电机配套。该调节器有“+”、“F”和“−”3 个接线柱，其中“+”、“F”接线柱与发电机的励磁绕组相连，“−”接线柱搭铁。

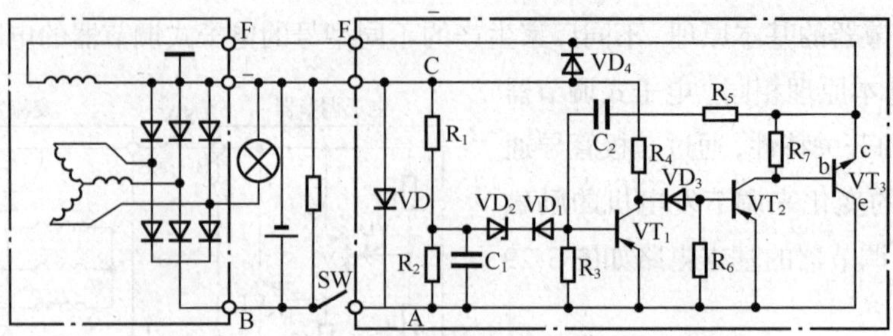

图3-30 JFT126、JFT246型晶体管调节器的电路

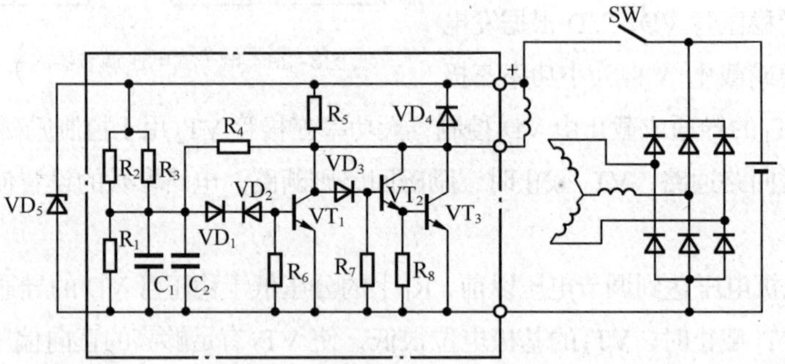

图3-31 JFT106型晶体管调节器的电路

JFT106型晶体管调节器工作原理是，接通点火开关SW，蓄电池经点火开关给晶体管调节器提供电流。首先经R_5、VD_3和R_7向复合管VT_2、VT_3提供电偏流，使其导通，励磁电路为（他励）：蓄电池正极→点火开关SW→励磁绕组→VT_3→蓄电池负极。发动机启动后，励磁电路由他励变为自励，励磁电路为：发电机正极→点火开关SW→励磁绕组→VT_3→发电机负极。当发电机的输出电压达到调整值时，R_1的端电压将反向击穿稳压管VD_2，使VT_1导通，VT_2和VT_3截止，励磁电流迅速下降，发电机的输出电压随之下降。发电机的输出电压下降，R_1的端电压将下降，VD_2截止，VT_1又截止，VT_2和VT_3又导通，发电机的输出电压又上升，当发电机的输出的电压达到调整值时，VD_2又被反向击穿，VT_1导通，VT_2和VT_3截止，发电机的输出电压又下降。如此反复，控制发电机的输出电压保持在规定调整值上。

其他元件的作用如下。

R_3为调整电阻，其阻值在1.3～13 kΩ，R_3的合理选择，可以提高调节器的稳定性。

C_1、C_2为滤波电容，可以使VD_2两端的电压平滑过渡，减小发电机输出电压脉动影响，降低晶体管的工作频率和减小损耗。

VD_1、VD_3为温度补偿二极管，可以减少温度对晶体管工作特性的影响。

VD_4为续流二极管，可以将VT_3由导通进入截止时，在励磁绕组中产生的瞬时过电压短路，以保护VT_3。

R_6用于限制VD_2的击穿电流，保护VD_2，同时又是VT_1的偏压电阻。

R_4为正反馈电阻，用以提高晶体管的转换速度，减少损耗。

③ 集成电路电压调节器。所谓集成电路电压调节器是指用若干电子元件集成在基片上，具有发电机电压调节全部或部分功能的芯片所构成的电子式调节器。相比于分立元件的晶体管调节器，集成电路调节器具有结构紧凑、体积小、电压调节精度高、故障率低等优点。集成电路电压调节器多

装于发电机的内部，这种发电机也被称为整体式发电机。

集成电路调节器的工作原理与晶体管调节器的工作原理完全一样，都通过稳压管感应发电机的输出电压信号，利用三极管的开关特性控制发电机的励磁电流，使发电机的输出电压保持恒定。集成电路调节器根据电压信号输入的方式不同，可分为发电机电压检测方式和蓄电池电压检测方式 2 类。

- 发电机电压检测方式。发电机电压检测法的原理电路如图 3-32 所示。加在分压器 R_1、R_2 上的电压是发电机励磁输出端 L 的电压 U_L，而发电机输出电压为 U_B。因为 $U_L = U_B$，因此，调节器检测点 P 的电压加到稳压管 VDW_1 上，其电压检测点 P 的电压 U_P 与发电机的端电压 U_B 成正比，所以该线路称为发电机电压检测法线路。

发电机电压检测电路的特点：发电机到检测电路距离近，可不用导线连接，直接接在发电机输出端，连接可靠，不致使检测电路检测不到信号。这种检测方式的缺点是当发电机与蓄电池之间的连接线路因接触不良而有较大电压降时，就会造成加在蓄电池端的电压偏低而充电不足。

- 蓄电池电压检测方式。蓄电池电压检测法的原理电路如图 3-33 所示。加在分压器 R_1、R_2 上的电压为蓄电池端电压，由于通过检测点 P 加到稳压管 VDW_1 上的反向电压与蓄电池端电压成正比，所以该线路称为蓄电池电压检测法线路。

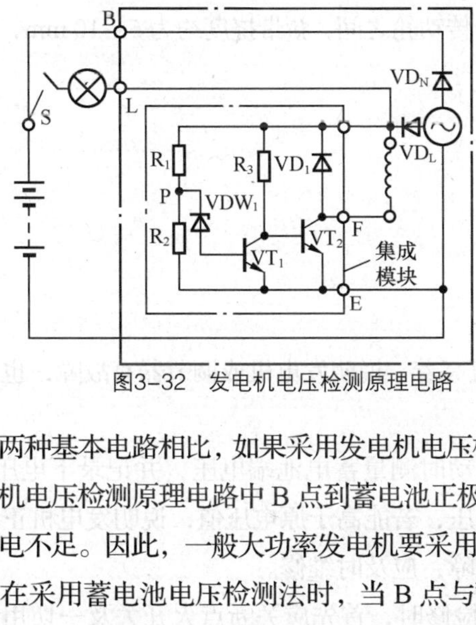

图3-32　发电机电压检测原理电路

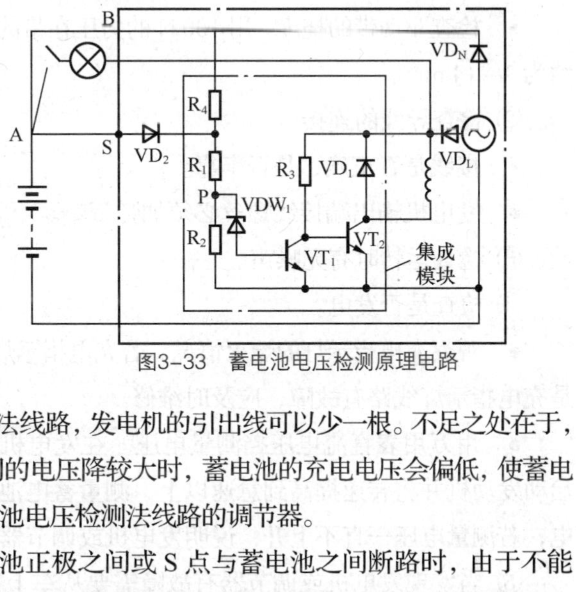

图3-33　蓄电池电压检测原理电路

两种基本电路相比，如果采用发电机电压检测法线路，发电机的引出线可以少一根。不足之处在于，发电机电压检测原理电路中 B 点到蓄电池正极之间的电压降较大时，蓄电池的充电电压会偏低，使蓄电池充电不足。因此，一般大功率发电机要采用蓄电池电压检测法线路的调节器。

在采用蓄电池电压检测法时，当 B 点与蓄电池正极之间或 S 点与蓄电池之间断路时，由于不能检测出发电机的端电压，发电机电压将会失控。为了克服这一缺点，在线路上应采用一定的措施。图 3-33 为实际采用的蓄电池电压检测法的线路，在这个线路中，在调节器的分压器与发电机 B 点之间增加了一个电阻 R_4 和一个二极管 VD_2，这样，当 B 点与蓄电池正极之间出现断路时，由于 R_4 的存在，仍能检测出发电机的端电压 U_B，使调节器正常工作，可以防止发电机电压过高的现象。

（六）交流发电机和电压调节器的使用与维护

1　交流发电机和电压调节器的使用注意事项

交流发电机与电压调节器的结构简单，维护方便。若正确使用，不仅故障少，而且寿命长；若使用不当，则会很快损坏。因此在使用和维护中应注意以下几点。

① 蓄电池的极性必须是负极搭铁，不能接反，否则，会烧坏发电机或调节器的电子元件。

② 发电机运转时，不能用试火的方法检查发电机是否发电，否则会烧坏二极管。

③ 整流器和定子绕组连接时，禁止用 MΩ表或 220 V 交流电源检查发电机的绝缘情况。

④ 发电机与蓄电池之间的连接要牢靠，如突然断开，会产生过电压损坏发电机或调节器的电子元件。

⑤ 一旦发现交流发电机或调节器有故障，应立即检修，及时排除故障，不应再连续运转。

⑥ 为交流发电机配用调节器时，交流发电机的电压等级必须与调节器电压等级相同，交流发电机的搭铁类型必须与调节器搭铁类型相同，调节器的功率不得小于发电机的功率，否则系统不能正常工作。

⑦ 线路连接必须正确。目前各种车型调节器的安装位置及接线方式各不相同，故接线时要特别注意。

⑧ 调节器必须受点火开关控制。发电机停止转动时，应将点火开关断开，否则会使发电机的磁场电路一直处于接通状态，不但会烧坏磁场线圈，而且会引起蓄电池亏电。

2. 交流发电机和电压调节器的维护注意事项

交流发电机在使用中，应定期进行以下检查。

① 检查发电机驱动带。

- 检查驱动带的外观。用肉眼观看有无裂纹或磨损现象，如有此现象应更换。
- 检查驱动带的挠度。用 100 N 的力压在带的两个传动轮之间，新带挠度约为 5 ~ 10 mm，旧带约为 7 ~ 14 mm。

② 检查导线的连接。

- 接线是否正确，是否牢靠。
- 发电机输出端接线螺丝必须加弹簧垫。

③ 检查运转时有无噪声。

④ 检查是否发电。

- 观察充电指示灯的熄灭情况。若充电指示灯一直亮着，说明发电机或调节器有故障，也可能是充电指示灯线路有故障，应及时维修。
- 用万用表直流电压挡测量电压。在发电机未转动时测量蓄电池端电压，并记录下电压值，启动发动机并将转速提高到怠速以上，测量蓄电池端电压，若能高于原电压值，说明发电机正常发电，若测量电压一直不上升，说明发电机或调节器有故障，应及时维修。

⑤ 当发现发电机或调节器有故障需要从车上拆卸检修时，首先应关断点火开关及一切用电设备，拆下蓄电池负极电缆线，再拆卸发电机上的导线接头。

⑥ 就车维修检测时，最好使用专用工具。在判断不发电故障部位是在发电机还是调节器时，将调节器短路，必须注意这时发电机的电压将失控，电压可能达到 16 ~ 30 V，所以实验要控制在很短时间内，或利用汽车电气设备作为蓄电池的负载。当线路故障没有排除时，不要更换新的调节器，这样做可能会损坏新的调节器。

（七）充电系统的故障诊断

充电系统的故障可根据车上电流表或充电指示灯的工作情况反映出来。充电系统有故障时，应及时进行检修来排除故障，以免造成更大的损失。

充电系统常见故障有不充电、充电电流过小、充电电流过大、充电不稳等。故障原因可能是发电机皮带打滑、发电机故障、调节器故障、磁场继电器故障、充电系统各连接线路有断路或短路处，以及蓄电池、电流表、充电指示灯、点火开关等有故障。诊断充电系统故障时，应综合考虑整个系统各部分之间的关系，仔细阅读说明书和线路图，按照一定的检查步骤逐步找出故障点。

1. 不充电

发动机以中速以上运转时，故障现象表现为电流表指示仍在放电或充电指示灯亮，说明为不充电故障。故障部位及原因见表 3-3。

表 3-3　　不充电故障部位及原因

故障部位		故障原因	排除方法
风扇皮带		过松或断裂	更换
电流表或指示灯		损坏	更换
发电机	定子绕组	断路或搭铁	建议更换发电机总成
	励磁绕组	断路或搭铁	建议更换发电机总成
	滑环或碳刷	滑环严重烧蚀、脏污或有裂纹，碳刷过度磨损、卡滞	可通过焊接、机加工修复，或更换碳刷
	整流器	二极管烧坏脱焊	脱焊的故障可以通过补焊修复，或更换整流器总成
调节器		机械式调节器低速触点严重烧蚀或高速触点烧结，晶体管调节器损坏	更换调节器总成
外部线路		断路或接柱松脱	接通电路、拧紧接柱

2. 充电电流过小

若将发动机转速由低速逐渐升高至中速时，故障现象表现为打开大灯时灯光暗淡或按喇叭时音量过小，电流表指示放电，说明为充电电流过小故障。故障部位及原因见表 3-4。

表 3-4　　充电电流过小故障部位及原因

故障部位		故障原因	排除方法
风扇皮带		张紧不够	按要求张紧
发电机	定子绕组	匝间短路	建议更换发电机总成
	励磁绕组	匝间短路	建议更换发电机总成
	滑环或碳刷	滑环轻度烧蚀、脏污，碳刷磨损不均，接触不良	可用细砂纸打磨滑环，更换碳刷及碳刷弹簧
	整流器	个别二极管损坏	对于压装的二极管可以个别更换，否则更换整流器总成
调节器		机械式调节器触点接触不良，或调节器调节电压过低	更换调节器总成
外部线路		接柱松动或接触不良	拧紧接柱

3. 充电电流过大

发动机转速在中速以上，故障现象表现为电流表指示大电流充电（30 A 以上），蓄电池电解液消耗过快且有气味，点火线圈过热，分电器触点易烧蚀，灯光及保险易烧坏，说明为充电电流过大故障。

故障部位及原因如下。

① 调节器调节电压过高或失控，机械式调节器低速触点烧蚀。

② 发电机“+”接柱和磁场接柱短路。

③ 蓄电池亏电不多，蓄电池内部短路。

4. 充电不稳

发动机正常运转时，故障现象表现为汽车上的电流表指示充电，但指针左右摆动，忽大忽小，说明为充电不稳故障。

故障部位及原因如下。

① 发电机皮带过松、跳动或皮带轮失圆。

② 发电机内部接线松动、接触不良。

③ 发电机电刷磨损过度，电刷弹簧弹力减退或折断，滑环脏污或失圆。

④ 调节器触点接触不良，磁场线接触不良。

5. 充电系统的故障诊断流程

汽车发动机运转时，充电系统的工作情况是靠充电指示灯来指示。在汽车运行过程中，当充电指示灯指示出现异常时，说明充电系统发生故障，应该及时诊断并排除。现以尼桑颐达汽车的充电系统故障分析方法为例加以介绍。

颐达汽车充电系统故障诊断流程如图 3-34 所示。

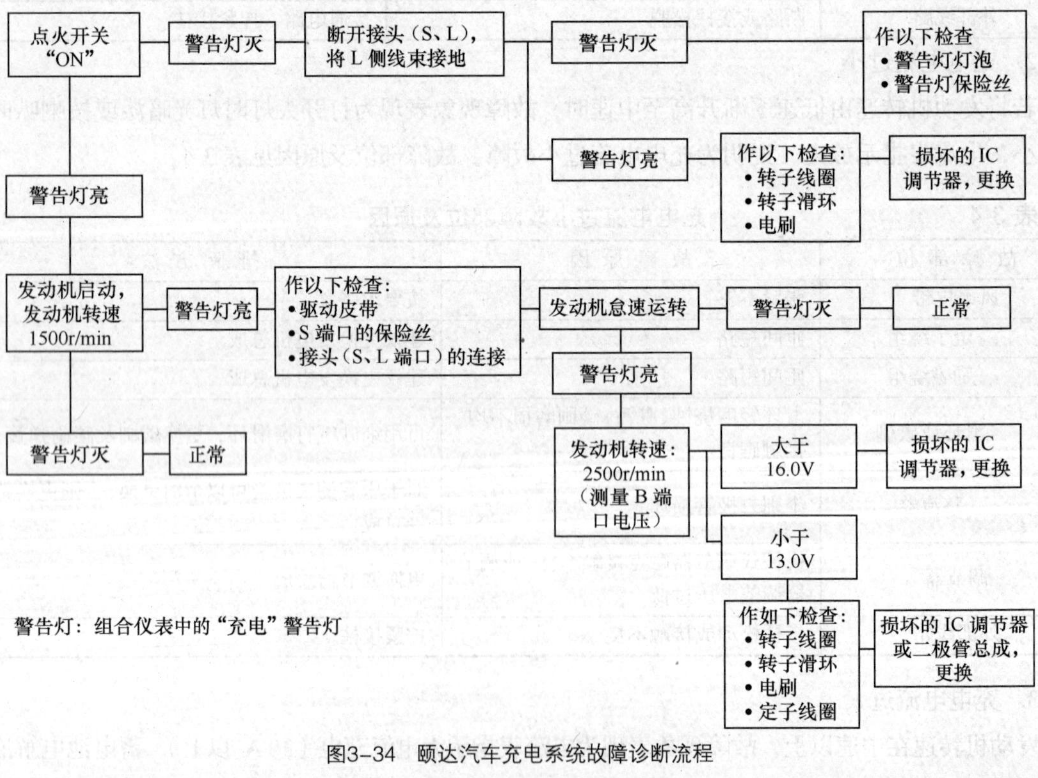

图3–34 颐达汽车充电系统故障诊断流程

注:

- 如果充电系统有故障而检测结果正常，检查“B”端口连接（检查拧紧力矩和电压降）。
- 检查转子线圈、转子滑环、电刷和定子线圈的状况。如果需要，就更换故障零部件。

三、项目实施

（一）充电系统的检修项目要求

① 通过该项目的实施，应能够对充电系统的发电机及调节器进行拆装与调整，并掌握充电系统故障诊断与检测的步骤与方法。

② 该项目应具备硅整流交流发电机、发动机热试台架、电气实验台、蓄电池等设备，具备起子、扳手、台钳、油盆、毛刷等拆装和清洁工具，具备万用表、弹簧秤、百分表、V 形铁等检测仪器，具备汽车充电系统电路图等资料。

（二）实施步骤

1. 交流发电机的不解体检测

当充电系统出现故障时，如果经过检查明确交流发电机故障，就应将发电机从汽车上拆卸下来。为了判定交流发电机有无故障和故障发生在哪个部位，需做进一步检查。

（1）测量各接线柱之间的电阻

在发电机不解体时，用万用表测量各接线柱之间的电阻值，可初步判断发电机是否有故障。其方法是用万用表 R × 1 挡测量发电机 F 与 E 接线柱之间的电阻值和发电机 B 与 E 接线柱之间的电阻值。并记录下所测各值，与相应的标准值进行比较。表 3-5 所示为各接线柱之间的电阻值。

表 3-5 各接线柱之间的电阻值

交流发电机型号		F 与 E 之间（Ω）	B 与 E 之间		N 与 E 之间	
			正向（Ω）	反向（Ω）	正向（Ω）	反向（Ω）
有刷	JF11、JF13、JF15、JF21	5～6	40～50	>10 000	1-	>10 000
	JF12、JF22、JF23、JF25	19.5～21				
无刷	JFW14	3.5～3.8				
	JFW28	15～16				

① F 与 E 之间的电阻值：若超过规定值，可能是电刷与滑环接触不良；若小于规定值，可能是励磁绕组之间有匝间短路或搭铁故障；若电阻为零，可能是 2 个滑环之间有短路或 F 接线柱有搭铁故障。

② B 与 E 之间的电阻值：若示值在 40 ~ 50 Ω范围内，可认为无故障；若示值在 10 Ω左右，说明有失效的整流二极管，需拆检；若示值为零，则说明有不同极性的二极管击穿，需拆检。

若交流发电机有中性抽头（N）接线柱，用万用表 R × 1 挡，测 N 与 E 以及 N 与 B 之间的正反向电阻，可进一步判断故障在正极管还是在负极管。

（2）利用台架试验法检测

台架试验是检测交流发电机性能和质量的有效手段。交流发电机性能优劣以及修理质量高低，均应通过交流发电机试验台检测确定。将发电机按如图 3-35 所示的接线方法装夹到专用试验台上，进行发电机空载试验和负荷试验，测出发电机在空载和满载情况下发出额定电压时对应的最小转速，从而判断发电机的工作是否正常。

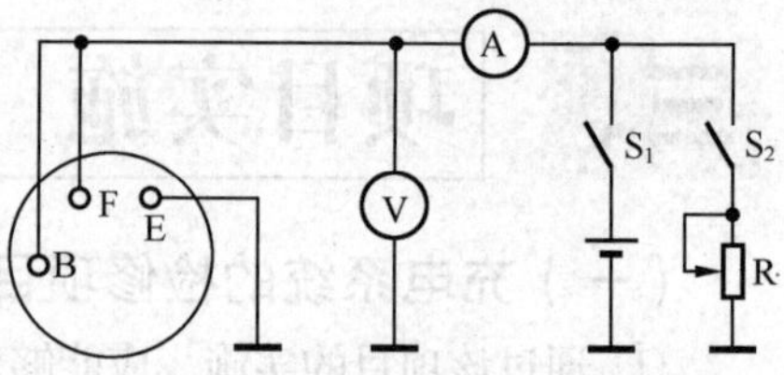

图3–35 交流发电机试验接线方法

① 空载转速的测试。空载电压的测试在试验台上进行，先将开关 S_1 闭合，由蓄电池给发电机提供他励电流，接着启动电动机，逐步提高电动机的转速。当转速上升到 500 ~ 800 r/min 时，发电机开始自励，继续提高转速，同时观察电压表的读数，转速上升到规定值时，如果电压值低于额定值，则表明发电机有故障。

② 满载转速的测试。断开开关 S_1，发电机转为自励，合上开关 S_2，调节可调电阻 R，在发电机转速为 1 000 r/min 时，发电机电压应大于 12 V 或 24 V；在发电机转速为 2 500 r/min 时，电压应达到 14 V 或 28 V，电流应该达到或接近该发电机的额定电流。

（3）用示波器观察输出电压波形

当交流发电机有故障时，其输出电压的波形将出现异常，因此根据输出电压波形可以判断交流发电机内部二极管及定子绕组是否有故障。交流发电机出现各种故障时输出电压的波形如图 3-36 所示。

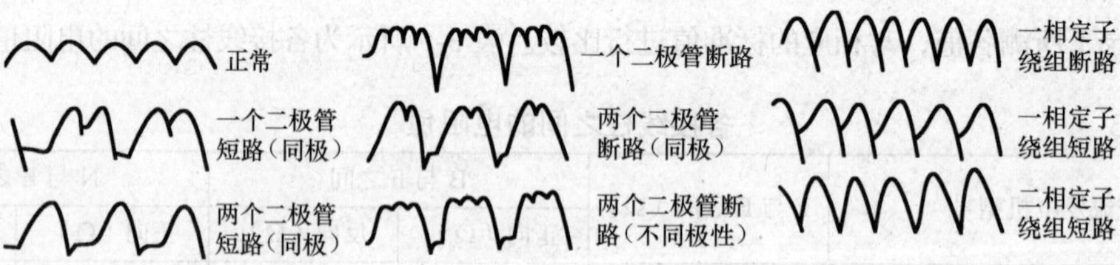

图3–36 交流发电机出现各种故障时输出电压的波形

2. 拆解与清洗

（1）发电机的整车拆卸

尼桑颐达交流发电机拆卸安装图如图 3-37 所示。

① 断开蓄电池负极电缆。

② 拆卸驱动皮带。

③ 断开发电机接头。

④ 拆下发电机固定螺栓。

⑤ 将发电机总成拆下。

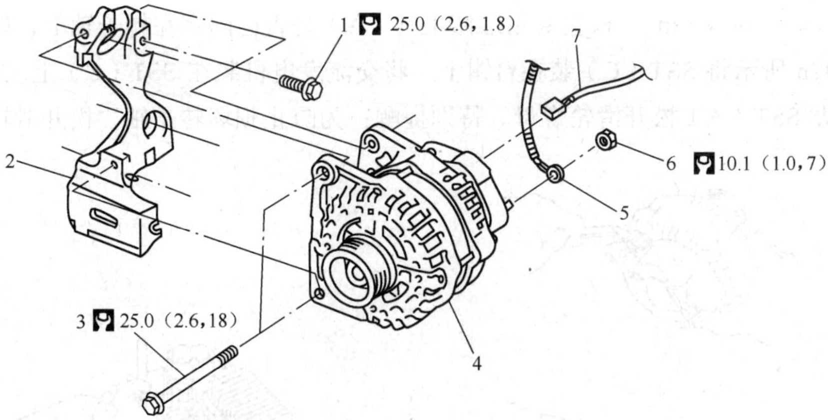

图3–37 尼桑颐达交流发电机拆卸安装图
1—发电机支架安装螺栓 2—发电机支架 3—发电机安装螺栓
4—交流发电机 5—B端口线束 6—B端口螺母 7—发电机接头

（2）发电机的解体

交流发电机零件分解图如图 3-38 所示。

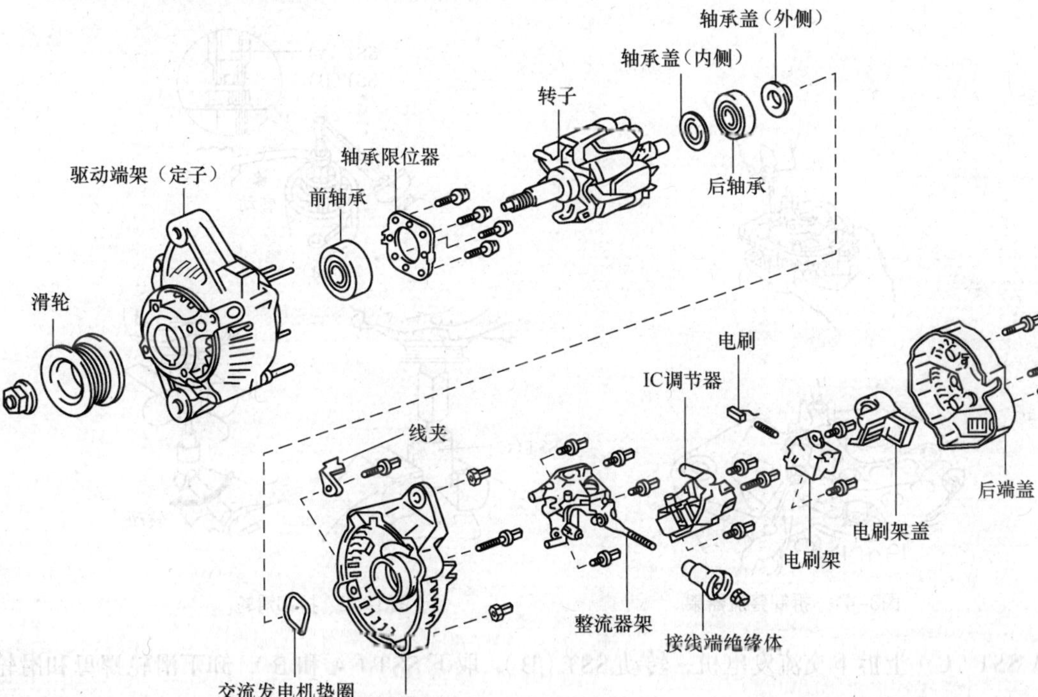

图3–38 交流发电机零件分解图

① 卸下螺母和接线端绝缘体，卸下 3 个螺栓和端盖，如图 3-39 所示。

② 从电刷架上拆下电刷架盖，拆下电刷架和 IC 调节器，如图 3-40 所示。

③ 卸下 4 个螺钉，用针鼻钳将导线整直，卸下整流器架，如图 3-41 所示。

④ 用扭矩扳手拿住专用维修工具（SST）（A），按顺时针方向将专用维修工具（B）拧紧到

规定力矩（力矩：39 N · m），检查专用维修工具（A）是否已固定在转子轴上，如图 3-42a 所示。如图 3-42b 所示将 SST（C）装在台钳上，将交流发电机装在 SST（C）上。按如图 3-42c 所示方向转动 SST（A）松开滑轮螺母。特别提醒：为防止损坏转子轴，松开滑轮螺母时不要超过半圈。

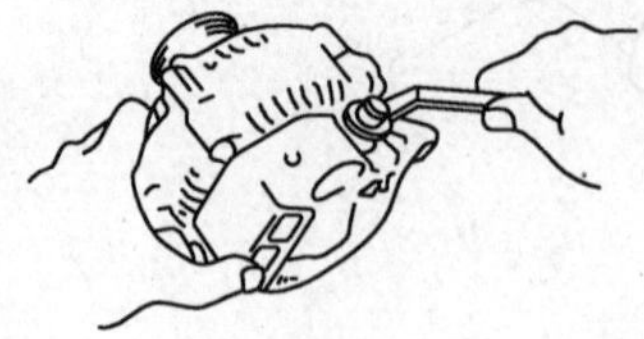

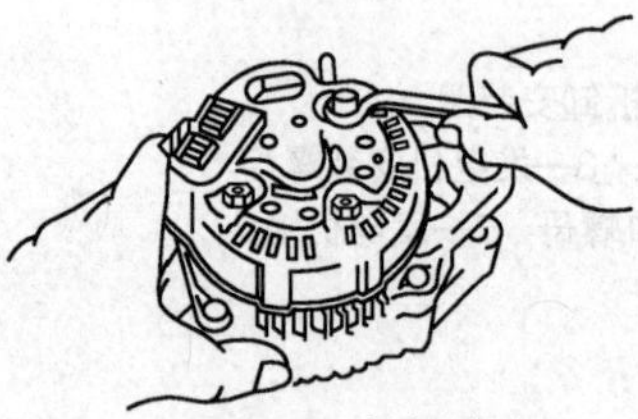

图3–39 拆卸端盖

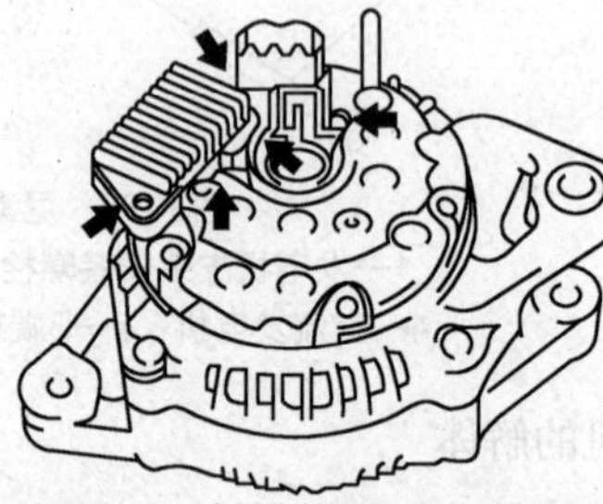

图3–40 拆卸电刷架和IC调节器

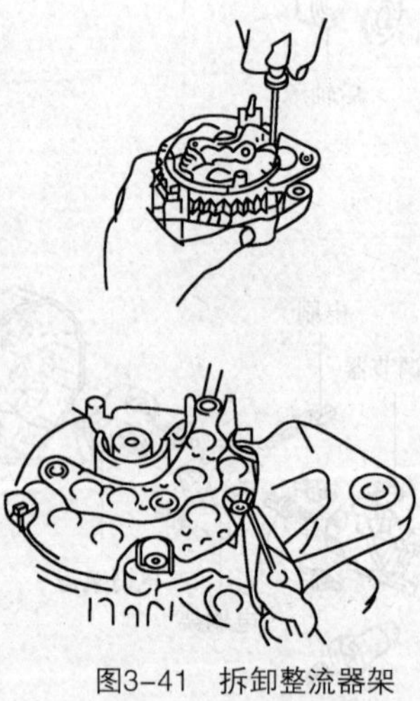

图3–41 拆卸整流器架

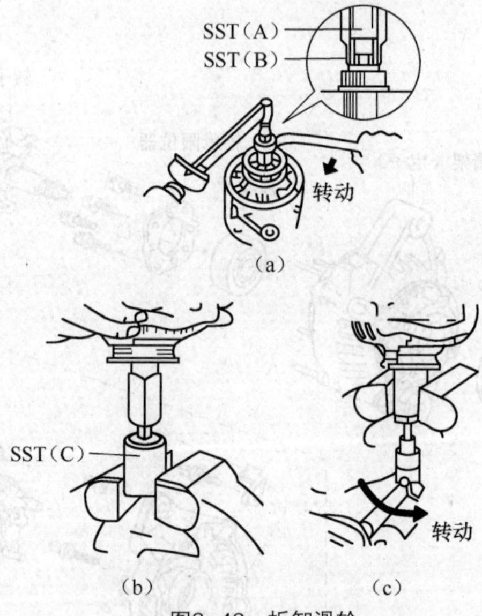

图3–42 拆卸滑轮

从 SST（C）上拆下交流发电机，转动 SST（B），取下 SST（A 和 B），卸下滑轮螺母和滑轮。

⑤ 拆下整流器端架。卸下 2 个螺母、2 个螺栓和线夹，如图 3-43 所示。用 SST 拆下整流器端架，如图 3-44 所示。从转子上取下交流发电机垫圈，如图 3-45 所示。

3. 交流发电机各部件的检修

（1）转子检修

① 检查转子是否开路。用欧姆表检查交流发电机滑环之间的导通性，如图 3-46 所示。标准电阻值应为 2.7 ~ 3.1 Ω（20 ℃）。如果不导通，则应更换转子。

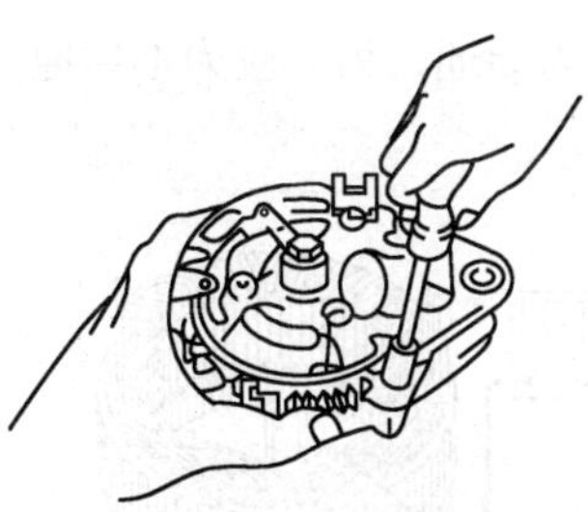

图3-43　拆卸线夹

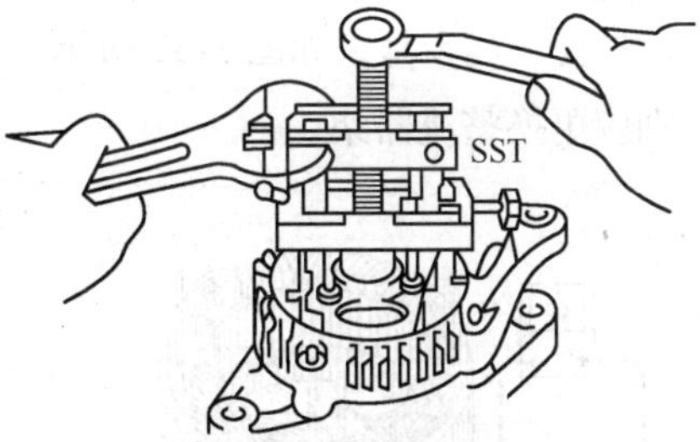

图3-44　拆卸整器端架

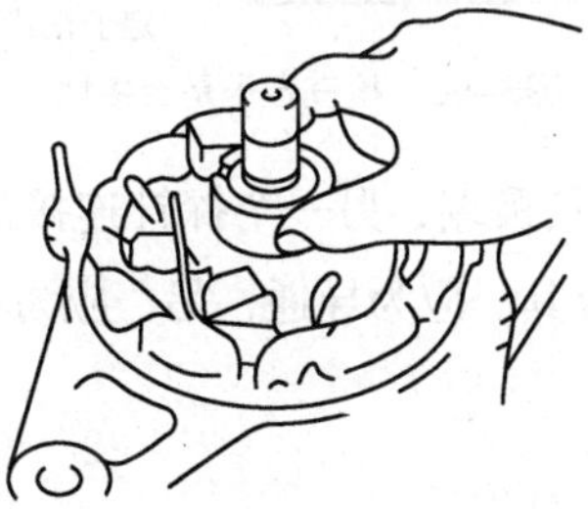

图3-45　取下交流发电机垫圈

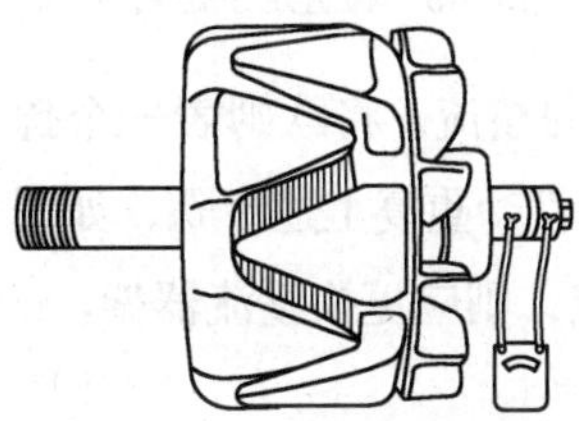

图3-46　检查转子是否开路

② 检查转子是否接地。用欧姆表检查交流发电机的滑环和转子之间是否导通，应不导通，如图3-47所示。如果导通，则应更换转子。

③ 检查滑环是否粗糙或有擦伤，如果粗糙或有擦伤，则应更换转子。

④ 检查转子直径。用游标卡尺测量交流发电机的滑环直径，如图3-48所示。标准直径应为14.2～14.4 mm，最小直径为12.8 mm。如果直径小于最小值，则应更换转子。

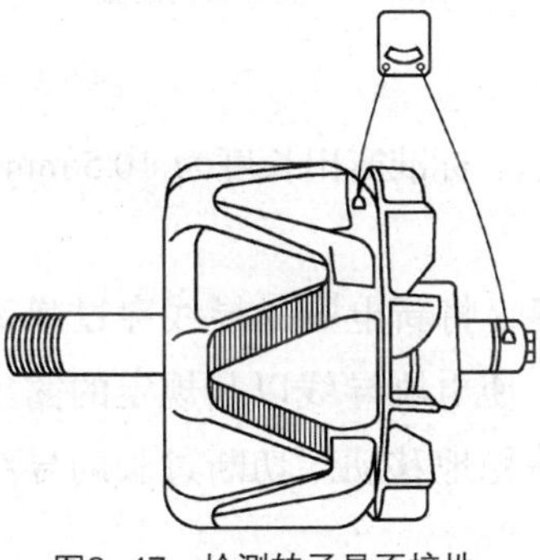

图3-47　检测转子是否接地

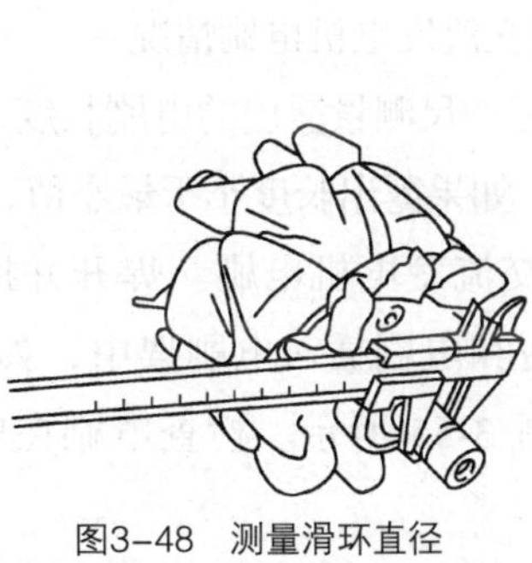

图3-48　测量滑环直径

（2）检查交流发电机定了（驱动端架）

① 检查定子是否开路。用欧姆表检查交流发电机的线圈两端之间是否导通，应导通，如图3-49所示。如果不导通，则应更换驱动端架组件。

② 检查定子是否接地。用欧姆表检查线圈导线和驱动端架之间是否导通，应不导通，如图3-50所示。如果导通，则应更换驱动端架组件。

（3）检查整流器（整流器架）

① 检查正向整流。将欧姆表一个探针连接到整流器正极端，另一个探针连接到每个整流器端口。

交换探针极性，重复上述步骤，如图 3-51 所示。检查其一应为导通，另一应为不导通。如果导通性不符合规定，则应更换整流器架。

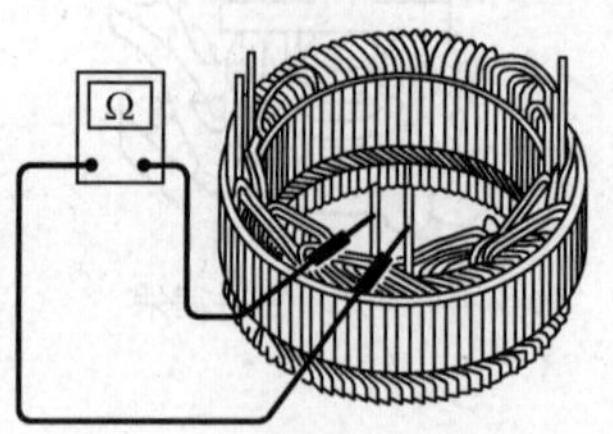

图3-49　检查定子是否开路

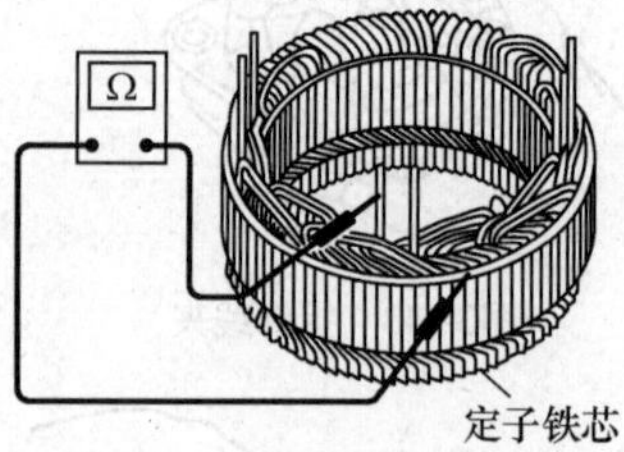

图3-50　检查定子是否接地

② 检查负向整流。将欧姆表一个探针连接到整流器负极端，另一个探针连接到每个整流器端口。交换探针极性，重复上述步骤，如图 3-52 所示。检查其一应为导通，另一应为不导通。如果导通性不符合规定，则应更换整流器架。

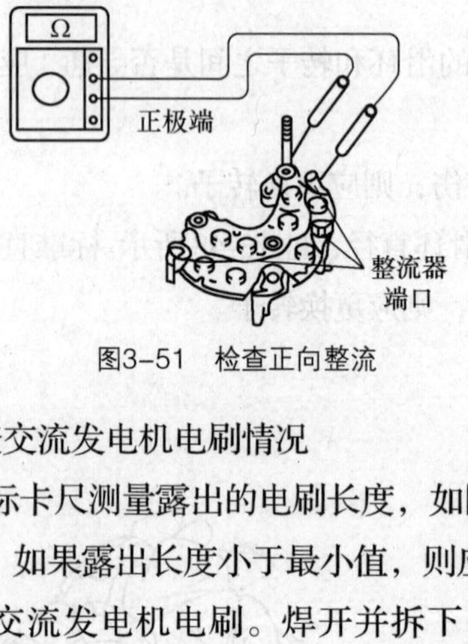

图3-51　检查正向整流

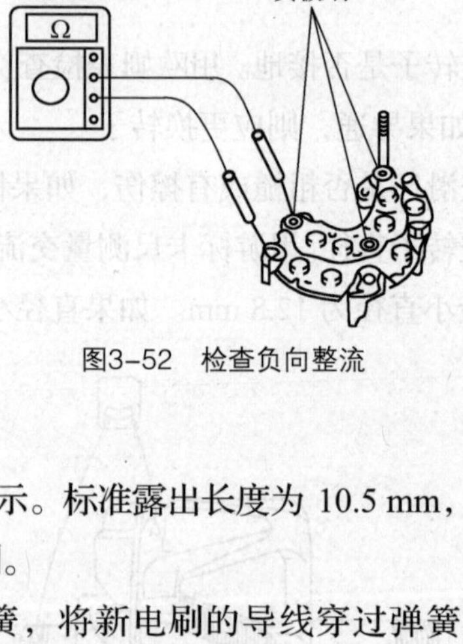

图3-52　检查负向整流

（4）检查交流发电机电刷情况

① 用游标卡尺测量露出的电刷长度，如图 3-53 所示。标准露出长度为 10.5 mm，最小露出长度为 1.5 mm。如果露出长度小于最小值，则应更换电刷。

② 更换交流发电机电刷。焊开并拆下电刷和弹簧，将新电刷的导线穿过弹簧和电刷架上的孔，将弹簧和电刷插入电刷架中，如图 3-54 所示。使电刷导线以其规定的露出长度焊在电刷架上，如图 3-55 所示。检查电刷在电刷架中能否平稳地移动。切断过长的导线并在焊接区涂绝缘漆。

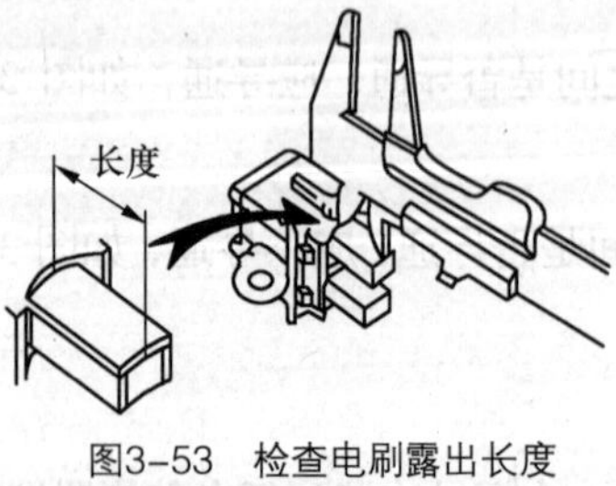

图3-53　检查电刷露出长度

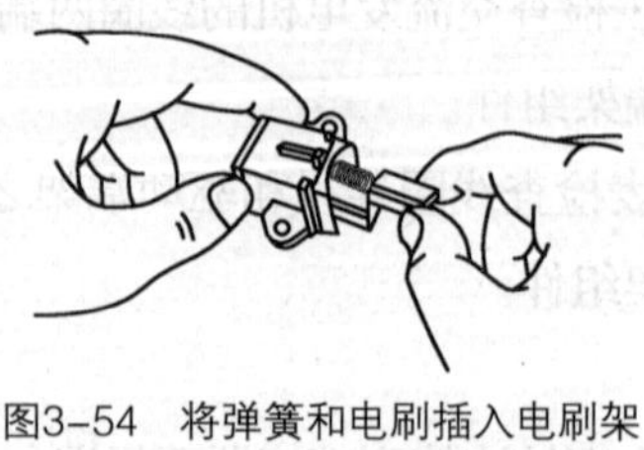

图3-54　将弹簧和电刷插入电刷架

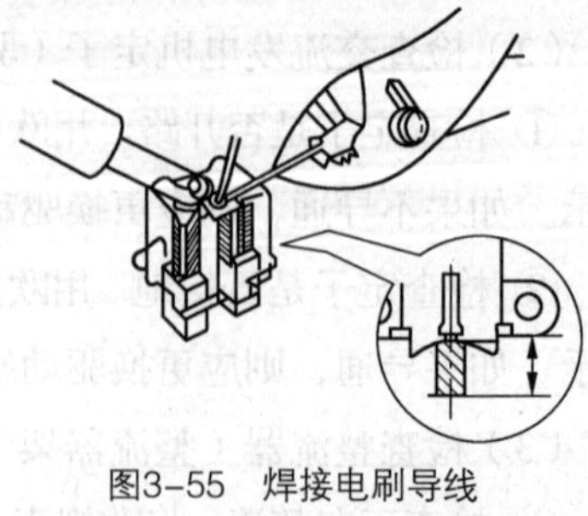

图3-55　焊接电刷导线

（5）检查电压调节器

电压调节器的检查主要包括搭铁类型的检查和电压调节性能的检查。

① 电压调节器搭铁类型的检查。电压调节器有内搭铁型和外搭铁型之分，使用时应与发电机配套使用。如果不清楚其搭铁形式，可采用如下方法来识别：

对12V汽车电源系统所采用的电压调节器，用一个12V蓄电池和一个12V、4W的小灯泡按图3-56所示连接好线路。

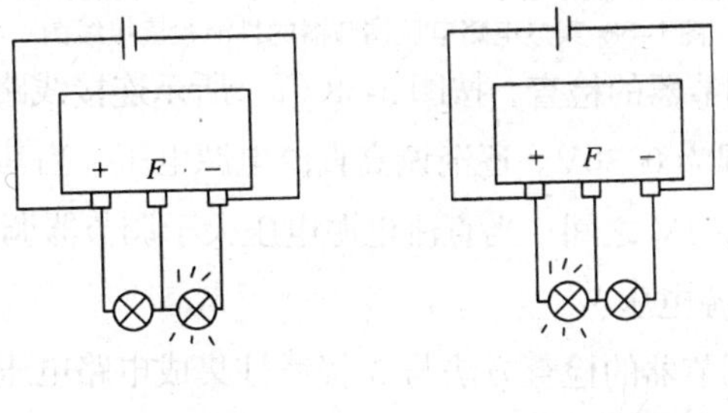

(a) 内搭铁型　　(b) 外搭铁型

图3-56　晶体管式电压调节器内、外搭铁类型的识别接线图

灯泡接在“F”与“-”（E）接线柱之间发亮，而接在“+”（B）与“F”之间不亮，说明该调节器为内搭铁型，如图3-56a所示；灯泡接在“+”（B）与“F”接线柱之间发亮，而接在“F”与“-”（E）之间不亮，说明该调节器为外搭铁型，如图3-56b所示。

若调节器是四个引出端（D_+、B、F、D_-），检查时，可将D_+与B连接为一点，再按上述方法识别；若调节器是五个引出端（D_+、B、F、D_-、L），则将L端子悬空，并将D_+与B连接为一点，再按上述方法识别。

② 电压调节性能的检查。对于晶体管式电压调节器使用可调直流稳压电源（输出电压为0~30V，电流为5A）和试灯（12V、20W）检查其性能，按图3-57所示接线进行检查。

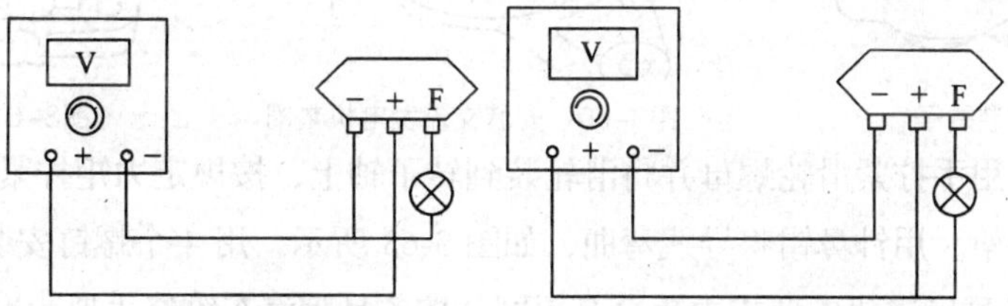

(a) 内搭铁型　　(b) 外搭铁型

图3-57　晶体管式电压调节器性能检查接线图

检查时，调节可调直流稳压电源的出电压，使其从零逐渐升高，当电压达到6V左右时，指示灯开始点亮；继续提高电源电压，当电压达到13.5~14.5V左右时，指示灯熄灭，熄灭时的电压即为调节器的调节电压，与性能参数相比较来判断其优劣。

集成电路电压调节器一般有3接线柱和4接线柱两种，其性能按图3-58所示接线进行检查。

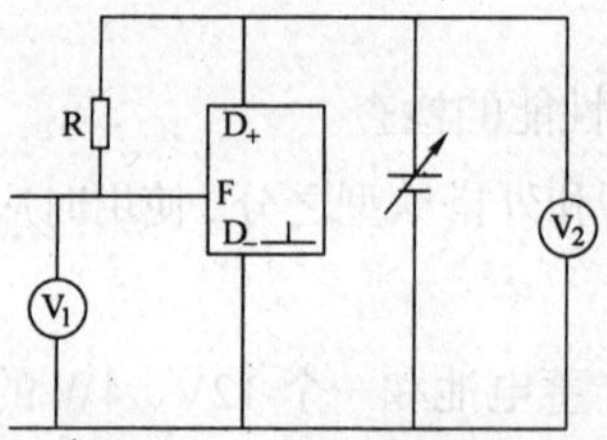

(a) 3接线柱集成电路电压调节器接线图

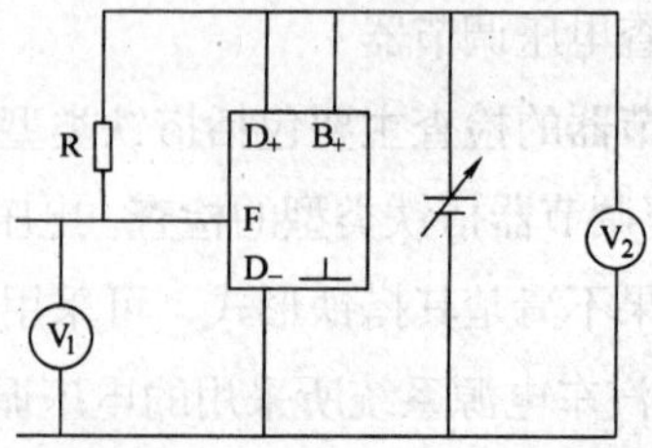

(b) 4接线柱集成电路电压调节器接线图

图3-58 集成电路电压调节器的性能检查接线图

3 接线柱集成电路电压调节器的检查，按图 3-58（a）所示连接线路。图中 R 为一个 3~5Ω的电阻，可变直流电源的调节范围为 0~30V。逐渐调高直流电源电压，当其值小于调节器调节电压时，V_1 电压表上的电压值应在 0.6~1V 之间；当直流电源电压大于调节器调节电压时，V_1 电压表上的电压值应为的 V_2 值（即直流电源电压）。

4 接线柱集成电路电压调节器的检查方法与 3 接线柱集成电路电压调节器的检查方法相同，只是需按图 3-58（b）所示连接线路。

4. 交流发电机的装复

① 将驱动端架装在滑轮上，将转子安装到驱动端架上，如图 3-59 所示。

② 安装整流器端架，将交流发电机垫圈装到转子上，如图 3-60 所示。用 29 mm 的套筒扳手和冲压机慢慢压入整流器端架，如图 3-61 所示。安装 2 个螺母及螺栓（拧紧力矩为 4.5 N · m），并用螺栓安装线夹（拧紧力矩为 5.4 N · m），如图 3-62 所示。

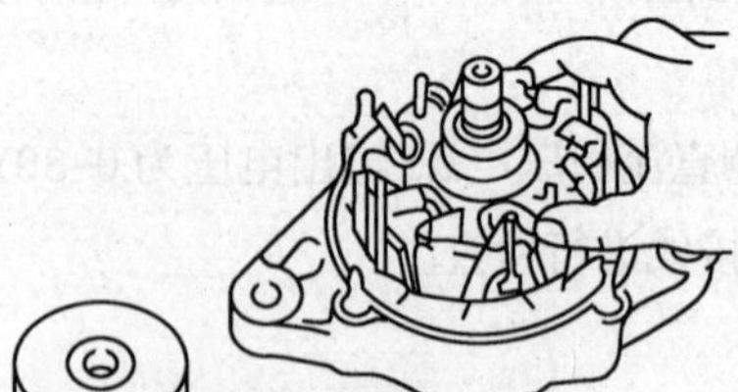
图3-59 安装转子

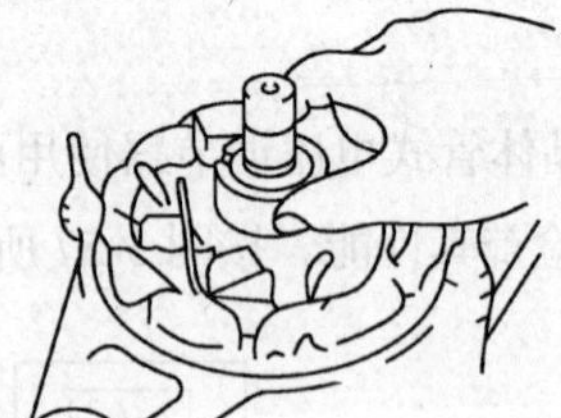
图3-60 安装交流发电机垫圈

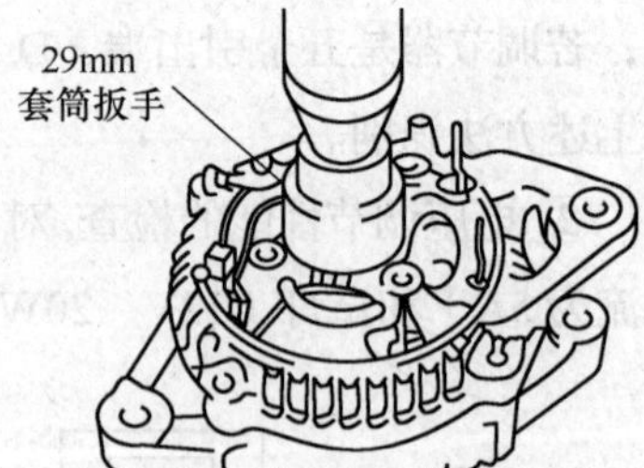

图3-61 安装整流器端架

③ 安装滑轮。用手拧紧滑轮螺母并将滑轮装到转子轴上，按规定力矩拧紧螺母。

④ 安装整流器架。用针鼻钳将导线弯曲，如图 3-63 所示，用 4 个螺钉安装整流器架（拧紧力矩为 2.0 N · m）。各种发电机的要求力矩会有不同，按各品牌汽车维修手册为准。

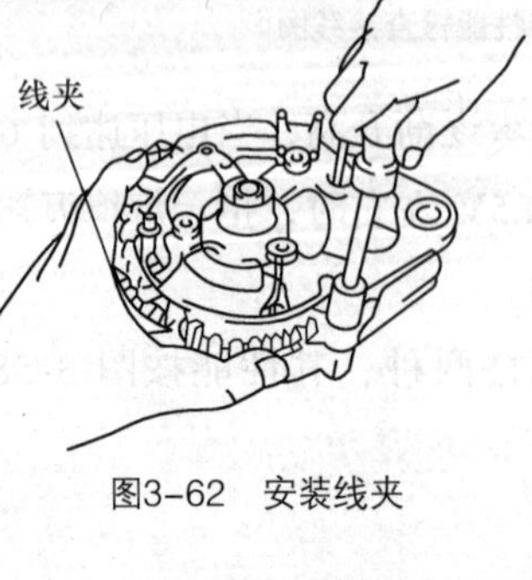

图3-62 安装线夹

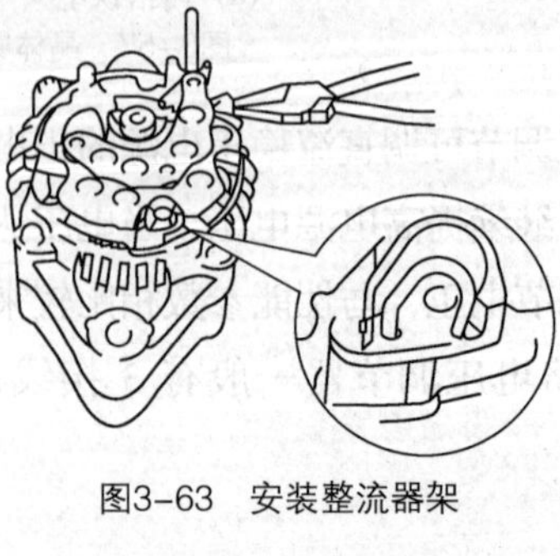
图3-63 安装整流器架

⑤ 安装 IC 调节器和电刷架。在电刷架上安装电刷架盖，特别提醒：安装时应注意电刷架的安装方向，如图 3-64 所示。使 IC 调节器和电刷架一起保持水平状态放置在整流器端架上，如图 3-65 所示。安装 5 个螺钉并拧紧到电刷架与接头之间约有 1 mm 的间隙为止，如图 3-66 所示，螺钉拧紧力矩为 20 N · m。

⑥ 用 3 个螺栓安装端盖（拧紧力矩为 2.6 N · m），用螺母（拧紧力矩为 4.1 N · m）安装接线端绝缘体。

⑦ 检查转子能否平稳地转动，如图 3-67 所示。

5. 检验

交流发电机的就车检验法就是在汽车上关掉点火开关，临时拆下蓄电池搭铁线，将一块 0 ~ 40 A 的电流表串接到发电机火线 B 接线柱与火线原接线之间，再将一块 0 ~ 50 V 的电压表接到 B 与 E 之间，连接好蓄电池的搭铁线。启动发动机，加速发动机，当发电机转速为 2 500 r/min 时，电压应在 14 V 或 28 V 以上，电流应为 10 A 左右。此时打开前照灯、雨刮器等电器，电流应为 20 A 左右，则表明发电机工作正常。

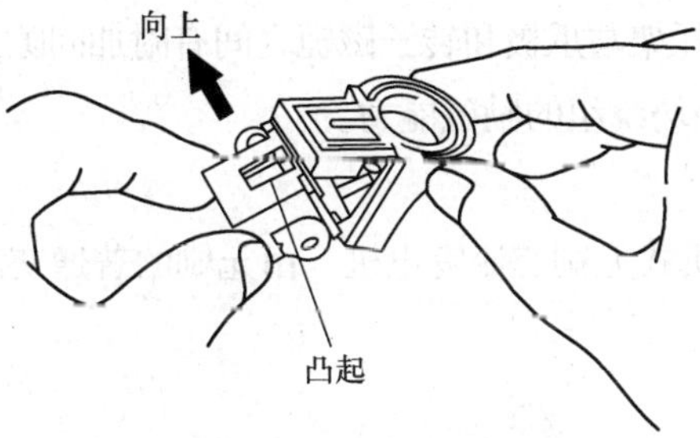

图3-64　电刷架的安装方向

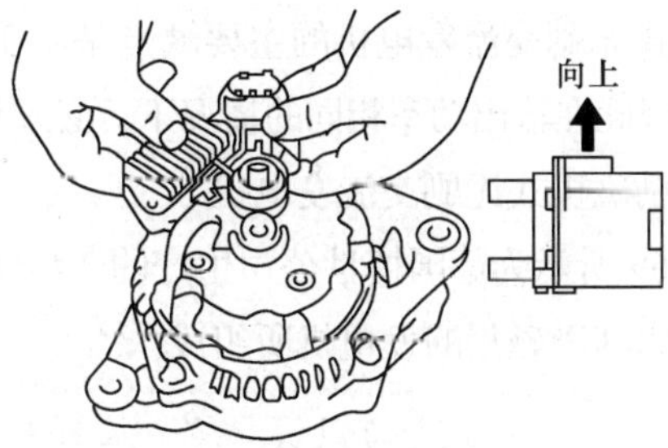

图3-65　安装IC调节器和电刷架

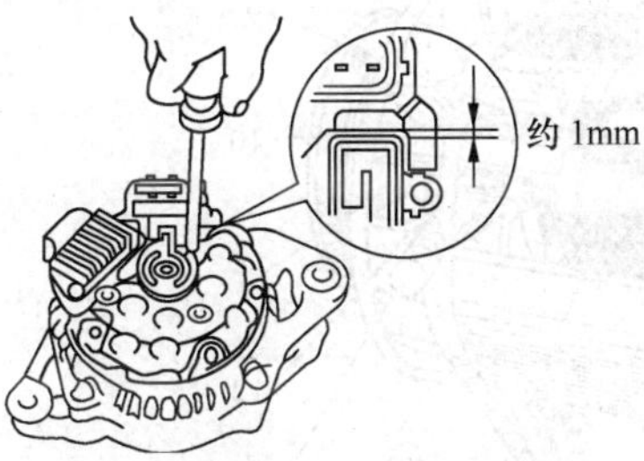

图3-66　拧紧电刷架

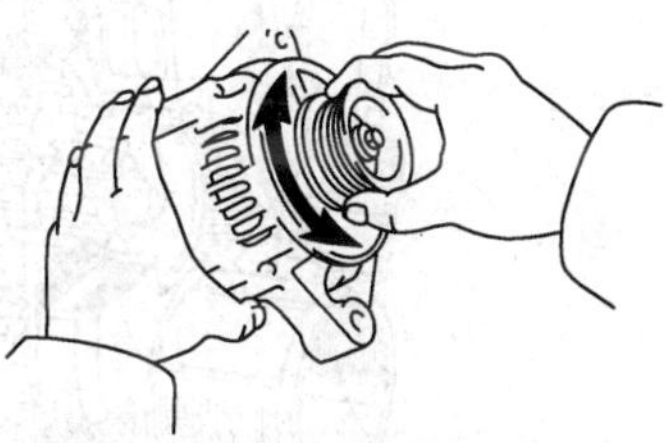

图3-67　检查转子转动情况

四、拓展知识

（一）其他类型的发电机

普通交流发电机需要通过电刷与滑环将励磁电流导入旋转的磁场绕组，工作中可能出现电刷过度磨损、电刷在刷架中卡滞、电刷弹簧失效、滑环脏污等会使电刷与滑环的接触不良，这是造成发电机不发电或发电不良的故障原因之一。无刷交流发电机则可克服普通交流发电机的这一缺陷，因此在汽车上得到了应用。目前，无刷交流发电机有爪极式、励磁机式、感应子式、永磁式等不同的类型。

（1）爪极式无刷交流发电机

图 3-68 所示为一种爪极式无刷交流发电机的结构示意图。

其结构特点是磁场绕组 8 通过 1 个磁轭托架固定在后端盖 3 上，2 个爪极只有一个直接固定在转子轴上，另一爪极 4 则通过非导磁连接环 7 固定在前一爪极上。转子转动时，一个爪极就带动另一爪极转动。当固定不动的磁场绕组通入直流电后，产生的磁场使爪极磁化，一边爪极为 N 极，另一边为 S 极，并经气隙和定子铁芯形成的闭合磁路（见图 3-68）。转子转动时，定子内形成交变的磁场，三相电枢绕组便产生三相交流电动势，再经三相整流电路整流后输出直流电。

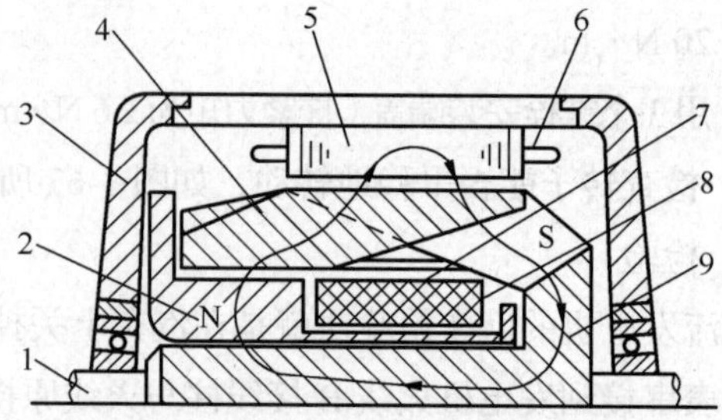

图3-68 爪极式无刷交流发电机的结构示意图
1—转子轴 2—磁轭托架 3—端盖 4—爪极 5—定子铁芯 6—定子绕组 7—非导磁连接环 8—磁场绕组 9—转子磁轭

爪极式无刷交流发电机的主要缺点是由于磁轭托架与爪极和转子磁轭之间有附加间隙存在，漏磁较多，因此在输出功率相同的情况下，必须增大磁场绕组的励磁能力。

（2）励磁机式无刷交流发电机

图 3-69 所示为德国博世公司生产的 T4 型励磁机式无刷交流发电机，由无刷的普通交流发电机加一个专为其励磁用的发电机所组成。

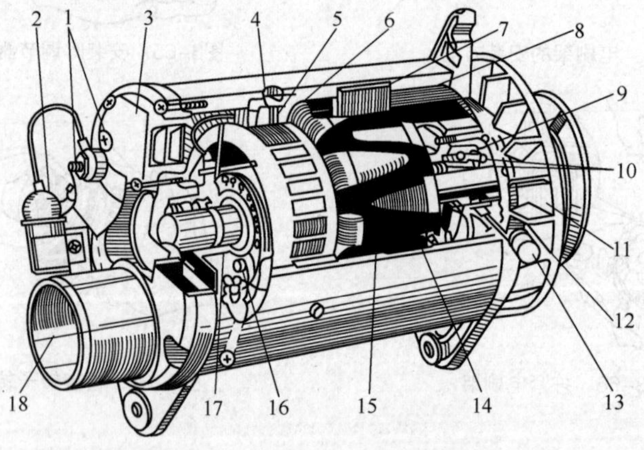

图3-69 励磁机式无刷交流发电机
1—接线柱 2—抑制电容 3—电子调节器 4—励磁发电机转子 5—励磁发电机定子 6—励磁发电机磁场绕组 7—发电机定子铁芯 8—发电机电枢绕组 9—驱动端盖 10—油封 11—风扇 12—油道 13—油环 14—发电机转子 15—磁场绕组 16—二极管 17—散热板 18—进风口

励磁机式无刷交流发电机简称励磁机，其磁极为定子，电枢为转子。当发电机转动时，励磁机电枢转动，其三相绕组产生电动势，通过内部整流电路整流后，直接供给发电机转子 14 内的磁场绕组 15 励磁发电。由于无附加气隙，励磁机式无刷交流发电机的输出功率较大，缺点是结构较为复杂。

（3）感应子式无刷交流发电机

图 3-70 所示为感应子式无刷交流发电机的原理图。感应子式交流发电机的特点是转子由齿轮状

钢片叠成，磁场绕组和电枢绕组均安放在定子的槽内。当定子槽内的磁场绕组通入直流电后，在定子铁芯中产生固定的磁场。由于转子有凸齿和凹槽，当转子转动时，转子与定子凸齿之间的气隙就会不断变化。转子凸齿正对定子凸齿时气隙最小而磁通量最大，转子凹槽对着定子凸齿时气隙大而磁通量减小。因此，随着转子的转动，定子内的磁场呈脉动变化，电枢绕组便产生交变的感应电动势。感应子式无刷交流发电机的缺点是比功率较低。

（4）永磁式无刷交流发电机

永磁式无刷交流发电机以永久磁铁为转子磁极而产生旋转磁场，常用的永磁材料有铁氧体、铬镍钴、稀土钴、钕铁硼等。图 3-71 所示为钕铁硼永磁转子的结构示意图。具有较高剩磁力和矫顽力的钕铁硼永磁体采用瓦片式结构，并用环氧树脂胶粘在导磁轭上。

永磁式无刷交流发电机的磁场强度是固定不变的，因此不可能像其他类型的交流发电机那样通过调节磁场绕组励磁电流的方法来达到稳定电压的目的。图 3-72 所示为永磁式无刷交流发电机电压调节的电路原理图。

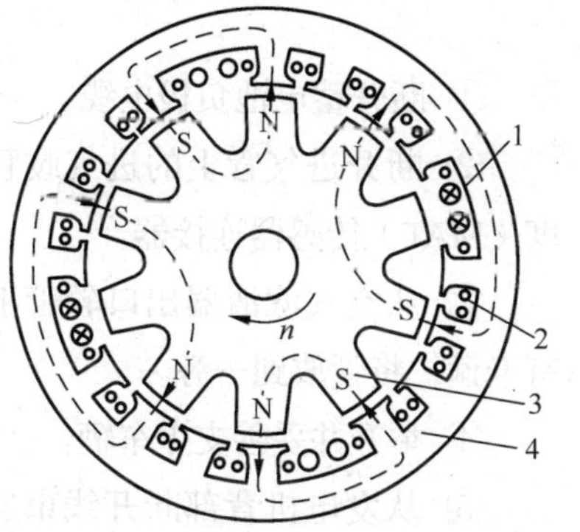

图3-70　感应子式无刷交流发电机的原理图

1—磁场绕组　2—电枢绕组　3—转子　4—定子

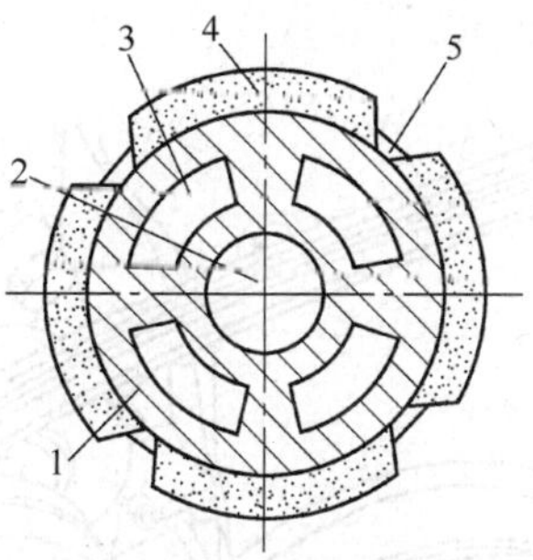

图3-71　钕铁硼永磁转子的结构示意图

1—导磁轭　2—转轴　3—通风口　4—永磁体　5—环氧树脂胶

3 只二极管 VD_1、VD_2、VD_3 与 3 只晶闸管 VT_1、VT_2、VT_3 组成的三相半控桥式整流电路向外输出直流电，而 VD1 ~ VD6 组成的三相桥式整流电路则向晶闸管控制极提供触发电压。其电路中串联着电压调节器的触点 K，电压调节器的 K 为常闭触，电磁线圈并接于发电机的输出端。电压调节原理如下。

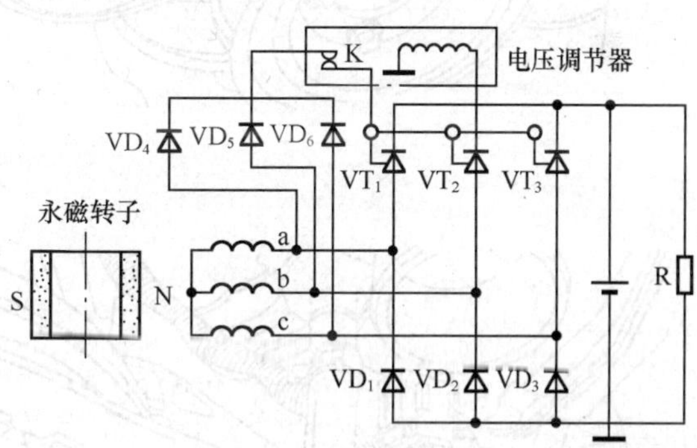

图3-72　永磁式无刷交流发电机电压调节的电路原理图

电压调节器触点 K 闭合时，晶闸管控制极获得正向触发电压而导通，整流桥向外输出三相全波整流电压。当发电机随转速的升高，其整流电压上升至设定的上限值时，电压调节器线圈产生的磁力使触点 K 断开，晶闸管因控制极失去正向触发电压而截止，发电机的电压随之迅速下降；当发电机电压下降至下限值时，电压调节器触点因其线圈产生的磁力减弱而重新闭合，晶闸管又获得正向触发电压而导通，发电机端电压迅速上升。如此反复，使发电机的输出电压在一定的范围内波动。

永磁式无刷交流发电机具有体积小、重量轻、维护方便、比功率大、低速充电性能好等优点。若永磁材料的性能有更进一步的提高，永磁式无刷交流发电机将会有更快速的发展。

（二）别克凯越汽车发电机拆装检测步骤

别克凯越轿车采用 Delco-Remy CS 充电系统，该系统分多种型号，包括 CS。数字指定子叠片的外径（mm）。

CS 发电机具有内部调节器、Delta 定子、整流器电桥和带滑环和电刷的转子，原理与较早的发电机类似。采用常规皮带轮和风扇，没有试验孔。

与三相发电机不同的是，CS 发电机只用 2 个接头：蓄电池正极和与充电指示灯连接的“L”端子。与其他充电系统一样，充电指示灯在将点火开关拧到 RUN（运行）位置时启亮，在发动机启动时熄灭。如果在发动机运转时充电指示灯亮，指示充电系统有故障。有几种故障和系统电压过高或过低时，指示灯最亮。

调节器电压设定值随温度变化，通过控制转子磁场电流，限制系统电压。在高速时，接通时间可能占 10%，非工作时间占 90%。在低速、高电气负载时，接通时间可能占 90%，非工作时间占 10%。

1. 拆卸步骤

① 断开蓄电池负极电缆。

② 断开进气管上的进气歧管空气温度（MAT）传感器连接器。

③ 从空气滤清器出口软管上拆卸所有卡箍，将管放到一旁。

④ 举升并妥善支撑车辆。

⑤ 从发电机背部断开线束连接器和发电机至蓄电池电线。

⑥ 降下车辆，顺时针转动自动张紧轮螺栓，释放皮带张紧力，拆卸蛇形附件传动带。

⑦ 向上推动力转向液储液罐并放到一旁。

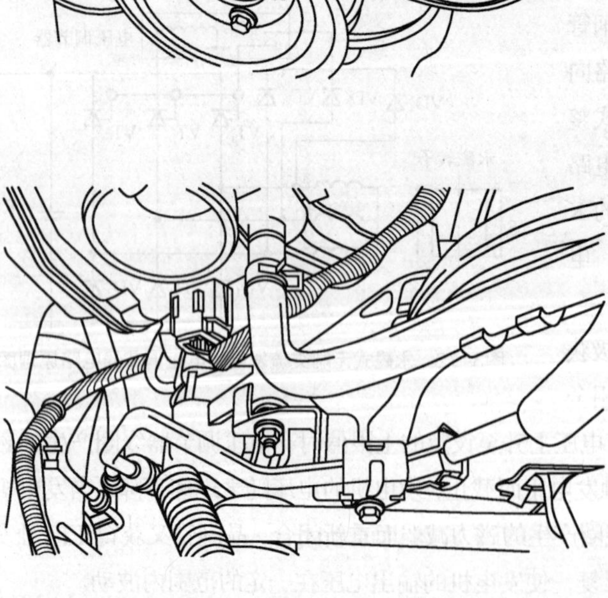

⑧ 拆卸发电机上发动机连接托架至 1.6 L 发动机螺栓。

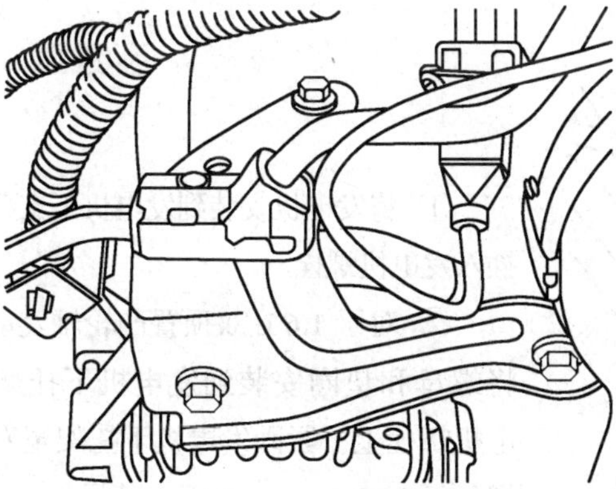

⑨ 对于装备 1.8 L 发动机的车辆，拆卸发电机至进气歧管/汽缸盖支架、进气歧管箍带托架和进气歧管至缸体箍带托架的上安装螺栓。

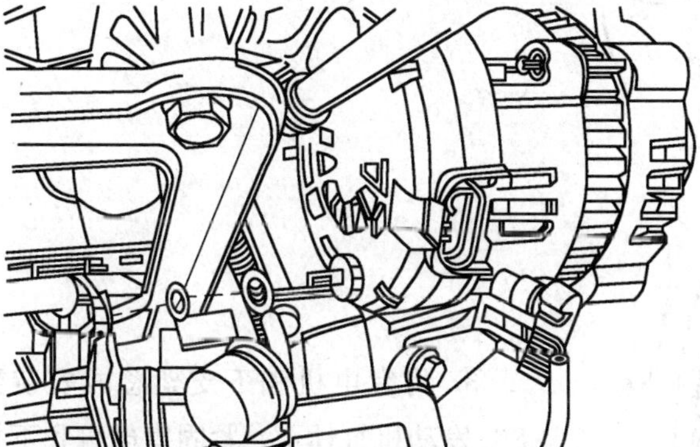

⑩ 举升并妥善支撑车辆，拆卸支撑发电机下托架至发电机螺栓的螺母和垫圈。松开螺栓并拆卸发电机。

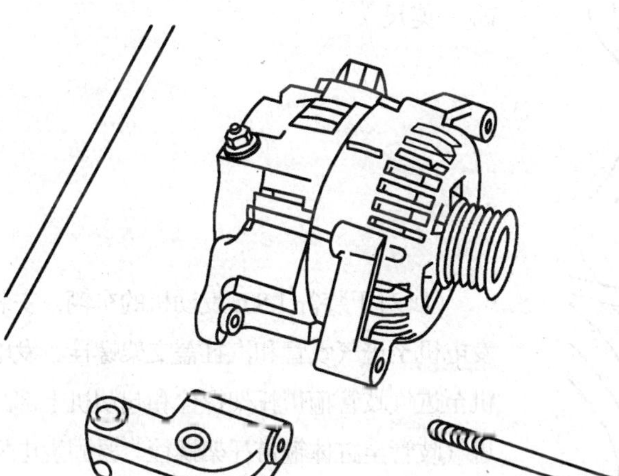

⑪ 对于装备 1.8 L 发动机的车辆，拆卸发电机下支架螺栓。

⑫ 对于 1.8 L 发动机，连同下托架一起小心拆卸发电机。

⑬ 拆卸发电机下支架螺母、螺栓和垫圈。

2. 装配步骤

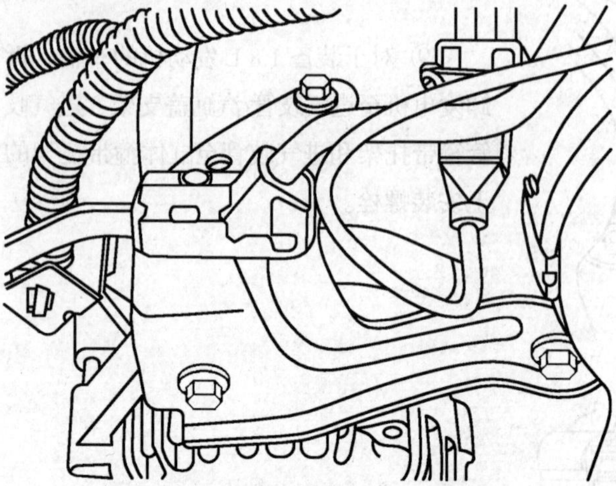

① 将发电机安装到发电机下支架上并插入发电机螺栓。

② 对于 1.6 L 双顶置凸轮轴发动机，将螺母和垫圈安装到发电机下托架至发电机螺栓上。紧固发电机下托架至发电机螺母至 25 N · m（18 磅 · 英尺）。

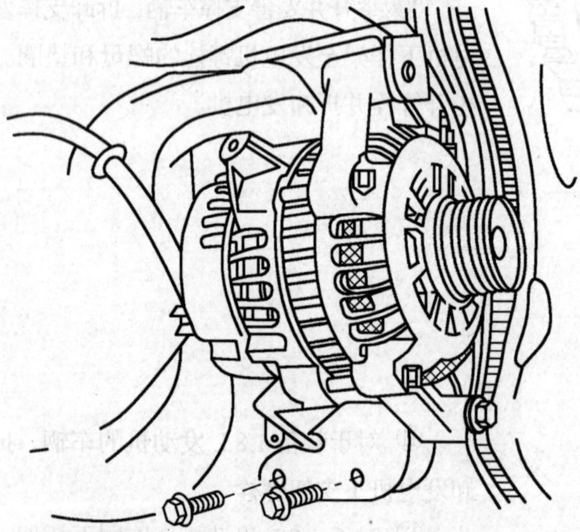

③ 将发电机和下支架总成安装到 1.8 L 发动机缸体上。紧固发电机和下托架至发动机缸体螺栓至 37 N · m（27 磅 · 英尺）。

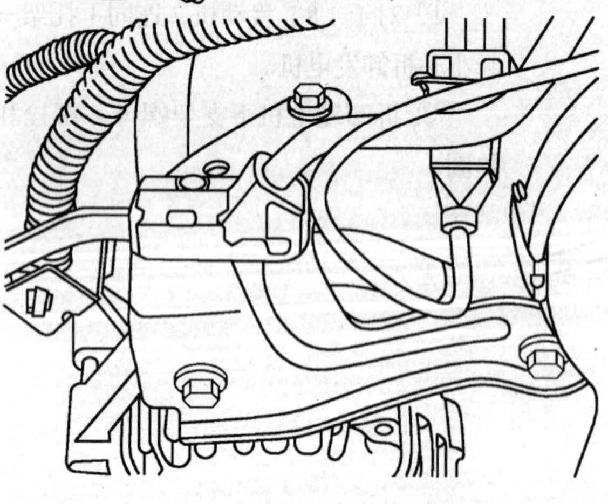

④ 对于装备 1.8 L 发动机的车辆，安装发电机至进气歧管和汽缸盖支架螺栓、发电机至进气歧管箍带托架螺栓和起动机上部的进气歧管至缸体箍带托架螺栓。紧固发电机至进气歧管和汽缸支架螺栓至 37 N · m（27 磅 · 英尺）。紧固发电机至进气歧管箍带支架螺栓和进气歧管至缸体箍带支架螺栓至 22 N · m（16 磅 · 英尺）。

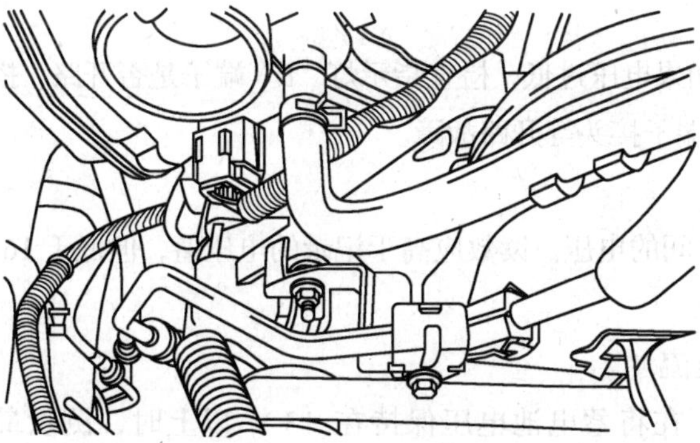

⑤ 对于装备 1.6 L 发动机的车辆，安装发电机上支架螺栓和垫圈。紧固发电机上支架螺栓至 20 N · m（15 磅 · 英尺）。

⑥ 将线束连接器连接到发电机背部，将发电机导线连接到蓄电池。

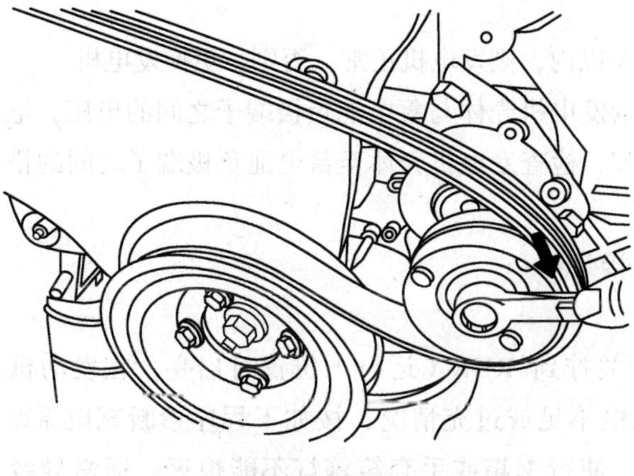

⑦ 安装蛇形附件传动皮带。

⑧ 先向下按压自动张紧轮螺栓，在皮带就位时松开，释放皮带上的张力。

⑨ 安装动力转向液储液罐。

⑩ 安装空气滤清器出口软管，连接进气歧管空气温度连接器。

⑪ 连接蓄电池负极电缆。

3. 发电机输出测试

① 执行发电机系统测试。

② 更换未通过测试的发电机。如果发电机通过测试，则按如下程序执行车上输出检查。注意事项：务必首先检查发电机输出，然后才能认为搭铁“L”端子电路损坏了调节器。

③ 将数字式万用表、电流表和层叠碳板变阻器负载连接到车上。注意事项：确保车辆蓄电池充满电，并关闭层叠碳板变阻器。

④ 在点火开关位于关闭（OFF）位置时，检查并记录蓄电池电压。

⑤ 从发电机上拆卸线束连接器。

⑥ 将点火开关拧到 RUN（运行），但不启动发动机。用数字式万用表检查线束连接器“L”端

子上的电压。

⑦ 读数应接近蓄电池电压规定值 12 V。如果电压过低，检查指示灯“L”端子是否开路，搭铁电路是否导致电压损失。必要时，排除导线、端子接头等开路故障。

⑧ 连接发电机线束连接器。

⑨ 中速空转发动机，并测量蓄电池端子之间的电压。读数应高于记录的电压值，但低于 16 V。如果电压超过 16 V 或低于原读数，更换发电机。

⑩ 中速空转发动机，并测量发电机输出电流。

⑪ 接通层叠碳板变阻器并调整电阻值，在将蓄电池电压保持在 13 V 以上时，测量最大电流。

⑫ 如果读数在发电机上标定的额定值 15 A 以内，则发电机正常。否则，更换发电机。

⑬ 使发电机在最大输出电流下工作，测量发电机壳体与蓄电池负极端子之间的电压。电压降幅不应超过 0.5 V。如果电压降幅超过 0.5 V，检查发电机壳体至蓄电池负极端子之间的搭铁线路。

⑭ 检查、清理、紧固并重新检查所有搭铁接头。

4. 发电机系统检查

正常操作时，发电机指示灯在将点火开关拧到 RUN（运行）位置时启亮，在发动机启动时熄灭。如果发生灯工作异常或蓄电池充电不足或过充情况，按如下程序诊断充电系统。（需要注意的是，忘记关闭附件或开关故障，使行李箱或手套箱等灯不能熄灭，通常导致充电不足。）

① 目视检查皮带和导线。

② 将点火开关拧到 ON（接通）位置，但不启动发动机，充电指示灯应启亮。否则，断开发电机上的线束，用一条 5 A 跨接导线将线束中的“L”端子搭铁。

- 如果灯亮，更换发电机。
- 如果灯不启亮，寻找点火开关与线束连接器之间的开路故障。指示灯灯泡可能烧坏。

③ 将点火开关拧到 ON（接通）位置，使发动机中速运行，充电指示灯应熄灭。否则，断开发电机上的导线束。

- 如果灯熄灭，更换发电机。
- 如果灯不熄灭，检查连接器和指示灯之间的线束是否搭铁。

注意事项：务必首先检查发电机是否有输出，然后才能认为搭铁“L”端子电路损坏了调节器。

（三）部分品牌汽车发电机电路图

别克凯越汽车充电系统电路图如图 3-73 所示。

Chery（奇瑞）SQR7160 汽车充电系统电路图如图 3-74 所示。

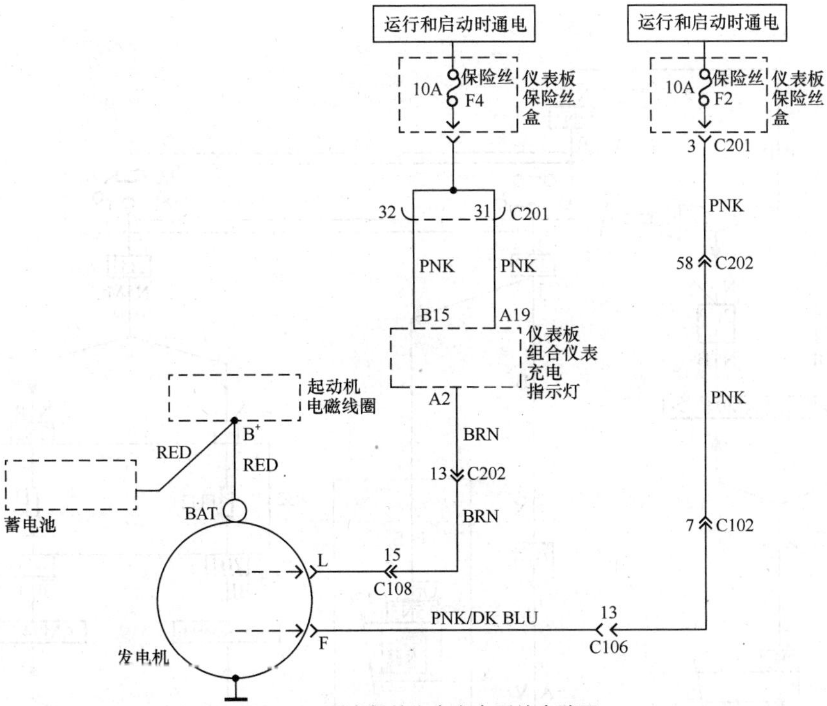

图3-73　别克凯越汽车充电系统电路图

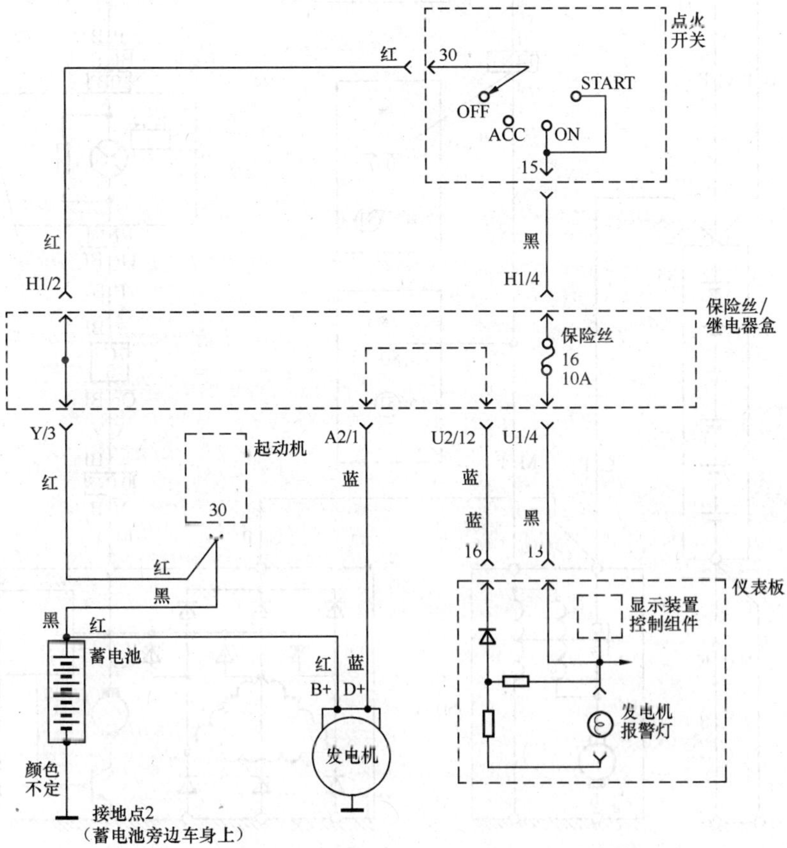

图3-74　Chery（奇瑞）SQR7160汽车充电系统电路图

富康汽车充电系统电路图如图 3-75 所示。

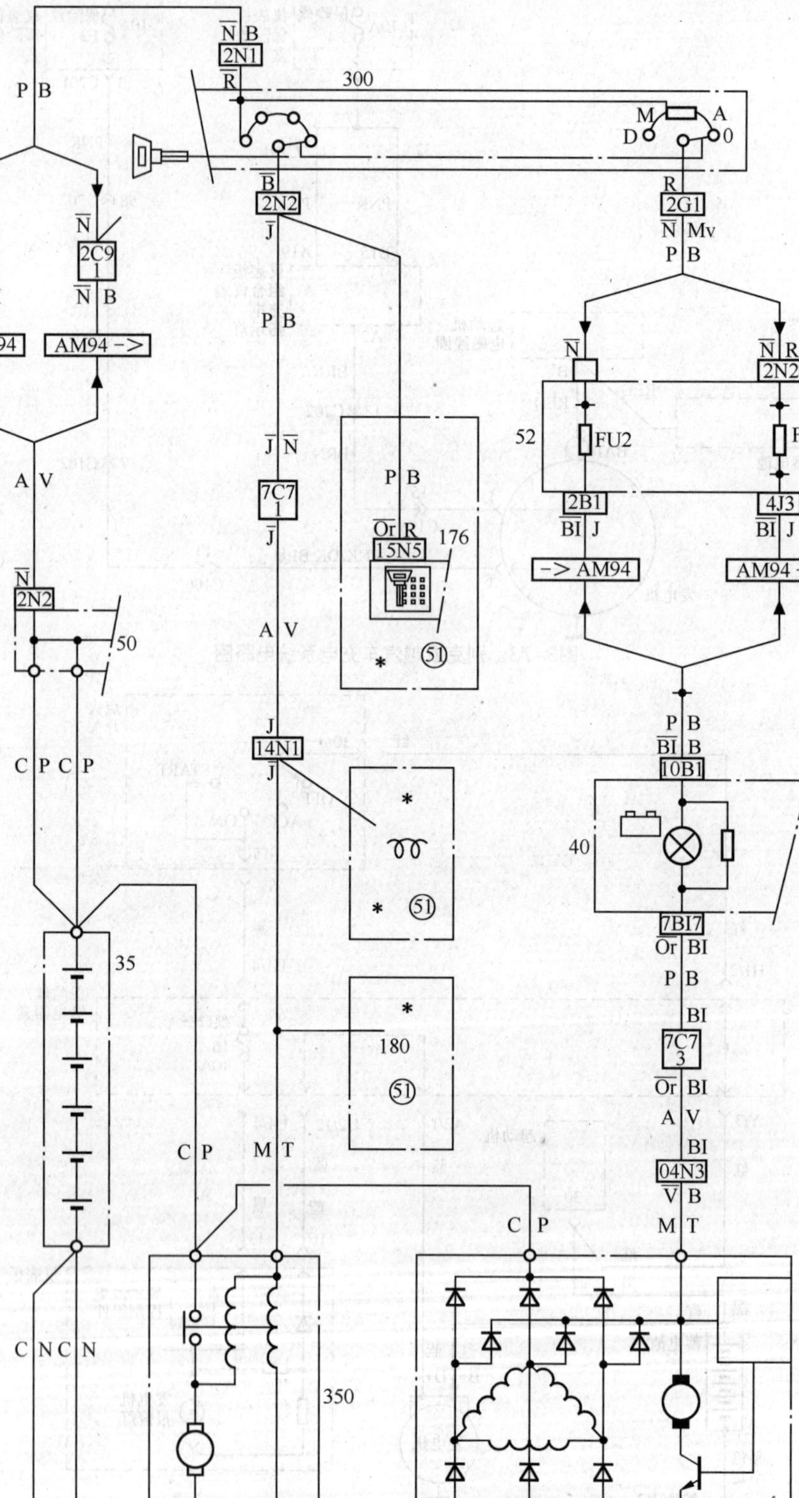

图3-75 富康汽车充电系统电路图

尼桑颐达汽车充电系统电路图如图 3-73 所示。

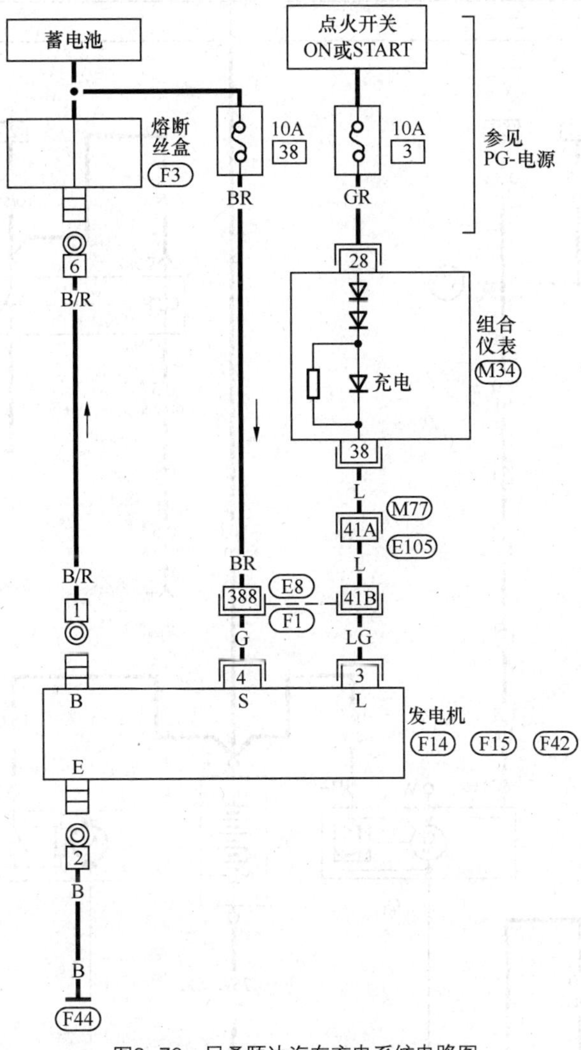

图3-76　尼桑颐达汽车充电系统电路图

奥迪汽车充电系统电路图如图 3-77 所示。

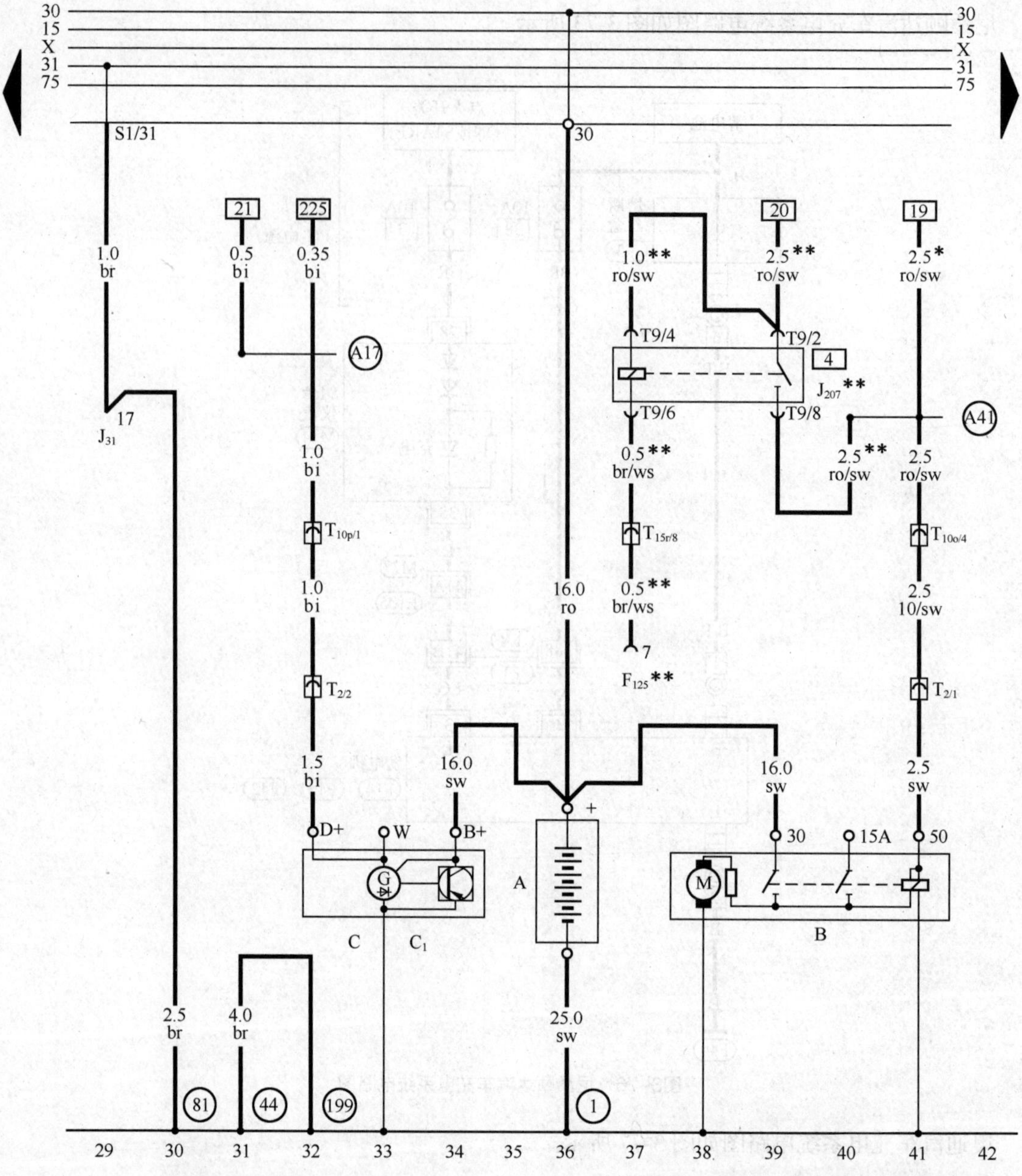

ws=白色
sw=黑色
ro=红色
br=棕色
gn=绿色
bi=蓝色
gr=灰色
li=紫色
ge=黄色

A—蓄电池
B—启动机
C—交流发电机
Cl—电压调节器
F125—多功能开关
J31—清洗-刮水自动间歇继电器
J20—启动锁止继电器
T2—插头，2 孔，灰色，在发动机舱右侧
T9—插头，9 孔，棕色，在启动锁止继电器上
$T10_0$—插头，10 孔，棕色，压力舱电器盒分线器
$T10_P$—插头，10 孔，黑色，压力舱电器盒分线器
T15r—插头，15 孔，棕色，右侧 A 柱分线器
①—接地线，蓄电池-车身
㊹—接地点，左侧 A 柱，下部
㉛—接地连接 1，在仪表板线束内
(199)—接地连接 3，在仪表板线束内
(A17)—连接（61），在仪表板线束内
(A41)—正极连接（50），在仪表板线束内
* 带手动变速器的车
** 带自动变速器的车

图3–77 奥迪汽车充电系统电路图

小 结

汽车电气充电系统的结构、原理、性能、诊断参数知识与汽车电气充电系统诊断与维修技能是在国家职业标准《汽车修理工》中明确列出的工作要求。交流发电机作为汽车重要供电电器，必须掌握其相关知识与检修技能。

本项日以汽车充电系统检修为载体，将汽车交流发电机的结构、工作原理等理论知识与其故障检修技能融为一体，涉及发电机、电压调节器、整流电路等多方面的理论知识以及相关方面的故障诊断与检修经验。在学习过程中，除了能对设定故障进行检修之外，应着重加深对发电机构造、电压调节器工作原理及充电系统线路的理解。在对特定故障进行检修的基础上，掌握对汽车充电系统常见故障进行检修的普适性方法，并熟悉其工作过程。

习题及案例思考

1. 习题

① 简述汽车交流发电机的组成与结构。

② 硅整流发电机的励磁过程怎样?

③ 试述单级式触点电压调节器的工作原理。

④ 半导体式调节器与触点式调节器相比有哪些优点?

⑤ 双级式触点调节器工作原理如何?

⑥ 根据图 3-75 所示富康充电系统的电路图，试简述该充电系统工作过程。

⑦ 根据图 3-77 所示奥迪充电系统的电路图，试简述该充电系统工作过程。

⑧ 简述其他类型汽车交流发电机的特点。

⑨ 根据本项目实施和学习的体会，请绘制汽车交流发电机故障诊断的流程图。

⑩ 根据本项日实施和学习的体会，请简述汽车交流发电机的检修过程。

⑪ 根据本项目实施和学习的体会，请对汽车充电系统检修工作过程进行总结。

2. 案例思考

① 案例一:

故障现象

一辆东风 EQ1090 型载货汽车，起动后充电指示灯不熄灭，由于运输任务较多，驾驶人未来得及将车送修，一个多星期的使用过程中，每次起动都很顺利，但仪表板上的充电指示灯总是不熄灭。

故障检修过程

故障可能性分析：充电指示灯不熄灭，蓄电池并未出现亏电，此种故障现象说明了充电指示灯控制电路出现了故障，而发电机的发电可能是正常的，充电指示灯控制电路的故障部位可能是充电指示灯继电器（线圈烧了）和发电机中点接线柱 N 至组合继电器的 N 接线柱导线连接不良或短路。

故障诊断方法：为确认发电机及电压调节器良好，用万用表直流电压挡测量发电机电枢接线柱上的电压。在发动机不工作时，测得电压为 12.1V 左右，起动发动机，发动机转速为 2000r/min 左右时，发电机的电压为 14.3V 左右，这说明发电机充电正常。

发动机转速为 2 000r/min 左右时，用万用表直流电压挡测量组合继电器 N 接线柱的电压，为 7.5V 左右，属于正常，这说明充电指示灯继电器线圈已损坏。

故障处理措施：更换组合继电器，起动发动机后，充电指示灯熄灭，故障排除。

故障实例分析

由于该案例电源电路的充电指示灯电路与发动机励磁回路是两条并联的电路，所以当充电指示灯控制电路出现故障（充电指示灯不能熄灭或不能启亮）时，不会影响发电机的正常工作。

对于这种控制方式的电源电路，无论是充电指示灯不亮，还是充电指示灯不能熄灭，都有可能发电机的充电是正常的。因此，对于这种类型的电源电路，在遇到充电指示灯不亮（点火开关 ON）或充电指示灯不熄灭（发动机工作时）的情况，不能只考虑发电机电压调节器的故障可能性。如果蓄电池没有亏电的迹象，则应将重点放在检查充电指示灯控制电路上。

② 案例二：

故障现象

一辆桑塔纳 2000GSi 轿车，起动机运转无力，使发动机无法启动，对蓄电池补充充电后起动，即可恢复正常，但行使三四天后起动机转动无力现象又会出现。

故障检修过程

故障原因分析：根据该车所表现出来的症状，初步判断其原因可能是蓄电池有故障；或者是起动电源电路有接触不良之处；或者是充电系统有故障而导致不能及时对蓄电池充电。

故障诊断方法：用万用表检测蓄电池电压为 10.5V，判断为蓄电池亏电。对蓄电池进行补充充电，充电过程正常，说明确实是蓄电池亏电。将充好电的蓄电池装车起动，起动正常。

几天后起动机运转无力现象再现，怀疑是充电系统有故障，对电源电路进行了直观检查，未发现异常。用备用蓄电池起动发动机，观察充电指示灯正常；用万用表测量发电机电压，在逐渐提高发动机转速时，发电机电压在 13.5 ~ 14V 内变化，这说明发电机及电压调节器等均正常。据此，怀疑是蓄电池有问题，于是就更换了蓄电池。

几天后同样的故障再现，不是蓄电池的问题，发电机及电压调节器又正常，那么是否为发电机与蓄电池之间的充电线路有接触不良而导致充电电流小或不充电呢？为证实此判断，在发动机运行时，测量蓄电池正、负极间的电压，在急加速时，蓄电池的电压在 12 ~ 14V 波动，用一根导线连接蓄电池负极与发动机机体时，电压稳定在 14V，这说明发电机与蓄电池之间的搭铁不良。

将车用举升机举起后，检查发现发动机与车身之间的搭铁线已严重锈蚀，轻轻一拉就掉下来了，连接螺栓也锈蚀严重。

故障处理措施：更换了搭铁线和螺栓，并将其焊接固定，故障排除。

故障实例分析

本例故障是由于发动机与车身之间的搭铁不良引起了充电不良，从而导致了蓄电池易亏电。发动机与车身之间的搭铁出了问题后，使起动机搭铁不良，加上蓄电池电能不足，导致了起动机运转无力。

该车的发动机搭铁线位于车身的内侧，由于用高压水枪冲洗车底时，使积水和潮气留在了搭铁线周围，加速了搭铁线的锈蚀。

从本例故障检修过程中得到的启示是：遇充电不良、发动机运转无力等故障时，不要遗忘了对发动机搭铁线的检查，有的汽车搭铁线连接在变速器与车架之间。在维修车辆时，也要注意对此搭铁线的检查与维护，千万不能漏装搭铁线。

Chapter

4

项目四 起动系统与起动机的检修

一、项目要求

起动系统常见故障是起动机不工作或起动机运转无力。该项目通过对起动机及起动系统故障的诊断，起动机折卸、检修、安装调整过程的实施与学习，使同学在掌握起动机的结构与工作原理等方面理论知识的同时，具备对上述故障分析与排除的能力。

【知识要求】

掌握起动机的型号、工作特性；掌握起动机的构造、工作原理。

【能力要求】

1. 能够对起动机的性能进行检测。
2. 能够对起动机进行拆装。
3. 能够排除起动系统故障。

二、相关知识

（一）起动系统概述

起动机的作用是起动发动机，发动机起动之后，起动机便立即停止工作。发动机常用的起动方式有人力起动、辅助汽油机起动和电力起动机起动。目前大多数运输车辆都已采用电力起动机起动。电力起动机起动方式是由直流电动机通过传动机构将发动机起动，具有操作简单、体积小、重量轻、安全可靠、起动迅速并可重复起动等优点，一般将这种电力起动机简称为起动机。起动机均安装在汽车发动机飞轮壳前端的座孔上，用螺栓紧固。

1. 起动系统的组成

起动系统由蓄电池、起动机和起动控制电路等组成，如图 4-1 所示，起动控制电路包括起动按钮或开关、起动继电器等。

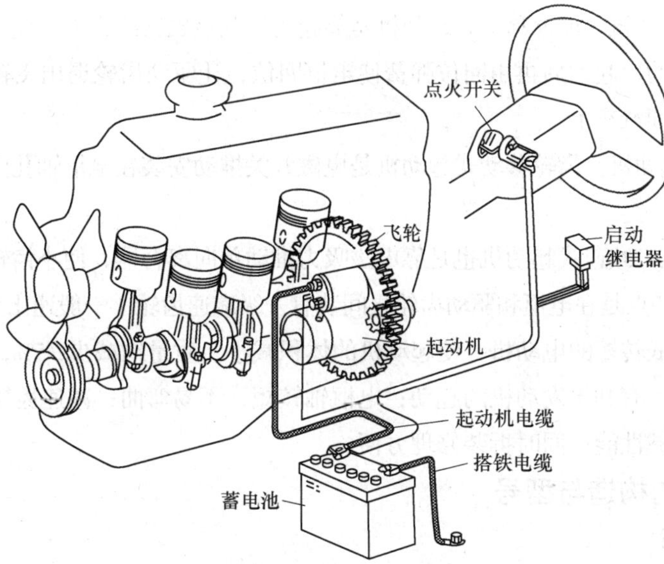

图4-1　起动系统的组成

起动机在点火开关或起动按钮控制下，将蓄电池的电能转化为机械能，通过飞轮齿环带动发动机曲轴转动。为增大转矩，便于起动，起动机与曲轴的传动比：汽油机一般为 13 ~ 17，柴油机一般为 8 ~ 10。

2. 起动机的分类

（1）按磁场产生的方式分类

① 激磁式起动机。磁场是由激磁线圈产生的，起动大中型发动机时采用。

② 永磁式起动机。永磁式起动机以永磁材料（铁氧体或铁硼）为磁极。由于电动机中无磁极绕组，故可使起动机结构简化，体积和质量都可相应减小。起动中小型发动机时采用。

（2）按操纵机构分类

① 直接操纵式起动机。直接操纵式起动机是由脚踏或手拉杠杆联动机构直接控制起动机的主电路开关来接通或切断主电路，也称机械式起动机。这种方式虽然结构简单、工作可靠，但由于要求起动机、蓄电池靠近驾驶室，受安装布局的限制，且操作不便，已很少采用。

② 电磁操纵式起动机。电磁操纵式起动机是由按钮或点火开关控制继电器，再由继电器控制起动机的主开关来接通或切断主电路，也称电磁控制式起动机。这种方式可实现远距离控制，操作方便，在现代汽车上广泛采用。

（3）按传动机构的啮合方式分类

① 惯性啮合式起动机。起动机旋转时，其啮合小齿轮靠惯性力自动啮入飞轮齿环。起动后，小齿轮又借惯性力自动与飞轮齿环脱离。这种啮合机构结构简单，但不能传递较大的转矩，且可靠性较差，已很少采用。

② 强制啮合式起动机。强制啮台式起动机是靠人力或电磁力拉动杠杆强制小齿轮啮入飞轮齿环的。这种啮合机构结构简单、动作可靠、操作方便，仍被现代汽车所采用。

③ 电枢移动式起动机。电枢移动式起动机是靠起动机磁极磁通的吸力，使电枢沿轴向移动而使小齿轮齿入飞轮齿环的，起动后再由回位弹簧使电枢回位，让驱动齿轮退出飞轮齿环。这种啮合机构多用于大功率的柴油汽车上。

④ 齿轮移动式起动机。齿轮移动式起动机是电磁开关推动安装在电枢轴孔内的齿合杆，而使小齿轮啮入飞轮齿环的。

⑤ 减速式起动机。减速式起动机也是靠电磁吸力推动单向离合器，使小齿轮齿入飞轮齿环的。减速式起动机的结构特点是在电枢和驱动齿轮之间装有一级减速齿轮（一般速比为 3 ~ 4），它的优点是：可采用小型高速低转矩的电动机，使起动机的体积减小、质量约减少 35%，并便于安装；提高了起动机的起动转矩，有利于发动机的起动；电枢轴较短，不易弯曲；减速齿轮的结构简单、效率高，保证了良好的机械性能，同时拆装修理方便。

（二）起动机的构造与型号

1．起动机的构造

起动机由串励（激）直流电动机、传动机构和操纵机构 3 个部分组成，如图 4-2 所示。

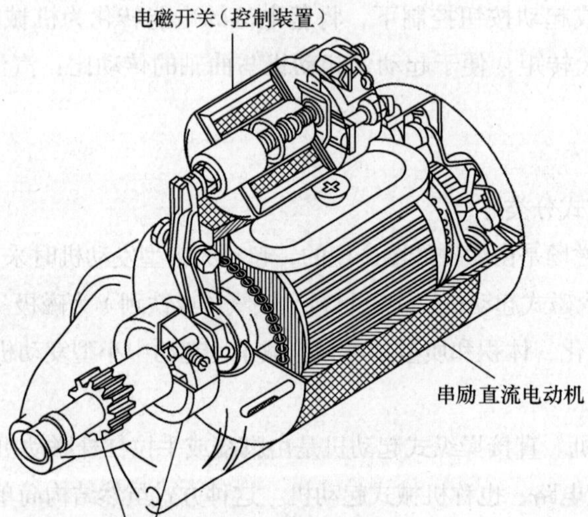

图4–2　起动机的组成

① 串励直流电动机。电动机的作用是将蓄电池输入的电能转换为机械能，产生电磁转矩。

② 传动机构。传动机构又称起动机离合器、啮合器。传动机构的作用是在发动机起动时使起动机轴上的小齿轮啮入飞轮齿环，将起动机的转矩传递给发动机曲轴；在发动机起动后又能使起动机小齿轮与飞轮齿环自动脱开。

③ 操纵机构。操纵机构的作用是用来接通和断开电动机与蓄电池之间的电路。

起动机的整体结构如图 4-3 所示。

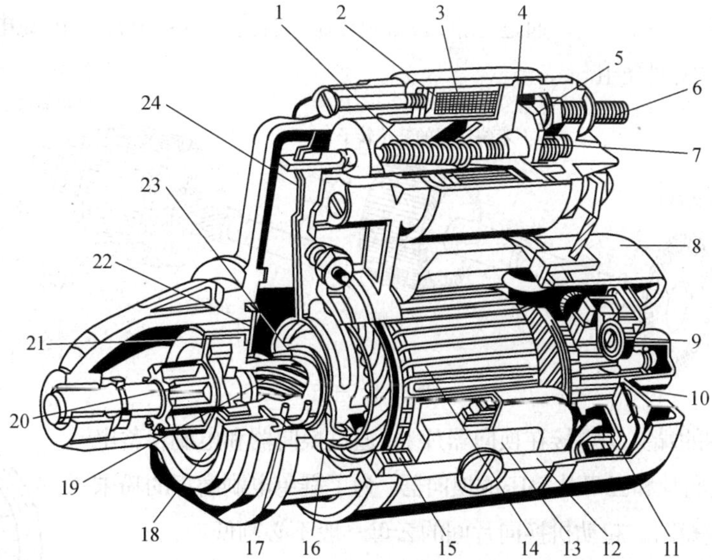

图4-3　起动机的构造

1—回位弹簧　2—保持线圈　3—吸拉线圈　4—电磁开关壳体　5—触点　6—接线柱　7—接触盘　8—后端盖　9—电刷弹簧　10—换向器　11—电刷　12—磁极　13—磁极铁芯　14—电枢　15—激磁绕组　16—移动衬套　17—缓冲弹簧　18—单向离合器　19—电枢轴花键　20—驱动齿轮　21—罩盖　22—制动盘　23—传动套筒　24—拨叉

2. 起动机的型号

根据中华人民共和国行业标准 QC/T 73—93《汽车电气设备产品型号编制方法》规定，起动机的型号如下：

1	2	3	4	5

① 产品代号：起动机的产品代号 QD、QDJ、QDY 分别表示起动机、减速起动机及永磁起动机。

② 电压等级代号：1—12 V；2—24 V；3—6 V。

③ 功率等级代号：其含义见表 4-1。

表 4-1　功率等级代号的含义

功率等级代号	1	2	3	4	5	6	7	8	9
功率/kW	～1	>1～2	>2～3	>3～4	>4～5	>5～6	>6～7	>7～8	>8～9

④ 设计序号。

⑤ 变形代号。

例如：QD124 表示额定电压为 12 V、功率为 1 ~ 2 kW、第四次设计的起动机。

（三）直流电动机

1. 串励直流电动机的构造

串励直流电动机是起动机最主要的组成部件，它的工作原理和特性决定了起动机的工作原理和特性。串励直流电动机主要由电枢（转子）、磁极（定子）、电刷架与机壳等部件构成。

（1）电枢

电枢是直流电动机产生转矩的输出部分，包括有电枢轴、换向器、电枢铁芯、电枢绕组，如图

4-4 所示。为了获得足够的转矩，通过电枢绕组的电流一般为 200 ~ 600 A，因此电枢绕组采用较粗的矩形裸铜线绕制成成型绕组。

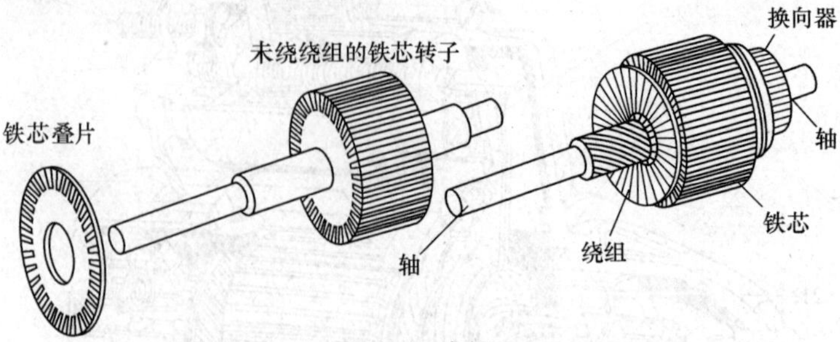

图4-4 电枢

电枢绕组各线圈的端头均焊接在换向器片上，通过换向器和电刷将蓄电池的电流引进来。换向片和云母片叠压成换向器，为了避免电刷磨损的粉末落入换向片之间造成短路，起动机换向片间的云母一般不必割低。

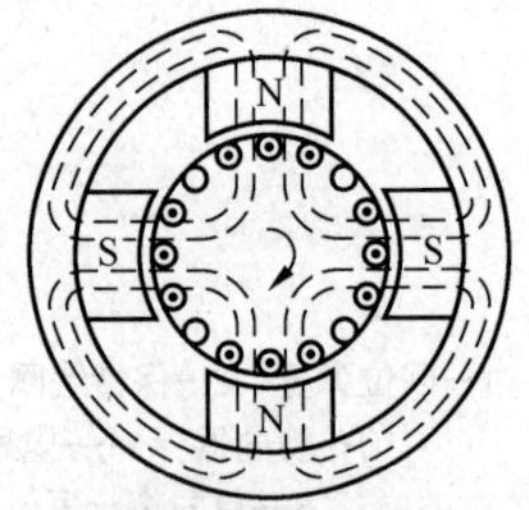

图4-5 定子与转子铁芯形成的磁力线回路

（2）磁极

磁极作用是产生磁场，分励磁式和永磁式 2 类。汽车起动机通常采用 4 个磁极，2 对磁极相对交错安装在电动机定子内壳上，定子与转子铁芯形成的磁力线回路如图 4-5 所示，低碳钢板制成的机壳是磁路的一部分。

① 励磁式磁极。激磁绕组也是 4 个，这 4 个绕组有的是互相串联后再与电枢绕组串联，有的是每 2 个分别串联再并联后与电枢绕组串联，如图 4-6 所示。

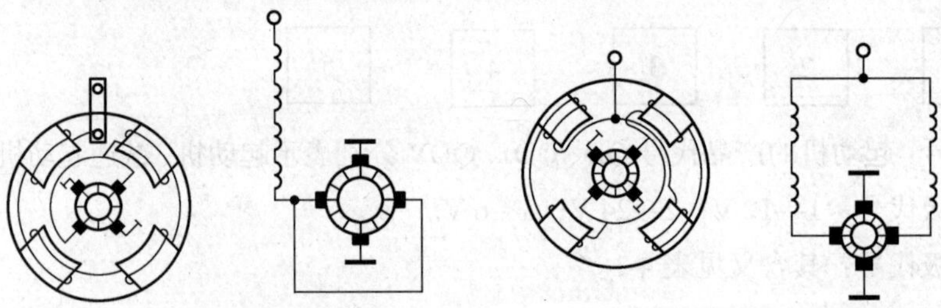
（a）4 激磁绕组串联　（b）激磁绕组两两串联后并联

图4-6 激磁绕组的接法

如图 4-7 所示，励磁绕组一端接在外壳的绝缘接线柱上，另一端与 2 个非搭铁电刷相连，当起动开关接通时，起动机的电路为：蓄电池正极→接线柱 1→激磁绕组 4→非搭铁电刷 6→电枢绕组→搭铁电刷 5→搭铁→蓄电池负极。

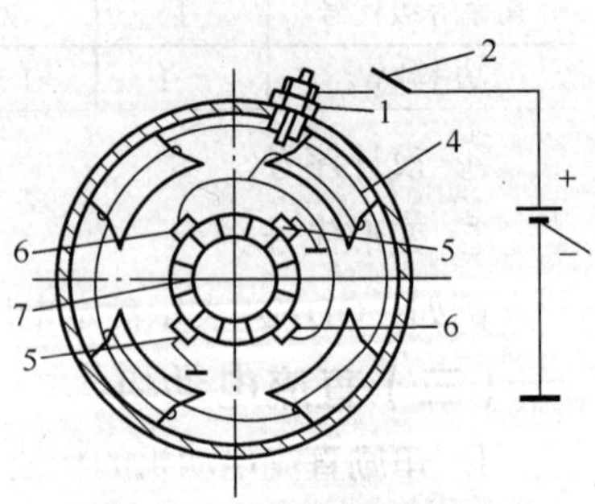

图4-7 起动机接线图

1—接线柱 2—起动开关 3—蓄电池 4—激磁绕组 5—搭铁电刷 6—非搭铁电刷 7—换向器

② 永磁式磁极。永磁式磁极采用永久磁铁，可节省材料，而且能使电动机磁极的径向尺寸减小。条形永久磁铁可用冷粘接法粘在机壳内壁上或用片弹簧均匀地固装在起动机机壳内表面上。由于结构尺寸及永磁材料性能的限制，永磁起动机的功率一般不大于 2 kW。

（3）电刷架与机壳

电刷架一般为框式结构，其中正极刷架与端盖绝缘地固装，负极刷架直接搭铁。电刷置于电刷架中，电刷由铜粉与石墨粉压制而成，呈棕红色。刷架上装有弹性较好的盘形弹簧，电刷与刷架的组合如图 4-8 所示。

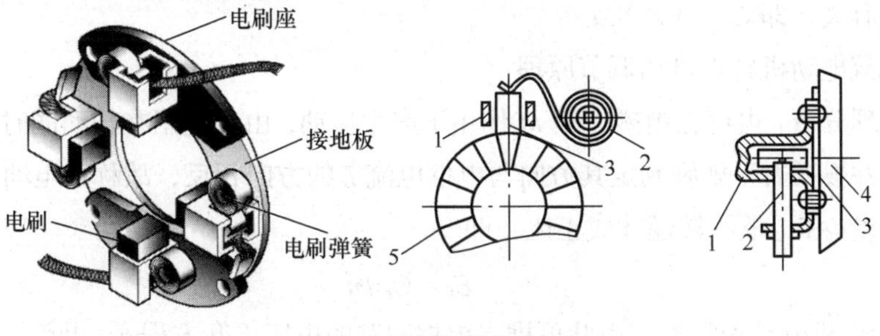

图4–8　电刷与刷架的组合

1—框式刷架　2—盘形弹簧　3—电刷　4—前端盖　5—换向器

起动机机壳的一端有 4 个检查窗口，中部只有一个电流输入接线柱，并在内部与激磁绕组的一端相连。端盖分前、后 2 个，前端盖由钢板压制而成，后端盖由灰口铸铁浇制而成，呈缺口杯状。它们的中心均压装着青铜石墨轴承套或铁基含油轴承套，外围有 2 个或 4 个组装螺孔。电刷装在前端盖内，后端盖上有拨叉座，盖口有凸缘和安装螺孔，还有拧紧中间轴承板的螺钉孔。

2. 串励直流电动机的工作原理

（1）电磁转矩的产生

串励直流电动机是根据带电导体在磁场中受到电磁力作用的原理制成的。其工作原理如图 4-9 所示。电动机工作时，电流通过电刷和换向片流入电枢绕组。如图 4-9（a）所示，换向片 A 与正电刷接触，换向片 B 与负电刷接触，绕组中的电流从 a→d，根据左手定则判定绕组匝边 ab、cd 均受到电磁力 F 的作用，由此产生逆时针方向的电磁转矩 M 使电枢转动；当电枢转动至换向片 A 与负电刷接触，换向片 B 与正电刷接触时，电流改为从 d→a（见图 4-9（b）），但电磁转矩的方向仍保持不变，使电枢按逆时针方向继续转动。

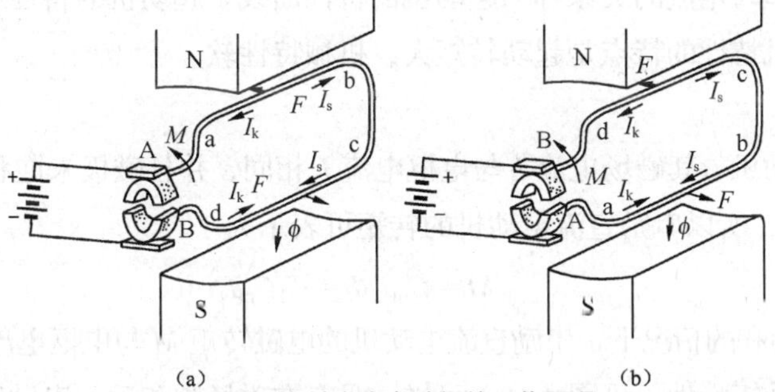

图4–9　串励直流电动机的工作原理

由此可见，直流电动机的换向器可将电源提供的直流电转换成电枢绕组所需的交流电，以保证电枢所产生的电磁力矩的方向保持不变，使其产生定向转动。实际的直流电动机为了产生足够大且转速稳定的电磁力矩，其电枢上绕有很多组线圈，换向器的铜片也随其相应增加。

根据安培定律，可以推导出直流电动机通电后所产生的电磁转矩 M 与磁极的磁通量 Φ 及电枢电流 I_s 之间的关系：

$$M = C_m \Phi I_s$$

式中，C_m 为电动机的结构常数，它与电动机磁极对数 P、电枢绕组导线总根数 Z 及电枢绕组电路的支路对数 a 有关，即 $C_m = PZ/2\pi a$。

（2）串励直流电动机转矩自动调节原理

根据上述原理分析，电枢在电磁力矩 M 作用下产生转动，由于绕组在转动同时切割磁力线而产生感应电动势，并根据右手规则判定其方向与电枢电流 I_s 的方向相反，故称反电动势 E_f。反电动势 E_f 与磁极的磁通量 Φ 和电枢的转速 n 成正比，即

$$E_f = C_e \Phi n$$

式中的 C_e 为电机的结构常数。由此可推出电枢回路的电压平衡方程式，即

$$U = E_f + I_s R_s$$

式中的 R_s 为电枢回路电阻，其中包括电枢绕组的电阻和电刷与换向器的接触电阻。

在直流电动机刚接通电源的瞬间，电枢转速 n 为 0，电枢反电动势也为 0，此时，电枢绕组中的电流达到最大值，即 $I_{sm} = U/R_s$，将相应产生最大电磁转矩，即 M_{max}，若此时的电磁转矩大于电动机的阻力矩 M_z，电枢就开始加速转动起来。随着电枢转速的上升，E_f 增大，I_s 下降，电磁转矩 M 也随之下降。当 M 下降至与 M_z 相平衡（$M = M_z$）时，电枢就以此转速运转。如果直流电动机在工作过程中负载增大，就会出现如下的变化：$M < M_z \rightarrow n\downarrow \rightarrow E_f\downarrow \rightarrow I_s\uparrow \rightarrow M\uparrow \rightarrow M = M_z$，达到新的稳定；或直流电动机的工作负载减小，则出现如下的变化：$M > M_z \rightarrow n\uparrow \rightarrow E_f\uparrow \rightarrow I_s\downarrow \rightarrow M\downarrow \rightarrow M = M_z$，达到新的稳定。

可见，当负载变化时，电动机能通过转速、电流和转矩的自动变化来满足负载的需要，使之能在新的转速下稳定工作。因此直流电动机具有自动调节转矩功能。

3. 起动机的工作特性

起动机用直流电动机多为串励直流电动机，这是因为串励直流电动机的特性可满足需要。起动机的转矩、转速、功率与电流的关系称为起动机的特性曲线。起动机的特性取决于直流电动机的特性，而串激直流电动机特性的特点是起动转矩大，机械特性软。

（1）转矩特性

对于串励直流电动机，其磁场电流 I_j 与电枢电流 I_s 相同，并且磁极未饱和时，磁通 Φ 与电枢电流成正比，即 $\Phi = C_1 I_s$，所以串励直流电动机的转矩可表示为

$$M = C_m I_s \Phi = C_1 C_m I_s^2$$

可见，在磁极未饱和的情况下，串励直流电动机的电磁转矩 M 与电枢电流 I_s 的平方成正比。

由直流电动机的转矩特性（见图 4-10）可知，只有在磁场饱和后，串励直流电动机的电磁转矩才与电枢电流成正比。而当电枢电流相同时，串励电动机产生的电磁转矩要大得多，这是起动机采用串励直流电动机的原因之一。

（2）机械特性

由以上公式可推出串励直流电动机转速 n 与电枢电流 I_s 的关系式，即

$$n = [U - I_s(R_j + R_s)]/C_1 \Phi$$

相比而言，串励电动机在磁极未饱和时，由于Φ不为常数，当I_s增加，即电磁转矩增大，由于Φ与$I_s(R_j+R_s)$同时随之增加。因此，电枢转速n随$I_s(M)$的增大下降较快，故具有较软的机械特性，如图4-11所示。

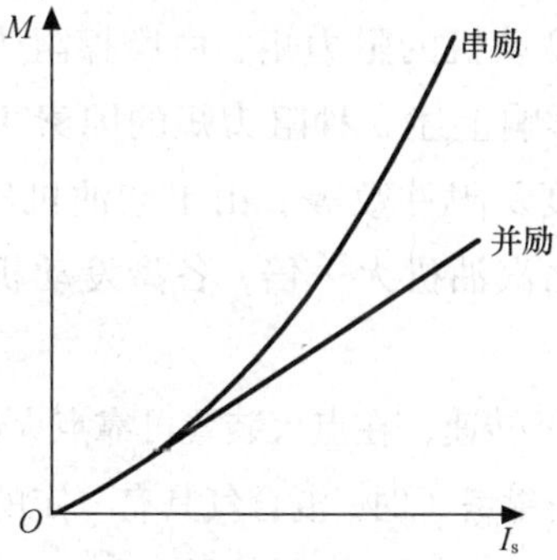

图4-10　直流电动机的转矩特性

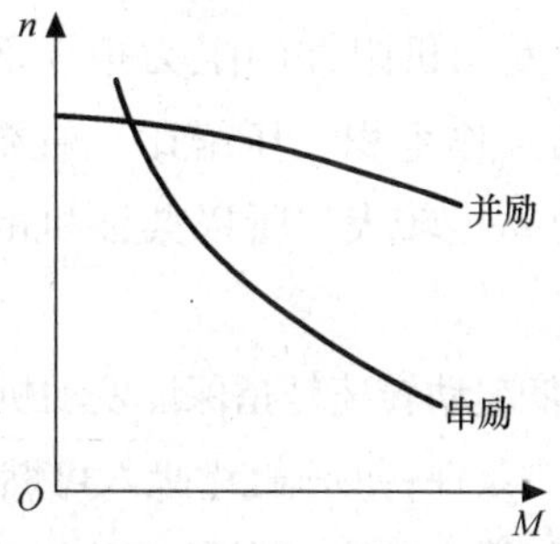

图4-11　直流电动机的机械特性

从机械特性同样看出，串励直流电动机具有轻载转速高，重载转速低的特点。重载转速低，可以保证电动机在起动时（重载）不会超出允许功率而烧毁，使起动安全可靠，这是起动机采用串励直流电动机的又一原因。但由于其轻载或空载时转速很高，容易造成“飞散”事故，故对于功率较大的串励直流电动机，不允许在轻载或空载下运行。

（3）功率特性

起动机的功率由电动机的电枢转矩M和电枢的转速n来确定，即

$$P=Mn/9550$$

由转矩特性、机械特性及上式可得到起动机特性曲线，如图4-12所示。

在完全制动状态（$n=0$）和空载（$M=0$）时，起动机的功率等于零，电枢电流接近制动电流的一半时，电动机输出功率最大。由于起动机起动时间很短，起动机可以最大功率运转，因此将其最大功率作为额定功率。

起动机功率必须保证发动机能够迅速可靠起动。若功率不够将会增加起动次数，缩短蓄电池的寿命，增加燃料消耗，且低温下发动机零件的磨损增加。起动发动机所必需的功率，取决于发动机的最低起动转速和起动阻力矩，即

$$P=(M_Q n_Q)/9550$$

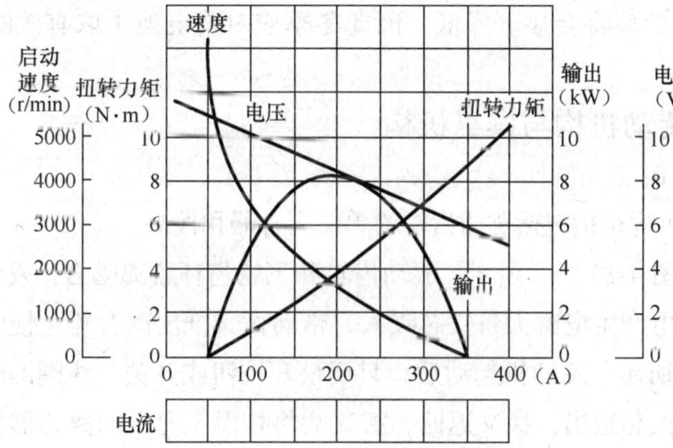

图4-12　起动机特性曲线

式中：M_Q——发动机的起动阻力矩（Nm）；

n_Q——发动机最低起动转速（r/min）。

发动机的起动阻力矩是指在最低起动转速时的发动机的阻力矩，由摩擦阻力矩、压缩损失力矩、驱动发动机附件的阻力矩 3 部分组成。而影响上述 3 种阻力矩的因素主要有润滑油黏度、汽缸的工作容积、压缩比、缸数、转速、温度及附件数等。由于柴油机压缩比较大，驱动附件的功率也较大，所以柴油机的阻力矩一般比汽油机大一倍，各型发动机阻力矩由实验方法确定。

发动机最低起动转速是指保证发动机可靠起动的最低转速，在点火装置可靠点火情况下，发动机起动尚需 2 个条件：①汽缸中吸入可燃的混合气；②压缩终了时，混合气具有一定的压力和温度。转速过低，进气管中气流速度低，不利于油的雾化，压缩行程时间长，热量损失大，不能形成可燃的混合气，压缩终了的压力温度也会降低。对柴油机而言，由于利用压燃着火，转速低时，压缩时间长，散热漏气增加，压缩终了温度压力降低，所以更不利于起动。一般汽油机最低起动转速是 50 ~ 70 r/min，柴油机是 100 ~ 200 r/min。

根据以上分析，起动机所需功率如下。

汽油机：$P = (0.184 \sim 0.21)L$（kW）

柴油机：$P = (0.736 \sim 1.05)L$（kW）

其中：L——发动机的排量。

在实际使用中，影响起动机功率的因素较多，必须对起动机进行正确保养。影响因素主要有 3 点。①接触电阻和导线电阻的影响。电刷与换向器接触不良、电刷弹簧张力减弱以及导线与蓄电池接线柱连接不牢，都会使电阻增加；导线过长以及导线截面积过小也会造成较大的电压降；起动机工作时电流特别大，这些都会使起动机功率减小。因此必须保证电刷与换向器接触良好，导线接头牢固，并尽可能缩短蓄电池接至起动机的导线以及蓄电池搭铁线的长度，选用截面积足够大的导线，以保证起动机的正常工作。②蓄电池容量的影响。蓄电池容量越小，其内阻越大，内阻上的电压降也越大，因而供给起动机的电压降低，也会使起动机功率减小。③温度的影响。当温度降低时，由于蓄电池电解液黏度增大，内阻增加，会使蓄电池容量和端电压急剧下降，起动机功率将会显著降低，因此冬季应对蓄电池采取有效的保温措施，如不要将汽车停在户外过夜等。

（四）起动机的传动机构与操纵机构

1. 起动机的传动机构

一般起动机的传动机构是指包括驱动齿轮的单向离合器和拨叉。

起动机不工作时如图 4-13（a）所示，驱动齿轮和飞轮齿环脱离啮合。发动机起动时，按下按钮或起动开关，线圈通电产生电磁力将铁芯吸入，带动拨叉推出离合器，使驱动齿轮啮入飞轮齿环如图 4-13（b）、（c）所示。发动机起动后，只要松开按钮或开关，线圈即断电，电磁力消失，在回位弹簧的作用下，铁芯退出，拨叉返回，拨叉头将打滑工况下的离合器拨回，驱动齿轮脱离飞轮齿环。

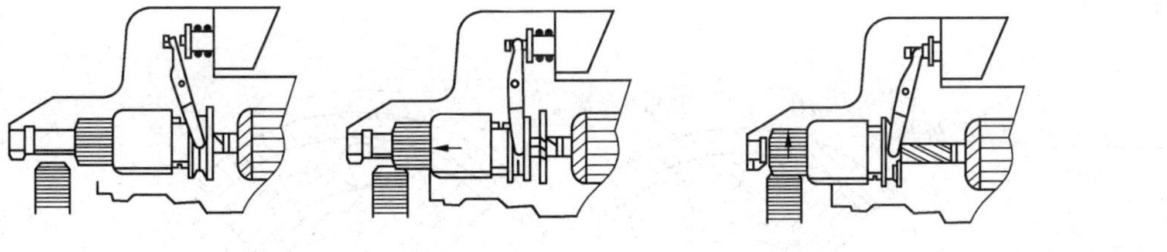

（a）起动机未工作　（b）电磁开关通电　（c）主开关的电磁力通过拨叉将小齿轮推向啮合

图4-13　起动机传动机构工作过程

常见起动机单向离合器（超越离合器）的结构主要有滚柱式、摩擦片式和弹簧式3种。

（1）滚柱式离合器

滚柱式离合器的构造如图4-14所示，驱动齿轮与外壳制成一体，外壳内装有十字块和4套滚柱、压帽和弹簧。十字块与花键套筒固连，壳底与外壳相互扣合密封。花键套筒的外面装有啮合弹簧及衬圈，末端安装拨环与卡圈。整个离合器总成套装在电动机轴的花键部位上，可作轴向移动和随轴转动。在外壳与十字块之间，形成4个宽窄不等的楔形槽，槽内分别装有一套滚柱、压帽及弹簧。滚柱的直径略大于楔形槽的窄端，略小于楔形槽的宽端，因此，当十字块作为主动部分旋转时，滚柱滚入窄端，将十字块与外壳卡紧，使十字块与外壳之间能传递力矩；当外壳作为主动部分旋转时，滚柱滚入宽端，则放松打滑，不能传递力矩。

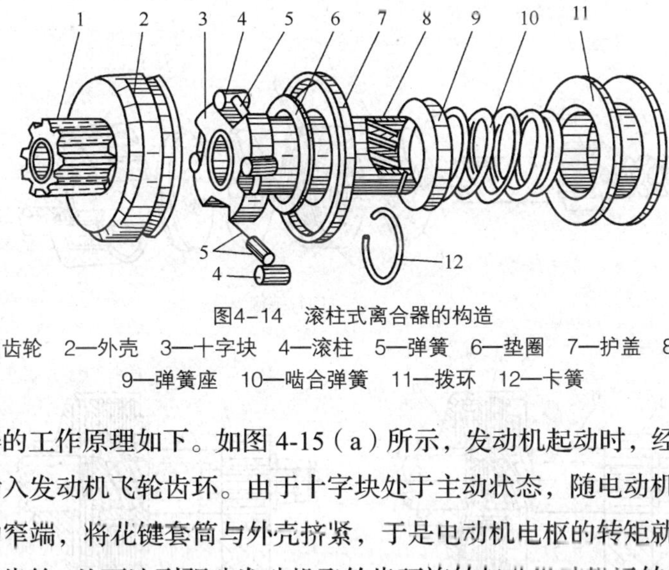

图4-14　滚柱式离合器的构造

1—驱动齿轮　2—外壳　3—十字块　4—滚柱　5—弹簧　6—垫圈　7—护盖　8—花键套筒　9—弹簧座　10—啮合弹簧　11—拨环　12—卡簧

滚柱式离合器的工作原理如下。如图4-15（a）所示，发动机起动时，经拨叉将离合器沿花键推出，驱动齿轮啮入发动机飞轮齿环。由于十字块处于主动状态，随电动机电枢一起旋转，促使4套滚柱进入槽的窄端，将花键套筒与外壳挤紧，于是电动机电枢的转矩就可由十字块经滚柱离合器外壳传给驱动齿轮，从而达到驱动发动机飞轮齿环旋转起动发动机运转的目的。如图4-15（b）所示，发动机起动后，飞轮齿环的转速高于驱动齿轮，十字块处于被动状态，促使滚柱进入槽的宽端而自由滚动，只有驱动齿轮随飞轮齿环作高速旋转，起动机电枢转速并不升高，防止了电枢超速“飞散”的危险。起动完毕，由于拨叉回位弹簧的作用，经拨环使离合器退回，驱动齿轮完全脱离飞轮齿环。

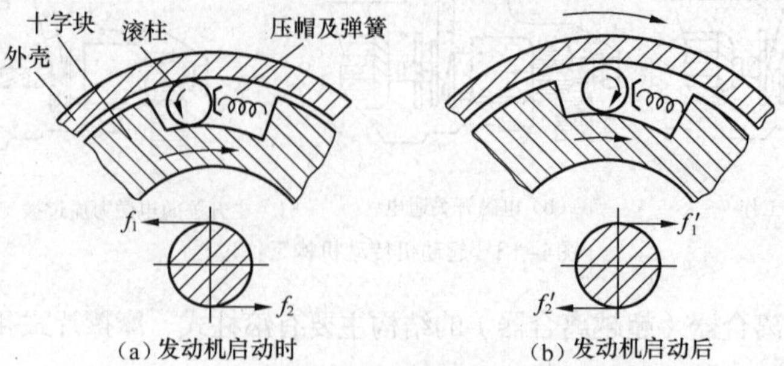

（a）发动机启动时　（b）发动机启动后

图4-15　滚柱式离合器的工作原理

滚柱式离合器具有结构简单、坚固耐用、体积小、重量轻、工作可靠等优点，因此得到广泛采用。其不足是不能用于大功率起动机上。

（2）摩擦片式离合器

摩擦片式离合器的驱动齿轮与外接合鼓作成一个整体，如图 4-16 所示。在外接合鼓的内壁有 4 道轴向槽沟，钢质被动摩擦片利用外围 4 个齿插装其中。在花键套筒的一端表面亦有 3 条螺旋花键，其上套着内接合鼓。内接合鼓的表面也有 4 条轴向槽沟，用钢或青铜制造的主动摩擦片利用内圆 4 个齿套装在沟槽内。主动摩擦片和被动摩擦片彼此相间地排列组装。内接合鼓的外面装有缓冲弹簧，端部固装着拨环。

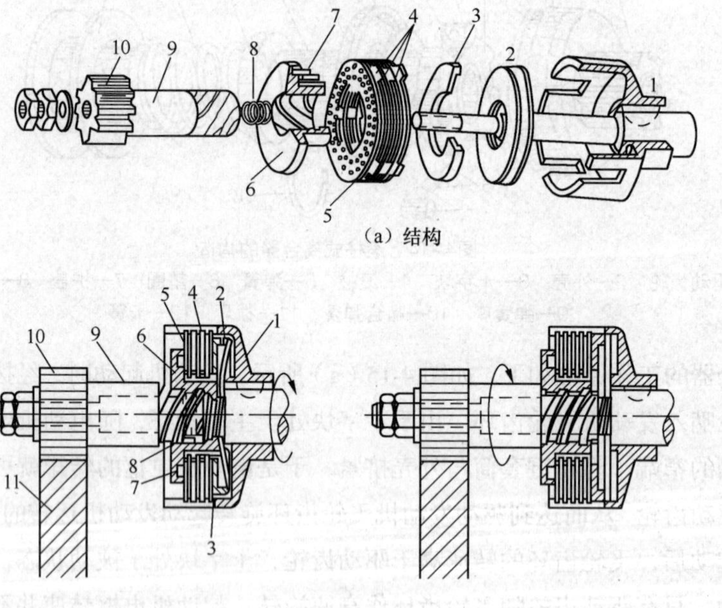

（a）结构　（b）压紧　（c）放松

图4-16　摩擦片式离合器

1—外接合鼓　2—弹性圈　3—压环　4—主动片　5—被动片　6—内接合鼓

7—小弹簧　8—减震弹簧　9—齿轮柄　10—驱动齿轮　11—飞轮

离合器总成在起动机不工作时，主、被动摩擦片之间处于放松无摩擦力状态。发动机起动时，通过拨叉推动拨环使内接合鼓沿 3 条螺旋花键向外移动，主动和被动摩擦片相互压紧，具有了摩擦力。当驱动齿轮啮入飞轮齿环时，就能利用起动机转矩驱动曲轴旋转。发动机起动后，驱动齿轮被飞轮齿环带动作高速旋转，在惯性力和拨叉反回的作用下，内接合鼓沿 3 条螺旋花键向内移动，于是主动和被动摩擦片之间的摩擦力消失而打滑，防止了电枢超速飞散的危险。

摩擦片式离合器具有传递大转矩、防止超载损坏起动机的优点，多用在大功率起动机上。但由于摩擦片容易磨损而影响起动性能，需要经常检查、调整或更换摩擦片。此外，这种离合器结构比较复杂，耗用材料较多，加工费时，且不便于维修。

（3）弹簧式离合器

弹簧式离合器的主动套筒套装在电枢轴的花键上，如图 4-17 所示。小齿轮套筒套在电枢轴的光滑部分，在小齿轮套筒与主动套筒外圆上装有驱动弹簧，驱动弹簧内径略小于两套筒的外径。起动发动机时，传动叉拨动滑环，并压缩弹簧，推动离合器移向飞轮齿环一端，使小齿轮啮入飞轮齿环。电枢旋转时带动主动套筒，在摩擦力的作用下，驱动弹簧被扭紧，将两个套筒抱死，起动机转矩便由此传给飞轮。起动机起动后，驱动小齿轮和飞轮齿环的主动与从动关系改变，啮合器因驱动弹簧被放松而打滑，从而使电枢轴避免了超速运转的危险。

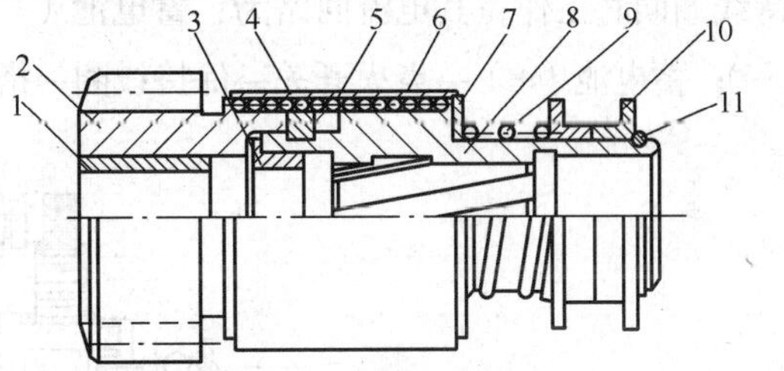

图4–17　弹簧式离合器

1—衬套　2—驱动齿轮　3—挡圈　4—月形圈　5—扭力弹簧　6—护套　7—垫圈　8—传动套筒　9—缓冲弹簧　10—移动衬套　11—卡簧

弹簧式离合器具有结构简单、制造工艺简单、成本低等优点，但由于驱动弹簧所需圈数较多，使其轴向尺寸增大。

2. 起动机的操纵机构

起动机的电磁开关与电磁式拨叉合装在一起，利用挡铁控制，分为直接控制式电磁开关和带起动继电器控制式电磁开关。电磁开关的结构如图 4-18 所示。

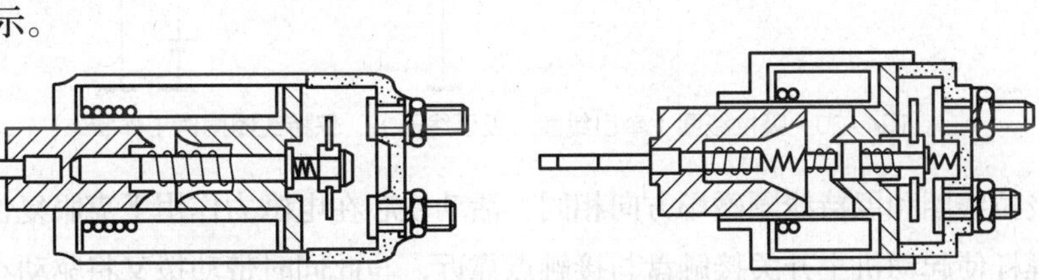
（a）整体式　（b）分离式

图4–18　电磁开关的结构

（1）直接控制式电磁开关

在一些起动机功率小于 1.2 kW 轿车电路中，由点火开关直接控制起动机的吸拉线圈、保持线圈的电流，如图 4-19 所示。

操纵机构工作过程如下。

① 起动机不工作时，驱动齿轮处于与飞轮齿轮脱开啮合位置，电磁开关中的接触盘与各接触点分开如图 4-19 所示。

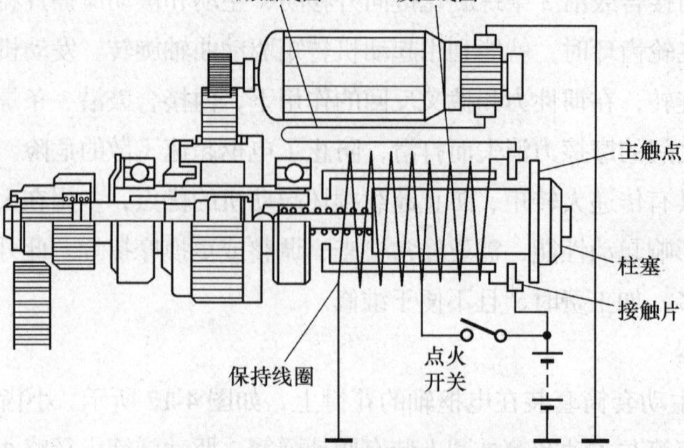

图4-19 直接控制式电磁开关电路

② 将起动开关接通时，分 3 个阶段。

第一阶段为吸引阶段，如图 4-20 所示（图注见图 4-19），吸拉线圈（牵引线圈、吸引线圈）、保持线圈同时工作，其电流回路为：蓄电池（+）→点火开关→吸拉线圈→励磁绕组→搭铁→蓄电池（−）；蓄电池（+）→点火开关→保持线圈→搭铁→蓄电池（−）。

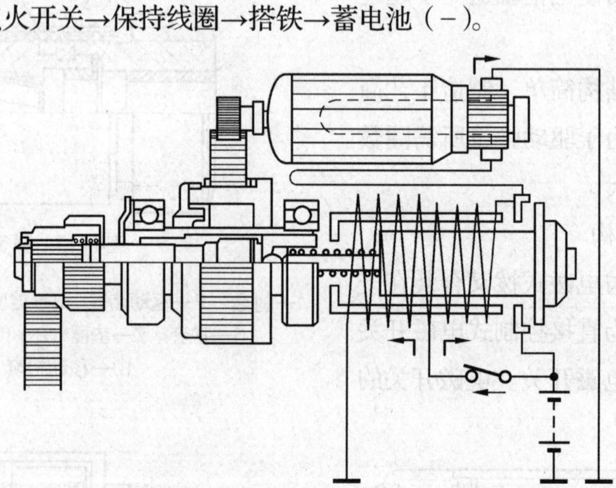

图4-20 吸拉线圈（牵引线圈、吸引线圈）、保持线圈同时工作状态

此时，吸拉线圈和保持线圈磁场方向相同，活动铁芯在电磁力作用下克服复位弹簧的弹力向内移动，压动推杆使起动机主开关接触盘与接触点靠近，与此同时带动拨叉将驱动小齿轮推向啮合；当驱动小齿轮与飞轮齿环接近完全啮合时，接触盘已将触点接通，起动机主电路接通。其电流回路为：蓄电池（+）→点火开关→电磁开关触点→励磁绕组→搭铁→蓄电池（−）。

直流电动机产生的强大转矩通过接合状态的单向离合器传给发动机飞轮齿环。

第二阶段为保持阶段，如图 4-21 所示，主开关接通后，吸拉线圈被主开关短路，电流消失，活动铁芯在保持线圈电磁力作用下保持在吸合位置。

发动机起动后，飞轮转动线速度超过了起动机驱动小齿轮的线速度，单向离合器打滑，避免了电枢绕组高速飞散的危险。

第三阶段为断开阶段，如图 4-22 所示，松开起动开关时，起动控制电路断开，但电磁开关内吸拉线圈和保持线圈通过仍然闭合的主开关得到电流。因吸拉线圈和保持线圈磁场方向相反，相互削弱，活动铁芯在复位弹簧作用下迅速回位，使驱动小齿轮脱开啮合，主开关断开，起动机停止工作，起动结束。

（2）带起动继电器控制式电磁开关

带起动继电器控制式电磁开关电容如图 4-23 所示。

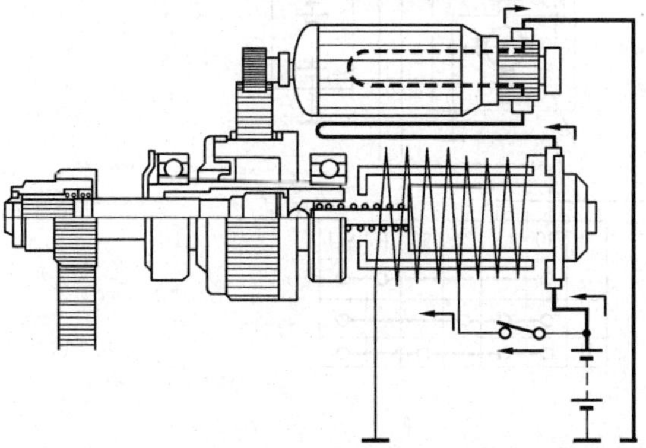

图4-21　保持线圈通电处于磁力保持阶段

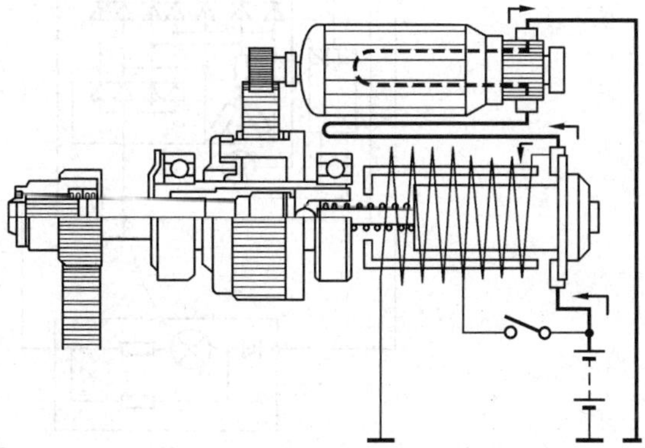

图4-22　电磁开关断电状态

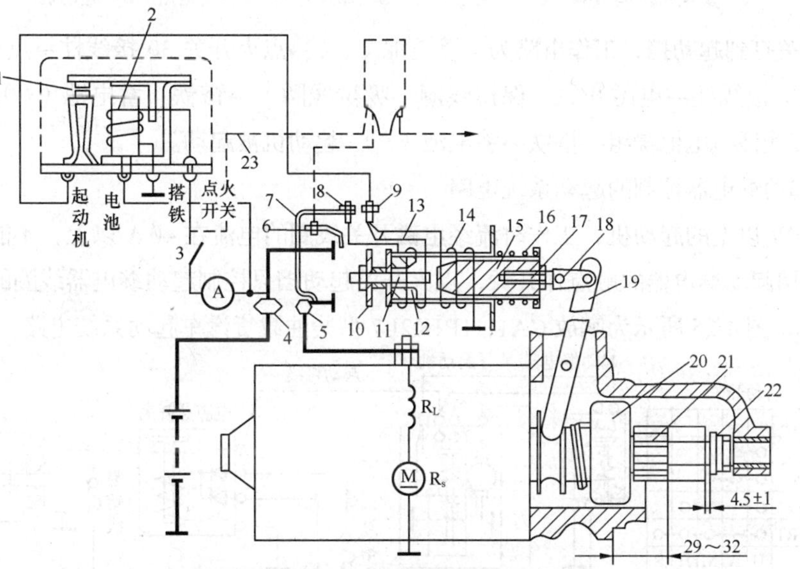

图4-23　带起动继电器控制式电磁开关电路

1—起动继电器触点　2—起动继电器线圈　3—点火开关　4、5—主接线柱　6—附加电阻短线接线柱　7—导电片　8—吸拉线圈接线柱　9—起动机接线柱　10—接触盘　11—推杆　12—固定铁芯　13—吸拉线圈　14—保持线圈　15—活动铁芯　16—复位弹簧　17—调节螺钉　18—连接叉　19—拨叉　20—滚柱式离合器　21—驱动齿轮　22—止推螺母　23—点火线圈附加电阻线

发动机起动时，将点火开关钥匙旋至起动挡位。起动继电器通电后，吸下可动臂使触点闭合，接通了电磁开关线圈电路，起动机投入工作。发动机起动后，只需松开点火开关钥匙，点火开关自动转回到点火工作挡位，起动继电器线圈断电触点打开，电磁开关也随即断开，起动机停止工作。

利用起动继电器控制电磁开关，能减小通过点火开关起动触点的电流，避免烧蚀触点，延长使用寿命。有些汽车上的起动继电器在改进控制电路以后，还能起到自动停止起动机工作及安全保护的作用。

（五）起动机的控制电路

1. 点火开关直接控制的起动系统电路

由点火开关直接控制的起动系统电路如图 4-24 所示。

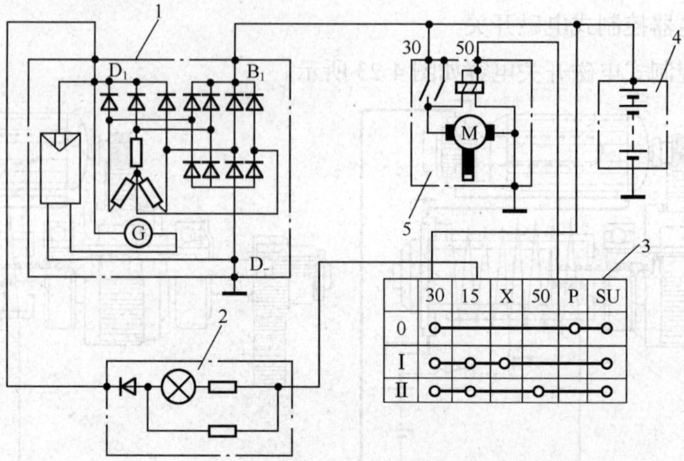

图4-24　捷达轿车起动系统电路

1—发电机及调节器　2—充电指示灯　3—点火开关　4—蓄电池　5—起动机

将点火开关打到起动挡，工作电路为：蓄电池（+）→点火开关 30 接线柱→点火开关 50 接线柱→起动机 50 接线柱→电磁开关（保持线圈、吸拉线圈）→搭铁→蓄电池（-）；蓄电池（+）→起动机 30 接线柱→电枢绕组→搭铁→蓄电池（-）。起动机被起动。

2. 采用起动继电器控制的起动系统电路

功率 1.5 kW 以上的起动机，工作时流经电磁开关线圈的电流在 40 A 以上，不能由点火开关直接控制，常采用起动继电器的触点作开关，点火开关起动挡只控制起动继电器线圈的控制电流（一般不超过 1 A）。图 4-25 所示为解放 CA1111P1K2L7 型柴油载货汽车起动系统电路。

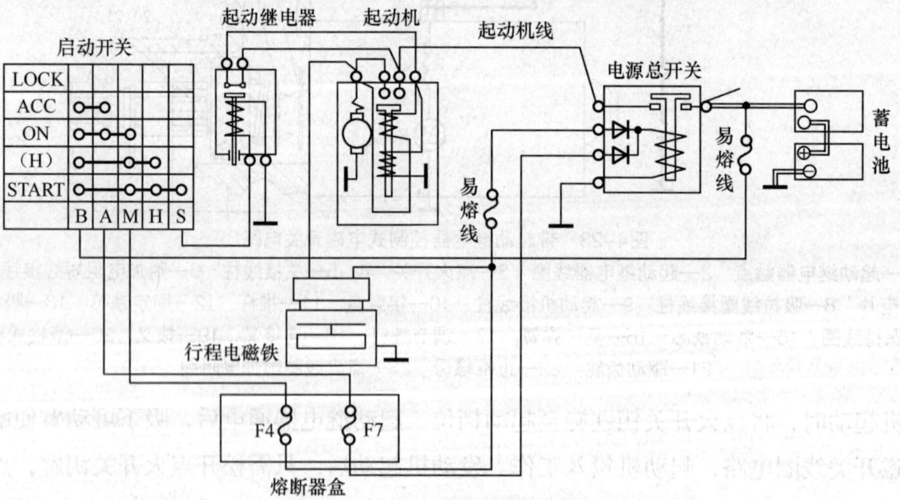

图4-25　CA1111P1K2L7型柴油载货汽车起动系统电路

（1）电源总开关电路

将起动钥匙开关置于 ACC 挡或 ON 挡时，电源总开关控制电路为：蓄电池正极→电源线→易熔线→起动开关→熔断器 F7 或 F4→电源总开关线圈→搭铁→蓄电池负极。电源总开关触点闭合，全车电源接通。当关闭起动钥匙开关后，全车电源被切断，起到安全和保险的作用。

（2）起动机工作电路

起动机起动时，电路分 3 路。

第 1 路为：蓄电池正极→易熔线→起动开关“B”接线柱→起动开关“S”接线柱→起动继电器线圈→搭铁→蓄电池负极。此时起动继电器触点闭合。

第 2 路为：蓄电池正极→电源总开关触点→起动机线→起动机接线柱→起动继电器触点→起动机电磁开关的吸拉线圈和保持线圈→搭铁→蓄电池负极。当接通起动机主电路时，起动机小齿轮与飞轮齿圈啮合。

第 3 路为：蓄电池正极→电源总开关触点→起动机电源线→起动机电磁开关触点→起动机磁场线圈→电枢线圈→搭铁→蓄电池负极。

另外，起动继电器可用手直接操纵，使其触点闭合。

（3）断油电磁铁电路

起动机起动时，断油电磁铁电路分为 2 路。

第一路为：蓄电池正极→电源总开关触点→起动机电源线→起动机电磁开关触点→断油电磁铁线圈→外壳直接搭铁→蓄电池负极。

第二路为：蓄电池正极→易熔线→起动开关 ON 挡→熔断器 F4→断油电磁铁线圈→外壳直接搭铁→蓄电池负极。当两回路同时接通时，断油电磁铁产生磁力吸动磁铁，将调速器油量控制齿条处于供油位置。起动过程完成及发动机正常运转后，断油电磁铁中的起动线圈电源被断路，此时由熔断器 F4 所供电源的保持线圈工作，断油电磁铁保持线圈仍然通电，齿条处于供油位置。

3. 带起动保护的起动控制电路

带起动保护的起动控制电路在载货汽车上较为常见，图 4-26 所示为 CA1091 载货汽车起动系统电路。

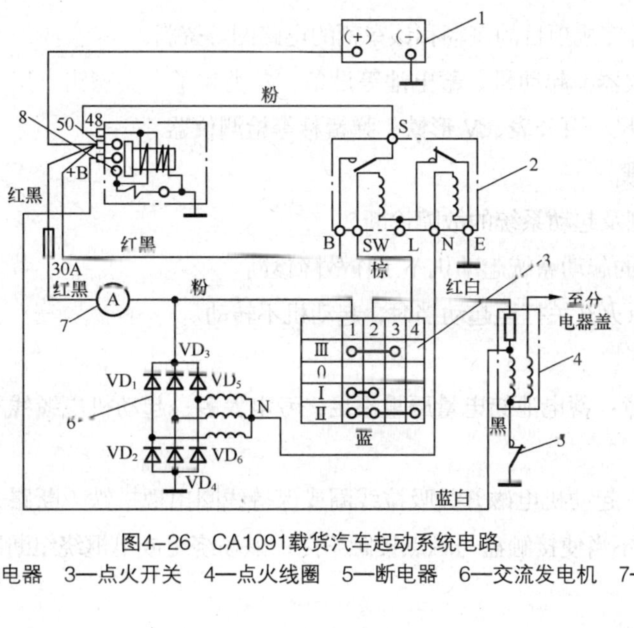

图4-26　CA1091载货汽车起动系统电路

1—蓄电池　2—组合继电器　3—点火开关　4—点火线圈　5—断电器　6—交流发电机　7—电流表　8—起动机

当点火开关打至2挡时，起动系统工作电路为：蓄电池（+）→起动机50端子→电流表7→点火开关3→组合继电器的SW→控制动合触点的线圈→动断触点→搭铁→蓄电池（−）。结果动合触点吸合，起动机8的吸拉、保持线圈由起动机48端子供电，产生吸力，使起动机小齿轮与飞轮齿环啮合，同时将主电路触点接通：蓄电池（+）→主触点→起动机磁场线圈→起动机电枢→搭铁→蓄电池（−），起动机工作。与此同时，主触点将点火线圈旁路触点接通，电流直通点火线圈初级绕组，附加电阻被隔除在外。

发动机点火工作后，发电机6的中性点N的对地电压（约为发电机调节电压的1/2）使组合继电器2中的起动保护继电器动合触点断开，切断充电指示灯搭铁电路（L端子接充电指示灯），充电指示灯熄灭，表明发电机工作正常。同时也切断了起动继电器线圈的搭铁通路，当发动机正常工作时，即使误将点火开关扳到2挡，起动机小齿轮也不会与飞轮齿环啮合，避免打坏飞轮齿环与起动机，起到保护起动机的作用。

（六）起动机的正确使用

① 起动机每次起动时间不超过5 s，再次起动时应停止2 min，使蓄电池得以恢复。如果有连续第3次起动，应在检查与排除故障的基础上停歇15 min以后。

② 在冬季或低温情况下起动时，应采取保温措施，如先将发动机手摇预热后，再使用起动机起动。

③ 发动机起动后，必须立即切断起动机控制电路，使起动机停止工作。

三、项目实施

（一）项目实施要求

① 通过该项目的实施，应能够对起动系统进行拆装与调整，并掌握起动系统故障诊断与检测的步骤与方法。

② 该项目应具备完成项目的车辆和该车辆的电路图等资料。

③ 实训设备及仪器。起动机、蓄电池等设备；各类起子、尖嘴钳、扭力扳手、台钳等拆装工具；万用表、游标卡尺、百分表、V形铁、弹簧秤等检测仪器。

（二）实施步骤

1. 起动线路检测及起动系统的故障诊断

（1）带起动保护的起动系统起动机不工作故障诊断

① 故障现象。点火开关打至起动挡时，起动机不转动。

② 故障原因如下。

- 供电系统故障：蓄电池储电量严重不足，亏电太多；起动机电缆线与蓄电池接线柱连接松动或接线柱氧化。

- 起动机故障：起动机电磁开关吸拉线圈或保持线圈出现搭铁、断路、短路故障，电磁开关触点烧蚀，或因调整不当使接触盘与触点接触不良；磁场绕组或电枢绕组断路、短路或搭铁；电刷在电刷架内卡死、弹簧折断等；换向器油污、烧蚀、磨损产生沟槽。

- 组合继电器故障：起动继电器线圈断路、短路、搭铁；起动继电器触点烧蚀、油污；铁芯与触点臂间隙过大；保护继电器触点烧蚀、油污。
- 点火开关故障：起动挡失灵。

③ 故障诊断方法。电路如图 4-26 所示，在未接通起动开关前，打开前照灯，观察灯光亮度。如果灯光暗淡，则可能是蓄电池亏电过多或连接线松脱所致。在蓄电池正常的情况下，起动机不工作故障按如图 4-27 所示进行诊断。

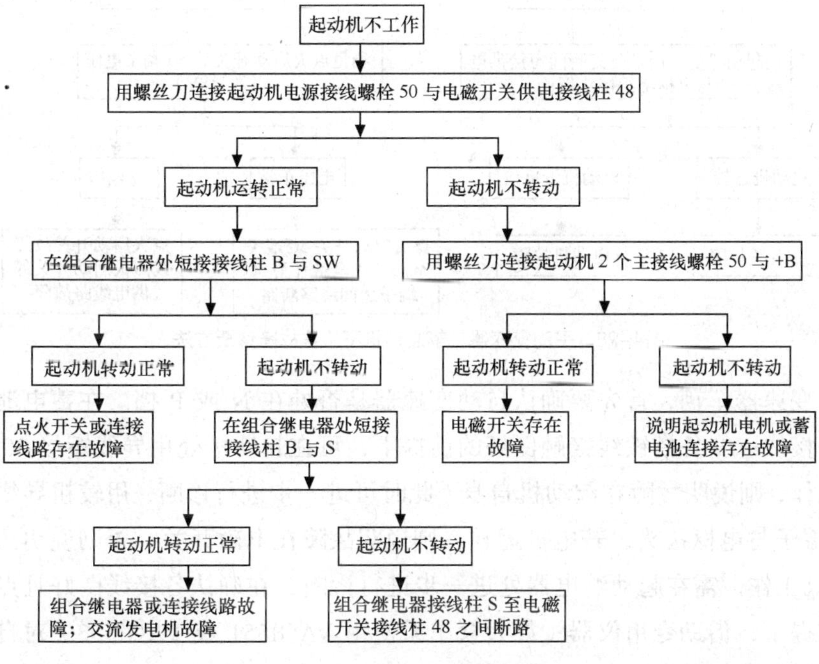

图4-27 起动机不工作故障诊断方法

（2）由点火开关直接控制的起动系统起动机不工作故障诊断

① 故障现象。点火开关打至起动挡，起动机没有反应。

② 故障原因如下。

- 蓄电池严重亏电。
- 蓄电池接线柱氧化严重。
- 线路接触不良或有断路处。
- 点火开关故障。
- 起动机电磁开关故障。
- 起动电动机有故障。
- 自动变速器不在 N 或 P 挡（自动变速器车辆）。
- 自动变速器多功能开关有故障（自动变速器车辆）。

- 自动变速器控制单元有故障（自动变速器车辆）。

③ 故障诊断方法。对于手动变速器车辆可使用万用表进行检测。在确保蓄电池有电、起动机电磁开关各接线以及各搭铁线接触良好的前提下，参见图4-24，按图4-28所示进行故障诊断。

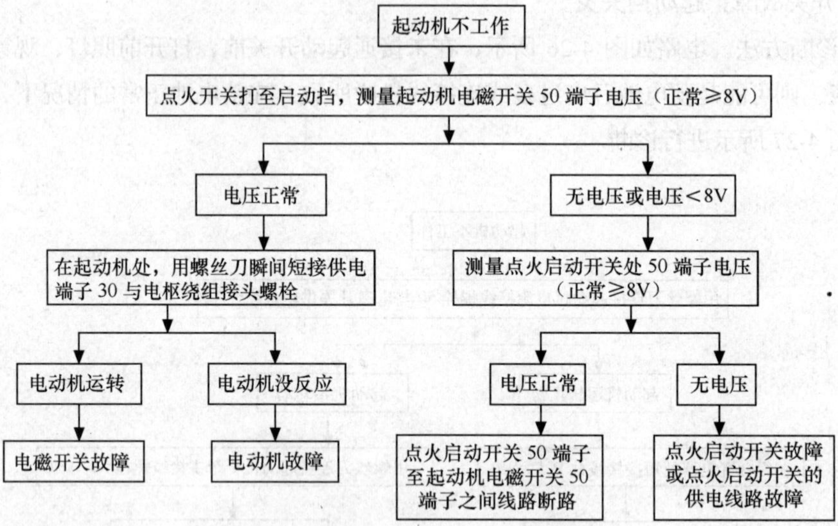

图4-28 手动变速器车辆起动机不工作故障诊断方法

对于自动变速器车辆，首先要确认自动变速器是否处在N或P挡。在蓄电池有电、起动机电磁开关各接线以及各搭铁线接触良好的前提下，可在起动机处用导线短接30与50端子。若起动机不工作，则说明故障在起动机自身（此时可进一步进行诊断，用较粗导线在起动机处瞬间短接30端子与电枢接头，若电机运转，则说明故障在电磁开关；否则说明故障在电机内部）；若起动机工作，需在起动继电器处进一步进行诊断，在确认各接线良好且点火开关起动供电正常的前提下，借助专用仪器（如大众车系使用VAG1551或VAG1552）对自动变速器的多功能开关和控制单元进行诊断，若无故障，说明故障在起动继电器。

（3）起动机运转无力故障

① 故障现象。起动时，发动机转速太低不能起动。

② 故障原因如下。

- 蓄电池亏电。
- 线路接触不良或接线柱被氧化。
- 起动机自身故障。
- 发动机转动阻力太大。

③ 故障诊断方法。在正确使用发动机机油和具有合适的V形皮带张紧度的情况下，可按如图4-29所示进行故障诊断，起动机常见故障部位如图4-30所示。

2. 起动机的拆解

从车上拆下起动机后，首先要清洁外部的油污和灰尘，然后按下列步骤进行解体。

① 旋出防尘盖固定螺钉，取下防尘盖，用专用钢丝钩取出电刷；拆下电枢轴上止推圈处的卡簧，如图 4-31 所示。

② 用扳手旋出两紧固穿心螺栓，取下前端盖，抽出电枢，如图 4-32 所示。

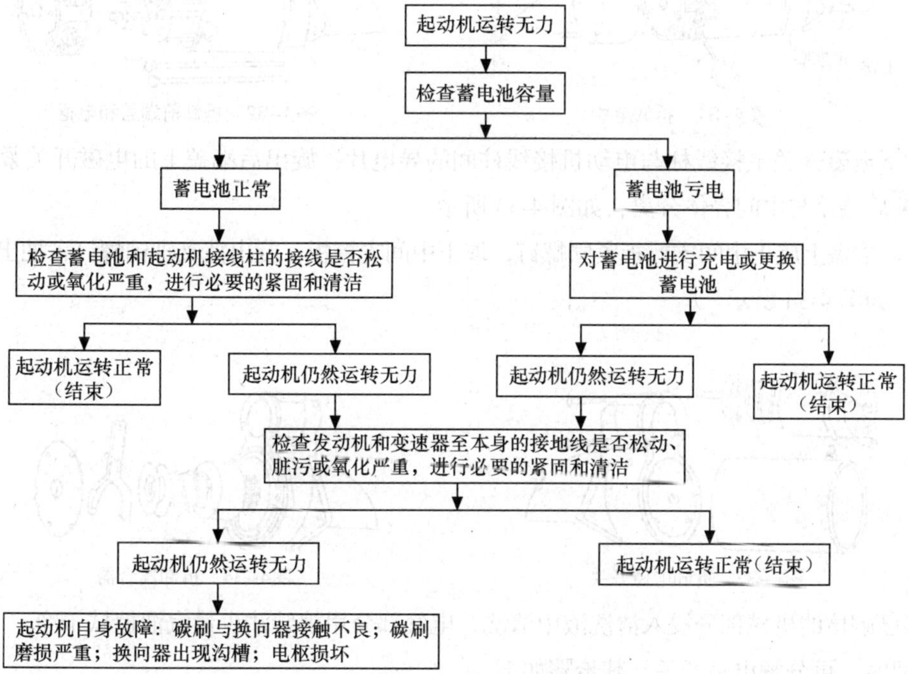

图4-29　起动机运转无力故障诊断方法

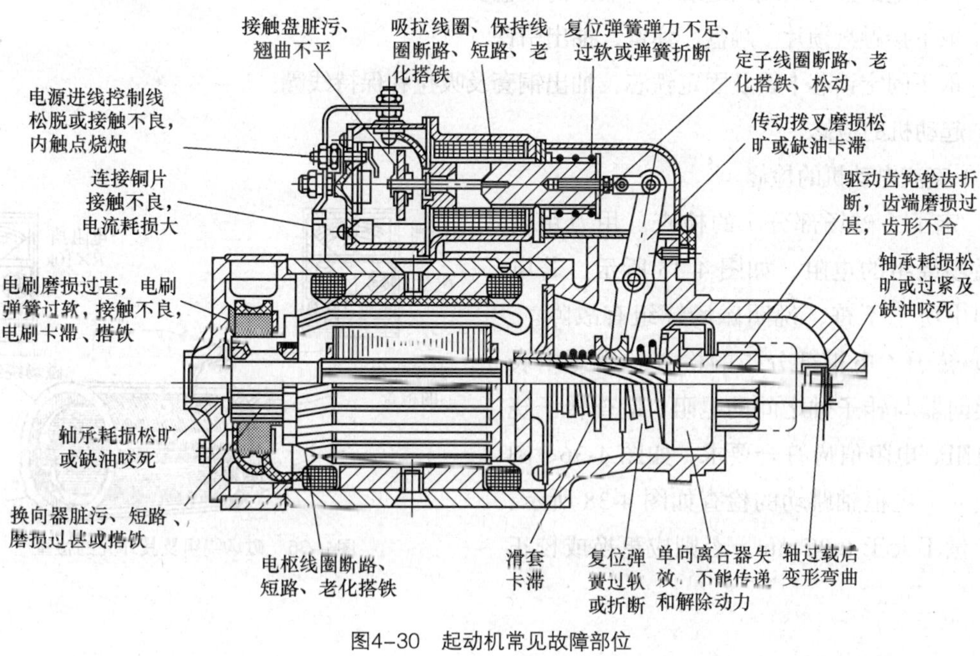

图4-30　起动机常见故障部位

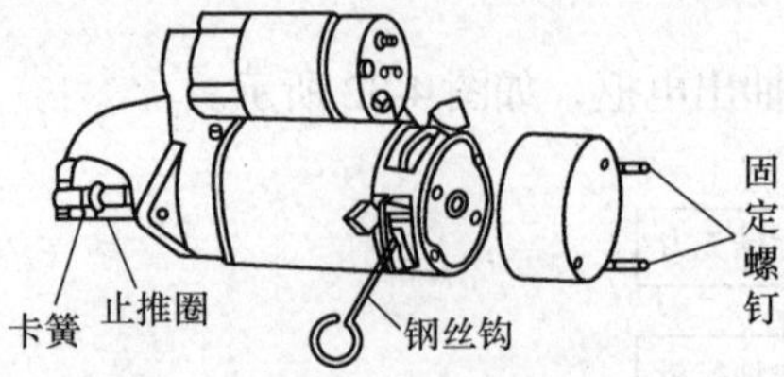

图4-31 拆卸电刷

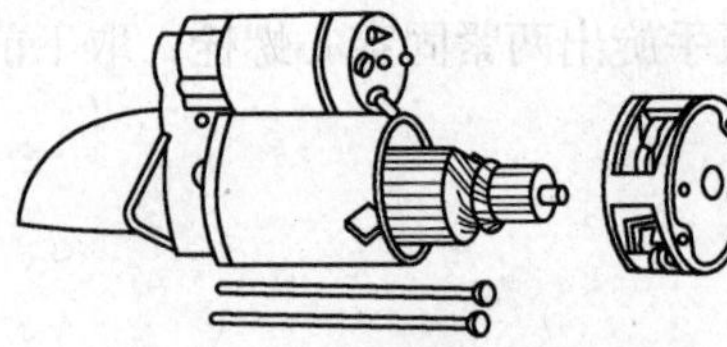

图4-32 拆卸前端盖和电枢

③ 拆下电磁开关主接线柱与电动机接线柱间的导电片；旋出后端盖上的电磁开关紧固螺钉，使电磁开关后端盖与中间壳体分离，如图4-33所示。

④ 从后端盖上旋下中间支撑板紧固螺钉，取下中间支撑板，旋出拨叉轴销螺钉，抽出拨叉，取出离合器，如图4-34所示。

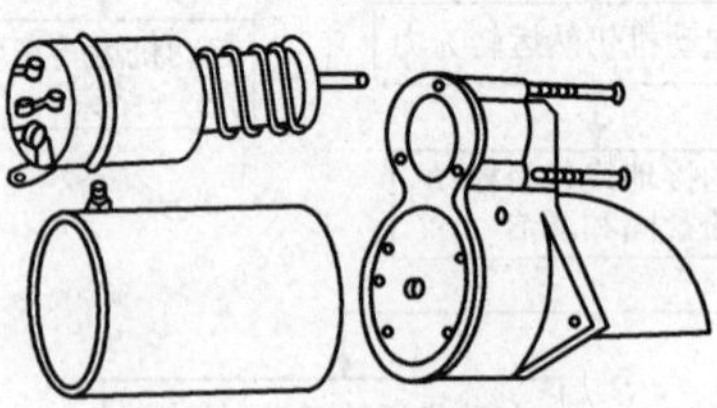

图4-33 拆卸电磁开关

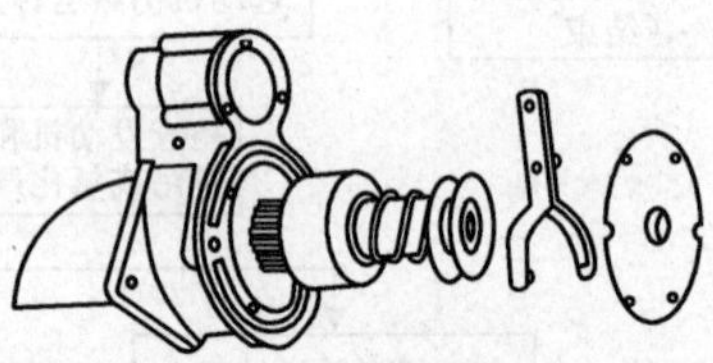

图4-34 拆卸离合器

⑤ 将已解体的机械部分浸入清洗液中清洗，电气部分用棉纱沾少量汽油擦拭干净。

有必要时，可分解电磁开关，其步骤如下。

- 拆下电磁开关前端固定螺钉，取下前端盖。
- 取下接触盘锁片、触盘、弹簧，抽出引铁。
- 取下固定铁芯卡簧及固定铁芯，抽出铜套及吸拉和保持线圈。

3. 起动机的检修

（1）直流电动机的检修

① 定子（磁场部分）的检查。用万用表测量磁场绕组的电阻，如图4-35所示，若电阻与图中所示不符，说明磁场绕组有故障。

② 转子（电枢部分）的检查。用万用表检查换向器与转子轴之间的电阻，检查转子绕组的电阻，电阻值应符合要求，如图4-36、图4-37所示。电枢轴跳动的检查如图4-38所示，其跳动量不大于0.08 mm，否则应更换或校正电枢。

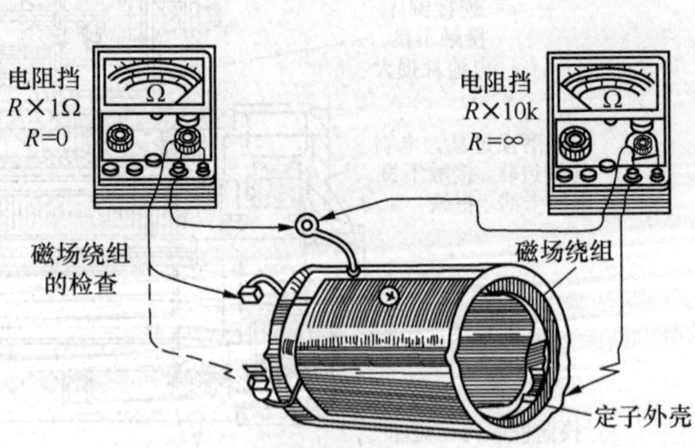

图4-35 磁场绕组及其外壳的检查

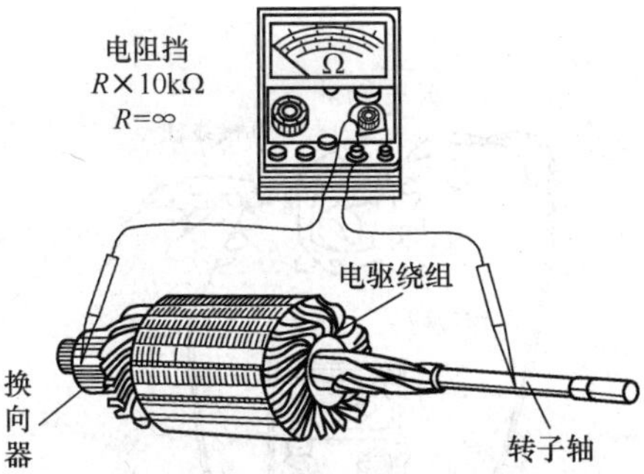

图4-36　换向器与转子轴之间的检查

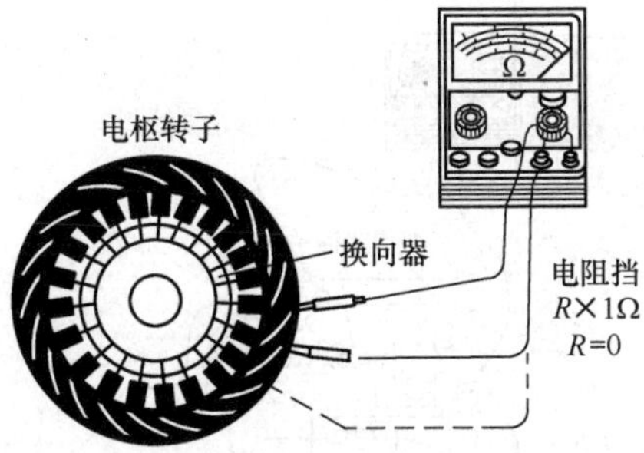

图4-37　转子绕组（换向片与换向片之间）的检查

③ 电刷架的检查，如图 4-39 所示。

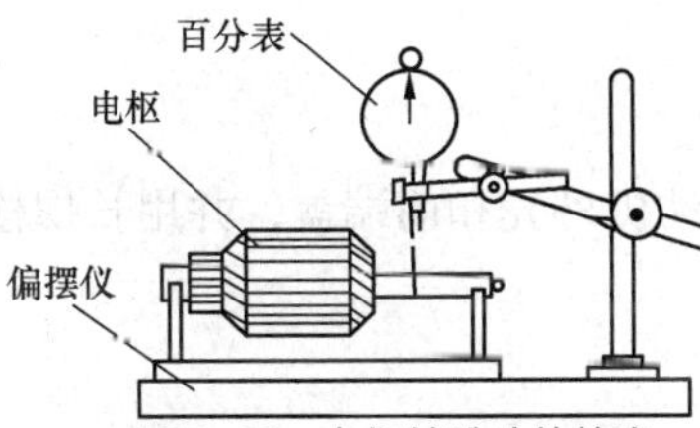

图4-38　电枢轴跳动的检查

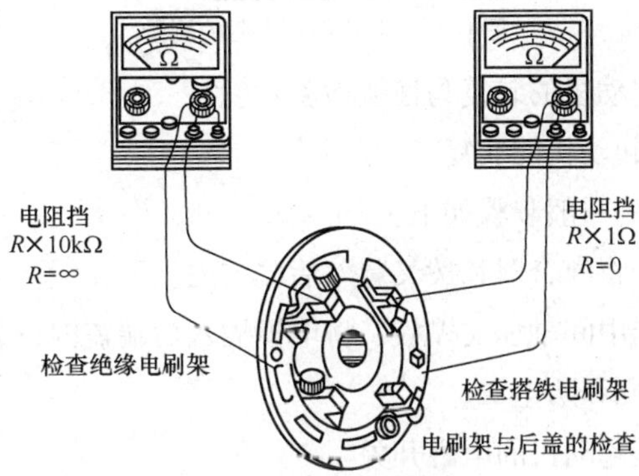

图4-39　电刷架的检查

（2）传动机构的检修

① 单向离合器的检查。将单向离合器及驱动齿轮总成装到电枢轴上，握住电枢，当转动单向离合器外座圈时，驱动齿轮总成应能沿电枢轴滑动自如，如图 4-40 所示。握住外离合器座圈，转动驱动齿轮，应能自由转动；反转时，不应转动，否则就有故障，应更换单向离合器。

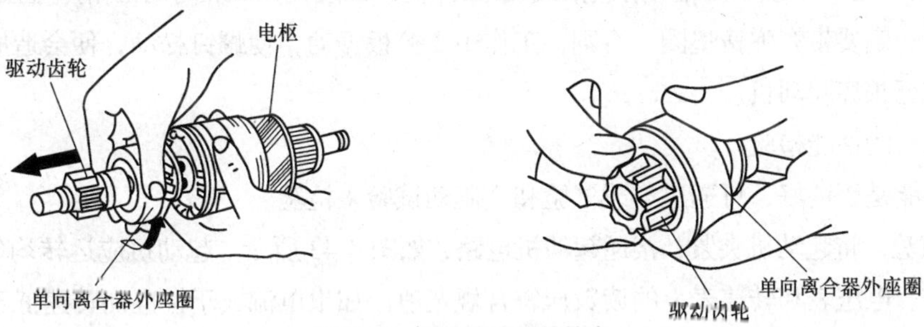

图4-40　单向离合器的检查

② 驱动齿轮位置的调整。将驱动齿轮推到离电枢最远的位置上，检查驱动齿轮与驱动端端盖内端面的间隙，其间隙应在 0.3～2.5 mm。若达不到，则应调整电磁开关的滑动阀上的调整螺母或增减电磁开关与驱动端端盖之间的垫圈。

（3）控制装置的检修

电磁开关的检查：测量吸引线圈的电阻值为（0.97±0.01）Ω，如图 4-41 所示；测量保持线圈的电阻值为（0.6±0.05）Ω，如图 4-42 所示。

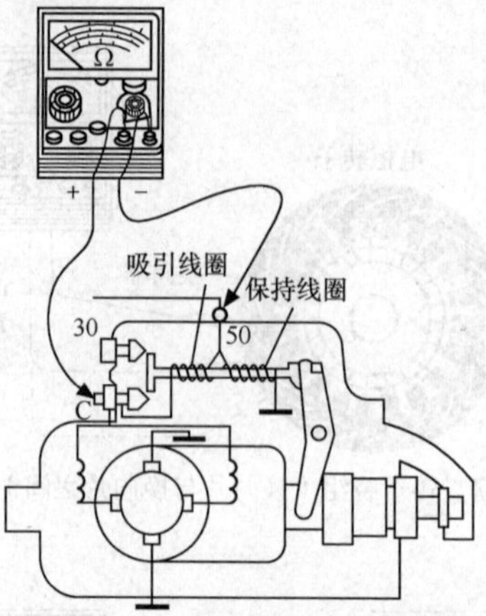

图4-41 吸引线圈电阻的测量

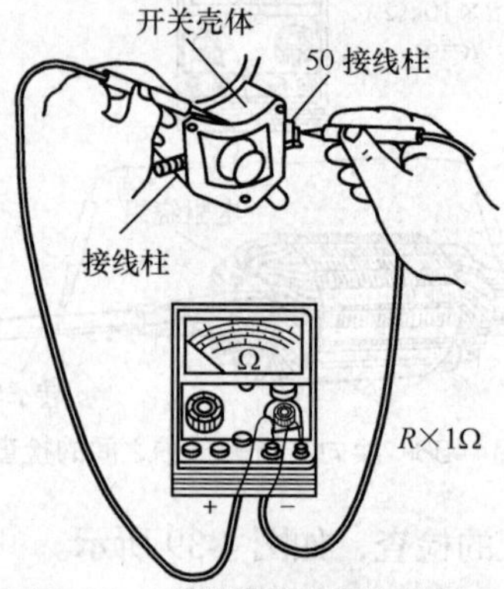

图4-42 保持线圈电阻的测量

4. 起动机的装复与性能检验

（1）起动机的装复

装复的一般步骤如下。

① 先将离合器和拨叉装入后端盖内。

② 装中间轴承支撑板，将电枢插入后端盖内，装上电动机外壳和前端盖，并用长螺栓结合紧，然后装电刷和防尘罩。

③ 装起动机的电磁开关。

在装复过程中应特别注意以下几点。

① 注意检查各轴承的同心度。电枢轴轴承往往不易同心，若不同心度过大，就会增加电枢轴运转的阻力。检查的方法是：各轴颈与每个铜套配合时，既能转动自如又感觉不出有明显的间隙。装上前端盖后，再次转动电枢，也应转动灵活，否则为轴承不同心。

② 各铜套、电枢轴颈、键槽止推垫圈等摩擦部位，都应使用机油予以润滑。固定中间轴承支撑板的螺钉，一定要带有弹簧垫圈。否则，工作中支撑板振动，使螺钉松动，便会造成起动机不能正常工作，甚至损坏起动机。

（2）起动机的性能检验

起动机性能是否良好，可通过空载试验和全制动试验来检验。

① 空载试验。将起动机夹紧，接通起动机电路，如图 4-43 所示。起动机应运转均匀，电刷无火花。其电流表、电压表和转速表上的读数应符合规定值。如果电流大于标准而转速低于标准，则可能是起动机装配过紧，电枢绕组、磁场绕组有短路或搭铁故障；如果电流和转速都低于标准，则说明起动机内部电路有接触不良之处。

注意

每次空载试验不应超过 1 min，以免起动机过热。

② 全制动试验。全制动试验是在空载试验通过后，再通过测量起动机全制动时的电流和转矩来检验起动机的性能良好与否。试验方法如图 4-44 所示。通电后，迅速记下电流表、弹簧秤和电压表的读数，其全制动电流和制动转矩应符合规定值。如果电流大而转矩小，则表明磁场绕组或电枢绕

组有短路或搭铁不良故障；如果转矩和电流都小，则表明起动机内接触电阻过大；如果试验过程中电枢轴有缓慢转动，则说明单向离合器打滑。

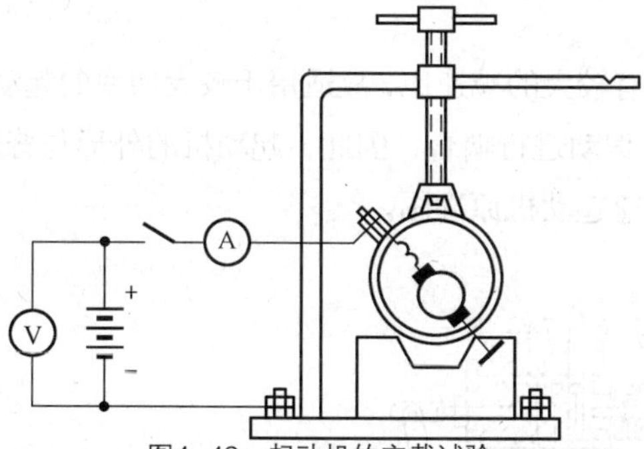

图4-43　起动机的空载试验

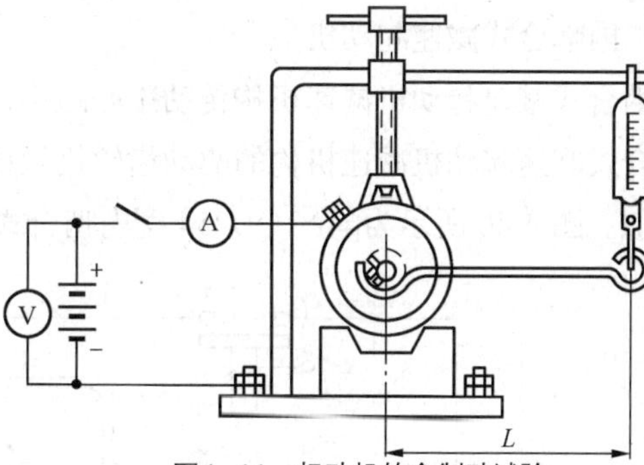

图4-44　起动机的全制动试验

注意　全制动试验要动作迅速，一次试验时间不要超过 5 s，以免烧坏电动机及对蓄电池使用寿命造成不利影响。

四、拓展知识

（一）减速起动机的结构

减速起动机的减速机构根据结构可分为外啮合式、内啮合式和行星齿轮啮合式 3 种类型。

（1）外啮合式减速起动机

在电枢轴和起动机驱动齿轮之间利用惰轮作中间传动，且电磁开关铁芯与驱动齿轮同轴心，直接推动驱动齿轮进入啮合，无须拨叉。因此，此起动机的外形与普通的起动机有较大的差别。图 4-45 所示为丰田系列汽车用外啮合式减速起动机。但有些外啮合式减速机构中间不加惰轮，驱动齿轮必须通过拨叉拨动才能进行啮合。

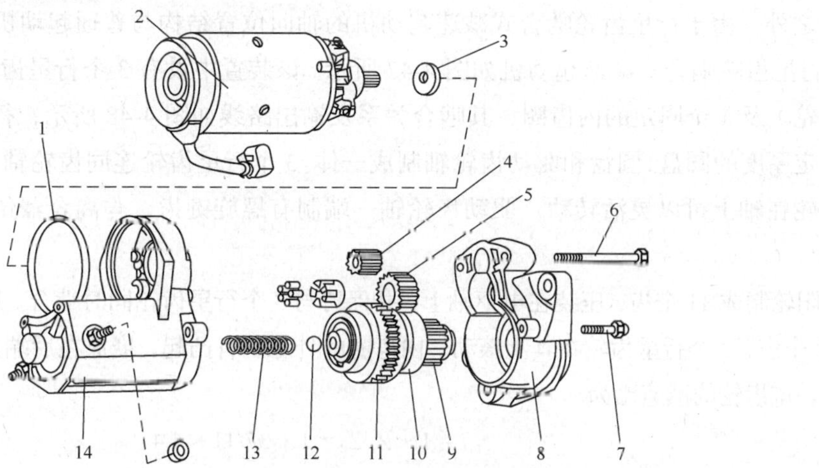

图4-45　丰田系列汽车用外啮合式减速起动机

1—O形橡胶圈　2—电动机　3—毡垫圈　4—主动齿轮　5—惰轮　6—拉紧螺栓　7—螺栓　8—传动外壳
9—驱动齿轮　10—单向离合器　11—从动齿轮　12—钢球　13—回位弹簧　14—电磁开关

外啮合式减速机构的传动中心距较大，因此受起动机结构的限制，其减速比不能太大，一般用在小功率的起动机上。

（2）内啮合式减速起动机

内啮合式减速起动机减速机构传动中心距小，可有较大的减速比，故适用于较大功率的起动机。但内啮合式减速起动机减速机构的驱动齿轮仍须拨叉拨动进行啮合，因此，起动机的外形与普通起动机相似。图 4-46 所示为国产 QD254 型内啮合式减速起动机原理图。

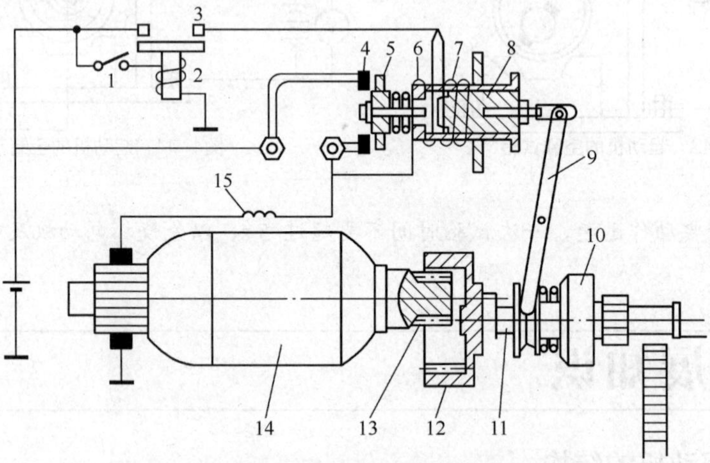

图4-46 QD254型内啮合式减速起动机原理图

1—起动开关 2—起动继电器 3—起动继电器触点 4—主触点 5—接触盘 6—吸拉线圈 7—保持线圈 8—活动铁芯 9—拨叉 10—单向离合器 11—螺旋花键轴 12—内啮合减速齿轮 13—主动齿轮 14—电枢绕组 15—激磁绕组

（3）行星齿轮啮合式减速起动机

行星齿轮啮合式减速起动机减速机构结构紧凑、传动比大、效率高。由于输出轴与电枢轴同心、同旋向电枢轴无径向载荷，可使整机尺寸减小，除了结构上增加行星齿轮啮合式减速机构之外，由于行星齿轮啮合式减速起动机的轴向位置结构与普通起动机相同，因此配件可通用。行星齿轮啮合式减速起动机如图 4-47 所示。该装置中设有 3 个行星齿轮，1 个太阳轮（电枢轴齿轮）及 1 个固定的内齿圈，其啮合关系及输出路线如图 4-48 所示，行星齿轮支架是一个具有一定厚度的圆盘，圆盘和驱动齿轮轴制成一体。3 个行星齿轮连同齿轮轴一起压装在圆盘上，行星齿轮在轴上可以灵活转动。驱动齿轮轴一端制有螺旋键齿，与离合器传动导管内的螺旋键槽配合。

太阳轮制成 11 个齿，压装在电枢轴上，并保持与 3 个行星齿轮同时啮合。用塑料铸塑的内齿圈制有 37 个齿，3 个行星齿轮在其上滚动。内齿圈的外缘制有凸起，嵌放在后端盖上的凹坑内，以保持固定。该齿轮的减速比为

$$i = 1 + Z_s/Z_e = 1 + 37/11 \approx 4.4$$

式中：Z_e——太阳轮齿数；

Z_s——内齿圈齿数。

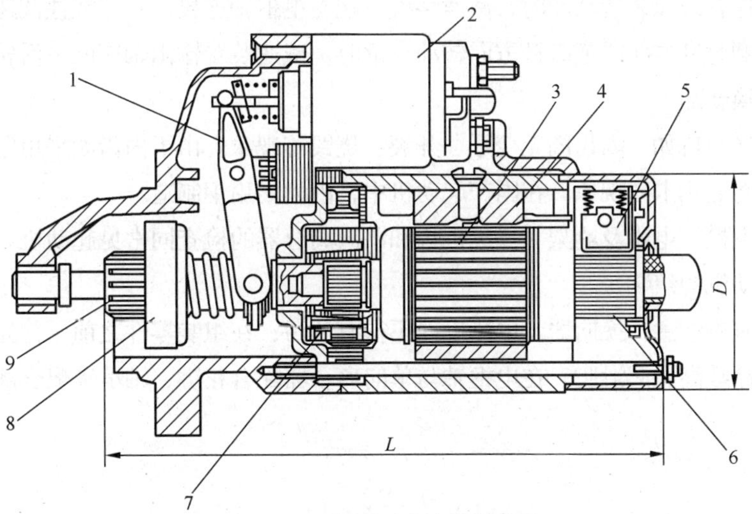

图4-47　行星齿轮啮合式减速起动机

1—拨叉　2—电磁开关　3—电枢　4—磁铁　5—电刷　6—换向器

7—行星齿轮减速机构　8—单向离合器　9—驱动齿轮

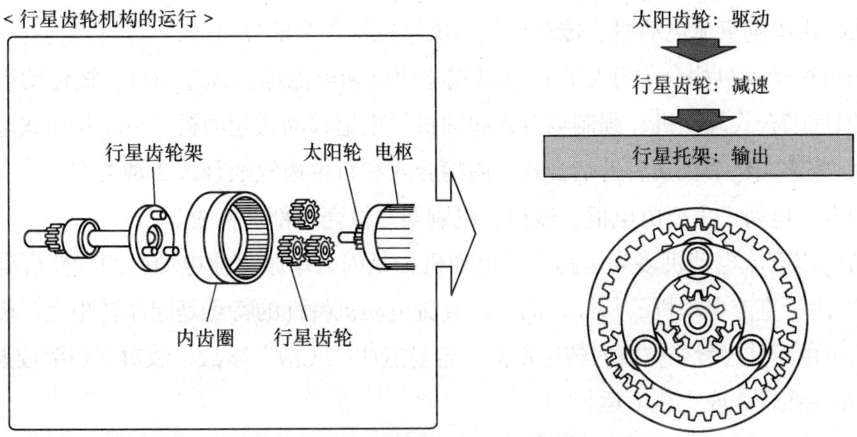

图4-48　行星齿轮啮合关系及输出路线

（二）减速起动机的拆装与检修

（1）减速起动机的分解

以红旗轿车减速起动机为例予以说明。

拆开前后端盖连接螺栓，即可取下磁场与电枢部分，然后可分解前端盖（电刷端盖）电刷及刷架、电枢和磁场。拆下电磁开关与后端盖（驱动端盖）的连接螺栓，即可分解电磁开关、拨叉机构，取出行星齿轮减速装置和单向离合器。

（2）减速起动机的检修

减速起动机的检修与普通型起动机基本相同。

磁场：目测6块永久磁铁有没有破损等现象；用螺丝刀检查6块磁铁的吸引力是否相近，若有磁力明显减弱的磁铁可取下进行充磁。

减速机构：检查减速装置功能时，减速装置一端与电枢轴连接，一手握住减速装置壳体，一手转动电枢，当沿顺时针方向或逆时针方向转动电枢时，减速装置输出轴应能灵活转动，否则应予以润滑、修理或更换新品。

行星齿轮应转动自如，内齿圈无变形、开裂、烧毁等现象。由于内齿圈采用塑料制造，使用中常出现载荷过大而烧焦卡死现象。在国产起动机中，内齿圈用钢制造。

电磁开关、电枢、电刷及刷架、操纵机构和单向离合器的检查同常见起动机。

（3）减速起动机的组装

起动机装复时应注意：换向器及电刷表面不得有油污；在组装零件之前，首先在各轴承、旋转部位和滑动部位涂敷高温润滑脂；在电枢轴与单向离合器配合花键、轴承等配合部位也应涂少量润滑脂。

小结

① 起动机由串励直流电动机、传动机构和操纵机构 3 个部分组成。

② 起动机按操纵机构分类分为直接操纵式起动机和电磁操纵式起动机。按传动机构的啮合方式分类分为惯性啮合式起动机、强制啮合式起动机、电枢移动式起动机、齿轮移动式起动机、减速式起动机。而减速式起动机又有外啮合式、内啮合式和行星齿轮啮合式 3 种类型。

③ 串励直流电动机主要由电枢、磁极、电刷架与机壳等部件构成。

④ 起动机用直流电动机多为串励直流电动机，是因为串励直流电动机的特性可满足需要。起动机的特性取决于直流电动机的特性，而串励直流电动机特性的特点是起动转矩大，机械特性软。

⑤ 起动机由于其轻载或空载时转速很高，容易造成“飞散”事故，故对于功率较大的串励直流电动机，不允许在轻载或空载下运行。

⑥ 电枢电流接近制动电流的一半时，电动机输出功率最大，最大功率作为额定功率。

⑦ 影响起动机功率的因素主要有：接触电阻和导线电阻、蓄电池容量、温度。

⑧ 起动机的传动机构包括离合器和拨叉 2 个部分。传动机构中的离合器分为滚柱式离合器、摩擦片式离合器、弹簧式离合器 3 种。

⑨ 电磁开关中的吸拉线圈、保持线圈绕向相反，何时吸拉线圈与保持线圈产生同方向的电磁力，何时吸拉线圈被短路，保持线圈的电磁力使驱动小齿轮与飞轮保持啮合，何时吸拉线圈与保持线圈产生相反方向的电磁力。

⑩ 起动机每次起动时间不超过 5 s，再次起动时应停止 2 min，使蓄电池得以恢复。如果有连续第 3 次起动，应在检查与排除故障的基础上停歇 15 min 以后。

⑪ 发动机起动后，必须立即切断起动机控制电路，使起动机停止工作。

⑫ 起动机性能可通过空载试验和全制动试验来检验，这也是故障诊断的基本方法。

习题及案例思考

1. 习题

① 简述串励直流电动机的工作原理。

② 电磁控制强制啮合式起动机电磁开关中的吸拉线圈和保持线圈，在起动前后其电流方向有无变化？为什么？

③ 滚柱式、摩擦片式和弹簧式 3 种离合器各有哪些优缺点？

④ 起动机上需要调整的间隙有哪些，为什么要保证这些部分的正确间隙？

⑤ 怎样合理使用起动机？

⑥ 连图题

连接 CA1091 型汽车起动系统电路。

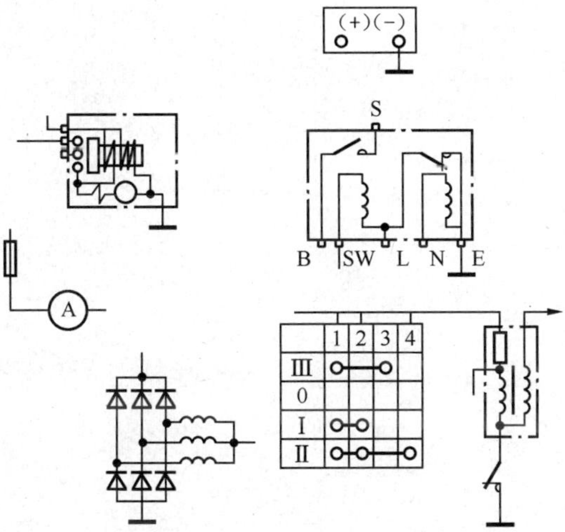

2. 案例思考

故障现象

一辆现代索纳塔（SONATA）2.0 型轿车，将点火开关置“START”位置时，起动机有时工作有时不工作。

故障检修过程

故障可能性分析：蓄电池极桩或起动机接线柱接触不良；电源开关内触点烧蚀；起动机线路有接触不良处；起动机内部故障；离合器开关故障。

故障诊断方法：检查蓄电池极桩与起动机上电源接线柱的线路，接触良好；将蓄电池正极用导线直接与起动机电磁开关接线柱相连，起动机转动，反复试验均如此，说明电磁开关，起动机无故障。

检查离合器开关，在踩下离合器踏板时导通，正常；再检查起动线路，无接触不良之处；最后分析故障可能出现在点火开关上。

取下转向盘下的护罩和点火开关，发现点火开关上的塑料凹形方槽已磨成椭圆形，故障原因确定。

故障处理措施：用环氧树脂依照原来凹形方槽的形状，将点火开关修复，或更换点火开关，故障排除。

故障实例分析

本故障是由于点火开关凹形方槽磨损造成的，当点火锁芯转子由“OFF”位置转至“ON”位置时，由于所受阻力小，锁芯转子能顺利带动点火开关；而当点火锁芯转子由“ON”位置转至“START”位置时，锁芯转子要克服点火开关弹簧的弹力，有时会与点火开关凹槽发生相对移动，使点火开关不能从“ON”位置转至“START”位置，导致电磁开关电路不能通电，起动机不能工作。

Chapter 5

项目五 点火系统的检修

一、项目要求

点火系统的任务就是在合适的时刻向火花塞提供高压电脉冲，点燃汽缸内的空气、燃油混合物，使发动机有效运转。它的工作直接影响燃油燃烧质量，从而对车辆的动力性、燃油经济性、工作稳定性和排放污染等产生重要影响。因此点火系统是汽油发动机最关键的系统之一。通过对点火系统检查与调整项目的学习，逐渐了解汽车点火系统。虽然不同的厂商所采用的点火系统有很多不同之处，但所有点火系统的基本工作原理都相同。当面对一个新的或不熟悉的系统时，不要害怕，对照维修手册，仔细研究一下，排除点火系统的故障还是十分容易的。

【知识要求】

1. 了解点火系统的 3 个主要功能。
2. 熟悉点火系统的组成与工作原理。
3. 熟悉点火系统各主要元件的作用、结构组成与工作原理。
4. 掌握电磁感应式点火系统和霍尔效应式点火系统的工作原理。
5. 了解无分电器电控点火系统的工作原理。

重点掌握内容：掌握电磁感应式点火系统和霍尔效应式点火系统的工作原理。

【能力要求】

1. 会拆检分电器，会检测点火线圈，能进行点火正时安装。
2. 能通过目视或检测仪器，对点火系统常见故障进行正确的诊断与排除。

二、相关知识

（一）点火系统概述

1. 点火系统的类型及发展

美国人查尔斯·凯特林于 1911 年成功研制了点火系统，时至今日，点火系统已发展成很多类型。按所用电源不同可分为蓄电池点火系统和磁电机点火系统。在发动机工作时，由蓄电池或发电机向点火系统提供电能的称为蓄电池点火系统，而由磁电机向点火系统提供电能的称为磁电机点火系统。现代车用汽油发动机均采用蓄电池点火系统。

汽油机点火系统在产生电火花前，都必须将从电源获取的能量储存起来，以便在瞬间释放以产生高压电火花。按储存能量的元件不同，汽油机点火系统又可分为电感储能式点火系统和电容储能式点火系统。电感储能式点火系统将点火能量以磁场能量的方式储存在电感线圈（点火线圈）中，电容储能式点火系统将点火能量以电场能量的方式储存在电容中。汽油机的点火系统一般都属电感储能式点火系统。

按汽油机点火系统对点火提前角的控制方式不同，可将点火系统的发展划分成传统点火系统、晶体管电子点火系统和微机控制电子点火系统 3 个阶段。

（1）传统点火系统

传统点火系统又称机械触点式点火系统，它利用机械触点控制点火提前角，并利用机械离心装置和真空装置自动调节点火提前角。发动机工作时，为保证点火顺序，传统点火系统利用分电器给各缸配电。

传统点火系统的结构简单、成本低，在汽油机上应用最早。但由于机械触点的存在，导致其点火能量低、工作可靠性差、对火花塞积炭敏感且干扰大，已不能适应现代汽车发展的要求。目前，传统点火系统已逐渐被点火性能好、工作可靠、点火提前角控制精度高的电子点火系统所取代。

（2）晶体管电子点火系统

晶体管电子点火系统的功能和工作原理与传统点火系统基本相同，只是控制点火提前角的元件用电子点火器取代了断电器，它利用晶体管的导通和截止来控制点火线圈一次绕组回路的通断，而晶体管的导通与截止则用点火信号发生器产生的信号来控制。普通电子点火系统仍保留了机械离心式和真空式点火提前角自动调节装置。

汽车用汽油机电感储能式普通电子点火系统，按点火信号发生器的结构原理不同，又分为电磁式、霍尔式和光电式 3 种类型。电磁式电子点火系统的点火信号发生器利用电磁感应原理产生点火信号；霍尔式电子点火系统的点火信号发生器利用霍尔效应原理产生点火信号；光电式电子点火系统的点火信号发生器利用光电效应产生点火信号。

（3）微机控制电子点火系统

在微机控制电子点火系统中，由 ECU（电子控制单元）来控制和修正点火提前角，甚至可取消分电器，成为全电子点火系统。电控点火系统由于减少甚至取消了机械装置，与其他点火系统相比，不仅点火提前角的控制精度提高，而且能量损失少、对无线电干扰小、工作更加可靠。

电控点火系统除点火提前角控制功能外，还具有爆燃控制、通电时间控制等功能。随着汽车电子控制技术的发展和普及，电控点火系统的应用也越来越多。

2. 点火系统的功能

点火系统经过多年的发展，虽然已有很多类型，现代电控点火系统从外表上看已与传统的触点式点火系统有了很大不同，但是它们的功能却是相同的。点火系统主要具有下面 3 项功能。

（1）产生电火花

点火系统必须能够产生足够高的击穿电压，以击穿火花塞的电极间隙，产生具有充足能量的电火花，引燃空气、燃油混合气，并维持足够长的火花时间，以保证空气、燃油混合气充分燃烧。

（2）控制点火提前角

点火系统必须能随着发动机转速和负荷的变化，及其工作情况的改变，而及时调整点火提前角，使得发动机在各种情况下都能在最恰当的时间点火。

（3）分配电火花

对于多缸发动机，点火系统必须在压缩行程的适当时刻向正确的汽缸输送电火花，以便开使燃烧过程。

3. 点火提前角与点火能量

点火系统的基本功用是产生电火花，点燃汽缸内的混合气。其对发动机的工作有着十分重要的影响。在发动机各种工况和使用条件下，要求点火系统必须都能及时、可靠的点火。点火及时是要求点燃混合气的时间适当，即点火提前角要合适；点火可靠是要求产生的电火花有足够的能量，以保证能点燃汽缸内的混合气。

在汽油机工作过程中，点火系统点燃混合气的时间一般用点火提前角表示。为了提高发动机的性能，在发动机的压缩行程尚未到达上止点之前的某一时刻，火花塞开始跳火将汽缸内的混合气点燃，这就是点火提前，而这个提前量所对应的曲轴转角，即为点火提前角。理论和实践均证明，点火提前角的大小对发动机的动力性、经济性以及排放污染物的浓度有着极大的影响。

（1）点火提前角对发动机动力性、经济性的影响

最佳点火提前角就是使发动机动力性和经济性都达到最优的点火提前角。从混合气燃烧过程来看，最佳点火提前角应使得当活塞运行至上止点时，混合气燃烧的火焰大约为半个燃烧室空间，此时汽缸内的压力最高。

如果点火过早，点火时混合气的压力还比较低，同时，燃烧最大压力产生的时刻在活塞上止点之前，这样的燃烧压力不仅不能提高发动机的动力性，而且，还会对活塞上行产生较大的阻力。另外，如果点火时间过早，会使汽缸内未燃烧的混合气因高温高压的作用，而自行燃烧，这样便产生了爆震现象。如果点火过迟，混合气的最大燃烧压力出现在活塞已经下行的过程中，此时，由于汽缸内活塞上部的容积已经增大，使得燃烧压力降低，燃烧速度减慢，造成发动机过热，动力性、经济性下降。

由此可见，点火提前角对发动机的动力性和经济性来说存在一个最佳值，而这个最佳值对于发动机的不同转速和负荷的运行工况是不相同的。理想最佳点火提前角实际上是汽油发动机可能发生爆震的临界点。

（2）点火提前角与废气中污染物含量的关系

由于汽车尾气有害成分中，碳氢化合物（CII）和氮氧化合物（NOx）对燃烧温度和燃烧压力比较敏感，而点火提前角却对发动机燃烧过程中混合气燃烧温度和燃烧压力有着极大的影响，因此，点火提前角就必然对燃烧后废气中污染物的浓度产生影响。事实上，碳氢化合物、氮氧化合物的浓度与点火提前角之间是递增的变化关系。

这是因为，点火越迟，燃烧的最高温度越低，氮氧化合物就越不易产生。同样，当点火提前角减小时，会推迟点火时刻，使燃烧废气的有效膨胀率降低，在膨胀后期燃烧温度升高，燃烧结束后，膨胀后期的残留燃烧将汽缸壁未燃混合气加热，温度升高，结果是边界处原来由于过冷而不能燃烧的燃料继续燃烧，从而使废气中碳氢化合物浓度降低。

（3）发动机不同工况对点火提前角的要求

发动机运行工况不同时，进入汽缸的可燃混合气浓度、温度、燃烧最高压力等诸多因素都要发生变化，而这些因素对点火时刻提出了不同的要求。

① 发动机转速对点火提前角的要求。发动机转速越高，点火提前角越大，如图 5-1 所示。因为在混合气空燃比不变的情况下，混合气从点燃到燃烧压力最大所用的时间变化不大，发动机转速升高后，在同一时间内，曲轴转过的角度大，所以，点火提前角增大。

② 发动机负荷对点火提前角的要求。当发动机转速不变时，随着负荷的增大，点火提前角逐渐减小，如图 5-2 所示。因为发动机负荷增大时，节气门开度增大，吸入汽缸内的混合气数量增多，压缩行程终了时的压力和温度增高，残留废气数量相对减少，对混合气的冲淡作用降低，因此，燃烧速度加快，从点火到燃烧压力最大点的时间相对缩短，点火提前角减小。

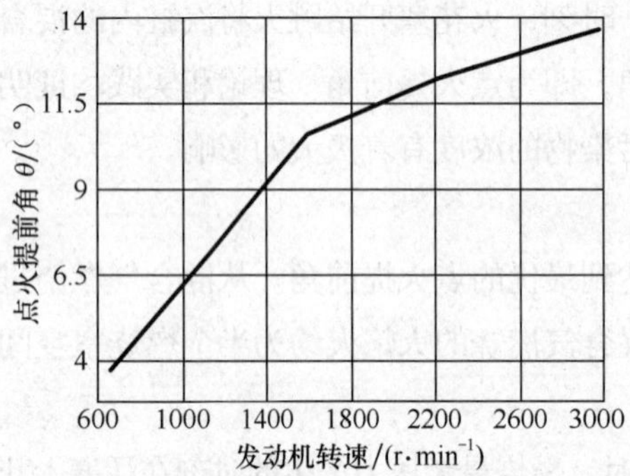

图5-1 发动机转速与点火提前角的关系（节气门开度不变时）

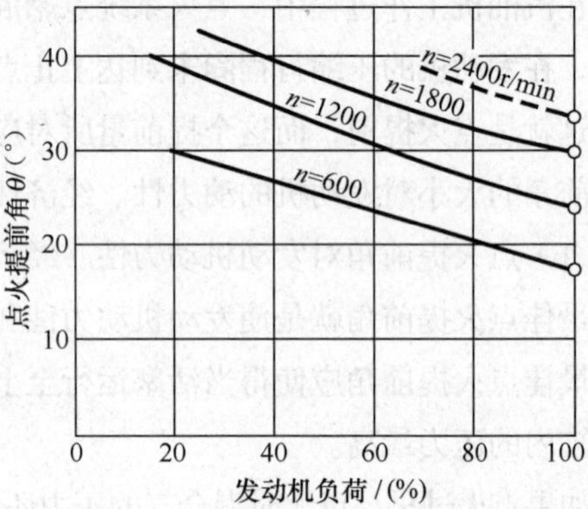

图5-2 不同转速时点火提前角与发动机负荷的关系

③ 其他使用因素对点火提前角的影响。发动机工作时点火提前角除了受转速和负荷的影响外，还要受到其他因素的影响，如汽油的抗爆性能、混合气的空燃比、发动机工作温度、进气终了的压力等。

汽油抗爆性能是由汽油的品质决定的，常用辛烷值表示。汽油的牌号越高，辛烷值就越高，其抗爆性能就越好。抗爆性能好的汽油在使用中，产生爆震燃烧的倾向小。因此，可以选择有利于燃烧的较大点火提前角。

发动机工作温度是影响点火提前角的另一个重要原因。一方面，当发动机冷却水温度较低时，为了暖机的需要，点火提前角应适当增大；另一方面，当发动机温度较高时，为了减少有害气体氮氧化合物的排放量，点火提前角应当减小。

综上所述，发动机的点火提前角受多种使用因素的影响，要使每一种工况下，发动机的点火时刻都处于最佳点火提前角是一件非常困难的事情。

（4）点火能量与发动机性能的关系

点火能量与发动机的动力性、经济性及排放污染物等各方面的指标有着密切的联系。当点火能量提高后，不仅可以避免燃烧中的断火现象，而且，还可以用空燃比较高的极为经济的稀薄混合气，这样既提高经济性，又可以降低发动机排气污染物的含量。

（二）点火系统的基本构造与检修

1. 点火系统的基本组成

点火系统的总体布局如图 5-3 所示。点火系统主要由蓄电池、点火开关、点火线圈、分电器、高压线及火花塞等组成，如图 5-4 所示。这些部件构成了 2 个相互关联电路：初级回路和次级回路，其中，初级回路是低压电路，次级回路是高压电路。

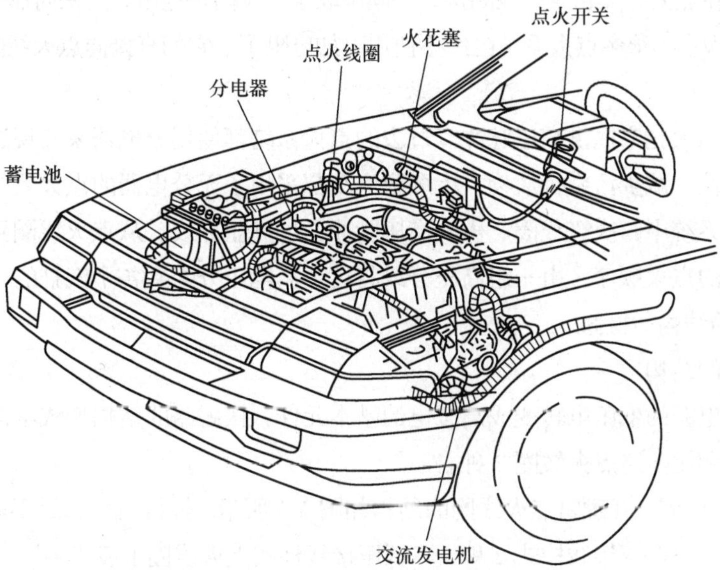

图5–3　点火系统的总体布局

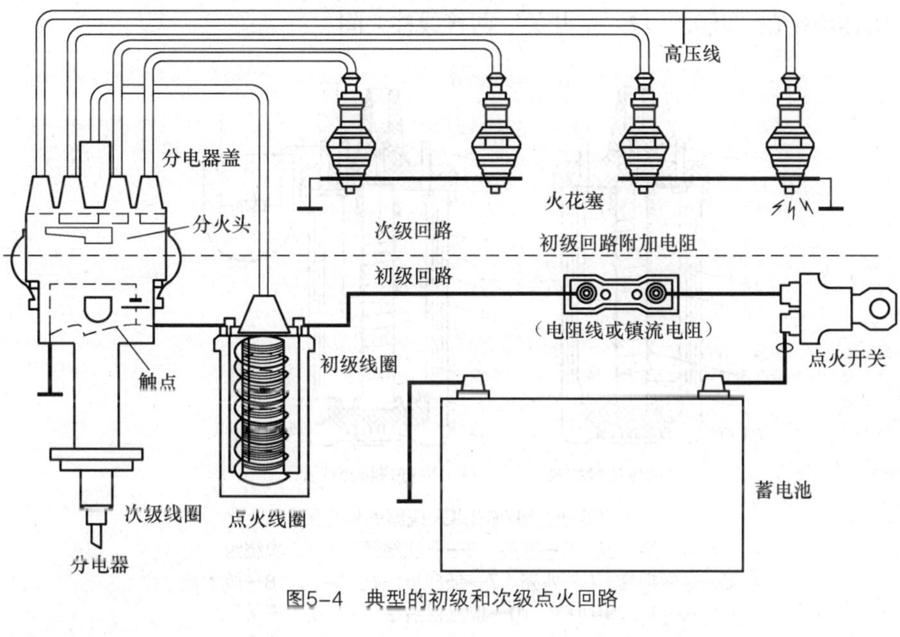

图5–4　典型的初级和次级点火回路

（1）初级回路

当点火开关接通时，电流从蓄电池流出，经点火开关和初级回路电阻，流到点火线圈的初级绕组。然后，电流流经开关设备接地。开关设备是由触发设备通过电子的方式或者机械触点的方式控制的。

点火线圈初级绕组内的电流会产生磁场。开关设备或控制模块在预定的时刻切断这个电流。这时，初级绕组内的电磁场消失，从而在次级绕组上感应出高压脉冲，这时恰好接通了点火系统的次级回路。

有些点火系统在点火开关和点火线圈接线柱间串联了一个附加电阻，用来向点火线圈提供适当大小的电压和电流。现在，很多点火系统已经不使用附加电阻了，它们直接向点火线圈提供 12 V 电压。

（2）次级回路

次级回路用来向火花塞提供高压脉冲。过去的点火系统都使用分电器来实现这个功能，现在，为了提高燃油经济性，减少污染排放物，大多数汽车都采用了无分电器的点火系统。

在分电器点火系统中，次级线圈产生的高压脉冲通过高压导线，从点火线圈到达分电器。在分电器，根据发动机的点火顺序，由一组高压分线将这个高电压分配到各个汽缸的火花塞。

2. 点火线圈的结构与检修

（1）点火线圈的结构

点火线圈是将电源的低压电转变成高压电的基本元件，按磁路的结构形式不同，点火线圈可分为开磁路点火线圈和闭磁路点火线圈 2 种。

① 开磁路点火线圈。开磁路点火线圈的结构如图 5-5 所示。按接线柱数量不同，点火线圈可分为二低压接线柱式和三低压接线柱式 2 种，二低压接线柱式点火线圈上有“+”、“−”2 个接线柱，其本身不带附加电阻器；三低压接线柱式点火线圈有“−”、“开关”、“+开关”3 个低压接线柱，并将附加电阻器跨接在“开关”与“+开关”两接线柱之间。

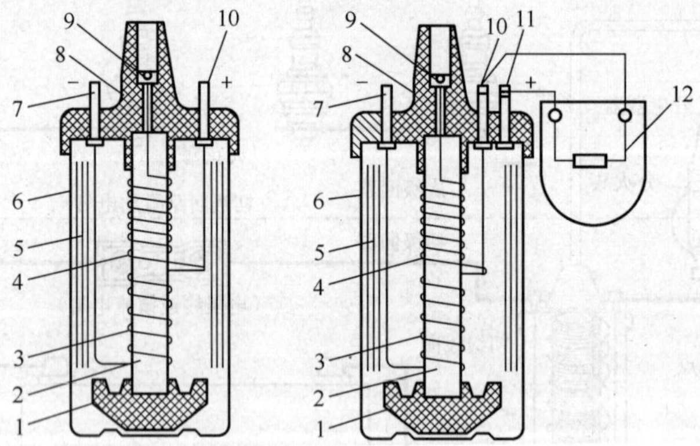

（a）二低压接线柱式　　（b）三低压接线柱式

图5-5　开磁路点火线圈的结构图

1—绝缘座　2—铁芯　3—一次绕组　4—二次绕组
5—导磁钢套　6—外壳　7—低压接线柱“−”　8—胶木盖
9—高压接线柱　10—低压接线柱“+”或“开关”
11—低压接线柱“+开关”　12—附加电阻器

二低压接线柱式和三低压接线柱式开磁路点火线圈的内部结构相同。点火线圈的中心是用硅钢片叠成的铁芯，在铁芯外面套有绝缘的纸板套管，点火线圈的一次绕组和二次绕组分层绕在套管上。二次绕组用直径为 0.06 ~ 0.10 mm 的漆包线绕 1 1000 ~ 2 3000 匝，一次绕组用直径为 0.5 ~ 1.0 mm 的高强度漆包线绕 230 ~ 270 匝。由于一次绕组的通过电流大，产生的热量多，所以将其绕在二次绕组的外面，以利于散热。点火线圈绕组与外壳之间装有导磁钢套，上部有绝缘胶木盖，下部有瓷质绝缘座。为加强绝缘并防止潮气浸入点火线圈，外壳内一般都充满沥青或变压器油，所以这种开磁路点火线圈也称之为湿式点火线圈。

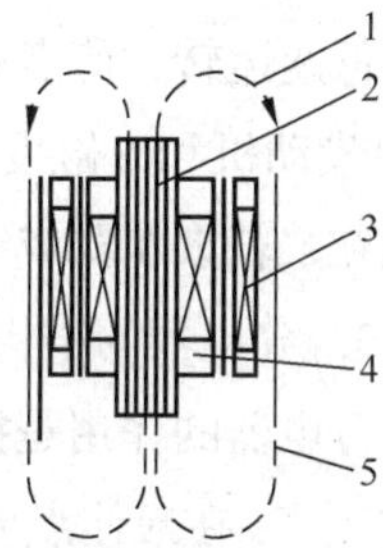

图5-6　开磁路点火线圈的磁路图
1 — 磁力线　2 — 铁芯
3 — 次绕组4 — 二次绕组
5 — 导磁钢套

当点火线圈的一次绕组电路接通时，铁芯被磁化，其磁路如图 5-6 所示。由于磁路的上、下部分需经过空气，外围需经过壳体内的导磁钢套才能形成回路，铁芯本身不能构成回路，所以称开磁路点火线圈。开磁路点火线圈的磁阻大，漏磁损失多，能量转换效率低。

② 闭磁路点火线圈。闭磁路点火线圈的结构和磁路如图 5-7 所示。闭磁路点火线圈的铁芯为“日”字形，本身构成闭合磁路。为减少铁芯的磁滞现象，在磁路中留有一个微小空气隙。闭磁路点火线圈的壳体内，采用热固性树脂作为填充物，所以又称之为干式点火线圈。

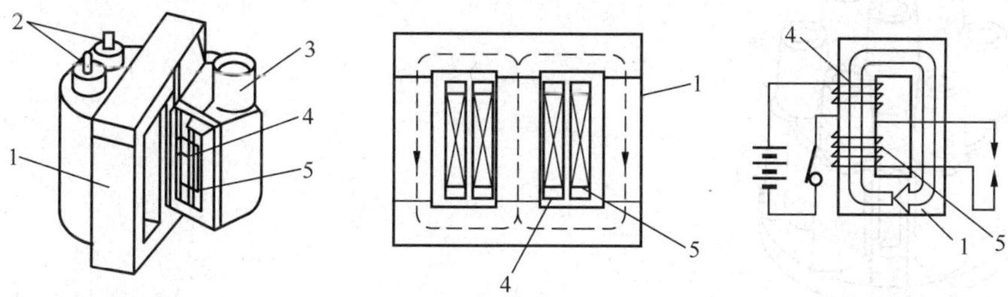

（a）日字形铁芯的点火线圈　（b）日字形铁芯的磁路　（c）口字形铁芯的磁路

图5-7　闭磁路点火线圈的结构和磁路示意图
1—铁芯　2—低压接线柱　3—高压插孔　4— 一次绕组　5—二次绕组

与开磁路点火线圈相比，闭磁路点火线圈的磁阻小，漏磁损失小，能量转换效率高。此外，闭磁路点火线圈的壳体通常以热熔性塑料注塑成型，填充物采用热固性树脂，使其绝缘性和密封性均优于开磁路点火线圈。闭磁路点火线圈体积的日益小型化，使其能直接安装在分电器盖上，不仅可省去点火线圈与分电器之间的高压线，而且使点火系统的结构更紧凑，因此在电子点火系统中得到广泛应用。

（2）点火线圈的检修

① 外观检查。目测观察点火线圈外表，若有脏污或接线柱锈蚀，应进行清洁后再作进一步检查；若有胶木盖裂损、接线柱松动、壳体变形、填充物外溢、高压插座接触不良等现象，应更换该点火线圈。

② 绝缘性能的检查。用万用表电阻挡测量点火线圈任一接线柱与壳体之间的电阻值，阻值应不小于 50 MΩ，否则说明点火线圈绝缘不良，应更换该点火线圈。

③ 绕组电阻的检查。用万用表电阻挡测量点火线圈一次绕组和二次绕组的电阻值，其阻值应符合规定，否则应更换该点火线圈。

④ 附加电阻器的检查。用万用表电阻挡测量附加电阻器的阻值，应符合规定，否则应更换该点

火线圈。

⑤ 点火线圈性能的检查。点火线圈的性能应在专用的电气试验台上利用三针放电器进行测试。

试验时，将点火线圈安装到试验台上，将三针放电器的间隙调整到 7 ~ 8mm，启动试验台使分电器低速运转，待点火线圈温度升高到正常工作温度（60 ~ 70℃）后，再将分电器转速调至规定值（4 缸发动机和 6 缸发动机一般为 1 900 r/min）。在 30 s 内，三针放电器间隙中应产生强烈且连续的电火花，若火花弱或无火花，则说明点火线圈性能不良，应更换该点火线圈。

3. 分电器的结构与检修

分电器的作用是接通或切断点火线圈的初级回路，使次级点火线圈产生高压电，并按发动机的工作顺序，在最佳点火时刻将高压电分别送到各缸火花塞。传统点火系统中的分电器主要由配电器、断电器、点火提前调节机构、电容器组成，如图 5-8 所示。

普通电子点火系统中的分电器与传统点火系统中的分电器结构基本相同，只是用点火信号发生器代替了断电器，分电器内仍保留有传统的配电器、机械离心式点火提前角自动调节器和真空式点火提前角自动调节器。

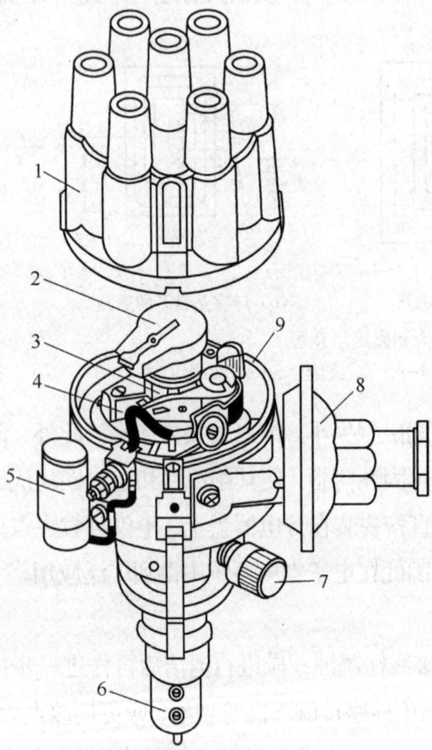

（a）整体构造

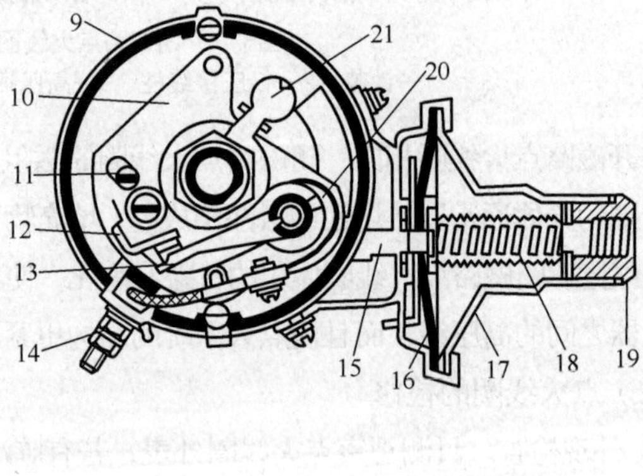

（b）内部构造

图5-8 分电器的组成结构

1—配电器盖 2—分火头 3—凸轮 4—触点及断电器底板总成 5—电容器 6—轴节 7—油杯 8—真空提前机构 9—配电器壳体 10—活动底板 11—偏心螺钉 12—固定触点与支架 13—活动触点臂 14—接线柱 15—拉杆 16—膜片 17—真空提前机构外壳 18—弹簧 19—螺母 20—触点臂弹簧片 21—油毡及夹圈

（1）配电器

配电器的作用是将点火线圈产生的高压电按发动机各汽缸的点火顺序配送火花塞，主要由分电器盖、分火头和高压线组成。配电器安装在断电器上方。分电器盖的中央有一高压线插孔，插孔内装有带弹簧的电刷，电刷靠其弹簧压在分火头的导电片上。分电器盖中央插孔的周围均布有各缸高压分线插孔，插孔内有金属套与分电器盖内的旁电极连接，通过高压分线将各旁电极分别与各缸火花塞连接。分火头安装在凸轮的顶端的点火信号发生器转子上，发动机工作时，分火头随点火信号发生器转子一起旋转。分火头的顶端铆有铜质导电片，分火头端部与旁电极有 0.2 ~ 0.8 mm 的间隙。当断电器触点打开时，点火线圈产生的高压电由分火头导电片跳至与其相对的旁电极，再经高压分线送至火花塞电极。

配电器在高压下工作，是点火系统中故障率较高的部位之一。其常见故障主要有分电器盖漏电、中央插孔电刷与分火头导电片接触不良、分火头漏电等，配电器的检修内容及方法如下。

① 目测检查分电器盖，若盖内脏污应进行清洁，若有裂纹应更换。

② 检查分电器盖绝缘性能。如图 5-9（a）所示，用万用表电阻挡分别测量分电器盖各插孔之间的电阻值，电阻值应不小于 500 MΩ，否则说明绝缘性能不良，应更换该分电器盖。也可采用在车跳火法检查，如图 5-9（b）所示，拔掉分电器盖上的所有高压分线，将中央高压线插到任一高压分线插孔中，并在其分线孔邻近的插孔中再插上一根高压分线，使其端头距汽缸体约 3 ~ 4 mm，再拨动断电器触点臂，看此分线端头与汽缸体之间是否出现火花。若有火花跳过，说明所检查的高压分线插孔之间已被击穿而漏电。然后按上述方法再检查其他高压分线插孔之间是否漏电。用此方法也可检查中央高压线插孔与各高压分线插孔是否有漏电现象存在。凡无火花跳过，说明绝缘良好；如有火花跳过，说明已被击穿而漏电，应更换。

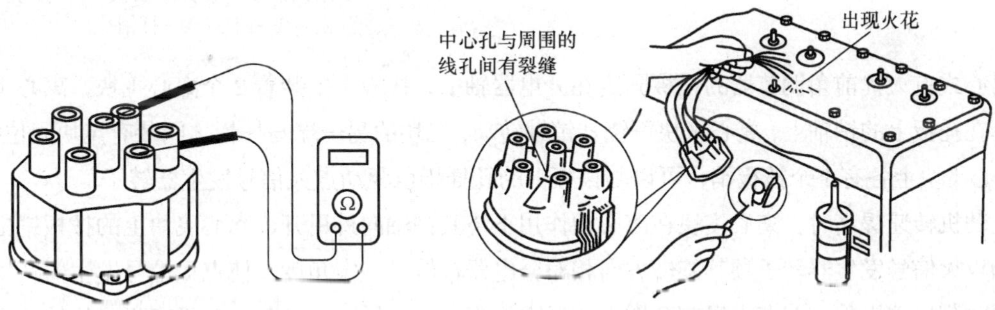

（a）用万用表检查　　（b）在车跳火法检查

图5–9　分电器盖绝缘性能的检查

③ 检查分电器盖中央插孔内的电刷是否有弹性、有无卡滞或磨损，必要时更换该分电器盖。

④ 检查分火头是否有裂纹、导电片烧蚀、安装不稳固，必要时更换该分火头。

⑤ 检查分火头是否漏电，常用方法如图 5-10 所示。可用万用表检查（见图 5-10（a）），检查方

法同分电器盖相同，分火头极片与绝缘体间电阻不应小于 500 MΩ，否则说明其漏电。也可用在车跳火法检查（见图 5-10（b）），先将分火头反放于汽缸盖上，使其导电片（金属部分）与汽缸盖接触，然后将高压线的端头距离分火头座孔约 6 ~ 8 mm，同时接通点火开关，用螺丝刀拨动断电器触点，使其一开一闭。此时，高压线端头与分火头座孔之间若有火花跳过，说明分火头漏电，应重换新件。

（2）离心式点火提前角调节器

离心式点火提前角调节器能根据发动机转速的变化自动调节点火提前角。离心式点火提前角调节器安装在分电器内的底板下部，其结构如图 5-11 所示。

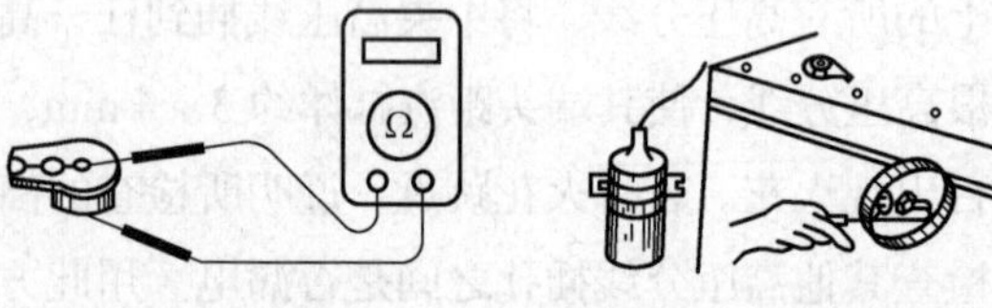

(a) 用万用表检查　(b) 在车跳火法检查

图5–10　分电器盖绝缘性能的检查

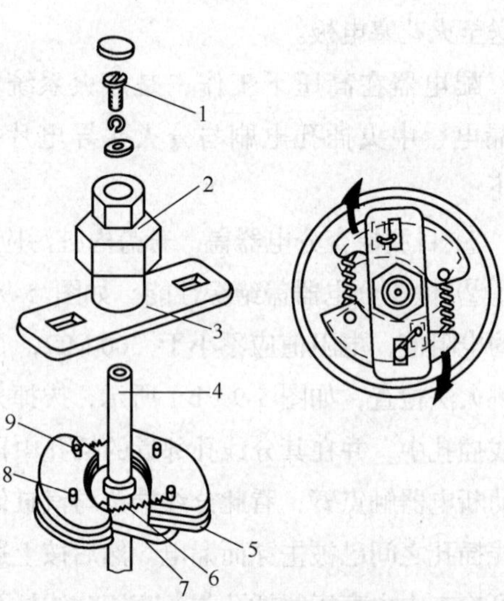

图5–11　离心式点火提前角调节器的结构图

1—凸轮固定螺钉及垫圈　2—凸轮　3—拨板　4—分电器轴　5—重块6—弹簧　7—托板　8—销钉　9—柱销

离心式点火提前角调节器的托板固定在分电器轴上，托板上安装着 2 个离心飞块，离心飞块的一端套在托板上的销轴上，离心飞块可绕其销轴转动，飞块的另一端与托板之间装有飞块回位弹簧。2 个离心飞块上各有 1 个拨板销，可以与拨板上的孔插接以驱动点火信号发生器转子。

发动机转速提高时，离心飞块在离心力作用下绕其销轴向外甩开，离心飞块上的拨板销推动拨板连同点火信号发生器转子顺其旋转方向相对分电器轴转过一定角度，使点火信号发生器产生脉冲信号的时刻自动提前，即点火提前角增大。反之，当发动机转速降低时，由于离心飞块的离心力减小，回位弹簧将离心飞块拉拢，点火信号发生器转子逆其旋转方向相对分电器轴转过一定角度，点火提前角自动减小。

为满足发动机的工作需要，离心飞块的回位弹簧通常由一粗一细 2 根弹簧组成，较细的弹簧只要离心飞块甩开就起作用；而粗弹簧两端的钩环为椭圆形，只有发动机转速提高到一定程度，离心飞块甩开到一定角度时才能起作用。发动机在高速范围内运转时，由于两弹簧同时起作用，随发动机转速的提高，点火提前角的增量较小。

离心式点火提前角调节器常见故障是弹簧失效、离心飞块上的拨板销与拨板插孔磨损松旷或卡死等，检修内容及方法如下。

① 检查离心飞块甩动是否灵活，离心飞块与销轴、拨板销与拨板配合是否正常，必要时进行检修或更换。

② 用弹簧秤测量离心飞块回位弹簧的弹力，必要时更换离心飞块回位弹簧。

③ 在专用试验台上检查离心式点火提前角调节器的性能（即点火提前角调整量与转速之间的关系），若不符合规定，可扳动离心飞块回位弹簧支架以调整弹簧预紧力，必要时更换离心飞块回位弹簧。

（3）真空式点火提前角调节器

真空式点火提前角调节器安装在分电器壳外侧，其功用是根据发动机负荷的变化自动调节点火提前角。真空式点火提前角调节器的工作原理如图 5-12 所示。真空式点火提前角调节器的壳体内装有膜片，膜片左侧气室通大气，并用拉杆将膜片与分电器内的活动底板连接；膜片右侧气室装有膜片回位弹簧，并通过真空管与化油器下体位于节气门附近的取真空口相通。发动机节气门开度（即负荷）减小时，取真空口的真空度增大，使膜片克服膜片回位弹簧作用力向右拱曲，并通过推杆拉动分电器内的活动底板使其逆时针方向转过一定角度，由于分电器内的活动底板连同点火信号发生器的定子总成一起转动，且转动方向与点火信号发生器转子旋转方向相反，所以点火信号发生器产生脉冲信号的时刻提前，点火提前角增大。反之，发动机负荷增大时，膜片在膜片弹簧作用下向左拱曲，点火提前角减小。

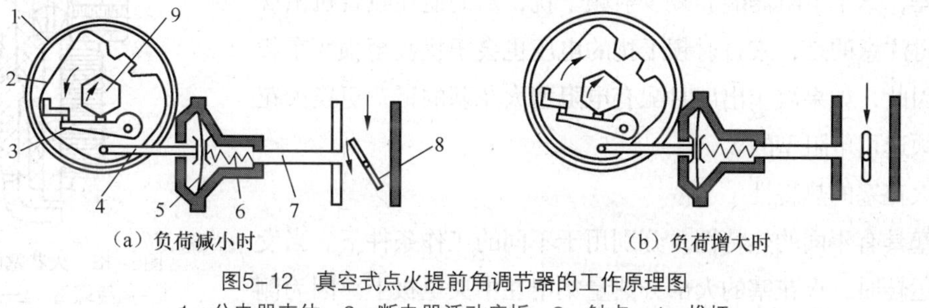

（a）负荷减小时　　（b）负荷增大时

图5–12　真空式点火提前角调节器的工作原理图

1—分电器壳体　2—断电器活动底板　3—触点　4—推杆

5—膜片6—回位弹簧　7—真空管　8—节气门　9—凸轮

发动机怠速工况、节气门位于最小开度位置时，取真空口位于节气门上方，此时该处的真空度几乎为零，膜片回位弹簧推动膜片使点火提前角达到最小，以满足发动机怠速工况点火提前角小或不提前的要求。

真空式点火提前角调节器的常见故障是弹簧失效、膜片破损、断电器活动底板卡滞等，真空式点火提前角调节器的检修内容及方法如下。

① 检查膜片是否破损、弹簧是否失效、推杆与活动底板连接是否松动、活动底板转动是否卡滞、真空管接头螺纹是否完好，必要时进行检修或更换。

② 在真空管侧吹气或吸气，以检查真空点火提前角调节器的密封性，如果漏气则应更换该真空式点火提前角调节器总成。

③ 在专用试验台上检查真空式点火提前角调节器性能。在一定转速下，用真空泵给该调节器施加一定的真空度时，其点火提前角应符合标准，否则可增减调节器真空管接头处的垫片，调节膜片回位弹簧的预紧力。

4. 火花塞的结构与检修

（1）火花塞的构造

各种类型的点火系统都使用了火花塞，其作用是将点火线圈产生的高压电流以电弧的形式引入燃烧室，并点燃混合气。火花塞主要由金属杆（钢芯）、瓷绝缘体（能够导热的绝缘体），以及 1 对电极（其中一个在瓷绝缘体内被绝缘，称为中心电极，另一个在壳体上被搭铁，称为侧电极）等组成，其结构如图 5-13 所示。

火花塞的绝缘体固定在钢制壳体内，以保证中心电极与侧电极之间绝缘。在绝缘体中心孔中装有金属杆和中心电极，金属杆顶端与分高压线插线螺母相连，金属杆底端与中心电极之间用导体玻璃密封。中心电极用镍—锰合金制成，具有良好的耐高温、耐腐蚀和导电性能。壳体下端是弯曲的侧电极，它与中心电极之间保持一定的间隙，间隙的大小是由汽车制造厂决定的。火花塞壳体具有螺纹，用来将火花塞安装在发动机汽缸盖上。铜制密封垫圈可起到密封和传热的功用。很多车用火花塞在其顶部的接线柱与中心电极之间有 1 个电阻器，这个电阻器能够减少射频干扰，从而避免收音机出现噪声。值得注意的是，来自射频干扰的电压也会干扰甚至损坏车载计算机。因此，如果汽车出厂时配有电阻型火花塞的话，更换火花塞时也必须选用电阻型的。

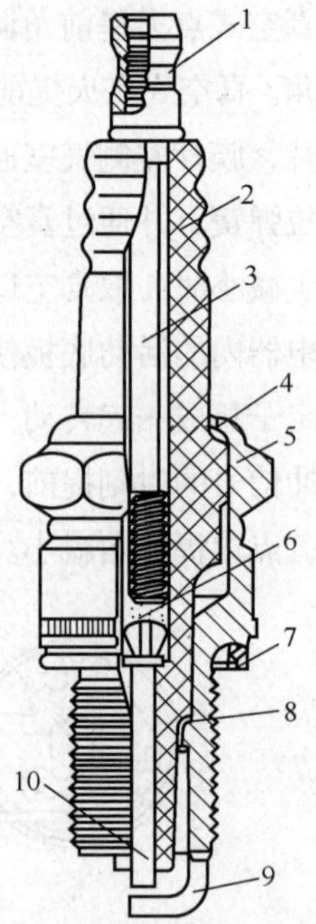

图5-13 火花塞的结构图
1—插线螺母 2—瓷绝缘体
3—金属杆 4、8—内垫圈
5—壳体6—导体玻璃 7—密封垫圈
9—侧电极 10—中心电极

（2）火花塞的热特性

火花塞具有不同的热特性，分别用于不同的工作条件下。当发动机正在运转时，火花塞的大部分热量集中在中央电极上。因为侧电极是通过螺纹安装在缸体上的，所以侧电极的热量会快速扩散。火花塞的传热路径是从中央电极开始，通过绝缘体传给壳体，然后由壳体传给缸盖，在缸盖内循环的冷却剂吸收这些热量。火花塞的热特性是由其绝缘体与壳体的接触点以下的绝缘体长度决定的。例如，热型火花塞的绝缘体裙部长，传热路径加长，从而电极温度较高。而冷型火花塞的绝缘体裙部长度短，传热路径就短，从而电极温度低。国产火花塞的热特性就是用火花塞绝缘体裙部长度标定的热值来表示，火花塞的热值代号由 1 到 11，热值代号为 1 ~ 3 的称热型火花塞，热值代号为 4 ~ 6 的称中型火花塞，热值代号为 7 ~ 11 的称冷型火花塞。

发动机工作时，火花塞绝缘体裙部的温度对其工作性能有很大的影响。温度过低，落在火花塞绝缘体裙部上的汽油或润滑油容易形成积炭，导致火花塞漏电而不跳火；温度过高，则容易引起发动机早燃或爆震。火花塞绝缘体裙部温度保持 500 ~ 700℃时，既能使落上的油粒立即燃烧，又不至于引起发动机早燃或爆震，该温度称为火花塞的自洁温度。

为保证发动机的正常工作，不同的发动机应配用不同热值的火花塞。对于压缩比低、功率小的发动机在连续低速运转的工况下，火花塞易被积炭污染。在这种情况下，需要使用热型火花塞。而对于压缩比高、功率较大的发动机，其工作过程中会长时间以极高的速度运行，为防止因温度过高导致早燃或爆震，常采用冷型火花塞。

（3）火花塞的检修

火花塞在高温、高压的环境下工作，且还要受燃油中添加剂的腐蚀，是易损零件。火花塞常见故障是绝缘体裂损、电极烧蚀、积炭、电极间隙失准等。

检查时，应注意火花塞壳体与绝缘体的连接是否牢固可靠，若发现火花塞的螺纹及绝缘体有裂纹或壳体与绝缘体连接不牢，应更换新件，或用万用表测量火花塞绝缘电阻（见图 5-14），电阻值应为 10 MΩ或更大；检查中心电极是否烧损和侧电极是否开焊或脱落，若发现有以上的现象，应更换新件；火花塞积炭较轻时，可用铜丝刷或软钢丝刷进行清理，积炭严重或绝缘体裂损、电极烧蚀时必须更换；火花塞电极间隙一般为 0.7 ~ 1.0 mm，近年来，为了适应发动机对排气净化的要求，采用稀薄燃烧，火花塞间隙有增大的趋势，有的已增大为 1.0 ~ 1.2 mm，此间隙可用塞尺测量，如图 5-15 所示，若不符合规定标准，应更换火花塞，或用专用工具弯曲侧电极来调整。

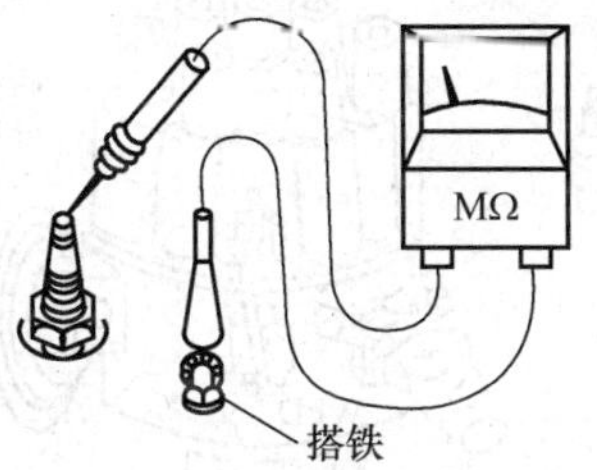

图5-14　用万用表测量火花塞绝缘电阻

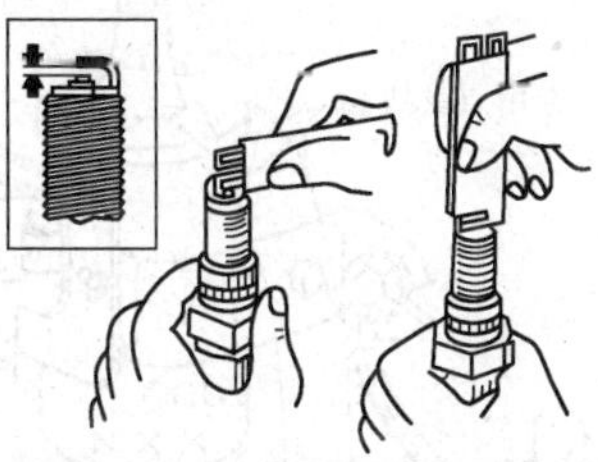
图5-15　检查火花塞电极间隙

火花塞的工作情况检查一般都采取短路法，即：当发动机低速运转时，将被测火花塞的高压分火线与缸体间短路或断路，这时，若发动机有明显的抖动、运转不稳，说明火花塞工作良好；否则，即为火花塞损坏。

（三）普通电子点火系统的构造与维修

1. 普通电子点火系统的基本组成

普通电子点火系统一般由电源、点火开关、点火线圈、电子点火器、分电器（包括点火信号发生器）、高压线及火花塞等组成。

发动机工作时，点火信号发生器代替传统点火系中的断电器凸轮产生脉冲信号输送给电子点火器，脉冲信号控制点火器内晶体管的导通与截止，完全取代了断电器的触点。当输入点火器的脉冲信号使晶体管导通时，点火线圈一次绕组回路接通，储存点火所需的能量；当输入点火器的脉冲信号使晶体管截止时，点火线圈一次绕组回路断开，二次绕组便产生高压，此高压经配电器和高压线送至火花塞，以便完成点火。普通电子点火系统能根据发动机转速控制点火系统闭合角，以适应发动机不同转速时需要，并能限制初级断电电流，使点火系统能量保持恒定及防止点火线圈过热等。

2. 点火信号发生器

点火信号发生器是普通电子点火系统中的重要元件，一般安装在分电器内，其功用是产生控制电子点火器的脉冲信号。按其结构和工作原理不同，点火信号发生器可分为电磁式、霍尔式和光电式 3 种类型。

（1）电磁式点火信号发生器

在电磁式电子点火系统中，点火信号发生器利用电磁感应原理产生触发电子点火器的信号，所以称之为电磁式点火信号发生器。电磁式电子点火系统的组成如图 5-16 所示，该点火系统主要由电源、点火开关、点火线圈、点火信号发生器、电子点火器、分电器和火花塞等组成。

电磁式点火信号发生器的结构如图 5-17（a）所示，主要由永久磁铁转子、铁芯、感应线圈等组成。永久磁铁、铁芯、感应线圈等组成电磁式点火信号发生器的定子总成，一般安装在分电器内的活动底板上。转子上有与发动机汽缸数相同的凸齿，由分电器轴驱动。

电磁式点火信号发生器的工作原理如图 5-17（b）所示，永久磁铁的磁路为：N 极→空气隙→转子→空气隙→铁芯→S 极。当发动机工作时，分电器轴带动信号发生器的转子旋转，使转子与铁芯之间的空气隙发生有规律的变化，因此穿过感应线圈的磁通量也发生有规律的变化，从而在感应线圈中产生感应电动势（即如图 5-17（c）所示的点火信号波形）。

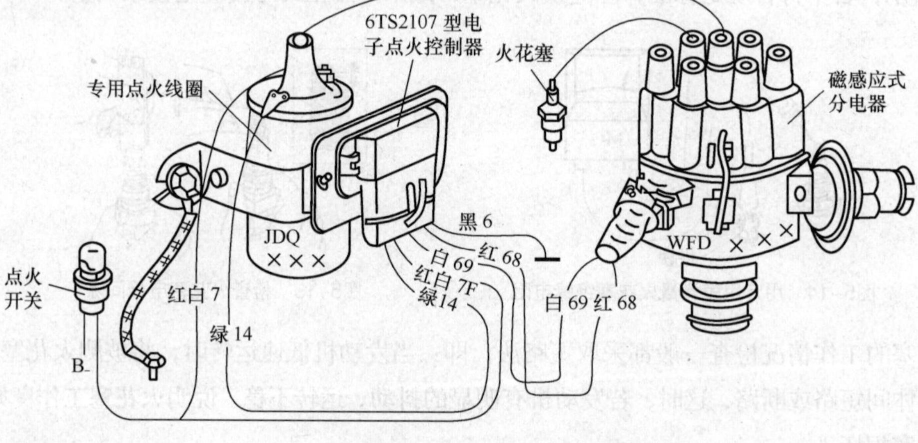

图5-16 电磁式电子点火系统的组成图

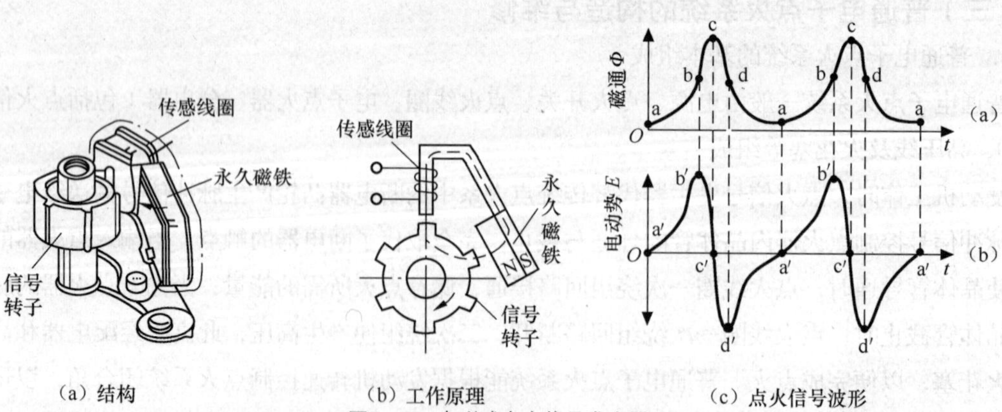

图5-17 电磁式点火信号发生器

在实际使用中，如怀疑电磁式点火信号发生器有故障，可进行如下检测。

① 检查信号发生器转子与铁芯之间的间隙，正常应为0.2～0.4 mm。

② 用万用表测量感应线圈的电阻值，应符合规定标准。常见车型电磁式点火信号发生器感应线圈的电阻值见表5-1。

表5-1　常见车型电磁式点火信号发生器感应线圈电阻值

车型	CA1092货车	北京切诺基	二汽神龙富康	日本丰田轿车	克莱斯勒轿车
电阻/Ω	600～800	400～800	300	140～180	500～700

（2）霍尔式点火信号发生器

霍尔式电子点火系统的组成如图5-18所示，基本原理就是点火信号发生器利用霍尔效应原理产生点火信号。目前国产的桑塔纳、奥迪、捷达、红旗等轿车均装用此类型点火　　系统。

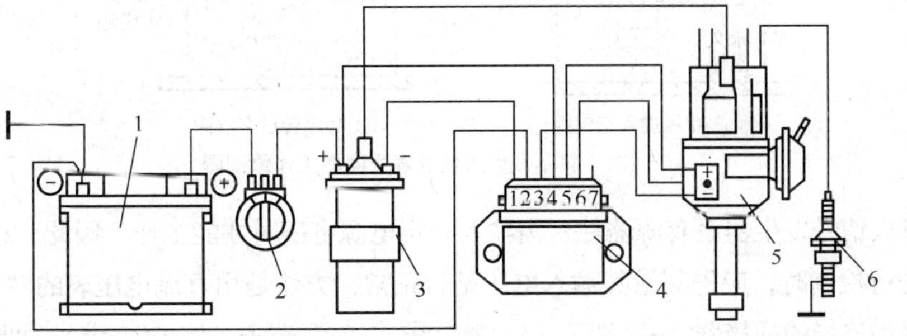

图5-18　霍尔式电子点火系统组成图

1—蓄电池　2—点火开关　3—点火线圈　4—点火器　5—内装霍尔信号发生器的分电器　6—火花塞

霍尔式点火信号发生器的结构如图5-19所示，主要由分电器轴带动的触发叶轮、永久磁铁、霍尔元件等组成。分火头与触发叶轮制成一体，由分电器轴驱动，且触发叶轮的叶片数与发动机的汽缸数相等。

霍尔元件实际上是1个霍尔集成电路，内部集成电路原理如图5-20所示。在霍尔元件上得到的霍尔电压很小（一般为20 mV），必须将其放大、整形后才能用来触发电子点火器。

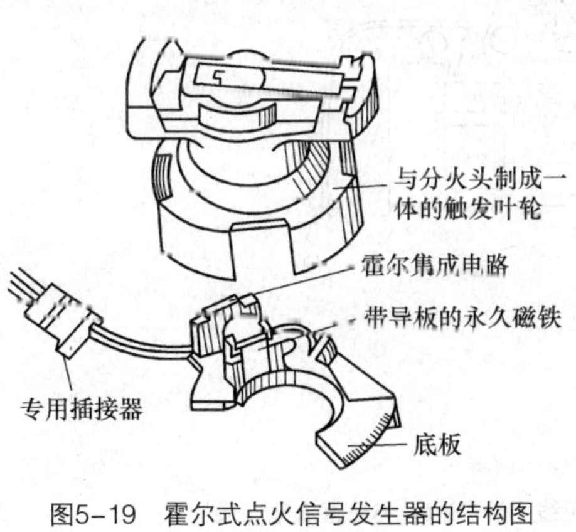

图5-19　霍尔式点火信号发生器的结构图

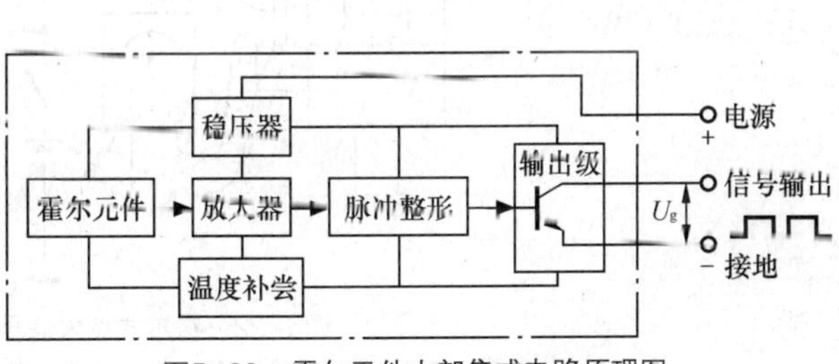

图5-20　霍尔元件内部集成电路原理图

霍尔式点火信号发生器的工作原理如图 5-21 所示。当发动机工作时，分电器轴带动触发叶轮转动。当触发叶轮的叶片进入永久磁铁和霍尔元件之间的空气隙时（见图 5-21（a）），原来垂直进入霍尔元件的磁力线即被触发叶轮的叶片遮住，霍尔元件的磁路被触发叶轮的叶片旁路，因此霍尔元件不产生霍尔电压，霍尔集成电路输出级的晶体管处于截止状态，其集电极电位为 11 ~ 12 V 的高电位，此时点火信号发生器的输出信号为 11 ~ 12 V；当触发叶轮的叶片转过空气隙后，永久磁铁的磁力线则可垂直进入霍尔元件，在霍尔元件中便会产生霍尔电压，霍尔集成电路输出级的晶体管处于导通状态，其集电极电位为 0.3 ~ 0.4 V 的低电位，此时点火信号发生器输出的信号电压为 0.3 ~ 0.4 V。由于触发叶轮有 4 个叶片，所以每转 1 周点火信号发生器便可产生 4 个脉冲信号，将此信号输送给电子点火器以控制点火系统工作。

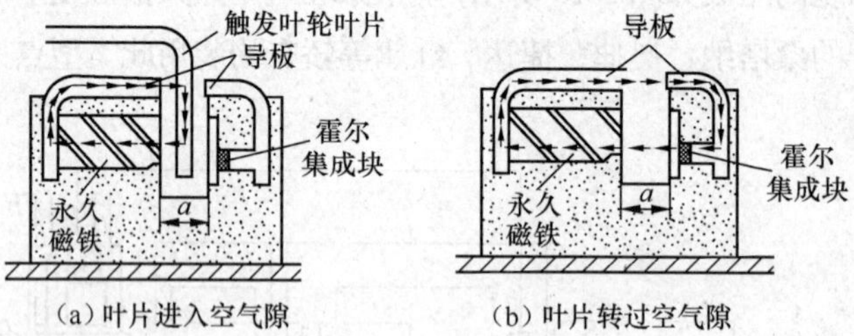

图5-21 霍尔式点火信号发生器的工作原理图

霍尔式点火信号发生器系有源器件，需输入一定电源电压时才能工作。因此，在对霍尔式点火信号发生器进行检查时，应先测量其输入电压是否正常，方法是用直流电压表的“+”“−”表笔分别接与分电器相连接的插接器“+”端子（红/黑色线）、“−”端子（棕/白色线），如图 5-22 所示，打开点火开关，显示电压值应为 11 ~ 12 V，否则，说明工作电压不正常，需继续检查电子点火组件。若电压表显示电压正常，可进一步测量点火信号发生器的信号输出线（绿白线）与搭铁线（棕白线）之间的电压，接通点火开关，转动分电器轴，随着触发叶轮的叶片离开和进入霍尔传感器的空气隙中时，电压值应在低压 0.3 ~ 0.4 V 与高压 8 ~ 9 V 之间变化。如经过上述检测，电压表读数显示正常，可认为霍尔式点火信号发生器无故障。

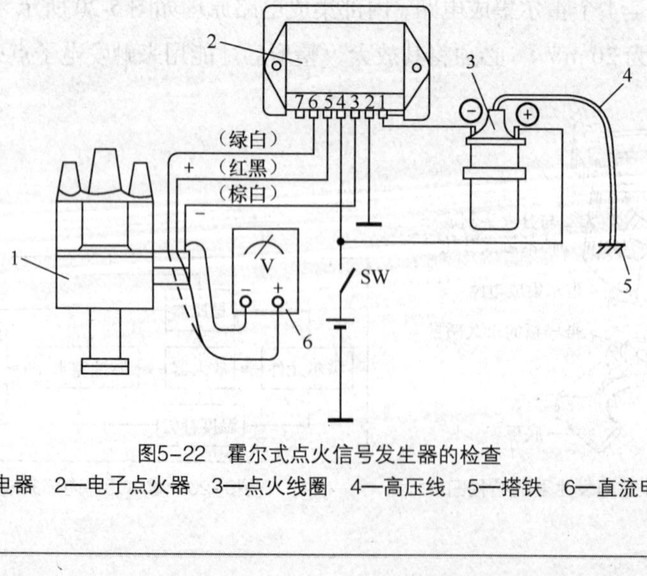

图5-22 霍尔式点火信号发生器的检查

1—分电器 2—电子点火器 3—点火线圈 4—高压线 5—搭铁 6—直流电压表

对于不同车型的霍尔式点火信号发生器，可参考上述检查方法。但需注意的是，由于车型或生产年代的不同，其霍尔式点火信号发生器的电路、内部结构也不完全相同，所以正常的电压幅值也会有所不同，检查时，最好参考维修手册的相关说明，或与同期生产的同种车型的测量值相比较。

（3）光电式点火信号发生器

光电式电子点火系统的组成与电磁式电子点火系统、霍尔式电子点火系统基本相同，如图5-23所示，主要由蓄电池、点火开关、点火线圈、点火控制器、光电式点火信号发生器和分电器等组成。

光电式点火信号发生器的结构如图5-24所示，主要由发光二极管、光敏晶体管和转子3部分组成。作为光源的发光二极管，可发出红外线光束，光敏晶体管则为光接收器。当红外线光束照射到光敏晶体管上时，光敏晶体管导通。转子位于发光二极管与光敏晶体管之间，转子的外缘上有与发动机汽缸数相等的缺口。

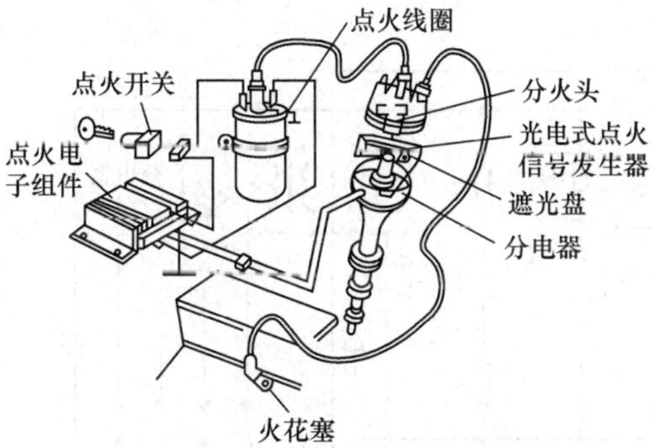

图5-23　光电式电子点火系统组成图

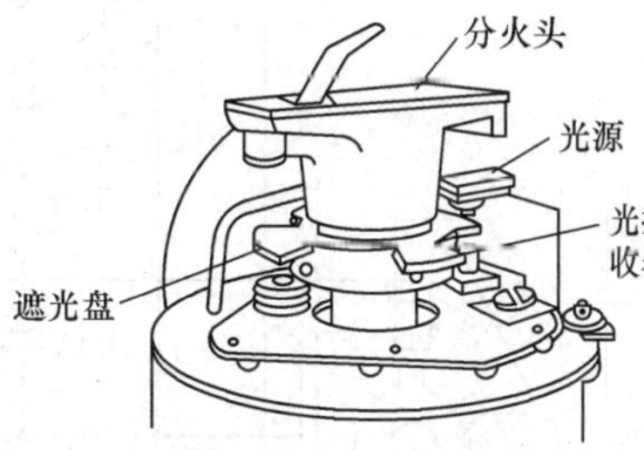

图5-24　光电式点火信号发生器的结构图

光电式点火信号发生器的工作原理如图5-25所示。发动机工作时，分电器轴通过离心点火提前角调节器驱动转子旋转，当转子上的缺口通过发光二极管与光敏晶体管之间时，发光二极管所发出的光束直接照到光敏晶体管上，光敏晶体管便产生1个脉冲信号。转子每转1圈，光电式点火信号发生器产生与发动机汽缸数相等数量的脉冲信号，该信号输送给电子点火器，以控制点火系统的工作。

在使用中，光电式点火信号发生器常因元件脏污或损坏、电路断路或接触不良而发生故障，光电式点火信号发生器发生故障时应进行以下检查。

① 一般检查。打开分电器盖，检查发光二极管及光敏晶体管是否脏污、线路连接是否正常。

② 检查信号电压值。给分电器线束连接器电源端子施加12 V电压，然后慢慢转动分电器轴，并用万用表测量点火信号发生器输出的信号电压，正常值应在0～1 V之间变化，否则说明该点火信号发生器有故障，应更换该分电器总成。

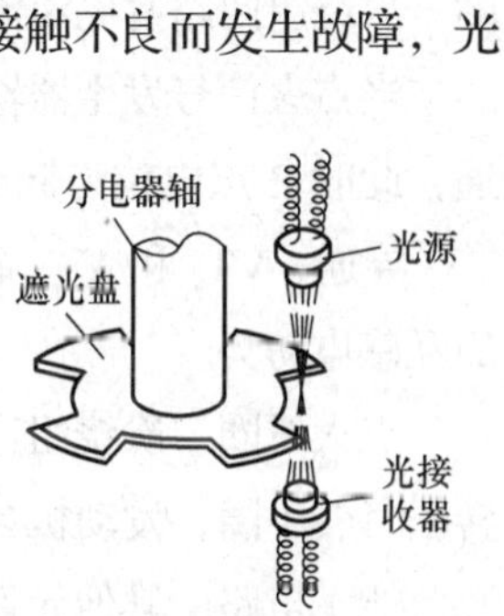

图5-25　光电式点火信号发生器的工作原理图

3. 电子点火器

在电子点火系统中，点火器的功用是控制点火线圈一次绕组回路的接通或断开。电子点火器组装在一个小盒内，安装在分电器外部，其内部电路多种多样，下面以日本丰田20 R型发动机电子点火器为例介绍电子点火器的工作情况。

日本丰田 20 R 型发动机电子点火器内部电路如图 5-26 所示。该点火控制器的内部电路是由整形电路（VT_1 和 VT_2）、放大电路（VT_3 和 VT_4）和开关电路（VT_5）组成。其中，VT_1 主要起温度补偿作用，由于其发射极和基极相接，故相当于一个二极管；VT_5 为大功率晶体管，用来控制点火线圈一次绕组回路的通断。

（1）工作原理

接通点火开关但发动机不工作时，蓄电池“+”→点火开关→R_4→R_1→P 点→VT_1→A 点→感应线圈→B 点→搭铁构成回路，于是电路中的 P 点电位高于 VT_2 的导通电压，使 VT_2 导通；VT_2 导通后，其集电极电位降低，使 VT_3 截止；VT_3 截止时，蓄电池通过 R_5 向 VT_4 提供偏流使 VT_4 导通；VT_4 导通后，R_7 上的电压降给 VT_5 提供正向偏置电压，使 VT_5 导通，VT_5 则接通点火线圈一次绕组回路，回路为：蓄电池“+”→点火开关→附加电阻→点火线圈一次绕组 N_1→VT_5→搭铁。

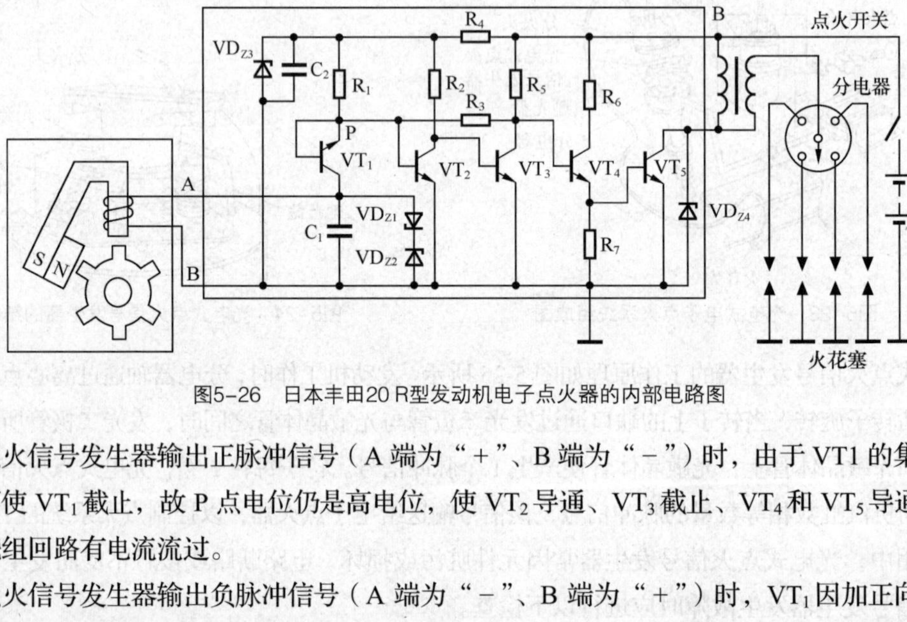

图5-26　日本丰田20 R型发动机电子点火器的内部电路图

当点火信号发生器输出正脉冲信号（A 端为“+”、B 端为“−”）时，由于 VT1 的集电极加反向电压而使 VT_1 截止，故 P 点电位仍是高电位，使 VT_2 导通、VT_3 截止、VT_4 和 VT_5 导通，点火线圈一次绕组回路有电流流过。

当点火信号发生器输出负脉冲信号（A 端为“−”、B 端为“+”）时，VT_1 因加正向电压而导通，此时 P 点电位为低电位，于是 VT_2 截止。当 VT_2 截止时，蓄电池通过 R_2 向 VT_3 提供偏流，使 VT_3 导通、VT_4 和 VT_5 截止，VT_5 断开点火线圈一次绕组回路，从而在点火线圈二次绕组产生很高的互感电动势。

点火线圈二次绕组产生的高压电经配电器送至火花塞使其跳火，点燃混合气。点火信号发生器转子每转 1 圈，发动机各缸的火花塞按顺序分别点火 1 次。

（2）电路中其他元件的作用

VT_1 具有温度补偿作用，由于 VT_1 与 VT_2 的型号相同、温度系统数相同，所以 VT_2 的导通和截止时间不受温度影响，有利于保证点火提前角的控制精度。当温度升高时 VT_2 的导通电压降低，使 VT_2 导通时刻提前而截止时刻滞后，这将导致点火提前角减小（即点火推迟）。将 VT_1 与 VT_2 并联，温度升高时，由于 VT_1 的电压降减小而使 P 点电压下降，正好补偿了温度升高对 VT_2 的影响，使 VT_2 的导通和截止时间不变。

VD_{Z1} 和 VD_{Z2} 反向串联，并与信号发生器的感应线圈并联，其作用是"削平"高速时感应线圈产生的大信号波峰，保护 VT_1、VT_2 不受损害。

VD_{Z3} 的作用是稳定 VT_1 和 VT_2 的电源电压，VD_{Z4} 的作用是保护 VT_5。

C_1 与点火信号发生器的感应线圈并联，可以保证信号电压平滑稳定；C_2 的作用是吸收瞬时过电压，保护 VT_1 和 VT_2。

R_3 是正反馈电阻器，可加速 VT_2、VT_5 翻转。

（3）电子点火器的检查

对于丰田 20 R 型发动机等配用的磁感应式点火信号发生器的单功能电子点火组件，其基本原理是利用干电池的电压作为电子点火器的点火输入信号，然后用万用表或试灯来判断电子点火器的好坏。检查方法如图 5-27 所示，拆开分电器上的线路插接器，接通点火开关，利用 1 只 1.5 V 的干电池代替信号发生器，将其正、负极分别与电子点火器的粉红色与白色信号线相连，用万用表电压挡检查点火线圈负接线柱与搭铁间的电压，应为 1 ~ 2 V；然后将干电池的极性颠倒后，再进行测量，应为 12 V。或用试灯的灭、亮来进行判断。若符合上述标准，说明该点火器正常，否则应更换。

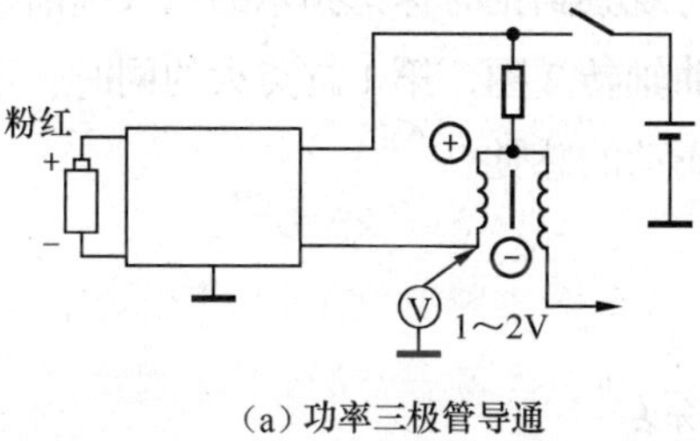

（a）功率三极管导通

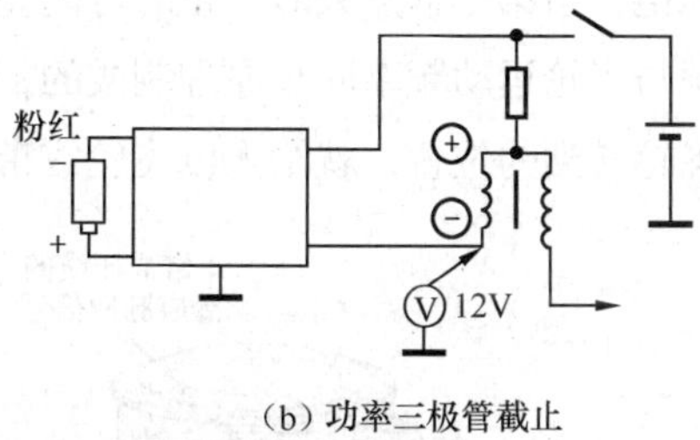

（b）功率三极管截止

图5-27　用干电池检查电子点火器

4. 普通电子点火系统的维护与故障诊断

（1）使用与维护注意事项

普通电子点火系统的使用与维护应注意以下几点。

① 电子点火系统使用高能点火线圈，不能用普通的点火线圈代替。

② 电子点火系统的分火头及高压线接头都具有高压阻尼电阻，以防无线电干扰，不能用普通元件来代替。

③ 发动机的清洗作业必须在发动机熄火时进行。

④ 连接或断开点火系统的线路，或连接检测仪表时，应在发动机熄火状态下进行。

⑤ 当点火系统有故障，由其他车辆拖行时，须将点火控制器的插头拔下。

（2）校对点火正时

为保证发动机工作时点火系统能及时点燃混合气，在安装分电器时通常需人工校对点火正时，实质就是设定初始点火提前角。不同类型发动机校对点火正时的方法略有差别，基本步骤如下。

① 转动曲轴，使发动机第 1 缸活塞处于压缩上止点位置。

② 转动分电器轴或分电器壳体，使分火头指向分电器壳体上的第 1 缸标记；然后对正分电器壳体与汽缸体上的标记，将分电器总成插入安装孔并固定分电器。

③ 盖上分电器盖，将第 1 缸高压分线插入分电器盖第 1 缸插孔，顺时针方向按点火顺序插好其他各缸分高压线。

④ 启动发动机，检查点火正时。

（3）点火正时的检查与调整

① 点火正时的检查。点火正时的检查可用经验方法检查，也可用正时灯检查。

启动发动机，使冷却水温上升到 70℃ ~ 80℃，在发动机怠速运转时突然加速。如转速不能随节气门的打开而立即增高，并感到“发闷”，或在排气管中有“突突”声，则说明点火过迟；如发动机内出现金属敲击声，则说明点火过早。

点火正时也可在汽车行驶中进行检查。发动机冷却水温达到 70℃ ~ 80℃，在平坦的道路上以直接挡行驶时，突然将加速踏板踩到底，如在车速急增时能听到微弱的敲击声，且很快消失，说明点火时间正确；如有明显的金属敲击声，说明点火过早；如加速时感到发闷，且无敲击声，说明点火过迟。

用正时灯检查点火正时时，将正时灯接在发动机上（见图 5-28），使发动机怠速运转，将正时灯对准正时标记，当第 1 缸点火时，正时灯闪亮，可观察到正时标记指示的点火提前角。正时灯是利用灯光闪频与飞轮运动频率同步原理制成的，即曲轴转 2 圈，第 1 缸点火的同时，正时灯闪亮，照亮点火时飞轮转到的位置，就给人以飞轮或带轮不动的感觉。

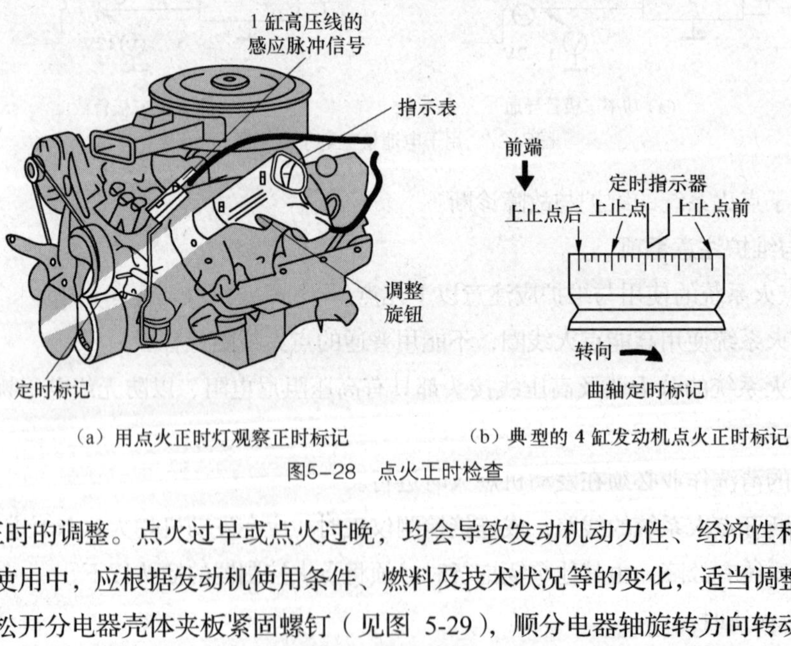

（a）用点火正时灯观察正时标记　（b）典型的 4 缸发动机点火正时标记

图5-28　点火正时检查

② 点火正时的调整。点火过早或点火过晚，均会导致发动机动力性、经济性和排放污染性下降。为此，在使用中，应根据发动机使用条件、燃料及技术状况等的变化，适当调整初始点火提前角。调整时，松开分电器壳体夹板紧固螺钉（见图 5-29），顺分电器轴旋转方向转动分电器壳体可减小初始点火提前角（推迟点火），逆分电器轴旋转方向转动分电器壳体可增大初始点火提前角（提

前点火）。调整后，拧紧分电器壳体夹板紧固螺钉。

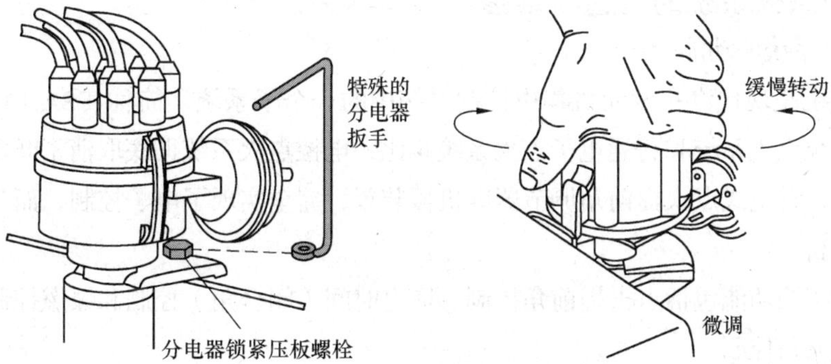

图5-29　转动分电器壳体调整初始点火提前角

（4）故障诊断

点火系统故障是汽油机比较常见的故障，点火系统发生故障时一般比较突然，原因也比较复杂，按故障现象不同可将点火系统故障分为 2 类：发动机不能启动和发动机工作异常。

① 发动机不能启动。导致发动机不能启动的原因可能是启动系统、点火系统、燃料供给系统、曲柄连杆机构或配气机构故障。诊断时，如果确定是点火系统故障导致发动机不能启动，通常先将分电器中央高压线拔出试火，以确定故障范围。

如果中央高压线试火时无火花或火花弱，则说明故障发生在低压电路。此时应先检查电源、点火线圈、点火开关及低压电路线路是否有故障。如果确定故障发生在低压电路，且电源、点火线圈、点火开关及低压电路线路又都正常，则说明点火信号发生器或电子点火器有故障。

如果在用中央高压线试火时，火花正常，但点火系统又确实有故障，说明故障发生在高压电路。应拔出各汽缸分高压线试火，若火花正常，说明点火正时失准或火花塞有故障；若无火花或火花弱，说明分电器盖或分火头漏电。

② 发动机工作异常。发动机工作异常的现象很多，如果确认为点火系统故障，可根据不同现象进行诊断。

- 发动机工作时，运转不均匀并有节奏的振抖，同时排气管冒“黑烟”并发出有节奏的“突突”声。这种现象通常是个别缸不工作所致，应首先用单缸断火法确定不工作的汽缸，再从不工作汽缸的火花塞上拆下分高压线试火，火花正常说明该缸火花塞有故障，火花不正常说明该缸分高压线或分电器盖有故障。
- 发动机怠速工况时有发抖现象，加速工况时有突爆声。这种现象通常是点火过早所致，应检查分电器盖是否松动，点火正时是否失准。
- 发动机不易启动、加速无力、化油器回火、温度过高。这种现象通常是点火过迟所致，应检查分电器盖是否松动，点火正时是否失准。
- 发动机不易启动，怠速工况时运转不稳易熄火，中、高速运转时正常。上述现象说明发动机低速运转时缺火，应检查火花塞间隙是否过小。
- 发动机中、低速运转正常，而高速时运转不稳，且排气管有“突突”声。上述现象说明发动机高速缺火，应检查火花塞间隙是否过大。

（四）电控点火系统的构造与维修

1. 电控点火系统的功能

电控点火系统是现代汽车发动机集中控制系统中的一个子系统，简称 ESA（Electronic Spark Advance），与传统点火系统和普通电子点火系统相比，电控点火系统彻底取消了断电器、离心式点火提前角调节器、真空式点火提前角调节器等机械装置，完全实现了电子控制，而且控制功能更强大、控制精度更高。

电控点火系统的功能包括点火提前角控制、通电时间（闭合角）控制和爆燃控制 3 个方面。

（1）点火提前角控制

汽油机的转速、负荷一定时，其功率和油耗随点火提前角的改变而变化，如图 5-30 所示，适当的点火提前角可使发动机每循环所做的机械功最多（C 曲线下阴影部分）。为使发动机的动力性、经济性、排放性等综合性能达到最佳，应使发动机在各种工况下都在最佳点火提前角位置处点火。在现代汽车中，通过试验确定不同工况下发动机的最佳点火提前角数据，并将其存储于 ECU 中。当发动机运转时，ECU 根据发动机的转速和负荷信号，确定基本点火提前角，并根据其他相关信号进行修正，最后确定点火提前角，并向电子点火控制器输出点火指示信号，以控制点火系的工作。

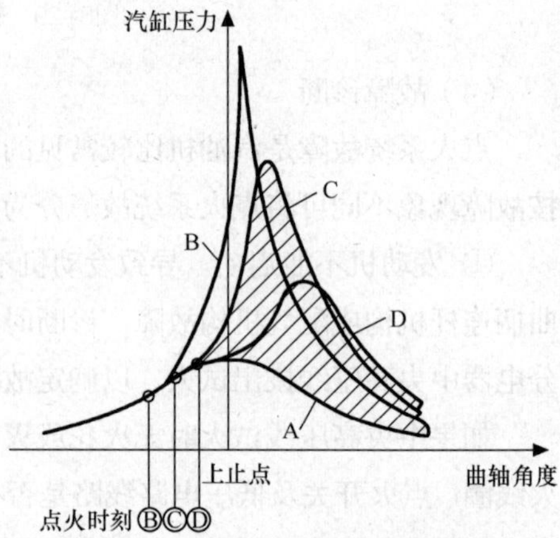

图5-30 点火提前角对发动机性能的影响

（2）通电时间控制

在电感储能式点火系统中，点火线圈初级回路导通后，其电流是按指数规律增长的，必须经过一定的时间才能达到饱和。如果初级线圈通电时间不足，当回路被断开时，因初级回路电流达不到额定值，将导致点火线圈次级回路产生的感应电压下降，影响点火系统工作的可靠性；但点火线圈初级绕组的通电时间也不能过长，否则会导致点火线圈发热并增大电能消耗。因此，为保证点火线圈即能产生足够高的次级电压，同时又要防止因通电时间过长使点火线圈过热而损坏，电控点火系统必须能够根据蓄电池电压及转速等信号，对点火线圈初级回路的通电时间进行控制。

在高能点火装置中，还增加了恒流控制电路，以便初级电流在极短时间内迅速增长到额定值，减小因转速过快对次级电压的影响，改善点火特性。

（3）爆燃控制

爆燃是汽油机工作时的一种不正常燃烧现象，轻微的爆燃，可使发动机功率上升，油耗下降，但爆燃严重时，汽缸内发出特别尖锐的金属敲击声，且会导致冷却水过热，功率下降，油耗上升，成为汽油机运行中最有害的一种故障现象。

爆燃产生的原因是，在正常火焰传播的过程中，处在最后燃烧位置上的那部分未燃混合气（常称末端混合气），进一步受到压缩和热辐射的作用，加速了先期反应。如果在正常火焰前锋尚未到达之前，末端混合气开始自燃，则这部分混合气燃烧速度极快，火焰速度可达每秒百米甚至数百米以上，使燃烧室内的局部压力、温度很高，并伴随有冲击波。爆燃严重时，爆燃产生的冲击波反复撞击缸壁，会发出尖锐的金属敲击声。冲击波还会破坏附着在汽缸壁表面的气膜和油膜，使传热损失增加、润滑遭破坏，从而导致发动机过热、功率下降、耗油率增加，甚至会造成活塞、气门烧坏等故障。因此，汽油机工作时，应对爆燃加以控制。

点火提前角是影响爆燃的主要因素之一，推迟点火（即减小点火提前角）是消除爆燃的最有效措施。在电控点火系统中，ECU 根据爆燃传感器信号，判定有无发生爆燃及爆燃的强度，并根据其判定结果对点火提前角进行反馈控制，使发动机处于爆燃的边缘工作，既能防止爆燃发生，又能有效地提高发动机动力性和经济性。

2. 电控点火系统的基本原理

（1）基本组成

电控点火系统主要由电源、点火开关、传感器、ECU、点火器、点火线圈、分电器（有分电器电控点火系统）、火花塞等组成，如图 5-31 所示。

① 电源和点火开关。电控点火系统的电源和点火开关与普通电子点火系统相同。电源为蓄电池或发电机，其功用是给点火系统提供所需的电能；点火开关则用来接通或断开电源电路。

② 传感器。电控点火系统中的传感器主要用于检测发动机各种运行参数的变化，为 ECU 提供点火控制所需的信号，主要传感器有凸轮轴位置传感器、曲轴位置传感器、爆燃传感器、进气管绝对压力传感器（或空气流量计）、节气门位置传感器和冷却水温传感器等。

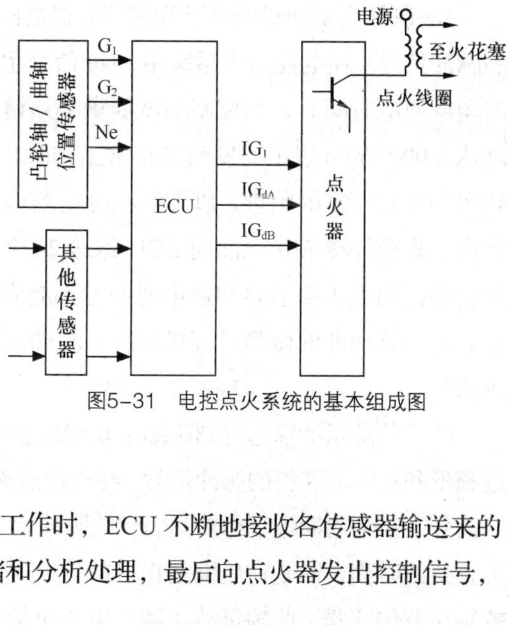

图5-31　电控点火系统的基本组成图

③ ECU。ECU 是电控点火系统的中枢。在发动机工作时，ECU 不断地接收各传感器输送来的信号，并按内存的程序对接收到的信号进行运算、存储和分析处理，最后向点火器发出控制信号，以完成对点火提前角、通电时间和爆燃的控制。

④ 点火器。点火器是电控点火系统的执行元件，其功用是对 ECU 输送来的控制信号进行功率放大，以便驱动点火线圈工作。

⑤ 点火线圈。在电控点火系统中，有些只有 1 个点火线圈（有分电器电控点火系统），有些则有多个点火线圈（无分电器电控点火系统）。在所有类型的电感储能式点火系统中，点火线圈的功用都是：在不需点火时，以磁场能的形式储存点火所需的能量；在需要点火时，释放点火能量，并将电源提供的低压电转变为足以在火花塞电极间击穿点火的高压电。

⑥ 分电器。在有分电器的电控点火系统中，分电器的功用与普通电子点火系统相同，主要是根据发动机的点火顺序，将点火线圈产生的高压电依次输送给各汽缸火花塞。

⑦ 火花塞。火花塞的功用与普通电子点火系统相同，主要是利用点火线圈产生的高压电产生

电火花，点燃汽缸内的混合气。

（2）基本工作原理

发动机工作时，ECU 根据接收到的各传感器信号，按存储器中存储的有关程序和相关数据，确定出该工况下的最佳点火提前角和点火线圈一次绕组通电时间，并以此向点火器发出控制信号。点火器则根据 ECU 的控制信号，控制点火线圈一次绕组回路的接通和切断。当点火线圈一次绕组回路被接通时，点火线圈将点火能量以磁场能的形式储存起来。当一次绕组回路被切断时，在点火线圈二次绕组中就会产生很高的互感电动势（15 ~ 20 kV），经分电器或直接送至工作汽缸的火花塞。点火能量经火花塞电极瞬间释放，产生的电火花点燃汽缸内的混合气，使发动机完成做功过程。

此外，在具有爆燃控制功能的电控点火系统中，ECU 还根据爆燃传感器的信号来判断发动机有无爆燃及爆燃的强度，并对点火提前角进行闭环控制。

① 主要传感器信号。电控点火系统工作时，所需的主要传感器信号是曲轴位置传感器信号（Ne 信号）和凸轮轴位置传感器信号（G 信号）。

Ne 信号指发动机曲轴转角信号，它是根据曲轴位置传感器产生的信号经过整形和转换而获得的脉冲信号。在电控点火系统中，Ne 信号主要用来计量点火提前角和通电时间。ECU 计算点火提前角或通电时间时，其控制精度要求必须精确到 1°曲轴转角，而目前车用汽油发动机的最高转速高达 6 000 r/min 以上，发动机正常工作时，1°曲轴转角所用的时间相当短，用传感器产生 1°曲轴转角信号有一定的困难。以安装在分电器内的电磁感应式曲轴位置传感器为例，其转子一般为 24 个齿，曲轴每转 720°只能向 ECU 输送 24 个 Ne 信号，其信号周期为 30°曲轴转角，显然以此信号来直接控制点火提前角和通电时间是不能满足要求的。为此，在发动机电控系统中，通常利用具有高速运算功能的微型计算机系统，将曲轴位置传感器产生的 Ne 信号通过分频转换成 1°曲轴转角信号。

G 信号是指活塞运行到压缩上止点位置的判别信号，它是根据凸轮轴位置传感器产生的信号经过整形和转换而获得的脉冲信号。在电控点火系统中，G 信号主要用来确定计量点火提前角的基准。G 信号一般为周期等于作功间隔角的脉冲信号，而且 G 信号发生时，并不是各汽缸活塞运行到压缩上止点的时刻，而是在压缩上止点前某一固定的曲轴转角，一般为上止点前 70°。部分发动机的凸轮轴位置传感器，曲轴每转 2 圈产生 2 个信号，2 个信号分别对应第 1 缸的压缩上止点和排气上止点，2 个信号分别称为 G_1 信号和 G_2 信号。

发动机工作时，ECU 如果收不到 G 信号，因无法确定计量点火提前角的基准，则无法对点火提前角进行控制。为防止造成燃油浪费或其他事故，失效保护系统将自动停止电控燃油喷射系统工作，发动机无法启动。曲轴每转 2 圈凸轮轴位置传感器产生 2 个信号的发动机，只要有一个 G 信号（G_1 信号或 G_2 信号）正常，其电控点火系统就能正常工作，所以此种发动机工作可靠性较高。

② 点火提前角控制原理。电控点火系统对点火提前角的控制方法，在发动机启动时和启动后是不同的。在发动机启动过程中，发动机转速变化大，且由于转速较低（一般低于 500 r/min），进气管绝对压力传感器信号或空气流量计信号不稳定，ECU 无法正确计算点火提前角，一般将点火时刻固定在设定的初始点火提前角。此时的控制信号主要是发动机转速信号（Ne 信号）和启动开关信

号（STA 信号）。发动机启动过程中，设定的初始点火提前角预先存储在 ECU 内，设定值随发动机而异，一般为 10左右。

发动机启动后正常运转时，ECU 首先根据发动机的转速信号和负荷信号，确定基本点火提前角，再根据其他有关信号进行修正，最后确定实际点火提前角，并向执行元件（点火器）输出点火控制信号，以控制点火系统的工作。ECU 确定基本点火提前角时，在发动机怠速工况与非怠速工况是不同的。

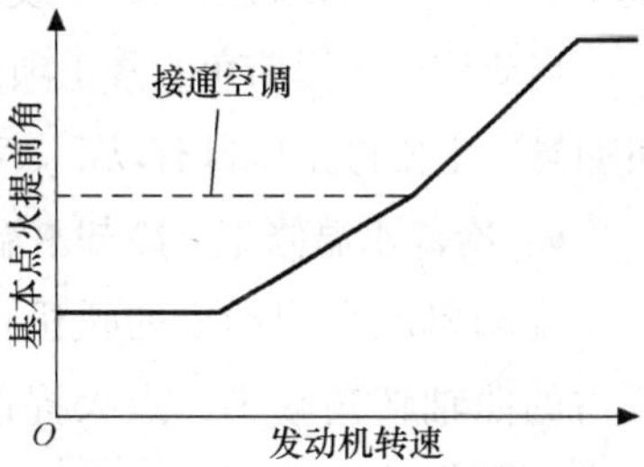

图5-32　怠速工况基本点火提前角的确定

怠速工况基本点火提前角的确定。发动机处于怠速工况时，ECU 根据节气门位置传感器信号（IDL 信号）、发动机转速传感器信号（Ne 信号）和空调开关信号（A/C 信号）确定基本点火提前角，如图 5-32 所示。空调工作时的基本点火提前角比空调不工作时大，目的是保证发动机怠速工况运转稳定。

非怠速工况基本点火提前角的确定。发动机启动处于怠速工况以外的其他工况时，ECU 根据发动机的转速信号和负荷信号（单位转数的进气量或基本喷油量）确定基本点火提前角，不同转速和负荷时的基本点火提前角数值存储在 ECU 内的存储器中，基本点火提前角控制模型如图 5-33 所示。

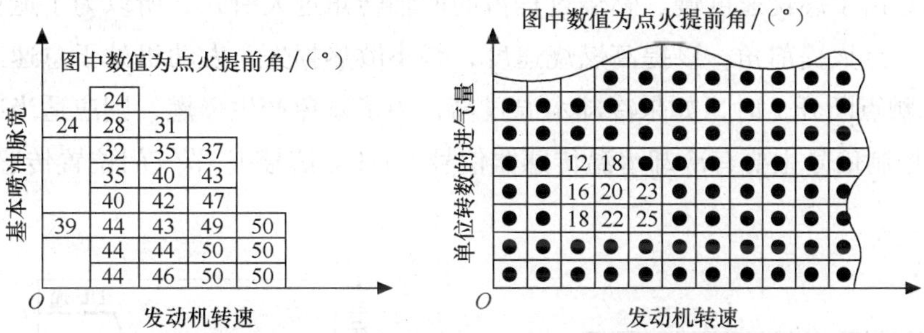

（a）按喷油量和转速确定　　（b）按进气量和转速确定

图5-33　基本点火提前角控制模型图

发动机处于怠速工况以外的其他工况时，控制点火提前角的信号主要有进气管绝对压力传感器信号（PIM 信号）或空气流量计信号（VS 信号）、发动机转速信号（Ne 信号）、节气门位置传感器信号（IDL 信号）、燃油选择开关或插头信号（R-P 信号）、爆燃信号（KNK 信号）等。按燃油的辛烷值不同，在 ECU 存储器中存有 2 张基本点火提前角的数据表格时，驾驶员可根据使用燃油的辛烷值，通过燃油选择开关或插头进行选择。具有爆燃控制功能的电控点火系统中，ECU 内还存有专用于爆燃控制点火提前角的数据。

发动机启动后对点火提前角的修正方法。不同的发动机控制系统中，对点火提前角的修正方法是不同的，主要有以下 2 种。

- 修正系数法。如在日本日产车系 ECCS 系统中，实际点火提前角等于基本点火提前角与点火提前角修正系数之积，即

实际点火提前角=基本点火提前角×点火提前角修正系数

● 修正点火提前角法。如在日本丰田车系 TCCS 系统中，实际点火提前角等于初始点火提前角、基本点火提前角和修正点火提前角之和，即

实际点火提前角 = 初始点火提前角 + 基本点火提前角 + 修正点火提前角

修正系数或修正点火提前角都是存储在 ECU 中，发动机工作时，ECU 根据初始点火提前角、基本点火提前角和修正系数（或修正点火提前角）计算实际点火提前角。

启动后点火提前角的修正项目。发动机启动后正常运转时，对点火提前角的修正项目也随发动机而异，主要修正项目有以下 3 种。

● 冷却水温修正。冷却水温修正又可分为暖机修正和过热修正。

发动机冷车启动后的暖机过程中，随冷却水温的提高，混合气的燃烧速度加快，燃烧过程所占的曲轴转角减小，点火提前角也应适当减小，如图 5-34 所示。修正曲线的形状与提前角的大小随车型不同而异。暖机修正控制信号主要有冷却水温传感器信号（THW 信号）、进气管绝对压力传感器信号（PIM 信号）或空气流量计信号（VS 信号）、节气门位置传感器信号（IDL 信号）等。

发动机工作时，随冷却水温的提高，爆燃倾向逐渐增大。冷却水温过高时，为了避免产生爆燃，必须修正点火提前角，如图 5-35 所示。发动机处于怠速工况（IDL 触点接通）时，冷却水温过高一般是由于燃烧速度慢、燃烧过程占的曲轴转角过大所致，所以为了避免发动机长时间过热，应增大点火提前角，以提高燃烧速度，减小散热损失。发动机处于怠速工况以外的其他工况（IDL 触点断开）时，如果冷却水温过高，为了避免产生爆燃，则应适当减小点火提前角。过热修正控制信号主要有冷却水温传感器信号（THW 信号）、节气门位置传感器信号（IDL 信号）等。

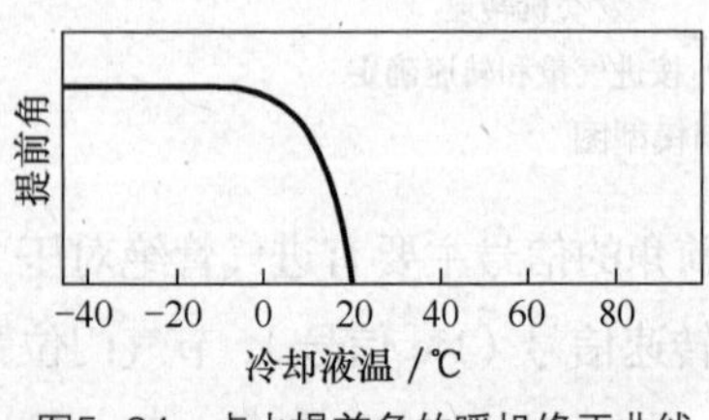

图5-34 点火提前角的暖机修正曲线

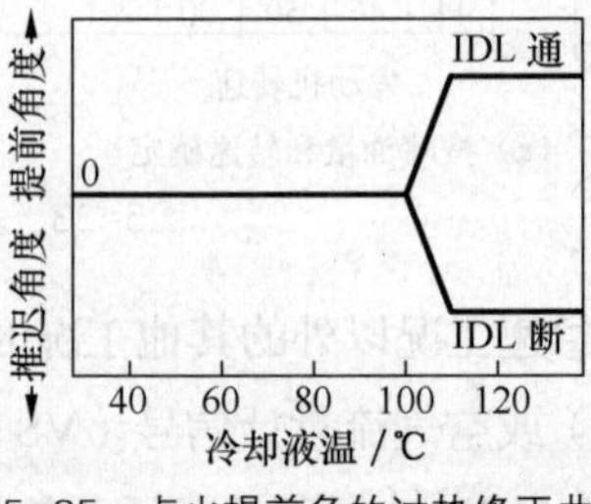

图5-35 点火提前角的过热修正曲线

● 怠速稳定修正。发动机在怠速运转过程中，由于负荷等因素的变化会导致转速改变，所以 ECU 必须根据实际转速与目标转速的差值修正点火提前角，以便保持发动机在规定的怠速转速下稳定运转，如图 5-36 所示。怠速稳定修正控制信号主要有发动机转速信号（Ne 信号）、节气门位置传感器信号（IDL 信号）、车速传感器信号（SPD 信号）、空调开关信号（A/C 信号）等。

● 空燃比反馈修正。由于空燃比反馈控制系统是根据氧传感器的反馈信号调整喷油量的多少来实现最佳空燃比控制的，所以这种喷油量的变化必然带来发动机转速的变化。为了稳定发动机转速，点火提前角需根据喷油量的变化进行修正，如图 5-37 所示。

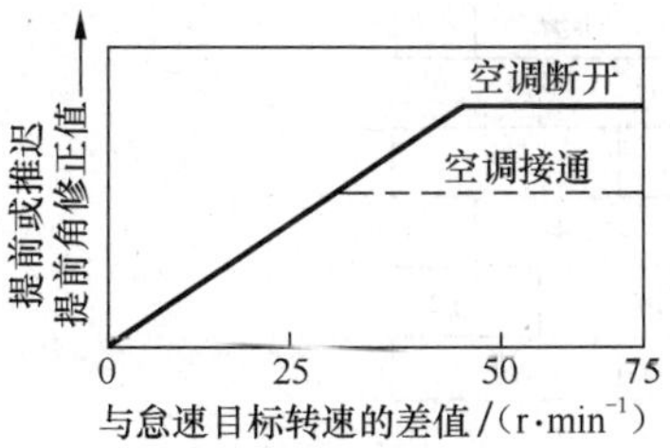

图5-36　点火提前角的怠速稳定修正曲线

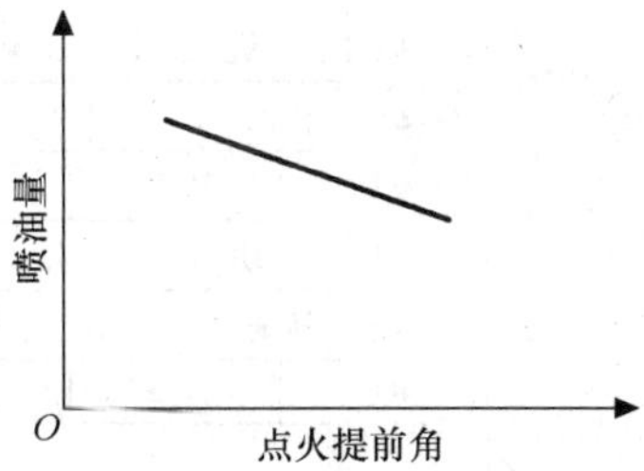

图5-37　点火提前角的空燃比反馈修正曲线

例如，日产公司的 ECCS 系统在发动机的某种工况下，ECU 计算出的最佳点火提前角为上止点前 40°，点火提前角的控制原理如图 5-38 所示。根据凸轮轴位置传感器转换得到 G 信号为间隔 120°曲轴转角（6 缸发动机）的脉冲信号，G 信号设定在各汽缸活塞压缩上止点前 70°，ECU 设定的基准信号比 G 信号滞后 4°，所以实际控制点火提前角的基准为上止点前 66°。ECU 从接收到间隔 120°的 G 信号开始，即确认某汽缸活塞位于压缩上止点前 70°，由于点火基准信号滞后 G 信号 4°，所以 ECU 从压缩上止点前 66°开始，计数 26（66 − 40 = 26）个 1°信号，此时 ECU 向点火器发出控制信号，使点火线圈一次绕组断电、二次绕组产生高压并输送给火花塞，即可保证火花塞在压缩上止点前 40°点火。

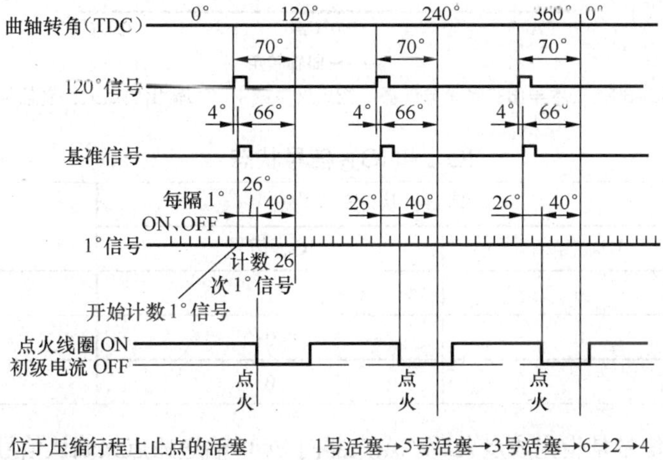

图5-38　点火提前角的控制原理图

③ 控制信号。电控点火系统工作中，ECU 向点火器发出的控制信号有 IG_t 和 IG_d 2 个信号。

IG_t 信号是 ECU 向点火器中功率晶体管发出的通断控制信号。

IG_d 信号是在无分电器的电控点火系统中，为保证点火顺序，ECU 向点火器输送的判别汽缸的信号，以便与 G 信号共同决定需点火的汽缸。IG_d 信号存储在 ECU 内的存储器中，实际就是点火顺序信息。在采用同时点火方式的无分电器电控点火系统中，IG_d 信号又分为 IG_{dA} 信号和 IG_{dB} 信号。同时点火方式是指给接近压缩上止点的汽缸与接近排气上止点的汽缸同时点火的方式，这种点火方式应用在部分无分电器电控点火系统中，给接近压缩上止点的汽缸点火是有效的，给接近排气上止点的汽缸点火是无效的（即不起作用）。

ECU 根据 G 信号和 Ne 信号选择 IG_d 信号状态，以确定给哪个汽缸点火。以日本丰田车系无分电器电控点火系统为例，ECU 输出的点火控制信号如图 5-39 所示，IG_{dA} 和 IG_{dB} 信号状态的见表 5-2。

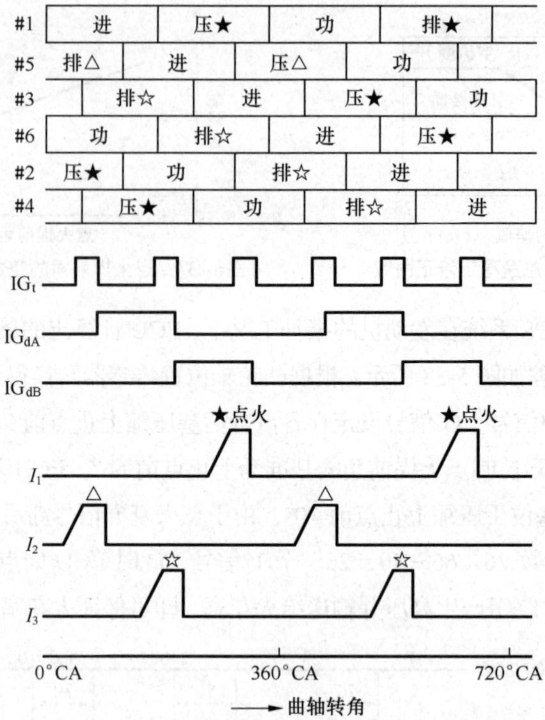

图5-39 日本丰田车系无分电器电控点火系统中ECU输出的点火控制信号

表 5-2 IG_{dA} 和 IG_{dB} 信号状态

序号	信号状态		点火的汽缸
	IG_{dA} 信号	IG_{dB} 信号	
1	0	1	1、6 缸点火
2	0	0	2、5 缸点火
3	1	0	3、4 缸点火

④ IG_f 信号。IG_f 信号是指完成点火后，点火器向 ECU 输送的点火确认信号。

由于电控燃油喷射系统中，喷油器的驱动信号也来自于曲轴位置传感器，若点火系统出故障使火花塞不能点火时，曲轴位置传感器工作正常，喷油器仍会照常喷油。为了防止因喷油过多，导致燃油浪费、发动机再启动困难或行车时三元催化反应器过热等现象的发生，特设定当完成点火过程后，点火器应及时向 ECU 返回点火确认信号（IG_f 信号）。

发动机工作时，ECU 向点火器发出点火控制信号（IG_t 信号）后，若有 3 ~ 5 次均收不到返回的点火确认信号（IG_f 信号），ECU 便以此判定点火系统有故障，并强行停止电控燃油喷射系统继续喷油，使发动机熄火。

⑤ 爆燃控制。爆燃控制过程如图 5-40 所示。爆燃传感器安装在汽缸体或汽缸盖上，其功用是将爆燃时传到汽缸体或汽缸盖上的机械振动转换成电压信号输送给 ECU，ECU 则根据此电压信号判断发动机是否发生爆燃及爆燃的强度。有爆燃时，则逐渐减小点火提前角（推迟点火），直到爆燃消失为止。无爆燃时，则逐渐增大点火提前角（提前点火），当再次出现爆燃时，ECU 又开始逐渐减

小点火提前角，爆燃控制过程就是对点火提前角进行反复调整的过程。

爆燃控制实质就是对点火提前角的反馈控制，如图 5-41 所示。爆燃传感器向 ECU 输入爆燃信号时，电控点火系统采用闭环控制模式，并以固定的角度使点火提前角减小，若仍有爆燃存在，则再以固定的角度减小点火提前角，直到爆燃消失为止。爆燃消失后的一定时间内，电控点火系统使发动机维持在当前的点火提前角下工作，此时间内若无爆燃发生，则以一个固定的角度逐渐增大点火提前角，直到爆燃再次发生，然后又重复上述过程。

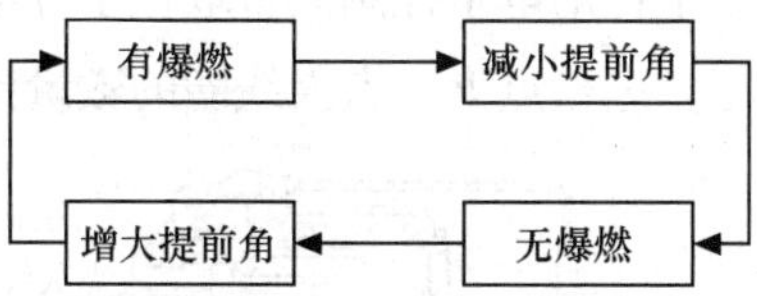

图5-40　爆燃控制过程图

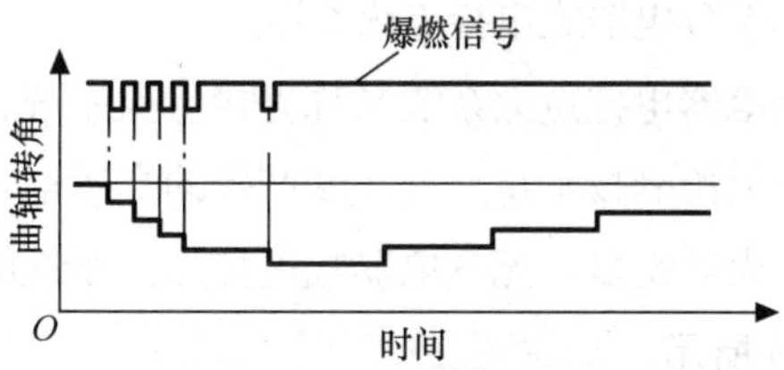

图5-41　爆燃控制过程中点火提前角的变化图

发动机负荷较小时，发生爆燃的倾向几乎为零，所以电控点火系统在此负荷范围内采用开环控制模式。而当发动机的负荷超过一定值时，电控点火系统自动转入闭环控制模式。发动机工作时，ECU 根据节气门位置传感器信号判断发动机的负荷大小，从而决定点火系统采用开环控制还是闭环控制。

3. 典型电控点火系统

电控点火系统可分为 2 大类：有分电器式和无分电器式。

（1）有分电器式电控点火系统

有分电器式电控点火系统的主要特点是：只有一个点火线圈，点火线圈产生的高压电通过分电器按照发动机的做功顺序依次输送给各汽缸火花塞。有分电器式电控点火系统的组成如图 5-42 所示。

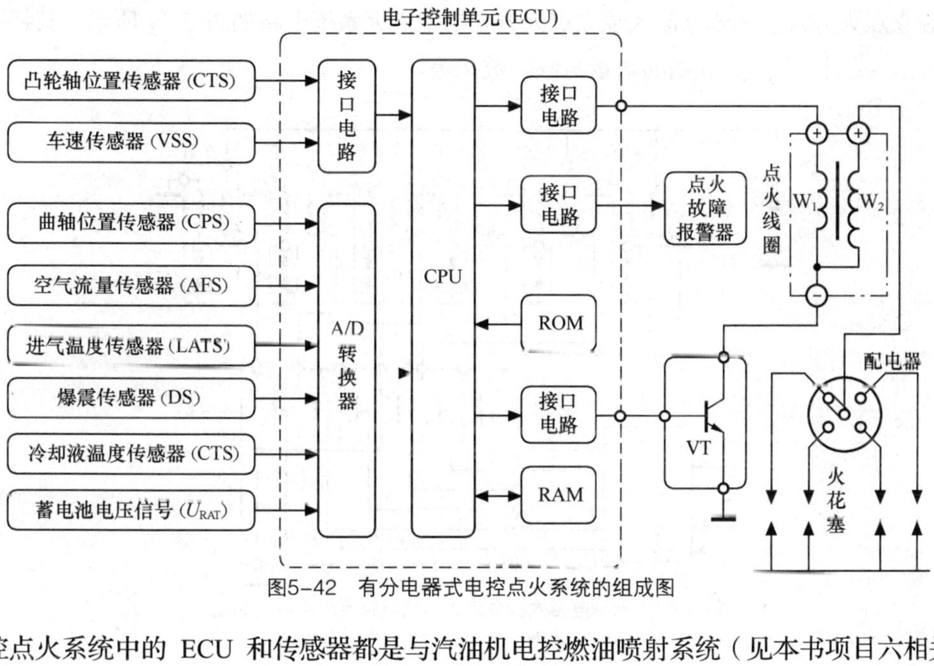

图5-42　有分电器式电控点火系统的组成图

电控点火系统中的 ECU 和传感器都是与汽油机电控燃油喷射系统（见本书项目六相关内容）

共用的。凸轮轴/曲轴位置传感器信号、空气流量计（或进气管绝对压力传感器）信号、启动开关信号是点火提前角控制和通电时间控制的主要信号，而冷却水温传感器信号、节气门位置传感器信号、空调开关信号和车速传感器信号用于修正点火提前角。

有分电器式电控点火系统，由于保留了分电器这一机械装置，分电器中机械装置的磨损，必然会对点火提前角的控制精度、稳定性和均匀性产生影响。此外，分火头与旁电极这一中间跳火间隙也存在能量损耗及由此产生的射频干扰。

（2）无分电器式电控点火系统

无分电器电控点火系统又称直接点火系统，其主要特点是：用电子控制装置取代了分电器，利用电子分火控制技术将点火线圈产生的高压电直接送给火花塞进行点火，点火线圈的数量比有分电器电控点火系统多。无分电器式电控点火系统的组成如图5-43所示。

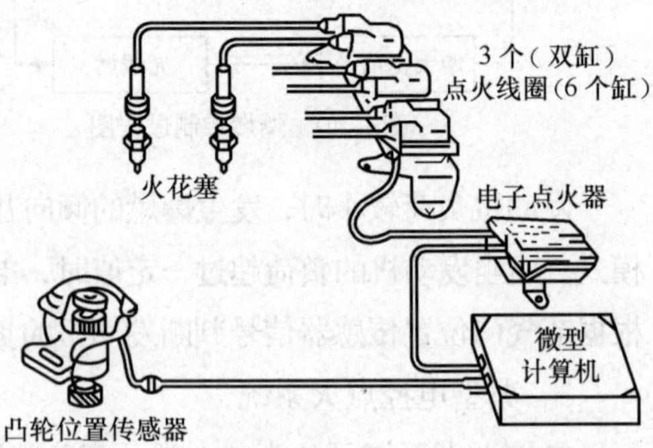

图5-43 无分电器式电控点火系统的组成图

无分电器式电控点火系统与有分电器式电控点火系统的工作原理及各元件功能基本相同，不同的是无分电器式电控点火系统具有电子配电功能，即在发动机工作时，ECU除向点火器输出IG_t点火控制信号外，还必须输送ECU内存储的汽缸判别信号IG_d，以便控制多个点火线圈的工作顺序，按做功顺序完成各汽缸点火的控制。

根据点火线圈的数量和高压电分配方式的不同，无分电器式电控点火系统又可分为独立点火方式、同时点火方式和二极管配电点火方式3种类型。

① 独立点火方式。无分电器式独立点火方式电控点火系统电路如图5-44所示。其特点是每个汽缸1个点火线圈，即点火线圈的数量与汽缸数相等。

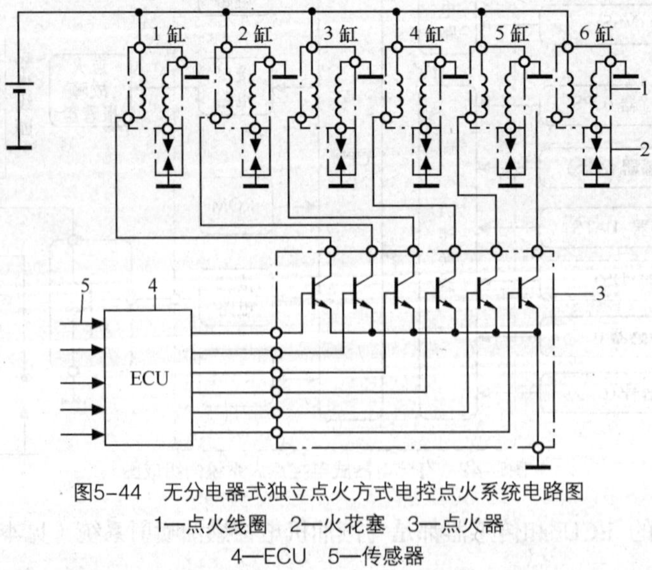

图5-44 无分电器式独立点火方式电控点火系统电路图

1—点火线圈 2—火花塞 3—点火器

4—ECU 5—传感器

由于每个汽缸都有各自独立的点火线圈，所以即使发动机的转速很高，点火线圈也有足够的通电时间，以保证足够高的点火能量。与有分电器式电控点火系统相比，在发动机转速和点火能量相同的情况下，单位时间内通过点火线圈一次绕组回路的电流要小得多，点火线圈不易发热，且点火线圈的体积又可以非常小，一般直接将点火线圈压装在火花塞上。

无分电器式独立点火方式电控点火系统，由于取消了分电器和高压线，分火性能较好，但其结构和控制电路复杂。

② 同时点火方式。无分电器式同时点火方式电控点火系统电路如图 5-45 所示。其特点是活塞同时到达上止点位置的 2 个汽缸（一个为压缩上止点，另一个为排气上止点）共用 1 个点火线圈，即点火线圈的数量等于汽缸数的一半。

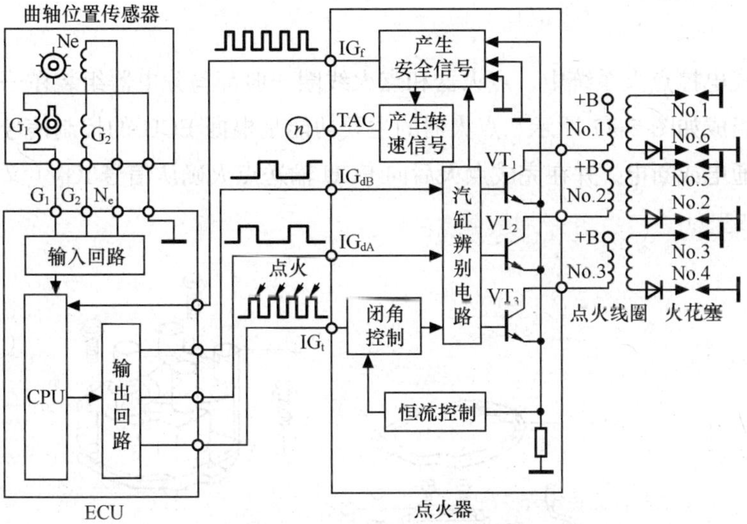

图5-45 无分电器式同时点火方式电控点火系统电路图

以 6 缸发动机为例，1 缸和 6 缸、2 缸和 5 缸、3 缸和 4 缸的活塞分别同时到达上止点，称为同步缸，2 同步缸共用 1 个点火线圈，2 个缸的火花塞与共用的点火线圈中的二次绕组串联。当点火线圈一次绕组断电时，一个汽缸接近压缩行程的上止点，火花塞跳火可点燃该缸的混合气，称为有效点火；而另一汽缸接近排气行程的上止点，火花塞跳火不起作用，称为无效点火。由于处于排气行程汽缸内的压力很低，加之废气中导电离子较多，其火花塞很容易被高压电击穿，消耗的能量就非常少，所以不会对压缩行程汽缸点火产生影响。

与独立点火方式相比，采用同时点火方式的电控点火系统的结构和控制电路较简单，应用也比较多。但由于保留了点火线圈与火花塞之间的高压线，能量损失略大。此外，串联在高压回路的二极管，可用来防止点火线圈一次绕组通电开始的瞬间，在二次绕组内产生的互感电动势（约 1 000 ~ 2 000 V）加在火花塞上发生误点火。

③ 二极管配电点火方式。二极管配电点火方式电控点火系统电路如图 5-46 所示。其特点是 4 个汽缸（4 缸发动机）共用 1 个点火线圈，点火线圈为内装双一次绕组、双二次绕组的特制点火线

圈，利用4个二极管的单向导电性交替完成对1缸和4缸、2缸和3缸的配电过程。

二极管配电点火方式的特性与同时点火方式相同，但对点火线圈要求较高，而且发动机的汽缸数必须是数字4的整倍数，所以在应用上受到一定的限制。

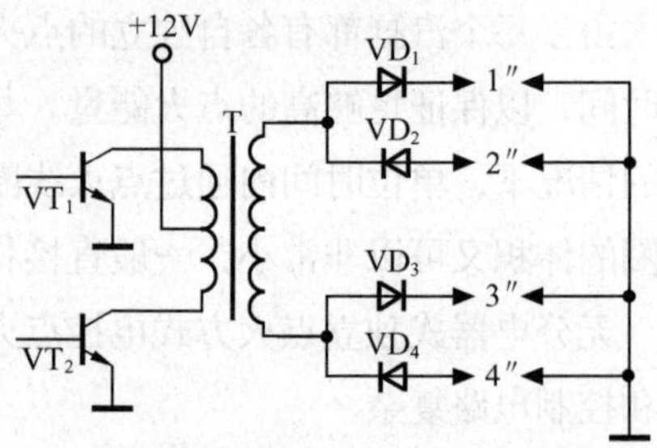

图5-46 二极管配电点火方式电控点火系统电路图

4. 电控点火系统主要元件的构造与维修

电控点火系统中的分电器和点火线圈与普通电子点火系统基本相同，主要区别是电控点火系统的分电器中只有配电器。有关分电器和点火线圈的构造与维修，在此不再详述。

（1）点火器

在有分电器式电控点火系统中，点火器和点火线圈一般都与分电器组装在一起，称之为整体式点火组件，其组成如图5-47所示。点火器的主要功能是根据ECU的控制信号，控制点火线圈一次绕组回路的通电或断电，并在完成点火后向ECU输送点火确认信号IG_f（又称反馈信号或安全信号）。

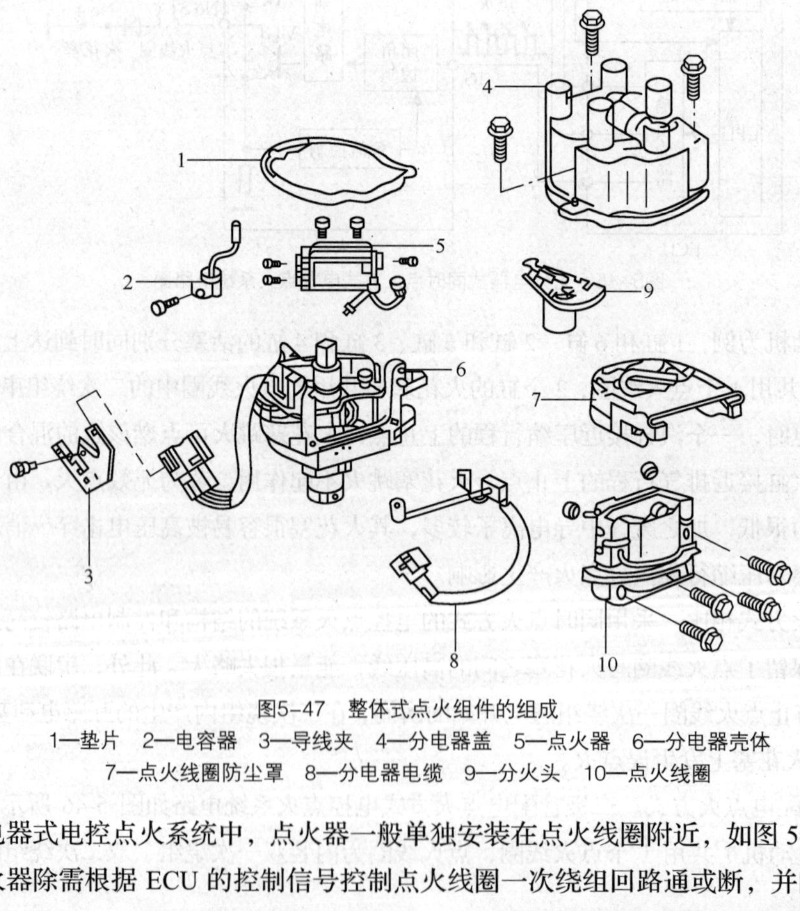

图5-47 整体式点火组件的组成

1—垫片 2—电容器 3—导线夹 4—分电器盖 5—点火器 6—分电器壳体 7—点火线圈防尘罩 8—分电器电缆 9—分火头 10—点火线圈

在无分电器式电控点火系统中，点火器一般单独安装在点火线圈附近，如图5-48所示。在此系统中，点火器除需根据ECU的控制信号控制点火线圈一次绕组回路通或断，并向ECU发回点火确认信号外，还必须根据 ECU 的控制信号控制各点火线圈的工作顺序，以保证发动机各汽缸做功顺序。

在使用中，接好点火线圈与点火器的线束连接器，用万用表或示波器检测发动机 ECU 相应端子间的电压，应符合表 5-3 所示标准，否则说明点火器或 ECU 有故障。

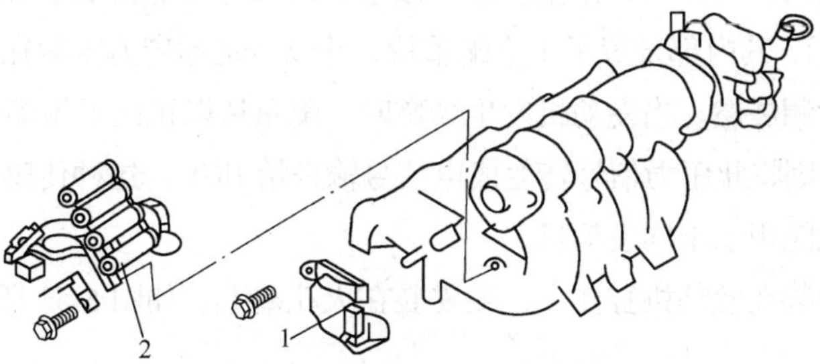

图5-48　无分电器式电控点火系统点火器安装位置

1—点火器　2—点火线圈

表 5-3　点火器检查标准

检测端子	检查条件	检查标准
+B 与搭铁	点火开关“ON”	蓄电池电压
IGT 与搭铁	发动机工作	有脉冲
IGF 与搭铁	发动机工作	有脉冲

（2）爆燃传感器

爆燃传感器是电控点火系统的主要元件之一，其功能是向发动机输入爆燃信号，经过 ECU 处理后，控制点火提前角，以实现最佳点火提前角的反馈控制。

爆燃传感器一般通过检测发动机振动的方法获取有无爆燃及爆燃的强度信号，根据其工作原理不同可分为 2 种类型：电感式和压电式。

① 电感式爆燃传感器。电感式爆燃传感器主要由铁芯、永久磁铁、线圈及外壳等组成，电感式爆燃传感器的结构及输出信号如图 5-49 所示。

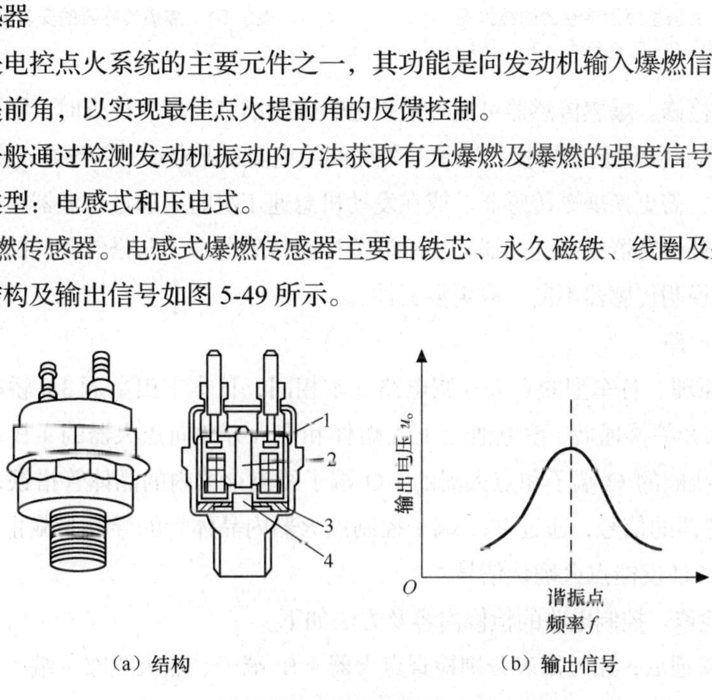

图5-49　电感式爆燃传感器的结构及输出信号图

1—线圈　2—铁芯　3—壳体　4—永久磁铁

电感式爆燃传感器利用电磁感应原理检测发动机爆燃。当发动机发生爆燃时，铁芯受震动而使线圈磁通发生变化，从而产生感应电动势。当电感式爆燃传感器的固有振动频率与发动机爆燃时的振动频率相同时，该传感器输出的信号电压最大。

② 压电式爆燃传感器。压电式爆燃传感器利用结晶或陶瓷多晶体的压电效应而工作，也有利用掺杂硅的压电阻效应的，可分为共振型、非共振型和火花塞座金属垫型 3 种。非共振型爆燃传感器的结构如图 5-50 所示，其内部设置了 1 个配重块，并以一定预应力压紧在压电元件上，通过接收加速度信号的形式来检测爆燃。当发动机发生爆燃时，配重块以正比于振动加速度的交变力施加在压电元件上，压电元件则将此压力信号转变成电信号输送给 ECU。这种传感器通用性强，只需调整滤波器的频率范围，就能用于不同发动机。

爆燃传感器通常安装在发动机缸体上，或安装在火花塞上，如图 5-51 所示。

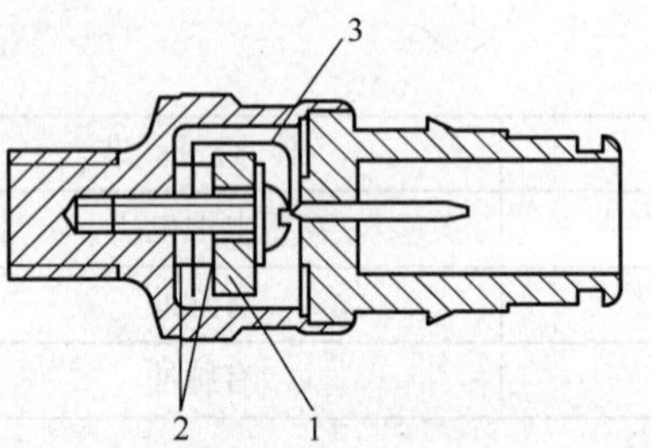

图5-50　压电式非共振型爆燃传感器的结构图
1—配重块　2—压电元件　3—引线

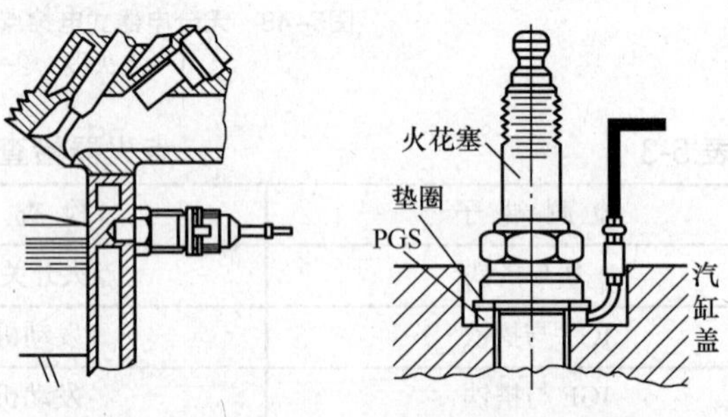

（a）安装在发动机缸体上　（b）安装在火花塞上

图5-51　爆燃传感器的安装位置

爆燃传感器的检修。爆燃传感器可通过检查电阻来判断其好坏。检查时，需拔下爆燃传感器导线插头，用欧姆表检测爆燃传感器接线端子与外壳间的电阻，应为∞（不导通）；若电阻为 0（导通），则说明其内部短路，需更换爆燃传感器。或在发动机怠速工况时，通过示波器检查爆震传感器工作情况，方法是：拆开传感器线束连接器，用示波器检查传感器端子与搭铁之间的信号电压，应有脉冲信号输出，否则说明传感器不良，应更换新件。

（3）点火控制电路

① 控制电路原理。各车型的点火控制电路基本相同，日本丰田皇冠 3.0 轿车点火控制电路如图 5-52 所示。点火开关接通后，蓄电池经 30A 熔体和点火开关向点火器的 + B 端子和点火线圈的⊕端子供电，点火线圈的 ϴ 端子和点火器的 Cϴ 端子经点火器内的晶体管搭铁，从而形成回路。ECU 根据各种传感器的信号，通过 IGT 端子控制点火器内晶体管的导通与截止。点火后，点火器通过 IGF 端子向 ECU 反馈点火确认信号。

② 控制电路检修。控制电路的检修内容及方法如下。

- 点火开关接通后，用万用表分别检查点火器 + B 端子、点火线圈 + 端子与搭铁之间的电压值，应为蓄电池电压，否则说明电源电路有故障。
- 发动机处于怠速工况时，检查点火器 IGT 端子与搭铁之间电压信号，正常应有脉冲信号，否则说明控制线路或 ECU 有故障。

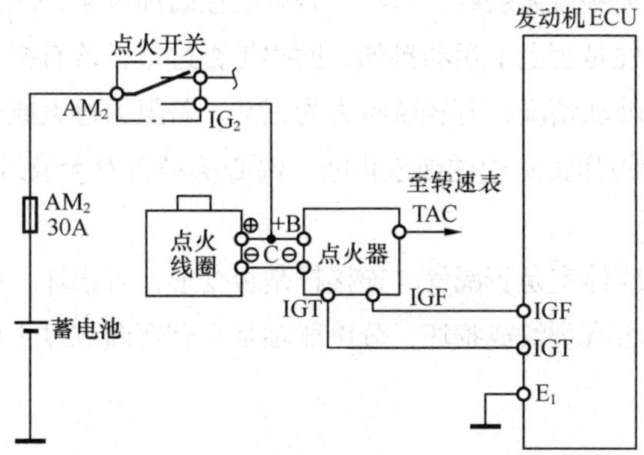

图5-52　日本丰田皇冠3.0轿车点火控制电路图

- 发动机处于怠速工况时，检查 ECU 的 IGF 端子与搭铁之间电压信号，正常应有脉冲信号，否则说明点火器或信号线路有故障。

三、项目实施

（一）实施要求

① 需具备桑塔纳电控发动机实训台或相关设备。一套常用工具，万用表或示波器等。

② 项目实施过程中，一定要注意防止高压电对人身和设备的损害，选择好万用表的量程或挡位。对于点火器的检查，要注意瞬间的高压易使晶体管被击穿。

（二）实施步骤

1. 蓄电池的检查

蓄电池的检查在项目二已有详细描述，请参阅。

2. 点火线圈的检查

① 通过维护，保证点火线圈绝缘盖板清洁、干燥、不漏电、接线正确。

② 检查点火线圈电阻。拆去所有连接电线，用电阻表检查点火线圈的初级绕组和次级绕组的电阻，应符合规定值，见表 5-4。若不符合，应更换点火线圈。

③ 检查点火线圈中央插孔四周是否有裂纹，若有，应更换新件。

表 5-4　桑塔纳点火线圈的电阻额定值

	初 级 绕 组	次 级 绕 组
有触点式	1.7～2.1 Ω	7.0～12.0 kΩ
无触点式	0.53～0.76 Ω	2.4～3.5 kΩ

3. 分电器的检查

① 检查分电器盖和分火头有无裂纹、污垢。若有电极腐蚀现象，应用细砂纸打光。

② 检查中心电极碳精柱是否上下运动自如，磨损是否过量，若有损坏，应予更换。

③ 检查断电器底板的转动情况，有轻微阻力为正常，若阻力过大或卡滞，应更换。

④ 检查离心调节装置的弹簧是否锈蚀或折断，离心块是否发卡或过度磨损，凸轮轴是否转动自如。若有损坏，应更换。

⑤ 检查真空调节装置膜体室是否漏气，连接杆是否变形，有损坏，应更换。

⑥ 检查分电器壳体是否有裂纹或损坏，分电器轴是否有弯曲或过于松动，驱动齿轮是否损坏。若有损坏，应更换。

4. 火花塞的检查

检查火花塞是否积炭，绝缘体是否损坏，电极间隙是否符合标准。必要时调整电极间隙。

5. 点火系统电阻的检查

① 检查分火头电阻，应符合额定值，否则应更换，如图 5-53 所示。

② 检查火花塞高压线插头电阻，应符合额定值，否则应更换，如图 5-54 所示。

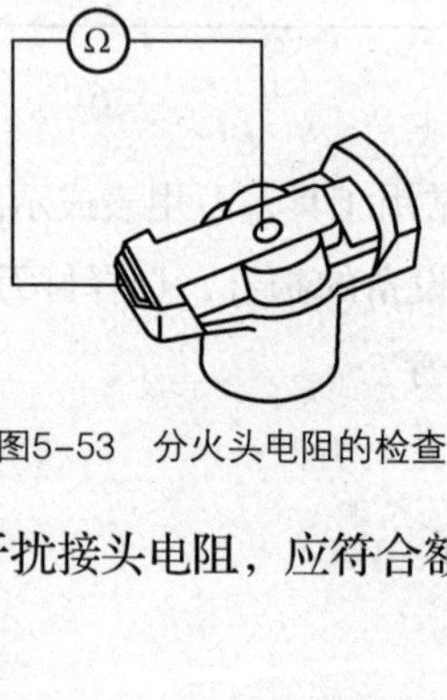

图5-53 分火头电阻的检查

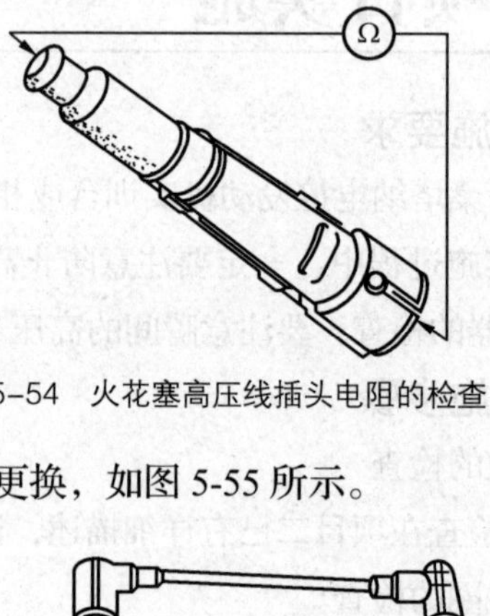

图5-54 火花塞高压线插头电阻的检查

③ 检查抗干扰接头电阻，应符合额定值，否则应更换，如图 5-55 所示。

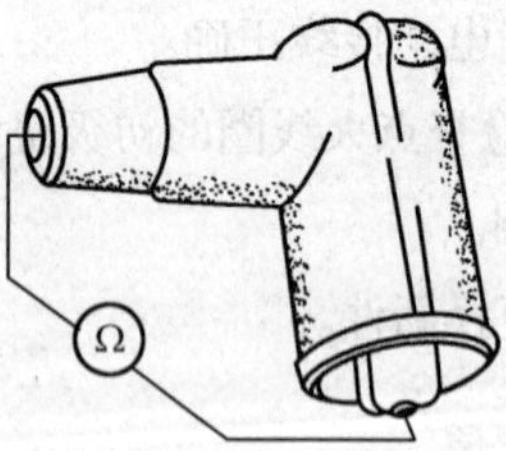

图5-55 抗干扰接头电阻的检查

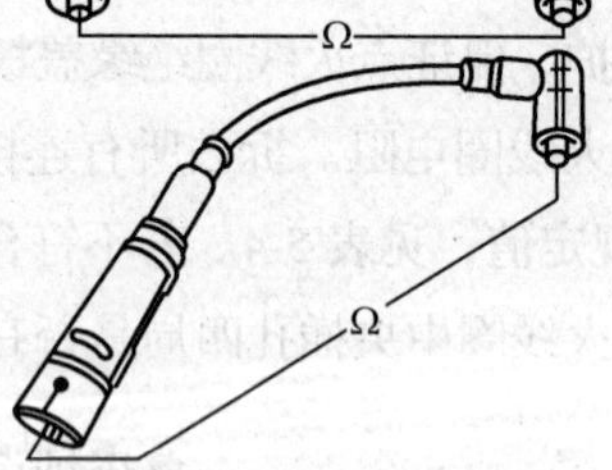

图5-56 高压导线整体电阻的检查

④ 检查高压导线的整体电阻，应符合额定值，否则应更换，如图 5-56 所示。

6. 电子点火器的检查

检查电子点火器的接线是否正确，搭铁是否可靠，电源电压是否正常。判断电子点火器的信号输出是否正常，若不符合要求，应更换。

7. 霍尔信号发生器的检查

霍尔信号发生器与点火分电器装于一体，应先检测其输入电压是否正常，若正常，需打开点火开关，转动分电器轴，检查其信号输出端电压是否符合要求，否则应更换。

8. 正时调整

① 通过变速器壳体上的观察孔，将发动机第一缸置于上止点，如图 5-57（a）所示。

② 使凸轮轴齿形轮上的标记与气门室罩盖底面平齐，如图 5-57（b）所示。

③ 使机油泵轴驱动端端部的扁势矩形块长边方向与曲轴方向一致，如图 5-57（c）所示。

④ 使分电器上的分火头指向分电器壳体上的第一缸标记，如图 5-57（d）所示，然后将分电器总成插入安装孔，使其轴端部凹槽与机油泵轴端部扁势相配，并进行初置角调整，然后用压紧板固定。例如，初置角为曲轴转角 6°时（提前角），是在分电器压板未固定前，将分电器壳体逆时针转动 3°，然后再压紧分电器。进行点火正时调整时，可利用频闪灯或点火测试仪检查。

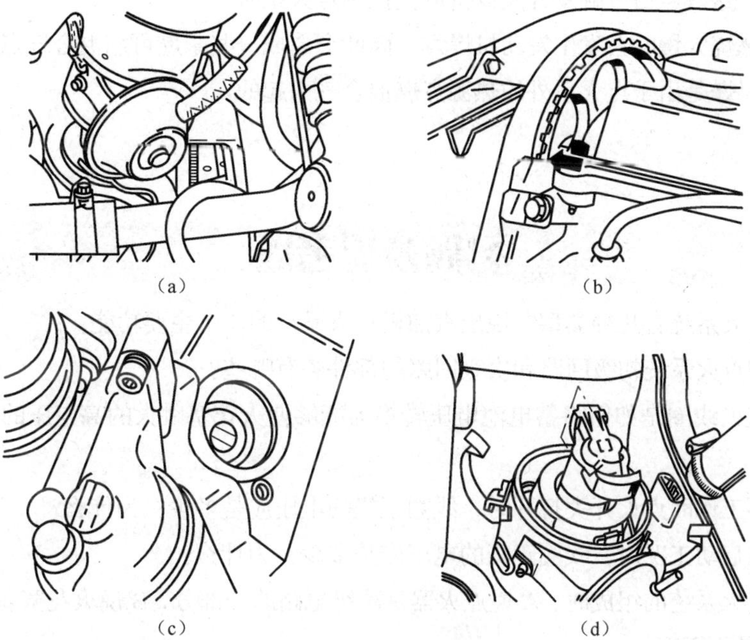

图5-57　点火正时的调整

小 结

通过点火系统的检查与调整项目的实施，了解和掌握如下一些知识和技能点。

（1）点火系统应具有以下 3 项功能。

① 点火系统能向火花塞提供极高的电压，以击穿火花塞间隙，形成电火花引燃汽缸内的空气

燃油混合气。

② 点火系统能对点火时刻进行调整，以适应发动机在不同转速、不同负荷下的需求。

③ 点火系统必须在压缩行程的适当时刻向正确的汽缸输送电火花，以便开始燃烧过程。

（2）点火系统由初级回路和次级回路两个相互关联的电路组成。其中，初级回路向点火线圈的初级绕组提供低电压，以建立磁场；次级回路在初级回路断开时，形成高压脉冲，并将高压脉冲送给火花塞。

（3）传统点火系统中的分电器内容纳了离心式或真空式点火提前装置。离心式提前装置随着转速变化调节点火提前角；真空式提前装置使信号板朝着与分电器轴旋方向相反的方向转动。而电控点火系统取消了离心点火提前装置和真空点火提前装置，而由 ECU 通过接收传感器的输入信号，并以此为基础，确定出最佳的点火时间，并向点火器发送点火信号，从而在所需要的精确时刻接通次级电路。

（4）磁脉冲传感器和霍尔效应传感器是使用最广泛的曲轴位置传感器。它们在曲轴旋转的特定时刻产生电信号，这些电信号触发开关设备以便控制点火正时。

（5）当正常燃烧太慢时会发生发动机爆震，因此会造成一些未燃可燃混合气点火并与正常的火焰前锋相碰撞。早爆是由于点火系外的热源点燃混合气引起的。

习题及思考题

① 汽油机点火系统有几种类型？说出汽油机点火系统的 3 个主要功能。

② 试述典型点火系统初级回路和次级回路的部件各有哪些？

③ 试说明点火线圈是如何将蓄电池电压转换为能够使火花塞跳火的高电压的？如何检查点火线圈的好坏？

④ 发动机不工作而点火开关打开时，线圈正极的电压应是多少？为什么？

⑤ 在发动机启动工况时，线圈正极的电压应是多少？为什么？

⑥ 当讨论点火系统的组成时，A 说点火器是次级电路的一部分，B 说火花塞属于次级电路。试分析他们的说法是否正确。

⑦ 当讨论开关设备切断点火线圈初级绕组内的低压电流会发生什么情况时，A 说磁场消失，B 说点火线圈次级绕组内感应出高压脉冲。试分析他们的说法正确与否。

⑧ 怎样检查分火头或分电器盖的绝缘性能？

⑨ 火花塞间隙对发动机工作有何影响？如何调整其间隙？

⑩ 普通电子点火系统的点火信号发生器有几种？各有什么特点？

⑪ 电子点火器有什么功用？如何检查其好坏？

⑫ 普通电子点火系统中的分电器基本组成有哪些？各有什么功用？

⑬ 怎样检查霍尔式点火信号发生器？

⑭ 怎样检查磁感应式点火信号发生器？

⑮ 如何检查与调整点火正时？

⑯ 电控点火系统有哪些功能？

⑰ 电控点火系统有哪些基本元件组成？是如何工作的？

⑱ 电控点火系统有几种类型？各有何特点？

⑲ 电控点火系统与普通电子点火系统有何区别？

⑳ 点火系统常见故障有哪些？如何诊断？

Chapter 6

项目六 照明、信号、仪表、报警电路的检修

一、项目要求

汽车的照明、信号系统常见故障有保险烧断、灯泡损坏、继电器烧蚀、开关或线插接触不良等，致使照明、信号系统不能正常工作；仪表、报警装置常见故障有保险损坏、传感器或报警开关信号不良以及仪表集成电路电子元件损坏等。该项目通过对照明、信号、仪表、报警电路的检修，使同学在掌握照明、信号、仪表、报警系统的结构与工作原理等方面理论知识的同时，能够掌握常见的照明、信号、仪表、报警电路故障排除方法。

【知识要求】

1. 熟悉汽车照明、信号系统的正确使用与系统组成。
2. 熟悉汽车仪表、报警装置的意义、作用与基本组成。
3. 掌握汽车照明、信号系统、仪表与报警装置的工作原理与电路分析识读。
4. 掌握汽车照明、信号系统、仪表与报警装置电路的故障检修方法。

重点掌握内容：汽车照明、信号系统、仪表与报警装置的工作原理及电路分析。

【能力要求】

1. 能正确使用汽车照明、信号系统；能准确理解识别仪表与报警装置所指示信息的意义。
2. 能正确对汽车照明、信号系统、仪表与报警装置的工作状况进行检查，并能针对具体问题进行原因分析。
3. 能对照明、信号、仪表与报警装置故障进行诊断与排除。

二、相关知识

（一）照明、信号系统的作用、类型和基本组成

1. 照明、信号系统的作用

汽车照明、信号系统能够保证车辆在黑夜、恶劣天气以及复杂交通状况下的行车安全。

汽车照明系统是为了保证汽车在光线不好的条件下提高车辆行驶的安全性和运行速度而设置

的。一般来说，汽车照明系统除了主要用于照明外，还用于汽车装饰。随着汽车电子技术应用程度的不断提高，照明系统正在向智能化方向发展。

汽车信号系统是用于汽车使用中指示其他车辆或行人的灯光信号（或标志），通常由转向信号装置、制动信号装置、电喇叭等组成，以保证汽车行驶的安全性。

2. 照明、信号系统的类型和基本组成

汽车照明系统是保证汽车在夜间或恶劣天气安全行驶必不可少的设备。汽车照明系统根据在汽车上安装位置和作用不同，一般可分为外部照明装置和内部照明装置。外部照明装置包括前照灯、前雾灯、倒车灯（晚上照明）及牌照灯；内部照明装置包括顶灯、阅读灯、杂物箱灯、仪表及控制按钮照明灯和行李箱照明灯等。

汽车上除照明系统外，还有用以指示车辆行驶意图或状态以保证复杂交通状况行车安全或者车辆自身状况的信号系统。信号系统可分为外部信号装置和内部信号装置。外部信号装置有转向灯、制动灯、尾灯、倒车灯和后雾灯、停车灯、示廓灯和反光器等；内部信号装置泛指仪表板内的指示灯，用来指示某系统工作状态或警告、报警等信息，主要有转向、大灯远/近光、机油压力、充电、制动、水温、油量、发动机故障、安全气囊、ABS 系统、关门提示等仪表内部的各种指示灯。

汽车的信号系统除了信号灯外，还包含发出声音信号的装置，如电喇叭、蜂鸣器等。电喇叭用来对外部行人或车辆发出声音信号，蜂鸣器可以提醒或警告驾驶员注意车辆的某些状况或信息。常见轿车的外部照明及信号系统组成如图 6-1 所示。

1、8—侧面辅助转向信号灯　2、9—前位置灯　3、10—前转向信号灯　4、11—前照灯——近光
5、12　—前照灯——远光　6、13—前部泊车辅助雷达探头　7、14—前雾灯

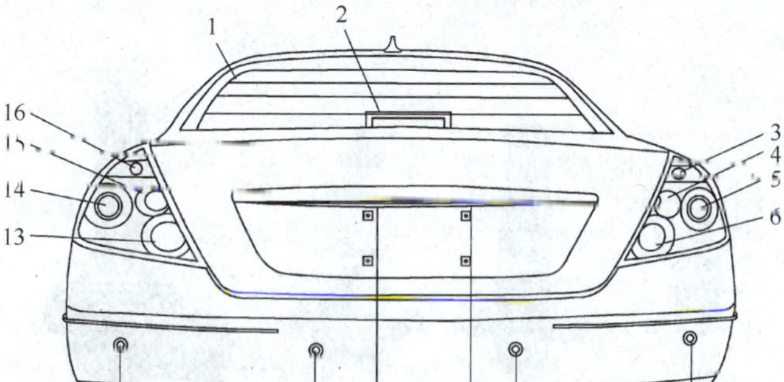

图6-1　别克君越轿车的外部照明及信号系统组成

1—后窗除雾器格栅　2—高位制动灯　3、16—转向信号灯　4、15—倒车灯　5、14—尾灯（位置灯）/制动灯
6、13—后雾灯　7、8、11、12—后部泊车雷达传感器　9、10—牌照灯

（二）汽车照明系统

1．前照灯

汽车照明系统最重要的外部灯具就是前照灯，用来照亮前方路面和环境，保证汽车全天候安全行驶。汽车前照灯的照明效果直接关系着夜间行车的安全，因此要求前照灯不仅有明亮和均匀的照明效果，还要避免使前面来车和后面来车的驾驶员引起眩目。

前照灯按照装车型式不同可分为2灯制前照灯和4灯制前照灯。前者左右各装1大灯，其灯泡一般采用双丝灯泡，每只灯具有远、近光光束；后者左右各装2个大灯，一般外侧为近光，内侧为远光，有的外侧采用双丝灯，即既有远光，又有近光。

前照灯按结构的不同，又可分为可拆式前照灯、半封闭式前照灯和全封闭式前照灯。可拆式前照灯由于气密性差、反射镜易污染而降低反射能力进而降低照明效果，目前已很少采用。半封闭式前照灯的配光镜和反射镜固定结合，灯泡可从反射镜后部更换，维修方便，因此被广泛采用。全封闭式前照灯又叫真空灯，其反射镜和配光镜用玻璃制成一体，形成灯泡，灯丝焊在反射镜底座上，反射镜的反射面经真空镀铝，里面充以惰性气体。由于全封闭式前照灯完全避免反射镜被污染以及不受大气的影响，因此其反射效率高，照明效果好，使用寿命长，得到了很快的普及；但当灯丝烧断后，需更换整个总成，成本高，因此限制了它的使用范围。

汽车前照灯一般由光源（灯泡）、反射镜、配光镜（散光玻璃）3部分组成。

（1）光源

目前汽车前照灯所用的光源即灯泡的类型有普通白炽灯泡、卤钨灯泡和HID灯泡3种，如图6-2所示。

随着汽车技术的不断发展，普通白炽灯泡已被淘汰，现在汽车的前照灯以卤钨灯泡和氙气灯泡为主。卤钨灯泡，就是在灯泡内掺杂少量的卤族元素（如碘、溴），从灯丝蒸发出来的钨与碘原子相遇反应，生成碘化钨化合物，而碘化钨化合物一接触炽热的灯丝（温度超过1 450℃），又会分解还原为钨和碘，钨会重新回到灯丝中去，碘则重新进入气体中，如此循环不已，灯丝几乎不会烧断，灯泡也不会发黑，所以它要比传统的白炽前照灯寿命更长，亮度更高，目前得到广泛的应用。

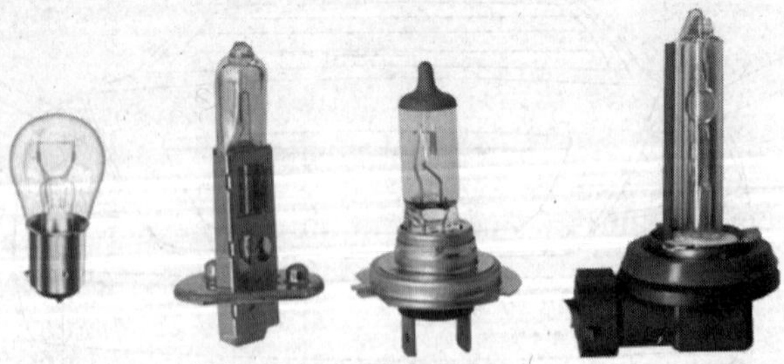

（a）白炽灯泡　（b）卤素灯泡　（c）卤素灯泡　（d）HID灯泡

图6-2　前照灯的灯泡

HID（High intensity Discharge）灯也叫高压气体放电灯，可称为重金属灯或氙气灯。其原理是在

UV-ant 抗紫外线水晶石英玻璃管内，以多种化学气体填充，其中大部分为氙气（Xenon）与碘化物等惰性气体，然后再通过增压器将车上 12 V 的直流电瞬时增压至 23 000 V 的电压，激发石英管内的氙气电离，在两电极之间产生光源，这就是所谓的气体放电。而由氙气所产生的白色超强电弧光可提高光线色温值，接近白昼的太阳光芒，HID 工作时所需的电流值仅为 3.5A，亮度是传统卤钨灯泡的 3 倍，使用寿命比传统卤钨灯泡长 10 倍。氙气灯极大地增加了驾驶的安全性与舒适性，还有助于缓解驾驶员夜间行驶的紧张与疲劳。从应用前景看，随着成本降低，氙气灯将会成为市场的主流。

（2）反射镜

反射镜的表面形状呈旋转抛物面，一般由 0.6 ~ 0.8 mm 的薄钢板冲压而成，或由玻璃或塑料制成。其内表面镀银、铝或铬，然后抛光处理。目前反射镜内面采用真空镀铝的较多。

反射镜的作用是将灯泡的发射（直射）光反射成平行光束——使光度大大增强，增强几百乃至上千倍，以保证汽车前方 150 ~ 400 m 范围内足够的照明。

（3）配光镜

配光镜又称散光玻璃，由透光玻璃压制而成，是多块特殊棱镜和透镜的组合，外形一般为圆形或矩形，如图 6-3 所示。配光镜的作用是将反射镜反射出的平行光束进行折射，使车前的路面有良好而均匀的照明，如图 6-4 所示。现代轿车的组合前照灯往往将反射镜和配光镜作为一体，也就是说反射镜形状经过计算机辅助设计，既起到反光作用，同时也进行了光的合理分配，如图 6-5 所示。

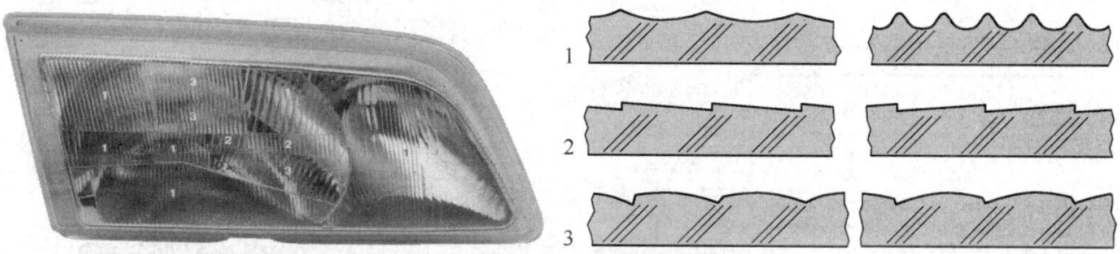

图6-3　配光镜及其剖面棱镜形状

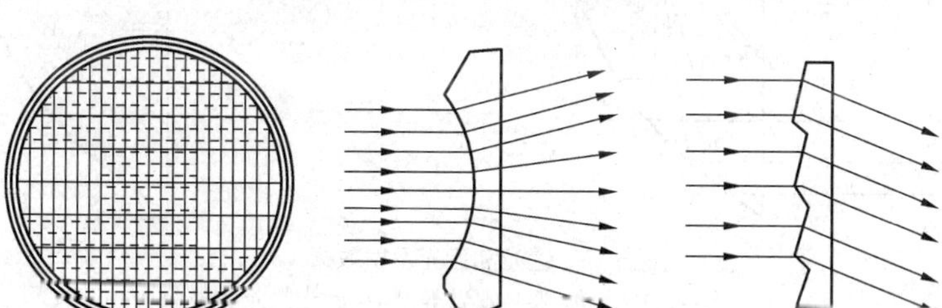
图6-4　配光镜的结构和作用

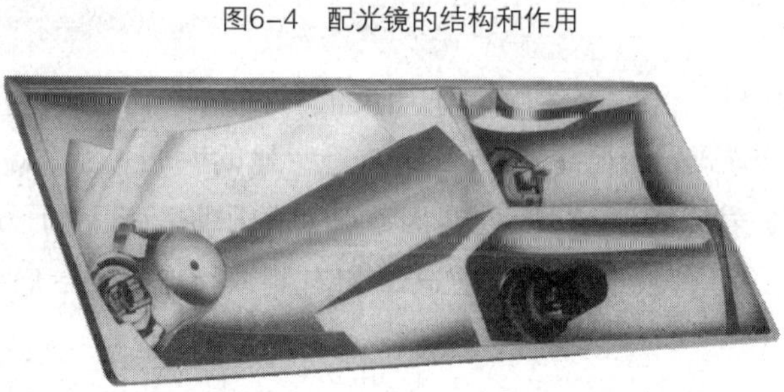
图6-5　组合前照灯的反射镜/配光镜

当前照灯射出的强光束，突然映进人的眼睛时，就会对视网膜产生刺激，瞳孔来不及收缩造成视盲的现象，叫作眩目。夜间行车时，强烈光束会使对面行驶的车辆驾驶员眩目，从而容易引发交通事故。为避免此类现象发生，前照灯采取了以下防炫目的措施。

（1）采用带有遮光屏的双丝灯泡

图 6-6 所示为带有遮光屏的双丝灯泡。这种采用带有遮光屏的双丝灯泡的大灯，其远光灯丝安装于呈旋转抛物面的反射镜的焦点处，近光灯丝安装于反射镜焦点的上方或前上方。根据光学原理，远光灯丝发射的光线经反射镜聚光、反射后，沿光学轴线以平行光束射向远方，以此照亮车前方 150 m 以上的路面；近光灯丝下方均设有遮光屏（又称遮光罩或光束偏转器），用以遮挡近光灯丝射向反射镜下部的光线，消除反射向上照射的光束，近光灯丝发射的光线经反射镜反射后，大部分光束将倾斜向下射向车前的路面，从而避免了对方驾驶员眩目。其远光和近光反射效果如图 6-7 所示。

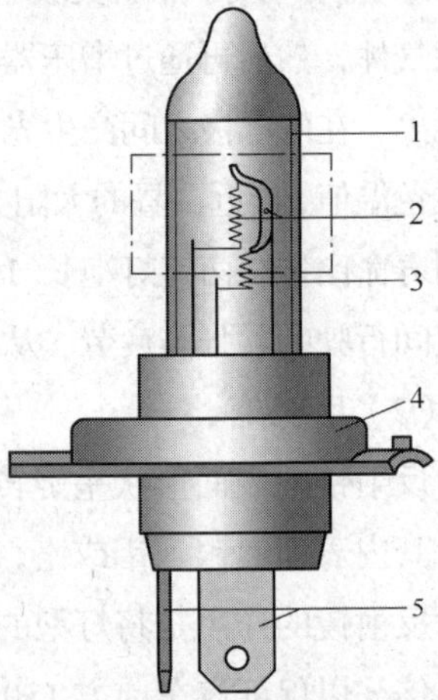

图6-6 带有遮光屏的双丝灯泡
1—玻璃泡 2—近光灯丝 3—远光灯丝 4—灯座 5—插脚

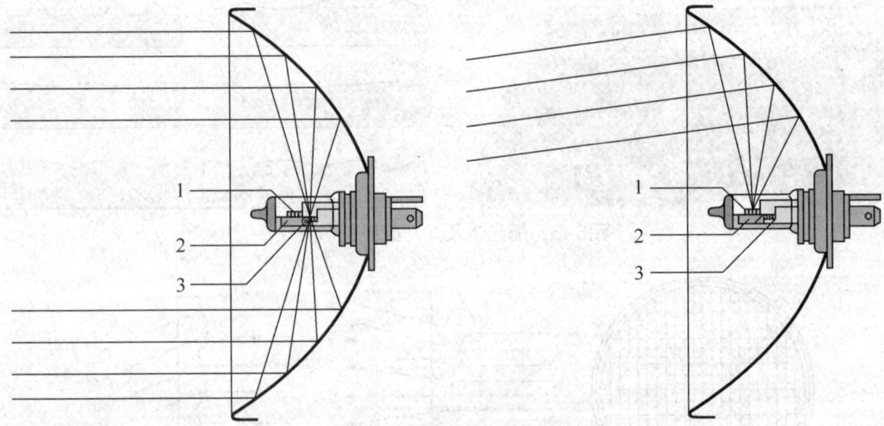

图6-7 远光和近光反射效果
1—近光灯丝 2—遮光屏 3—远光灯丝

（2）采用非对称配光

为了满足既能防止眩目，又能不影响会车速度的目的，汽车的前照灯常采用非对称光型。图 6-8 所示为非对称配光方式，由图中可以看到一条明显的明暗截止线，即上方Ⅲ区是一个明显的暗区。该区点 B50 L 表示相距 50 m 处迎面驾驶员的眼睛位置。下方区域Ⅰ、Ⅱ、Ⅳ区及右上约 15°内是一个亮区，可有效地照亮车前道路和右侧人行道。其会车时的灯光效果如图 6-9 所示。

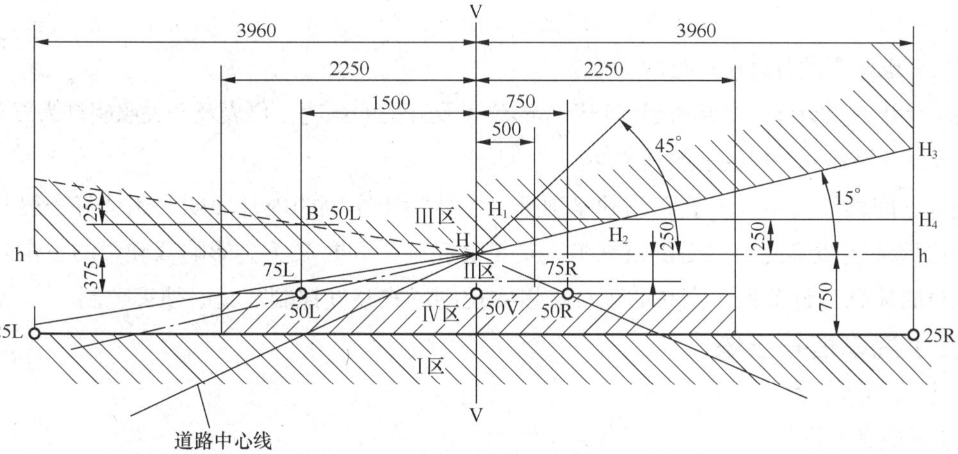

图6–8　非对称配光方式

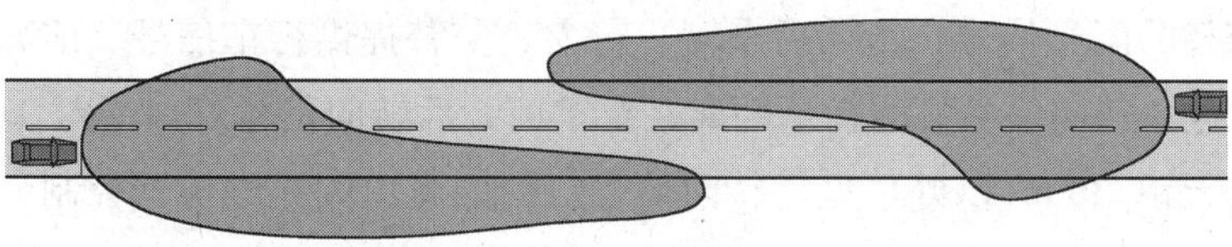

图6–9　非对称配光光型会车时的灯光效果

（3）采用前照灯自动变光器

前照灯自动变光器是一种根据对方车辆灯光的亮度自动变远光为近光或变近光为远光的自动控制装置。它的优点首先是实现了自动控制，不需要驾驶员操纵，其次是体积小，性能稳定可靠，且灵敏度高。

在夜间两车相对行驶，当相距 150 ~ 200 m 时，对方的灯光照射到自动变光器上，就立即自动变远光为近光，从而有效地避免了远光给对方驾驶员带来的眩目，待两车相会时，自动变光器自动变近光为远光，汽车即可恢复原来的行驶速度。

2. 前雾灯

前雾灯主要是用于改善大雾、大雨、大雪或尘埃弥漫情况下道路照明的灯具，不但有助于驾驶员看清楚道路，也有助于本车被其他人看到，因此雾灯的光源需要有较强的穿透性。一般的车辆用的都是卤钨雾灯，也有少数车辆配置氙气雾灯。前雾灯安装在前照灯附近或比前照灯较低的前保险杠下方位置，为防止迎面车辆驾驶员的眩目，前雾灯光束在地面的投射距离相对近光光束来说要近。

3. 其他照明灯

牌照灯，装于汽车尾部牌照上方或左右，用来照亮后牌照，功率一般为 5 W，确保行人在后方 20 m 能够清楚地看见牌照上的文字。

倒车灯，是倒车时用来照明后方道路并提醒其他车辆和行人注意的照明、信号两用灯。倒车灯颜色是白色，驾驶员挂上倒挡，就自动接通倒车灯，灯的亮度应照亮 7.5 m 的距离，灯泡功率一般为 28 W。

车门灯，一般用于轿车或旅行车。当车门打开时，车门灯电路即接通，车门灯被点亮；当车门关上时，车门灯便熄灭。为了便于驾驶员上、下车或打开其他照明设备以及插入点火钥匙等操作，有的车门灯电路还设有自动延时器。

仪表及开关照明灯，主要用于夜间行车时仪表及开关的照明。仪表及开关照明灯为驾驶员及时查看仪表以及操作开关提供了便利条件。

顶灯、阅读灯，顶灯安装在驾驶室顶部，主要用于车辆的内部照明。阅读灯一般装于乘客座位旁边供乘客阅读使用，提供给乘坐人员足够亮度，同时又不会影响驾驶员的正常驾驶或者其他乘员的休息。目前很多汽车的顶灯可以实现剧场式亮度控制及延时熄灭控制。

（三）汽车信号系统

1. 灯光信号装置

（1）转向信号灯

转向信号灯装在汽车的前后左右 4 角，其用途是在车辆转向、路边停车、变更车道、超车时，发出明暗交替的闪光信号，给前后车辆、行人、交警提供行车信号。前、后转向信号灯的灯光光色为琥珀色。转向信号灯的指示距离，要求前、后转向信号灯白天距 100 m 以外可见，侧转向信号灯白天距 30 m 以外可见。转向信号灯的闪光由闪光继电器控制，其频率应控制在 1.0 ~ 2 Hz，启动时间应不大于 1.5 s。

（2）危险报警信号灯

危险报警信号灯用于车辆遇到紧急危险情况时，同时点亮前后左右转向灯以发出警告信号。

（3）制动灯

制动灯由于指示车辆的制动或减速信号。制动灯安装在车尾两侧，两制动灯应与汽车的纵轴线对称并在同一高度上，制动灯灯光光色为红光，应保证白天距 100 m 以外可见。

（4）示廓灯

示廓灯安装在汽车前、后、左、右侧的边缘。大型车辆的中部、驾驶室外侧还增设了一对示宽灯，用于夜间行驶时指示汽车宽度。示廓灯灯光标志在夜间 300 m 以外可见。前示廓灯的灯光光色为白色，后示廓灯的灯光光色多为红色。

（5）后位灯

后位灯装于汽车后部，其作用是在夜间行车时，指示车辆的位置，后位灯灯光光色为红色，一般尾灯也叫后位灯，停车时起到驻车灯的作用，用来显示车辆的存在。

（6）后雾灯

后雾灯主要是在大雾情况下，从车辆后方观察，使得车辆更为易见的灯具。由于它的穿透力较尾灯更强，可在很大程度上减少不良天气情况下汽车的追尾事故，预防交通事故的发生。后雾灯若采用单只时，一般安装于车辆纵向平面的左侧，与制动灯之间的距离应大于 100 mm，有的则安装在保险杠下方中间位置。后雾灯灯光光色为红色，灯泡功率一般为 35 W。

2. 声音信号装置

（1）电喇叭

电喇叭的作用是警告行人和其他车辆，电喇叭声级为 90 ~ 105 dB（A）。

（2）蜂鸣器

蜂鸣器一般装在仪表板或仪表台内，可以发出声音对驾驶员进行警告或提醒，比如大灯忘关、钥匙忘拔、门没锁好等信息。有的汽车蜂鸣器在倒车时，发出音响信号，警告车后行人和车辆。

（四）仪表系统

1. 仪表的作用

为了使驾驶员随时掌握车辆的各种工作状况，保证行车安全，并及时发现和排除车辆存在的故障，现代汽车上都安装有多种监控仪表和报警信息装置，这些装置一般都集成在仪表台上形成仪表总成。汽车仪表台是车辆和驾驶员进行信息沟通的最重要最直接的人机界面。对于汽车仪表，不但要求其工作可靠、抗震、耐冲击性好，更要美观大方，指示准确、清晰，便于读取。

2. 仪表的分类

汽车仪表可按工作原理和安装方式进行分类。

汽车仪表按工作原理可分为机械式仪表、电气式仪表、模拟电路电子仪表和数字化电子仪表。传统仪表一般是指机械式仪表、电气式仪表和模拟电路电子仪表。随着现代汽车不断向信息化和电子化方向发展，数字化电子仪表相对于传统仪表具有集成度和精确度高、信息含量大、可靠性好及显示模式自由等优点，逐步取代传统仪表。

汽车仪表按安装方式可分为分装式仪表和组合式仪表 2 种。分装式仪表是各仪表单独安装，这在早期汽车以及赛车上比较常见。组合式仪表是将各种仪表在设计时就组合在一起，结构紧凑，便于安装。现代汽车最常用的是组合式仪表。组合仪表又分为可拆式和整体不可拆式 2 种。可拆式组合仪表的仪表、指示灯等组成部件如果损坏可以单独更换，而整体不可拆式仪表的仪表、指示灯等组成部件如果损坏就要更换总成，代价较高。

现代轿车的仪表台总成一般分成 2 部分，一般是指方向盘前的主仪表板和司机旁通道上的副仪表板以及仪表罩构成的平台。主仪表板上一般集中了全车的监控仪表，如车速表、发动机转速表、油压表、水温表、燃油表等。有些仪表还设有变速挡位指示、时钟、环境温度表、路面倾斜度和海拔高度表等。按照当前流行的仪表台设计款式，一般将空调、音响、导航、娱乐等设备的显示和控制部件安装在副仪表板上，以方便驾驶者的操作，同时也显得整车布局紧凑合理，这种常见的仪表台布局形式如图 6-10 所示。

汽车仪表装在仪表台上最便于驾驶员观察的位置，并且以最清晰、直观、简便的方式来显示信息。主仪表板上最醒目的位置都是用来指示车辆最基本也最重要的工况信息，同时也用其他指示形式来指示一些次要信息。一般汽车仪表都具备最基本最重要的如车速、里程、发动机转速、水温、燃油量等信息的指示功能，以及发动机电控、灯光、电源、安全、润滑、制动等系统相关工况信息的指示及报警功能。例如，别克君威轿车仪表及其功能如图 6-11 所示。

图6–10　雅阁轿车仪表台布局

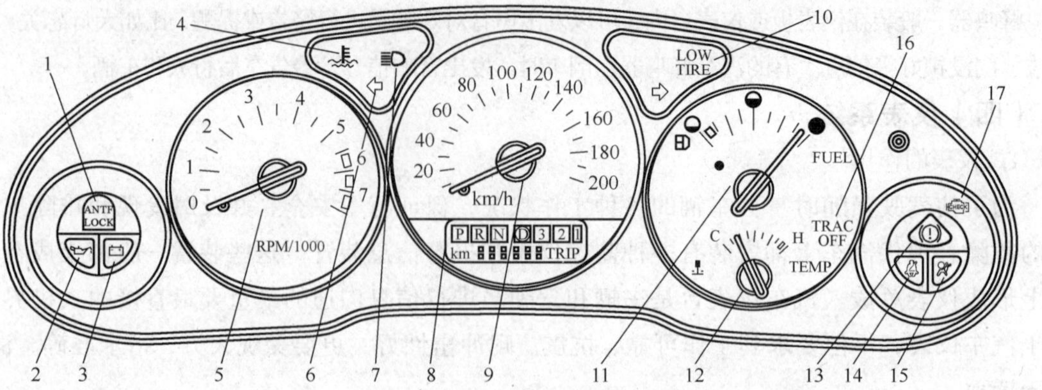

图6-11 别克君威汽车仪表及其功能

1—防抱死制动系统报警灯 2—机油压力报警灯 3—充电指示灯 4—水温报警灯 5—转速表 6—转向指示灯 7—大灯指示灯 8—变速器挡位指示（AT车辆）和里程/单程显示 9—车速表 10—轮胎压力报警灯 11—燃油表 12—水温表 13—制动系统报警灯 14—安全带指示灯 15—安全气囊报警灯 16—牵引力关闭指示灯 17—发动机故障报警指示灯

3. 传统汽车仪表

（1）组成与分类

传统汽车仪表中的燃油表、水温表和机油压力表（油压表），虽然测量指示的参数不同，但其均由指示表和传感器组成。

指示表在原理上分为电热式（双金属片式）和电磁式。电热式指示表是利用电热线圈产生的热量加热双金属片，使之变形带动指针指示相应的示值，它需要的是断续的脉冲电流；电磁式指示表是利用垂直布置的 2 个电磁线圈通过不同的电流，形成合磁场磁化转子，转子带动指针指示相应的示值，它是一种流比式仪表，需要的是连续的电流信号。

传感器是配合指示表使用的，其作用是提取所需的参量，将被测物理量变为电信号。为了测取不同的参数，传感器在结构上有所不同。传感器可分为电热式和可变电阻式，后者又可分为滑线变阻器式和热敏电阻式。电热式传感器提供的是断续的脉冲电流信号，而可变电阻式传感器提供的是连续变化的电流信号。

将上述类型指示表和传感器组合在一起，就产生了 4 种不同形式的仪表，即

① 电热式指示表+电热式传感器；

② 电磁式指示表+可变电阻式传感器；

③ 电热式指示表+可变电阻式传感器；

④ 电磁式指示表+电热式传感器。

其中前 3 种组合形式的仪表在汽车上得到广泛应用，如常见的燃油表、水温表和机油压力表。电热式指示表需要断续的脉冲电流，当配用可变电阻式传感器时，往往配有可产生断续脉冲电压的仪表稳压器。因电热式传感器配电磁式指示表会因断续电流造成指针指示不稳，故这种形式没有被采用。

① 燃油表。燃油表用来检测和指示燃油箱中的燃油量。燃油表由指示表和传感器组成，指示表常见有 2 种类型，即电磁型和电热型，传感器一般使用可变电阻式的传感器。有的车型还同时设有燃油报警指示装置和燃油表配合使用。

② 水温表。水温表用来检测和指示发动机冷却液的工作温度。水温表由指示表和水温传感器 2 部分组成。指示表安装在仪表板内，有 2 种结构形式，即电热式和电磁式；水温传感器安装在发动机汽缸的冷却水套或管路上，有 2 种类型，即电热式和热敏电阻式。目前在多数汽车上，水温表与水温报警灯同时使用。

③ 机油压力表。机油压力表是在发动机运转时，用来指示发动机润滑系统主油道压力大小和系统工作是否正常的仪表。机油压力表通常也是由指示表和机油压力传感器组成，其压力传感器一般拧在机油泵后方的主油道上。常见机油压力表类型有电热式、电磁式和弹簧管式。目前很多车辆取消机油压力表，而用机油压力报警装置代替机油压力表来监控机油压力。机油压力报警装置通常装在发动机润滑系统主油道中，当机油压力低于正常值时，对驾驶员发出报警信号，它由装在仪表板上的机油低压报警灯和装在发动机主油道上的机油压力开关组成。

（2）结构与工作原理

① 电热式指示表配电热式传感器。

- 电热式机油压力表。电热式机油压力表的结构如图 6-12 所示。

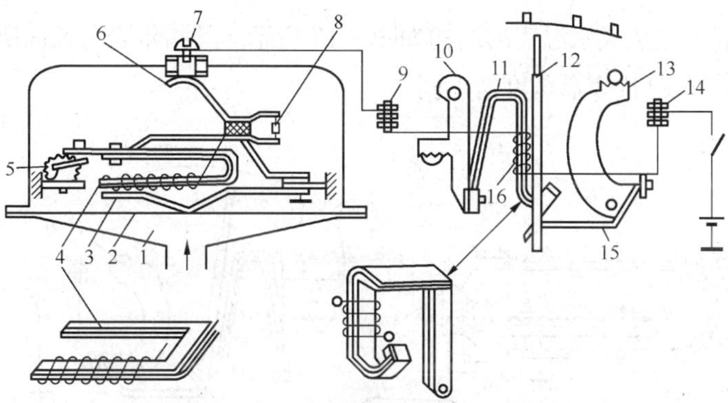

图6-12　电热式机油压力表的结构

1—油腔　2—膜片　3、15—弹簧片　4—双金属片　5—调节齿轮　6—接触片　7、9、14—接线柱　8—修正电阻　10、13—调节齿扇　11—指示表双金属片　12—指针　16—加热丝

电热式指示表：机油压力表内装有双金属片 11，双金属片的一端固定在可微调的金属支架 10 上，另一端弯成钩形，扣在指针 12 上，并缠绕有发热金属丝 16，接线柱 9 与传感器相接，接线柱 14 经点火开关与电源相接。

电热式机油压力传感器：油压传感器内部装有金属膜片 2，膜片下腔 1 与发动机的主油道相通，发动机的机油压力直接作用在膜片上，膜片的上方压着弹簧片 3，弹簧的一端与外壳固定并搭铁，另一端焊有触点，双金属片 4 上绕着加热丝，加热丝的一端焊在双金属片的触点上，另一端焊在接触片 6 上。

工作原理如下。

当点火开关闭合时，压力表的电路为：蓄电池正极→点火开关→机油压力表接线柱 14→加热丝 16→接线柱 9→传感器接线柱 7→接触片 6→传感器的双金属片上的加热线圈→触点→弹簧片 3→搭铁→蓄电池负极。电流通过双金属片 11 和 6 的加热丝时，就会使双金属片受热变形。如果油压很低，传感器内的膜片变形很小，这时作用在触点上的压力很小。电流通过时，温度略有上升，双金属片 4 稍有变形时，就会使触点分开，切断电路。经过稍许时间后，双金属片 4 冷却伸直，触点又闭合，线圈再次通电发热，双金属片 4 变形，很快触点又分开，如此循环，触点在不断的开闭状态下工作。但由于机油压力低，触点压力小，极易分开，因而触点打开时间长，闭合时间短，使电路中的平均电流值很小，所以双金属片 11 受热变形小，指针 12 的偏转角度小，指示低油压。

当油压升高时，膜片向上拱曲，触点压力增大，使双金属片向上拱曲。这就需要加热线圈通电时间长，双金属片 4 有较大的变形，触点才能打开，而分开后，稍一冷却，触点就闭合。因此在油压升高时，触点打开时间短，闭合时间长，电路中平均电流值大，使得双金属片 11 受热变形量增大，指针 12 偏转角度大，指示高油压。为了使油压表的指示值不受外界温度变化的影响，双金属片做成“∏”形，其中一个为工作臂，绕有加热线圈，另一个为补偿臂。当外界温度变化时，工作臂和补偿臂同时变形，且弯曲方向相反，所以工作臂的附加变形得到了补偿臂相应变形的补偿，减小了误差。

- 电热式水温表。电热式水温表的结构如图 6-13 所示。其指示表与前面所述电热式机油压力表的指示表构造相同，只是仪表盘刻度值不同。

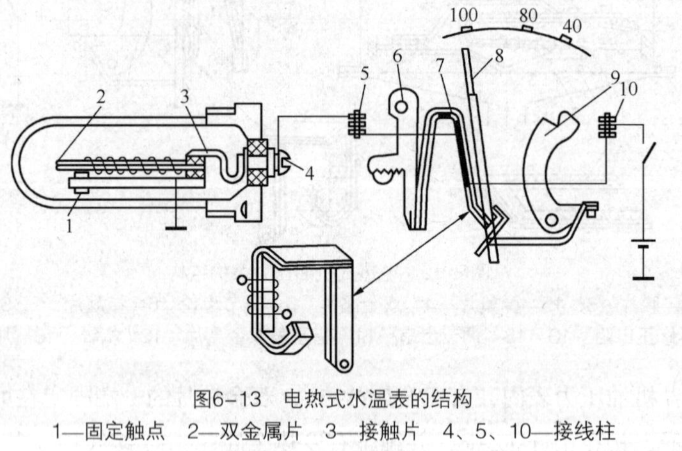

图6-13 电热式水温表的结构

1—固定触点 2—双金属片 3—接触片 4、5、10—接线柱

6、9—调整齿扇 7—双金属片 8—指针

水温传感器为一密封套管，内装有双金属片 2，上面绕有加热丝，加热丝的一端通过连接片 3 和接线柱 4 与指示表相连，另一端经固定触点 1 搭铁。

水温表的工作原理与机油压力表相似。当电路接通、水温不高时，水温传感器内的双金属片 2 主要依靠加热丝产生变形，故双金属片 2 需经较长时间的加热，才能使触点分开。触点打开后，由于四周温度低散热快，双金属片 2 迅速冷却又使触点闭合。当水温低时，触点在闭合时间长而断开时间短的状态下工作，使流过水温表加热线圈中的电流平均值大，双金属片 7 变形大，带动指针向右偏转角大，指示低水温。当水温高时，双金属片 2 周围温度高，触点的闭合时间短而断开时间长，流过水温表加热线圈的电流平均值小，双金属片 7 变形小，指针向右偏转角小，指示高水温。

② 电磁式指示表配可变电阻式传感器。电磁式指示表在结构上又可分为无铁芯式和有铁芯式。

- 无心电磁式水温表。图 6-14 所示为无心电磁式水温表的结构及电路连接图。指示表中有两线圈 w_1 和 w_2，中间置有铁磁转子，转子上连有指针。可变电阻式传感器是利用负温度系数热敏电阻感受水温变化来改变阻值的。当水温增高时，传感器电阻值减小，当水温降低时，传感器电阻值增大。线圈 w_1、w_2 与传感器电阻连接的等效电路，如图 6-15 所示。

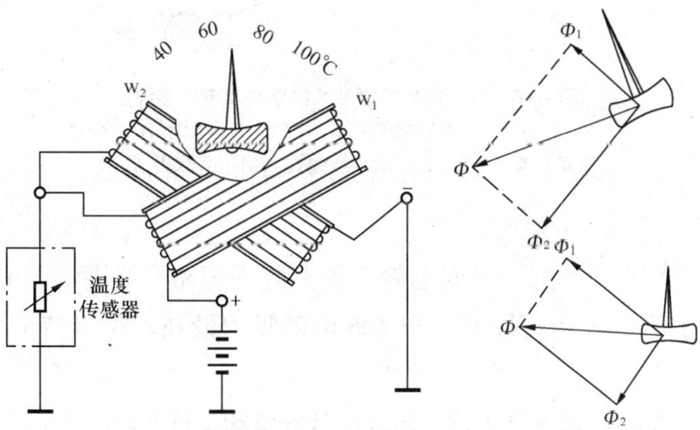

图6-14　无心电磁式水温表的结构及电路连线图

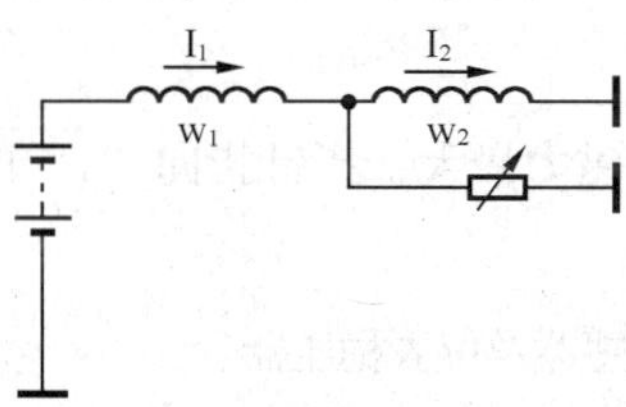

图6-15　线圈w_1、w_2与传感器电阻连接的等效电路

当温度较低时，热敏电阻阻值增大，经过线圈 w_1 的电流相对减小，而 w_2 的电流相对增大，其合成磁通通过转子轴线，转子带动指针指向低温。随着温度升高，热敏电阻阻值减小，此时线圈 w_2 的电流减小，w_1 的电流相对增大，合成磁通使转子带动指针指向高温。

如果将传感器换成感受液面变化的可变电阻，可组成燃油表，或者将传感器换成可变电阻式油压传感器，即可组成油压表。这种电磁式油压表的优点是当电源电压变动时，通过线圈 w_1 和 w_2 的电流成比例地增、减，表的指示值不受影响，而且指针的响应比较快。

- 有芯电磁式燃油表。如图 6-16 所示为有芯电磁式燃油表的结构及电路连接图。其指示油表有左右 2 个电磁线圈，其轴线互成 90°，在线圈铁芯上，固装有导磁弯板，在指针轴上安装有指针转子、指针、小飞轮和配重。传感器由可变电阻、滑片和浮子等组成。当油箱内油位高低变化时，浮子带动滑片移动，从而改变电阻大小。线圈 1 与可变电阻串联，线圈 2 与可变电阻并联。

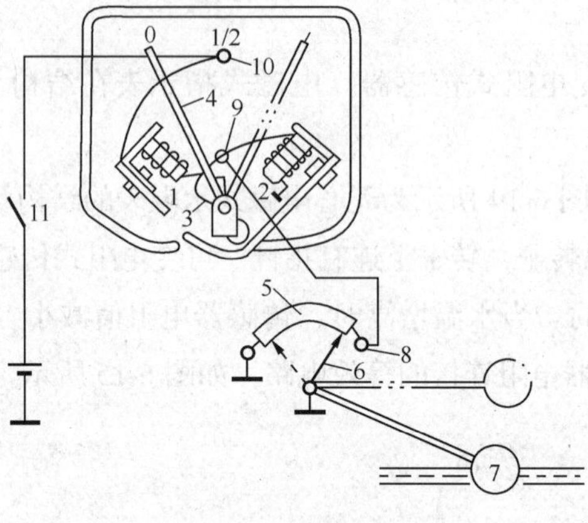

图6-16　有芯电磁式燃油表的结构及电路连线图
1、2—线圈　3—指针转子　4—指针　5—电阻　6—滑片
7—浮子　8、9、10—接线柱　11—点火开关

其工作原理如下。

当油箱无油时，浮子 7 下沉，可变电阻 5 被滑片 6 短路，线圈 2 同时被短路，无电流通过。此时，线圈 1 中的电流达到最大，产生的电磁吸力最强，吸引转子 3 使指针指向“0”的位置。

当油箱中的燃油增加时，浮子 7 上浮，带动滑片 6 滑动，可变电阻 5 的阻值变大，使线圈 2 中的电流增加，而线圈 1 中的电流减小，在线圈 1 和线圈 2 的合成磁场作用下，转子带动指针向右偏转，指针指向高刻度位置。

当油箱装满油时，线圈 2 的电磁力最大，指针指向“1”的位置，当油箱中油为半箱时，指针指向“1/2”的位置。

③ 电热式指示表配可变电阻式传感器及仪表稳压器。

- 电热式燃油表。该燃油表的指示表是电热式，因为电热式指示表需要断续的脉冲电流，配以可变电阻式传感器，还需要可产生断续脉冲电压的仪表稳压器才能正常工作，其系统组成如图 6-17 所示。

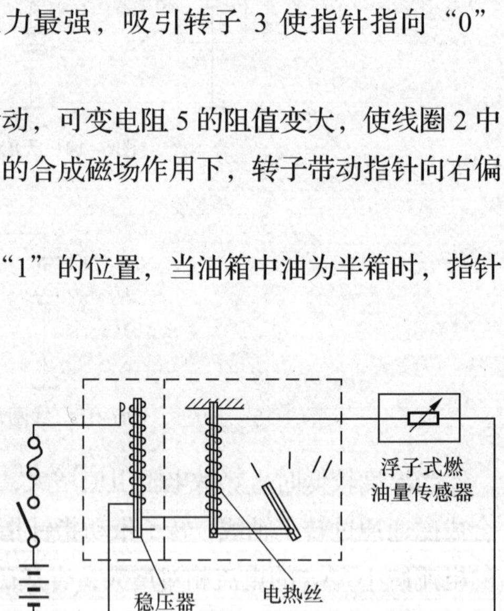

图6-17　电热式-可变电阻型燃油表的系统组成

流经电热丝的电流大小取决于传感器中浮子式滑线电阻器浮子的位置，如图 6-18 所示，该变阻器的输出阻值依赖于浮子的位置。当油量多时，浮子位置高，输出电阻小，电流大，指针偏右；当油量少时，浮子位置低，输出电阻大，电流小，指针偏左。

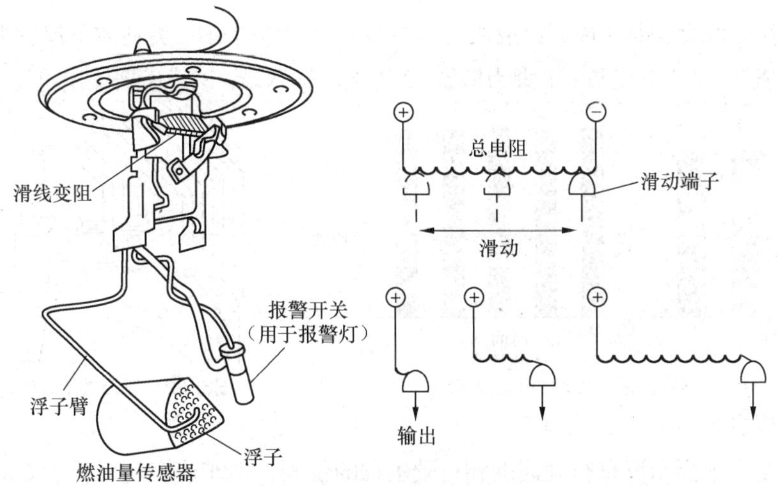

图6-18　滑线变阻式燃油量传感器

- 仪表稳压器。由于电源电压的变化会对仪表指示值产生影响，造成仪表示值误差，所以仪表电路一般要装有仪表稳压器。常用的仪表稳压器有双金属片型和集成电路型。因为电热式指示表需要断续的脉冲电流，所以电热式指示表配可变电阻式传感器的仪表电路一般装置双金属片型仪表稳压器。

双金属片型仪表稳压器的结构如图 6-19 所示，是由带触点的双金属片元件和电热丝组成，其原理电路如图 6-20 所示。其工作原理如下。

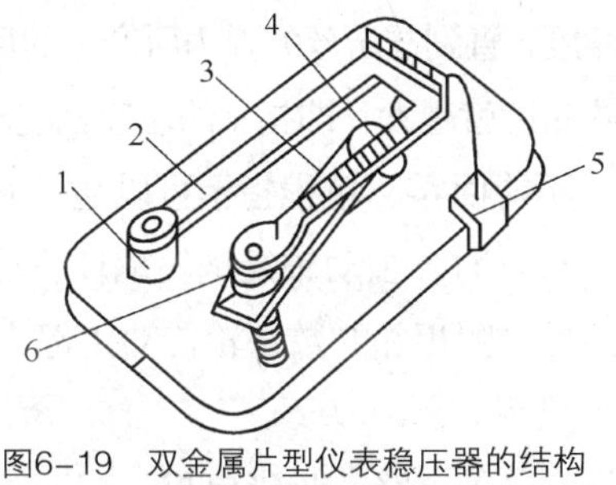

图6-19　双金属片型仪表稳压器的结构
1—输出接线柱　2—双金属片　3—电热丝
4—输入接线柱　5—搭铁接线柱　6—触点

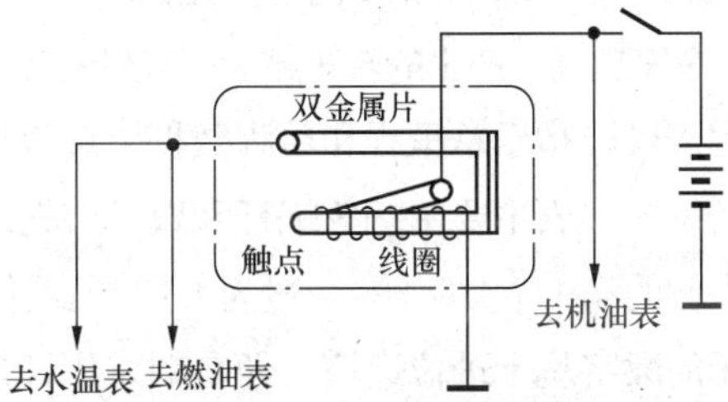

图6-20　双金属片型仪表稳压器的原理电路

当电源电压偏高时，流过电热线圈的电流增大，只需要较短的时间双金属片工作臂就上翘，将触点打开，触点分开后又必须经较长的时间冷却，双金属片工作臂方能复原，使触点闭合，于是触点在双金属片的作用下，作打开时间长而闭合时间短的不断开闭工作，将偏高的电源电压适当降低为某一定输出脉宽电压平均值。

当电源电压偏低时，流过电热线圈中的电流减小，双金属片受热慢，变化程度小，使触点闭合时间较长。触点打开后，电流停止流经电热丝时，双金属片元件冷却，而此时触点只需较短的时间冷却即可闭合，于是触点处打开时间短而闭合时间长。稳压器在触点不断开闭情况下工作，即使在蓄电池电压波动时，电流量也保持在恒定的水平。

仪表稳压器工作时的电压波形如图 6-21 所示。

集成电路型仪表稳压器主要采用汽车专用的三端集成稳压块，具有结构简单、成本低、稳压效果好、使用寿命长等优点，因此被广泛应用。图 6-22 所示为桑塔纳、奥迪轿车仪表板专用的三端式集成电路电子稳压器，1 为输出脚；⊥脚为搭铁；2 为电源输入端。该稳压器输出电压为 9.5 ~ 10.5 V。

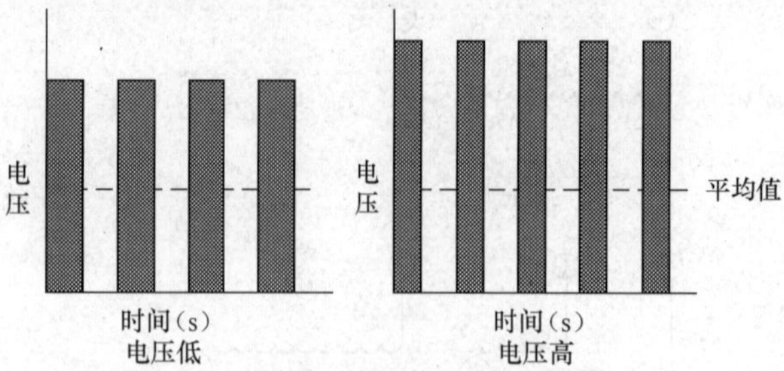

图6-21　仪表稳压器工作时的电压波形

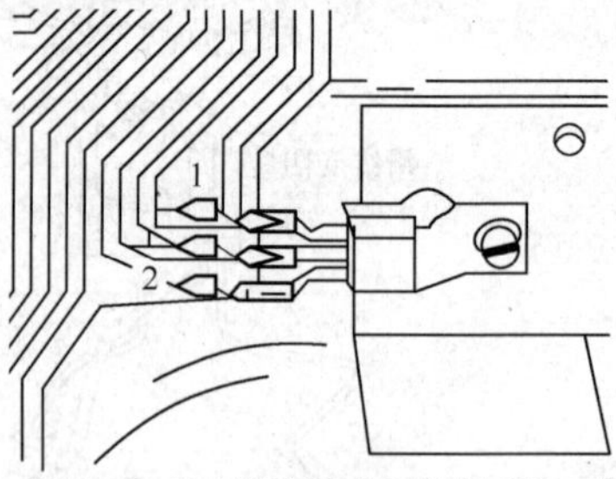

图6-22　三端式集成电路电子稳压器

（3）车速里程表

车速里程表是用来指示汽车行驶速度和行驶里程的仪表，由车速表和里程表 2 部分组成。常见的车速里程表有磁感应式和电子式 2 种。

① 磁感应式车速里程表。磁感应式车速里程表主要利用磁感应原理工作，无电路连接。其具体结构如图 6-23 所示，由永久磁铁、铝罩、护罩、刻度盘和表针等组成。永久磁铁与主动轴紧固在一起，主动轴由来自变速器输出轴的挠性软轴驱动，表针、铝罩固接在中芯轴上，刻度盘固定在表外壳上。不工作时，铝罩在游丝的作用下，使表针定位于“0”位。当汽车行驶时，来自变速器输出轴的挠性软轴驱动主动轴带动 U 形永久磁铁旋转，在铝罩上感应出电涡流而产生磁场，这个磁场与永久磁铁的旋转磁场相互作用产生转矩，使铝罩向永久磁铁旋转方向转过一定角度，直到与游丝的弹力所产生的反方向转矩平衡。车速越高，产生的转矩越大，表针在刻度盘上摆动的角度就越大，即指示的车速就越高。

里程表可以指示总里程和单程数据，总里程只能累加，不能回零，单程指示可以通过回零按钮回零。传统里程表主要由蜗轮蜗杆和数字转轮组成，当汽车行驶时，主动轴经蜗轮蜗杆驱动数字轮上的最右侧的第 1 个数字轮（一般为 1/10 km），任一个数字轮与左侧相邻的数字轮传动比都为 10∶1，这样显示的数字呈十进位递增，便自动累积计量汽车的行驶里程。

② 电子式车速里程表。电子车速里程表由车速传感器、电子电路、步进电机、车速表和里程表等组成。图 6-24 所示为电子式车速里程表的结构框图。

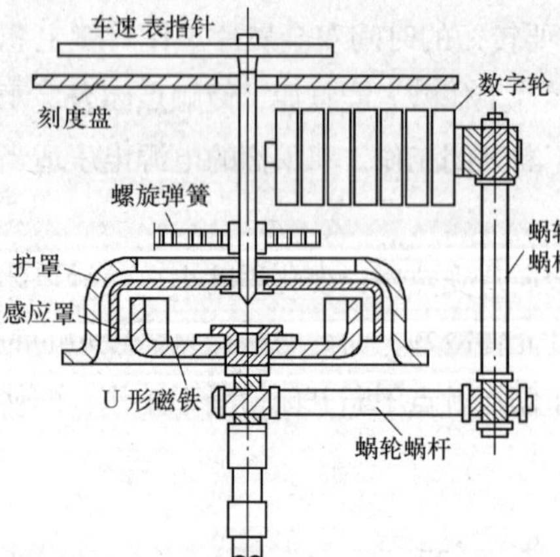

图6-23　磁感应式车速里程表的结构

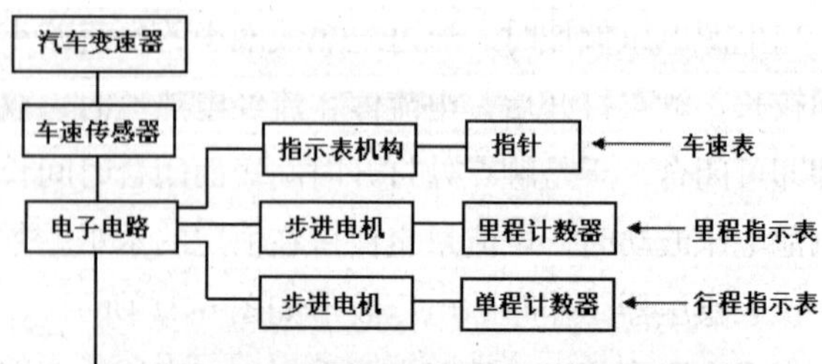

图6-24　电子式车速里程表的结构框图

奥迪 100 轿车的组合仪表中装有电子式车速里程表。其原理如下。

车速传感器由变速器驱动，能够产生正比于汽车行驶速度的脉冲电信号。传感器由 1 个舌簧开关管和 1 个含有 4 对磁极的转子组成，如图 6-25 所示。磁性转子每转 1 周，舌簧开关管中的触点闭合 8 次，产生 8 个脉冲信号。车速越高，传感器的信号频率越高，电子电路的作用是将车速传感器送来的具有一定频率的电信号，经整形、触发，输出一个与车速成正比的电流信号。该电子电路主要包括稳压电路、恒流电源驱动电路、64 分频电路和功率放大电路，如图 6-26 所示。仪表精度由电阻 R_1 调整，仪表初始工作电流由电阻 R_2 调控，电阻 R_3 和电容器 C_3 用于电源滤波。

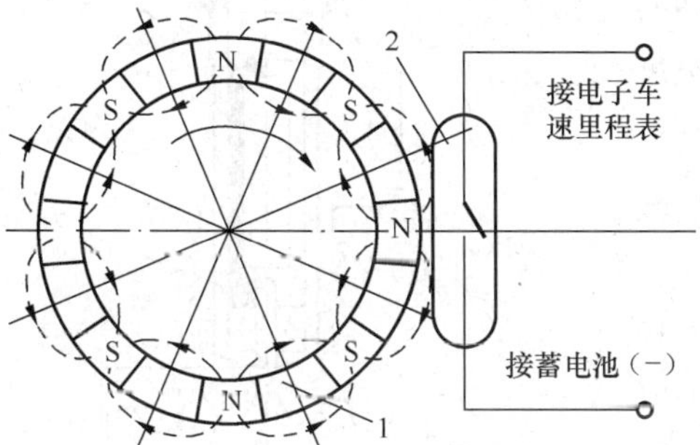

图6-25　奥迪100轿车电子式车速里程表传感器
1—磁性转子　2—舌簧开关

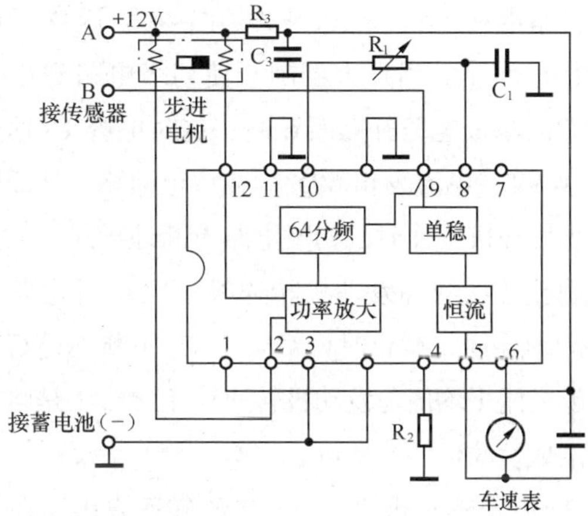

图6-26　奥迪100轿车电子式车速里程表电子电路

车速表实际上是一个电磁式电流表，当汽车以不同车速行驶时，从电子电路端子 6 输出与车速成正比的电流信号驱动车速表的指针偏转，从而指示相应的车速。里程表由 1 个步进电机及 6 位制的十进制齿轮计数器组成，步进电机受电子电路中控制器控制来驱动计数器转动，如图 6-27 所示。

（4）发动机转速表

发动机转速表能够直观地显示发动机在各个工况下的转速。汽车发动机的扭矩输出和转速有着密切的关系，驾驶员知道发动机的运转情况，可以恰当地选择换挡时机，配以合适的变速器挡位和油门位置，可使车辆保持最佳的工作状态，对减小油耗，延长发动机寿命很有好处。

发动机转速表有机械式和电子式 2 种。机械式转速表的结构和工作原理与上述磁感应式车速表基本相同，不再赘述；电子式转速表具有指示平稳、结构简单、安装方便等优点，所以被广泛采用。

电子式转速表一般由指示表、信号处理电路组成，有的还要有发动机转速传感器。电子式转速表获取发动机转速信号的方式有 3 种：从安装在飞轮边缘的转速传感器取信号，从点火线圈取脉冲信号和从交流发电机单相定子绕组取正弦交流信号，因为发动机转速和这些信号的频率呈正比。

① 电容充放电式转速表。电容充放电式转速表电路（以桑塔纳轿车为例）原理如图 6-28 所示，发动机转速信号取自点火线圈初级电流中断时产生的脉冲信号。其工作原理如下。

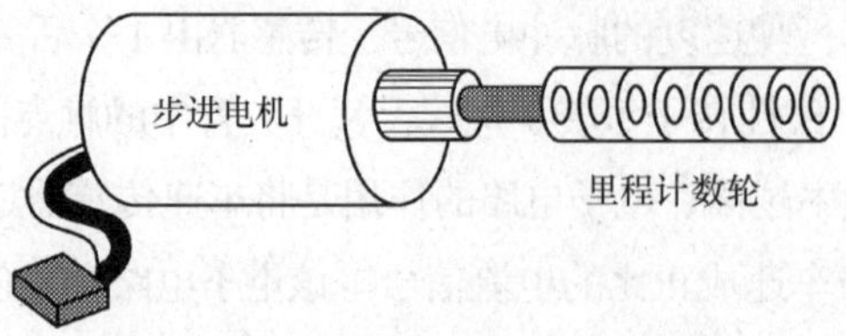

图6-27　奥迪100轿车里程表驱动

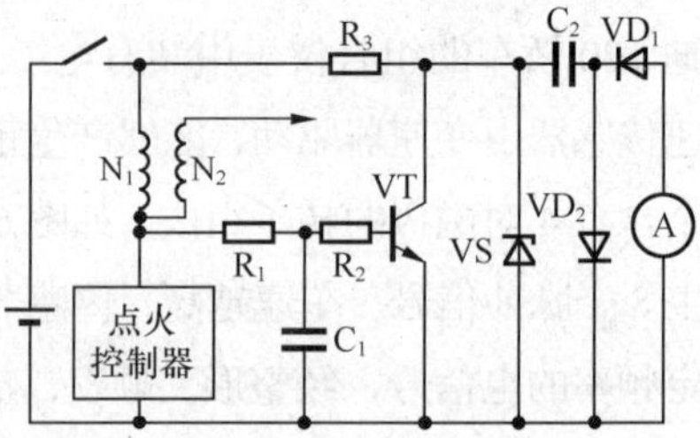

图6-28　桑塔纳轿车电子转速表电路原理

当点火控制器使一次侧电路导通时，三极管 VT 处于截止状态，电容 C_2 被电源充电。其充电电路为：蓄电池正极→点火开关→R_1→C_2→VD_2→蓄电池负极，构成回路。当点火控制器使初级电路截止时，三极管 VT 因基极电压升高而导通，这时电容 C_2 通过导通的三极管 VT，电流表和 VD_1 构成放电回路，从而驱动电流表。当发动机工作时，初级电路不断地导通、截止，其导通、截止的次数与发动机转速成正比。因此当一次侧电路不断地导通、截止时，对电容 C_2 不断地进行充放电，其放电电流平均值与发动机转速成正比，于是将电流平均值标定成发动机转速即可。

② 电磁感应式转速表。这种转速表由装在飞轮壳上的转速传感器和装在仪表板上的指示表（包括电子线路）组成。如图 6-29 所示为磁感应式转速传感器的结构原理图，它由永久磁铁、感应线圈、芯轴、外壳等组成。

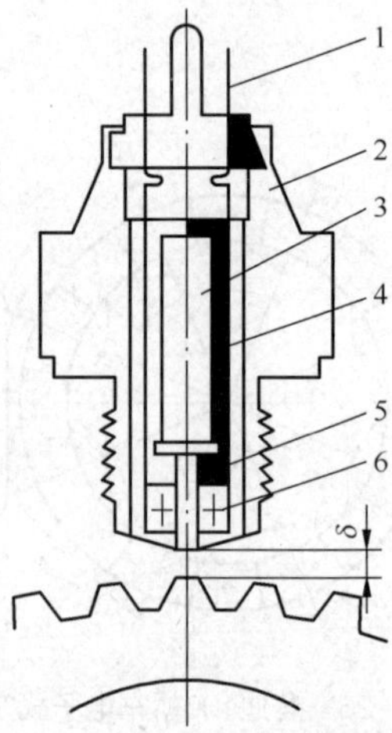

图6-29　磁感应式转速传感器的结构原理图
1—接线柱　2—壳体　3—芯轴　4—永久磁铁
5—铁芯　6—感应线圈

当飞轮转动时，齿顶与齿底不断地通过芯轴，空气隙的大小发生周期性变化，使穿过芯轴的磁通也随之发生周期性地变化，于是在感应线圈中感应出交变电动势。该交变电动势的频率与芯轴中磁通变化的频率成正比，也即与通过芯轴端面的飞轮齿数成正比。

磁感应式转速传感器输出的近似正弦波频率信号加在转速表线路，经电路处理后，输出具有一定的幅值和宽度的矩形波，用来驱动毫安表。

由于输入的信号频率与通过芯轴的飞轮齿数成正比，信号的频率和幅值与发动机转速成正比，当转速升高时频率升高，幅值增大，使通过毫安表中的平均电流增大，则指针摆动角度也相应增大，于是转速表指示的转速就高。

4. 数字仪表

（1）数字仪表的特点

随着电子技术的发展，以及对汽车的信息化、智能化要求不断提高，驾驶员需要更多、更快地了解汽车运行的各种信息，汽车仪表已经成为车辆和驾驶员进行信息沟通的终端。由于汽车上的各种信号转换为数字信号进行传输和处理是时代潮流，汽车仪表也自然向数字电路方向发展。数字仪表和传统仪表的基本区别就是各种信号都转化为数字信号传输、计算和处理，其仪表电路基本由集成数字电路组成。

数字仪表由实现汽车工况信息采集的传感器、单片机控制及信号处理的仪表控制单元和显示系统等组成。传感器将各种工况信号传输给仪表控制单元，这些工况信号中的模拟信号往往要经过 A/D 转换为数字信号然后，再经过仪表控制单元的计算处理，然后输出对应的信号驱动步进电机指示装置或利用显示设备以数字或图形显示出对应的示值。对于装备有多路传输系统的车辆，仪表只是该系统的一部分，用于仪表显示的信息往往也是发动机 ECU 所需要的，所以有的车辆的传感器信号送给发动机 ECU，然后再经过多路传输系统到仪表。

数字仪表都具有自诊断功能，可以进行自检。若仪表发生故障，则其故障代码会存放在组合仪表的电可擦写存储器里，用专用仪器调码后，可以读出故障码，便于维修人员迅速诊断故障。

（2）数字仪表的显示方式和显示器件

① 显示方式。数字仪表的显示形式有模拟式和数字式两种。模拟式显示形式一般是通过指针在固定的刻度盘上摆动来指示参数，该指针可以是由步进电机驱动的真实的指针，也可以是由液晶显示器虚拟显示的指针。数字式显示形式则用数字或者条杠图形代替指针图形符号指示参数。模拟式显示器在显示信号参数的相对变化时优于数字式显示器，这在驾车者必须很直观地看见而不需要准确读数时很有用。例如，显示发动机转速升高与降低时，模拟式显示转速表的效果要比数字式显示转速表好，由于驾车者并不需要知道发动机的准确转速，重要的是发动机转速达到仪表红线的快慢程度，而数字式显示形式更适合显示诸如里程、保养信息等精确数据，因而很多车速里程表将模拟式（车速）和数字式（里程）二者显示形式结合在一起。

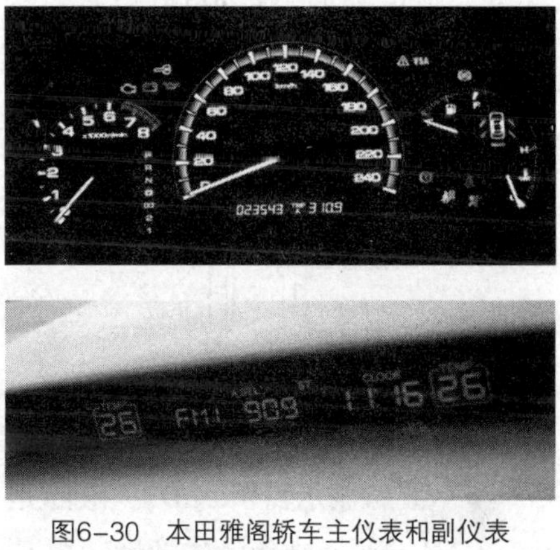

图6–30　本田雅阁轿车主仪表和副仪表

如图 6-30 所示为本田雅阁轿车以模拟显示为主的主仪表和数字式显示的副仪表。图 6-31 所示为雪铁龙凯旋轿车全数字式显示仪表。

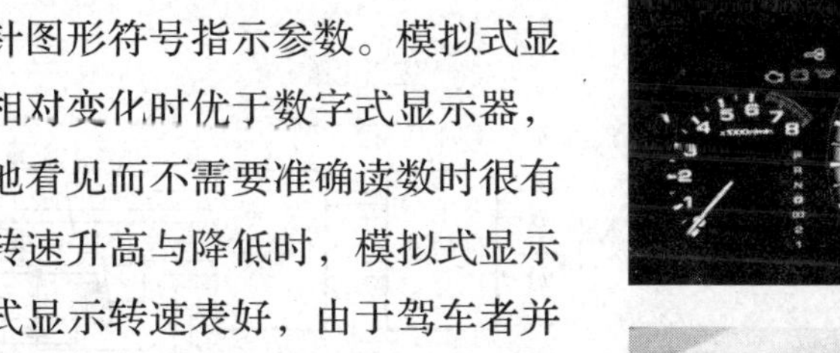

图6–31　雪铁龙凯旋轿车全数字式显示仪表

② 显示器件。汽车上使用的仪表数字显示器件有许多不同的类型，并且各有特点。最常用的

电子显示器件可分为发光型和非发光型2大类。发光型显示器自身发光，容易获得鲜艳的流行色显示，非发光型显示器靠反射环境光显示。发光型显示器件主要有真空荧光管（VFD）、发光二极管（LED）、阴极射线管（CRT）、等离子显示器件（PDP）和电致发光显示器件（ELD）等；非发光型显示器件有液晶显示器（LCD）和电致变色显示器件（ECD）等。这些都可以作为汽车电子显示器件使用，既可做成数字式的，也可做成图形或模拟指针式的。

目前最常用的数字仪表显示器件有以下3种。

- 发光二极管（LED）。发光二极管是应用最为广泛的低压显示器件，其实质是晶体管，结构如图6-32所示。发光二极管具有响应快、寿命长、体积小、节能等优点。发光二极管发光的颜色有红、绿、黄、橙、蓝、白等，可单独使用，也可用来组成数字、字母、发光条图。发光二极管在汽车上一般用于数字符号段或点数不太多的光杆图形显示、警示灯或者仪表盘面、公里表指针和液晶面板背光光源。图6-33所示为由发光二极管组成的7字符段显示电路。

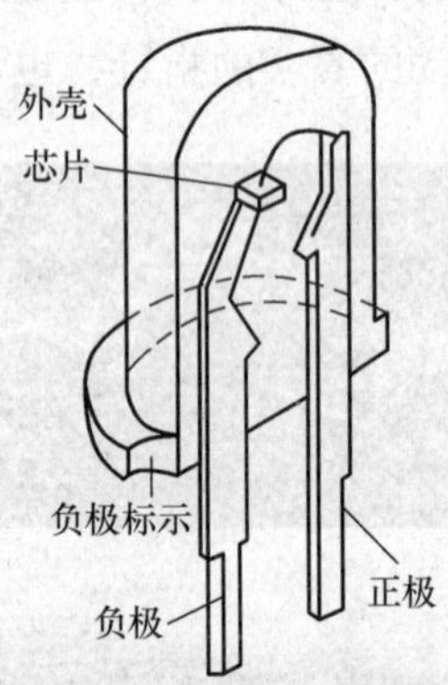

图6-32 发光二极管结构

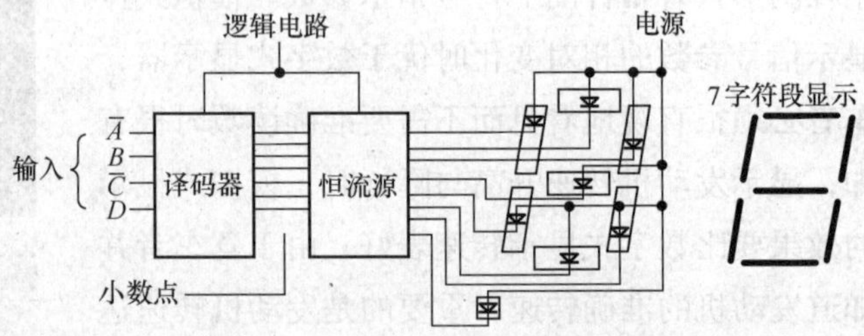

图6-33 发光二极管组成的7字符段显示电路

- 液晶显示器（LCD）。液晶是一种有机化合物，由长形杆状分子组成。在一定的温度范围内，它具有普通液体的流动性，也具有晶体的某些特征。液晶的光学性质随分子排列方向的变化而变化，当在液晶上加一个电场时，液晶杆状分子的长轴方向发生变化，因此液晶的光学性质也发生变化。

液晶显示器的结构如图6-34所示，前玻璃板和后玻璃板之间夹有一层液晶，外表面贴有垂直偏光镜和水平偏光镜，最后面是反射镜。液晶显示器的工作原理如图6-35所示，当液晶不加电场时，液晶的分子排列方式可将来自垂直偏光镜的垂直方向的光波旋转90°，变成水平方向的光波，再经水平偏光镜后射到反射镜上，经反射后按原路回去，这时透过垂直偏光镜看液晶时，液晶呈亮的状态。当液晶加一电场时，液晶的分子排列方式改变，不能将来自垂直偏光镜的垂直方向的光波旋转，通过液晶后仍是垂直方向的光波，不能通过水平偏光镜达到反射，这时透过垂直偏光镜看液晶时，液晶呈暗的状态。这样将液晶制成字符段，通过控制每个字符段的通电状态，就可显示不同的字符。

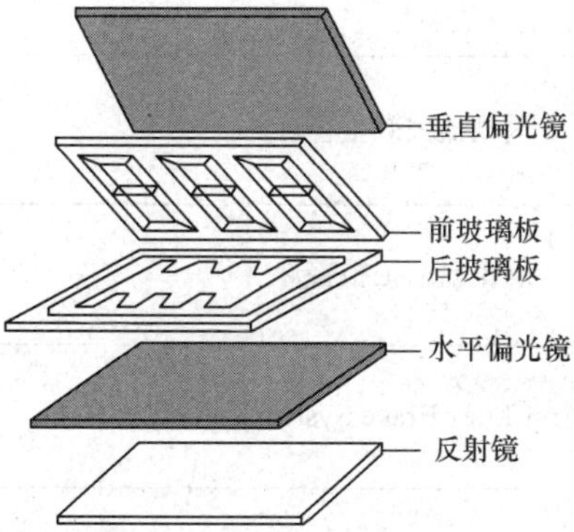

图6-34　液晶显示器的结构

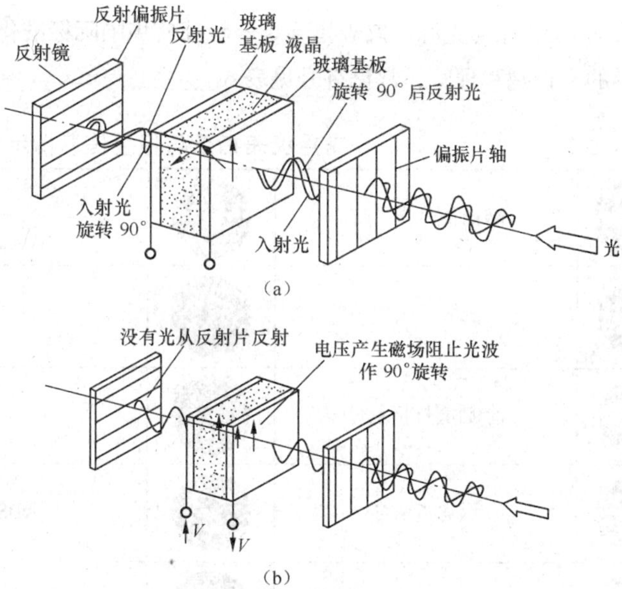

图6-35　液晶显示器的工作原理

液晶显示器功耗小、显示信息灵活、示值清晰，但是由于液晶是非发光物质，所以必须要外界提供背景光源照明才可读数。液晶显示器一般用于仪表里程、时钟或者综合信息的显示。

- 真空荧光显示器（VFD）。VFD 产生的光就像电视机中的显像管发光一样，色彩鲜艳，明亮清晰，是最常用的数字显示器。其工作原理如图 6-36 所示。灯丝实质上为带涂层电阻丝 5，电阻丝被电流加热，涂层产生自由电子，这些电子又被加速栅极的磁场加速。由于阳极电压比栅极高，电子被吸引穿过栅极的细丝网孔到达阳极，撞击阳极上相应区段的荧光物质后便产生蓝绿色光。高电压只施加于阳极片上要形成需显示的字符的区段，仪表电脑选择性的给需要发光信息显示的区段通电，而未通电的字符段则不发光，这样仪表即显示不同的数字信息。VFD 的亮度可以通过增减加速栅极电压而变化，较高的栅极电压可增加显示亮度。

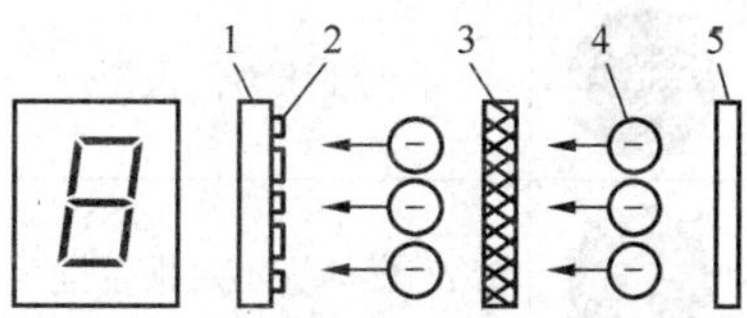

图6-36　真空荧光显示器的工作原理
1—玻璃面板　2—阳极区段
3—加速栅极　4—电子
5—带涂层的灯丝（阴极）

（五）汽车报警信息系统

1. 汽车报警信息系统的作用和符号

汽车仪表除了指示基本的车辆行驶工况信息外，还要对其他的一些工况进行监控并向驾驶员发出指示或警告信息，这些信息通常以指示灯的形式显示在仪表板上或者以文字信息显示在液晶显示器上，有的还伴随蜂鸣声，使驾驶员引起注意或重视。对于运用多路传输系统的汽车，它的仪表系统当然也包括指示灯，不过这些系统都是由 PCM（动力控制模块）或 BCM（车身控制模块）控制的，它们通常是多路传输系统的一部分。

汽车仪表上的指示灯系统一般由光源、刻有符号图案的透光塑料板和外电路组成。指示灯的光源以前大多采用小的白炽灯泡，损坏可以更换。目前电子仪表上更多的是采用体积小、亮度高、易于集成的 LED 作为光源。仪表指示灯一般都使用国际标准化组织（ISO）规定的通用符号，易于为全世界的人识别和理解，常见符号见表 6-1。

表 6-1　　常用仪表指示与报警信息指示灯符号

符号	名称	符号	名称
	转向信号指示灯		安全带警告灯
	远光指示灯		制动器失效报警灯
	前/后雾灯指示灯		刹车盘磨损报警灯
	示宽指示灯		ABS（Anti-Lock Brake System）指示灯
	充电报警灯		TCS（Traction Control System）指示灯
	水温报警灯		VSC（Vehicle Stability Control）指示灯
	机油压力低报警灯		EPC（Electronic Power Control）指示灯
	燃油量不足报警灯		发动机故障报警灯
	清洗液不足报警灯		车门未关报警灯
	安全气囊报警灯		O/D（Over-Drive）挡指示灯

目前汽车仪表上的指示灯比较多，一般来说，指示灯可分为 3 种类型：第 1 种是工作状态指示灯，如转向信号指示灯，大灯远、近光指示灯，前雾灯指示灯等，一般颜色为绿色或蓝色；第 2 种是警告指示灯，如制动片磨损、燃油不足、清洗液不足等警告指示灯，这类灯光一般为黄色，用以警告驾驶员尽快进行处理，一般不影响行驶安全；第 3 种为报警灯，如机油压力低、水温高、充电系统故障及 ABS 故障等报警灯，一般采用红色，用来指示车辆某系统出现故障或异常情况，此类灯亮时应引起驾驶员高度重视，警告灯如果点亮而对它置之不理，要么会对行车安全造成巨大影响，要么对车辆本身造成很大的伤害，是必须要立即进行处理的。

驾驶员在驾驶汽车的时候，一定要养成及时关注仪表指示灯状态的好习惯，并能够根据各指示灯对应的含义和点亮或闪亮的状态采取应对措施，以做到正确使用、维护车辆和安全驾驶。

2. 常见汽车报警信息系统的意义和原理

汽车的信息指示和报警装置的组成和工作原理因车型不同而各有差异，在此对最常见、最重要的指示灯和警告灯作以介绍。

（1）状态和故障指示灯

状态指示灯最常用于灯光信号，如大灯的远/近光指示灯、前/后雾灯指示灯、转向信号指示灯、示宽指示灯、危急报警指示灯等。灯光信号指示灯的点亮有的是受外电路的灯光控制开关直接控制的，有的要经过继电器控制的。

故障指示灯常用于与行车安全相关系统的警告指示，如轮胎气压低、安全气囊失效、制动液不足、清洗液不足等。

轮胎气压报警灯是在轮胎充气不足或者爆胎时，该报警灯都会点亮。有些系统设有红色和黄色报警灯，红色报警灯在轮胎压力过低或者爆胎时点亮，黄色报警灯则在轮胎压力较低时点亮，有些系统还会发出声音告知驾车者。轮胎气压压力的检测有的是靠检测车辆直行时不同车轮轮速差异计算出来的，有的则直接通过接收安装在轮胎气门芯内的无线压力传感器发射的信号判断的。

（2）警告指示灯

① 冷却系统。冷却系统报警信息一般指冷却液不足、液位过低报警和冷却液温度高报警。冷却液温度高报警灯的作用是当发动机冷却液温度升高到一定程度时，警告灯自动点亮，以示报警。冷却液温度高报警灯的通断通常由双金属温度开关控制。当冷却液温度低于 95 ~ 98℃时，双金属片上的活动触点与固定触点保持分离状态，警告灯不亮；当冷却液温度高于 95 ~ 98℃时，双金属片受热变形向下弯曲程度变大，使两触点接触，将警告灯电路接通，警告灯点亮，提醒驾驶员注意。

② 润滑系统。润滑系统信息指示和报警一般针对机油压力、机油温度、机油液面和机油质量等工况进行监控。

机油压力报警灯用于提醒驾驶员注意发动机的机油压力异常，指示机油泵是否以正常压力供给发动机的各部件，有的车辆上既有机油压力表又有机油压力报警灯，但多数车辆上只有机油压力报警灯。该灯由位于发动机润滑系统中的机油压力开关控制，机油压力警报装置的报警开关一般装在主油道上，如图 6-37 所示为弹簧管式机油压力报警电路。有些汽车的指示灯通过发出黄光或红光指示驾车者应采取的措施，红光表示发动机存在机油压力问题，应关闭发动机，黄光表示机油的油位过低，应尽快加注。

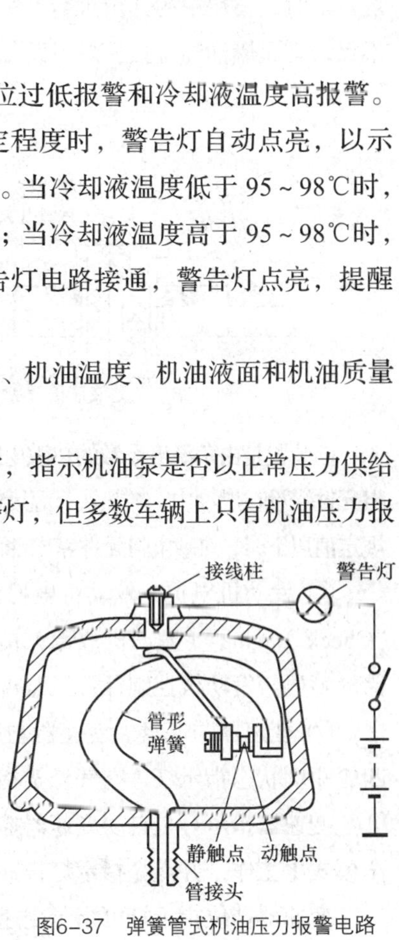

图6-37　弹簧管式机油压力报警电路

弹簧管式机油压力报警开关为盒式，内有一管形弹簧，一端与接头相连，另一端与动触点相连，静触点经接触片与接线柱相连，当机油压力低于 0.05 MPa 时，管形弹簧变形很小，动触点和静触点闭合，电路接通，警告灯点亮；当机油压力高于 0.05 MPa 时，弹簧变形较大，动触点和静触点分开，电路断开，警告灯熄火。

③ 制动系统。制动系统信息指示和报警包括驻车制动指示、制动系统真空助力器真空度过低、制动管路液压低、制动液不足、刹车片磨损过度、ABS 系统故障报警等。专为加拿大制造的汽车中可能设有一个独立的制动报警灯，专门指示驻车制动器处于制动状态。

如图 6-38 所示为常见的制动液液位报警开关结构。如果储液罐中的制动液少于规定容积，浮子下降，舌簧开关在永久磁铁的磁化下闭合，报警灯在发动机运转期间点亮。这种形式的报警开关可以装在储液罐盖子上，也可以装在储液罐底部，同时也可以用在冷却系统膨胀水壶、液压离合器储液罐、转向助力液储液灌和玻璃清洗储液罐等需要检测液位并在不足时及时报警的容器内。

④ 充电系统。充电指示灯指示充电系统的状况，如果充电系统存在故障，在发动机运转时该灯会点亮。当发电机的电压达到正常充电电压时，该警告灯熄灭。如果在正常行驶时，该警告灯亮，说明充电系统有功能故障。

⑤ 燃油供给。燃油量报警灯用于监视燃油箱中的燃油量，当燃油液位降至低于满箱油位高度规定值时，模块中的油位报警开关闭合，向燃油油位报警灯供电，使报警灯点亮，表明燃油剩余量不足。常见燃油油位报警灯电路如图 6-39 所示。

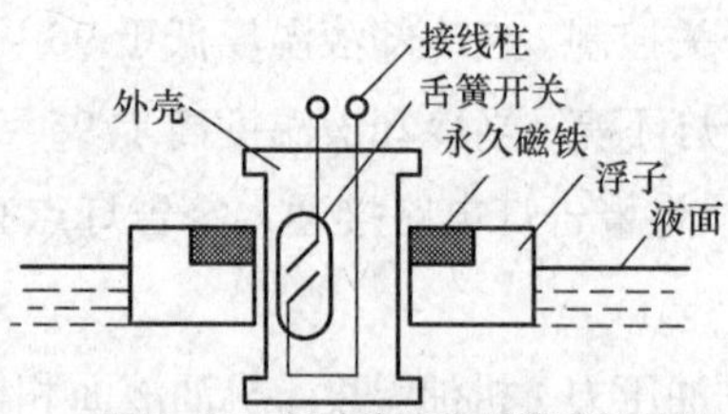

图6-38 制动液液位报警开关结构

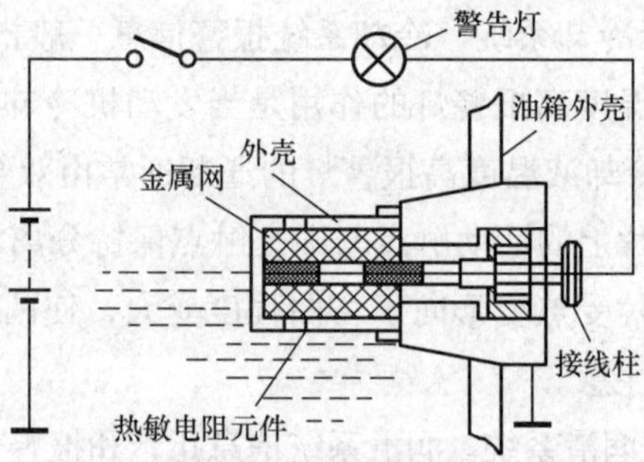

图6-39 燃油油位报警灯电路

该装置是由负温度系数的热敏电阻式燃油油量报警传感器和警告灯组成。当油箱内油量较多时，热敏电阻元件浸没在燃油中，散热快，温度较低，电阻值较大，因此电路中电流很小，警告灯不亮；当燃油减少到规定值以下时，热敏电阻元件露出油面，散热慢，温度较高，电阻值较小，因此电路中电流增大，警告灯亮。

⑥ 发动机电控。发动机电控系统有自检功能，一旦检测到发动机电控系统有故障，仪表上的"Check Engine"（发动机故障）指示灯就会点亮，提示驾驶员及时进站维修，并在发动机电脑中存储故障码。发动机控制计算机监视着发动机的多个系统，并在发现故障时将报警灯点亮。

⑦ 变速器与底盘。变速器与底盘信息指示和报警一般有变速器指示灯、变速器挡位指示灯、四轮驱动状态指示灯、空气悬架指示灯、牵引力及稳定性控制指示灯和巡航控制指示灯。

变速器指示灯是自动变速器控制系统的一部分，如果控制系统发现故障，将使变速器在故障安全模式下工作，并点亮指示灯告知驾车者变速器不能正常工作。

变速器挡位指示灯可指示变速器所在的挡位状态。

驱动模式指示灯是指在一些四轮驱动的汽车设有驱动模式选择功能，当该灯点亮时，表示汽车在四轮驱动模式下工作。

空气悬架指示灯是在空气悬架存在故障时，指示灯电路搭铁，该指示灯点亮，表明系统故障。

牵引力及稳定性控制指示灯是指在牵引力或稳定性控制系统中存在问题时，该灯或灯组的红灯会点亮，而在系统正在调节驱动力矩和制动力时，将黄灯点亮。专为加拿大制造的汽车，该报警灯的符号可能不同。

巡航控制指示灯点亮说明巡航控制功能启用。

三、项目实施

（一）通用别克君威轿车前照灯及雾灯电路分析与检修

1. 前照灯及雾灯电路原理

① 自动前照灯控制模块、光照传感器和车身控制模块电路，如图 6-40 所示。

② 前照灯、前照灯开关、变光器开关和车身控制模块电路，如图 6-41 所示。

③ 前雾灯、前雾灯开关及车身控制模块电路，如图 6-42 所示。

④ 后雾灯、后雾灯开关及车身控制模块电路，如图 6-43 所示。

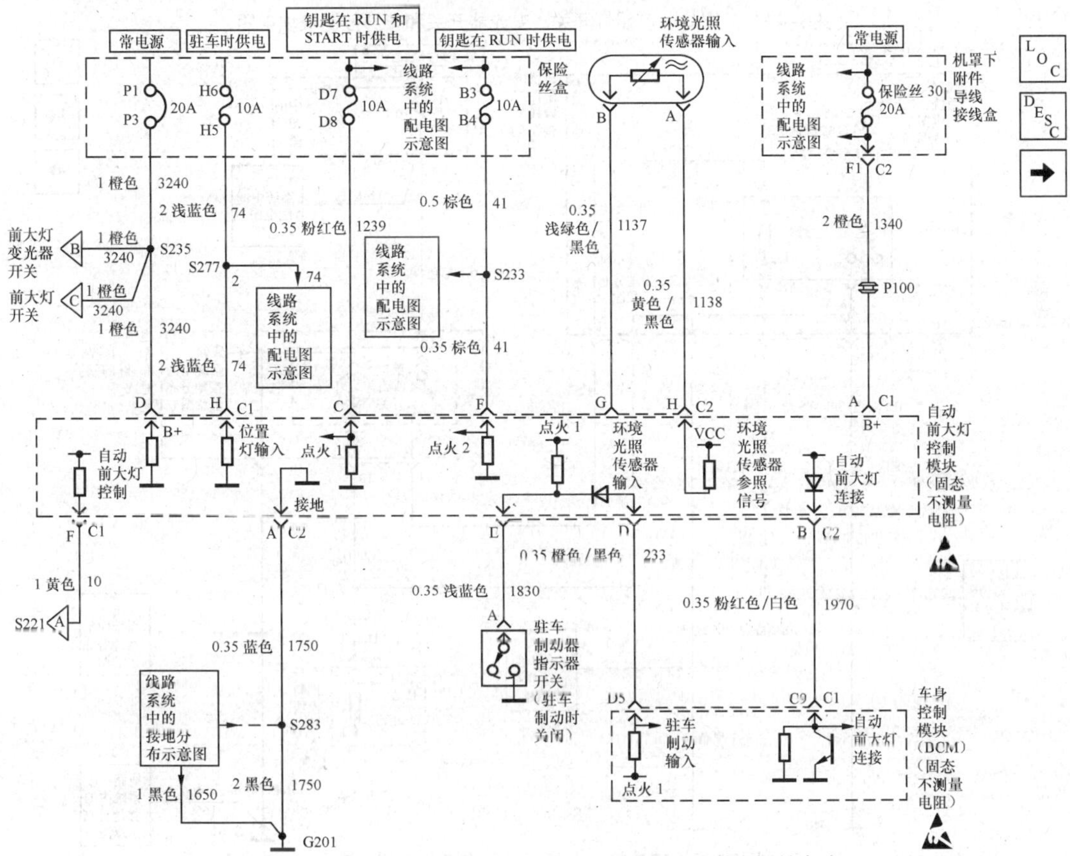

图6-40　自动前照灯控制模块、光照传感器和车身控制模块电路

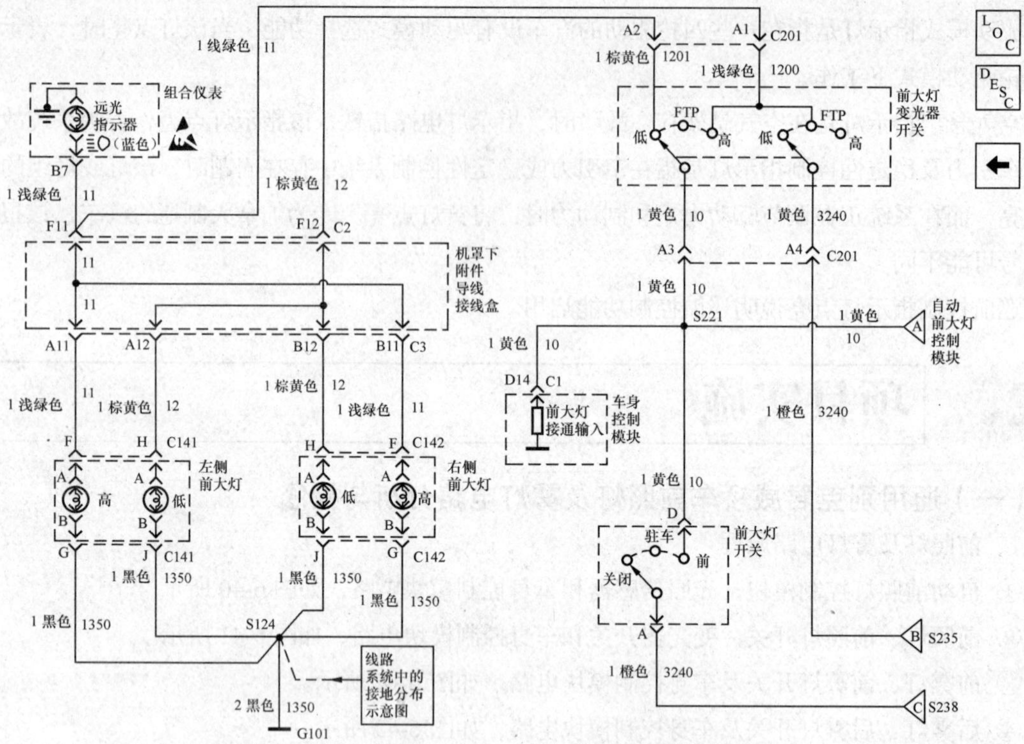

图6-41 前照灯、前照灯开关、变光器开关和车身控制模块电路

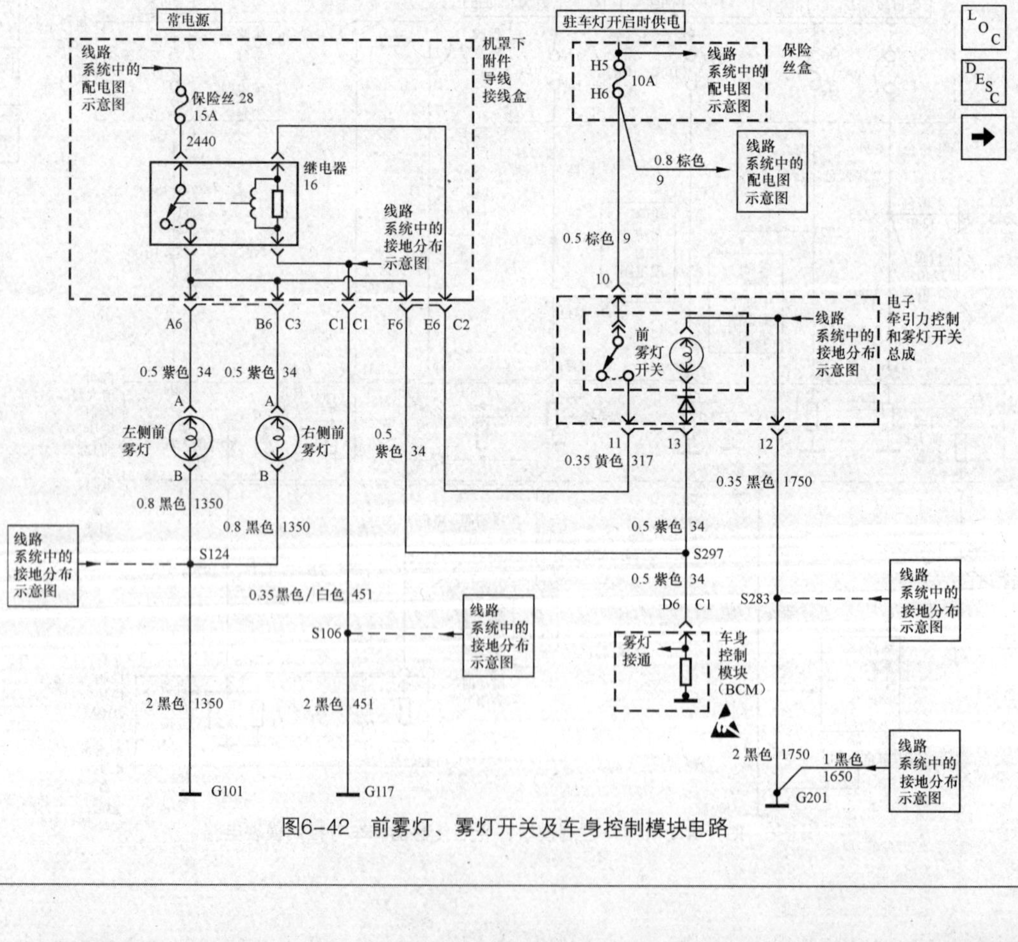

图6-42 前雾灯、雾灯开关及车身控制模块电路

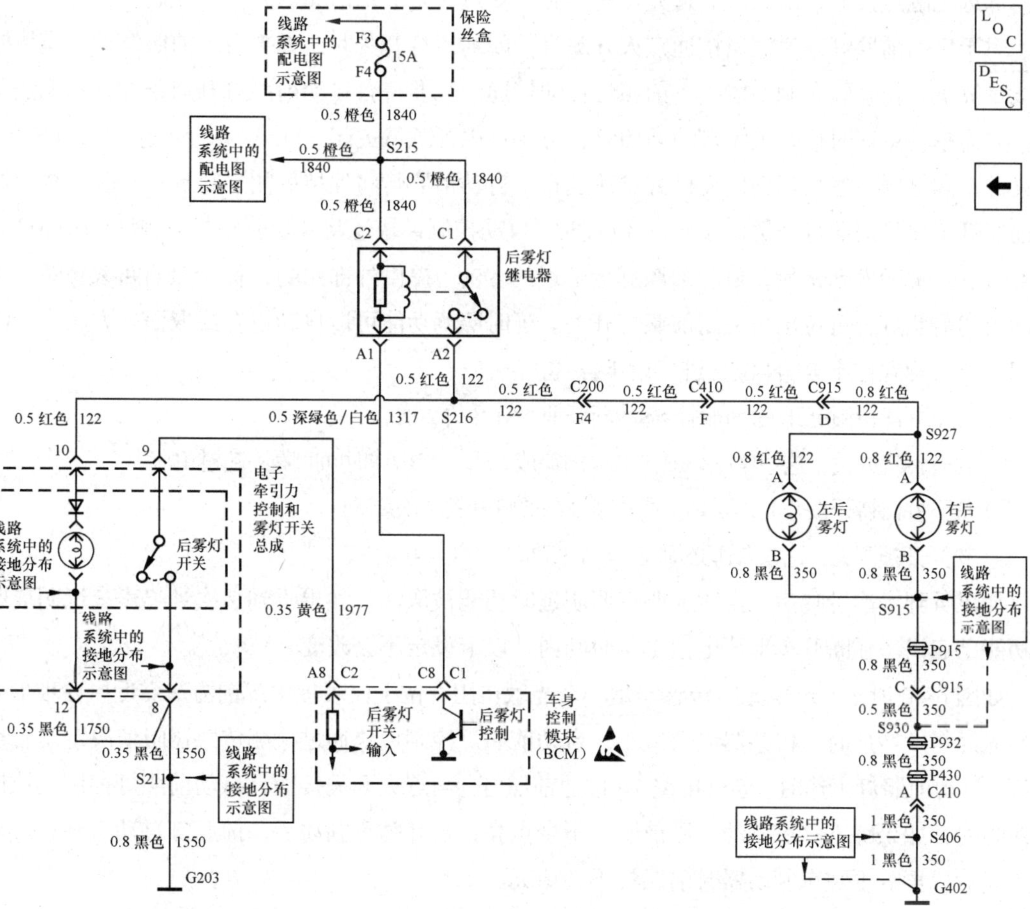

图6-43　后雾灯、后雾灯开关及车身控制模块电路

2. 前照灯及雾灯操作说明与电路分析

（1）前照灯操作说明与电路分析

前照灯开关位于仪表板左侧，操纵方式为推拉式，有 2 个挡位：拉出一挡为驻车灯（PARK）位置；拉出二挡为前照灯（HEAD）位置。拉出前照灯开关至二挡位置，接通变光开关可选择远光或近光。如拉出前照灯开关，当点火开关处于 OFF（关闭）、LOCK（锁止）或 ACC（附件）位置且驾驶员车门打开时，将发出声音警告，提醒关闭前照灯开关。多功能开关具有转向、变光、刮水及巡航控制多种功能。在前照灯远光时，仪表板上的远光指示灯点亮。无论前照灯是接通还是断开，向上抬起变光开关都能接通前照灯远光，松手后可回到原来状态。

前照灯的控制电路如图 6-40、图 6-41 所示，蓄电池电压经 P1-P3（20A）熔丝加至电路 3240，即前照灯开关 A 端。当前照灯开关位于二挡时，电源电压加至变光开关。如果此时变光开关处于近光位，则前照灯的近光点亮；如果此时变光开关处于远光位，则前照灯的远光点亮，同时组合仪表板上的远光指示灯点亮。

超车灯电路如图 6-40、图 6-41 所示，蓄电池电压加至电路 3240，向上抬起超车灯开关时，开关内部远光触点接通，前照灯的远光点亮，它不受点火开关及前照灯开关的控制。

对于自动前照灯来说，当接通点火开关且关闭前照灯开关时，如果自动前照灯控制模块检测到光线足够暗且松开驻车制动器时，前照灯自动接通。只要符合自动前照灯开启条件，就无法手动关闭。如需车辆怠速时临时关闭自动前照灯，可将点火开关从关闭（OFF）转到锁止（LOCK）位置，拉紧驻车制动器，然后启动发动机并怠速运行，自动前照灯将保持关闭，直到松开驻车制动器。自动前照灯工作且前照灯开关位于 OFF 位置时，自动控制模块还将开启驻车灯、侧灯、牌照灯和仪表板背景灯。关闭发动机后，自动前照灯会延迟约 90s，提供外部照明，称为照明回家功能。如果要立即关闭前照灯，可拉出再关闭前照灯开关。延时照明功能可以自动设置或取消，方法是关闭所有车门，点火钥匙位于 RUN 位，进行以下操作。

① 按下并保持锁定开关，同时接通和断开前照灯开关 2 次。

② 松开锁定开关，这些操作必须在 10 s 内完成，下一步操作时间间隔不超过 10 s。

③ 按下并保持开锁开关，同时接通和断开前照灯开关 2 次。

④ 松开开锁开关，这些操作必须在 10 s 内完成。

如果听到 1 次钟鸣声，说明前照灯照明延时功能被取消；如果听到 2 次钟鸣声，说明前照灯延时功能已启用。在断开车上蓄电池 1 年时间内，以上设定不会改变。

如图 6-40 所示，环境光照传感器是一个光敏电阻，位于仪表板中部前方，靠近风窗玻璃处。当外界光照强度增加时，传感器电阻减小，自动前照灯控制模块通过检测传感器阻值决定是否点亮前照灯。自动前照灯工作时，通过电路 10 接通前照灯。当点火开关接通且自动前照灯控制模块检测到光线暗时，如果踩下驻车制动，则前照灯不会点亮；松开驻车制动后，前照灯自动点亮；自动前照灯点亮后，再踩下驻车制动器时前照灯不会熄灭。

（2）雾灯操作说明与电路分析

前雾灯位于保险杆杠皮中，前雾灯开关位于仪表板左侧前照灯开关下部，只要驻车灯启亮，按前雾灯开关按钮便可打开前雾灯，前雾灯开关的指示灯启亮。再按该开关便可关闭前雾灯。后雾灯位于后行李箱门饰件内，靠近倒车灯。后雾灯开关位于仪表板左侧前照灯开关下部，只要驻车灯启亮，按后雾灯开关按钮便可打开后雾灯，后雾灯开关上的指示灯启亮。再按下该开关便可关闭后雾灯。

当驻车灯通电时，熔丝 H5-H6 通过电路 9 向前雾灯开关提供电压，按下前雾灯开关（ON），接通电路 317 向继电器 16 线圈侧提供电压，继电器通过电路 451 接地，继电器工作，触点闭合，通过继电器触点向前雾灯电路 34 提供电压，前雾灯则通过电路 451 接地，前雾灯点亮。同时，电路 34 启亮雾灯开关内的指示灯。如果雾灯供电电路或继电器损坏，电路 34 失电，前雾灯和前雾灯开关内的指示灯将不点亮。

如图 6-43 所示，熔丝 F3-F4 通过电路 1840 向后雾灯继电器线圈侧和开关侧提供电压，当按下后雾灯开关（ON）时，电路 1977 通过后雾灯开关与 1550 电路接通搭铁，车身控制模块（BCM）的 C2-A8 脚接收到该接地信号后，控制电路 1317 接地，继电器触点闭合，将电压加至后雾灯电路 122，后雾灯通过 G402 接地，后雾灯及后雾灯开关内的指示灯点亮。

3. 照明与信号灯光系统主要部件的检修

（1）前照灯开关的更换

① 前照灯开关的拆卸。前照灯如图 6-44 所示。

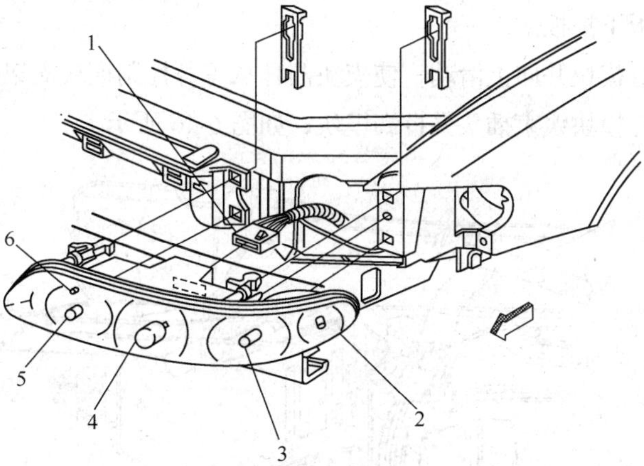

图6–44　前照灯

1—插头　2—转向辅助照明灯（GS+）　3—转向信号灯

4—近光灯　5—远光灯　6—前位灯

- 拆卸仪表板装饰板。
- 拆卸前照灯开关固定螺钉。
- 小心从仪表板上拉出前照灯开关外侧板。
- 从前照灯开关上断开电气插接件。
- 拆卸前照灯开关，如图 6-45 所示。

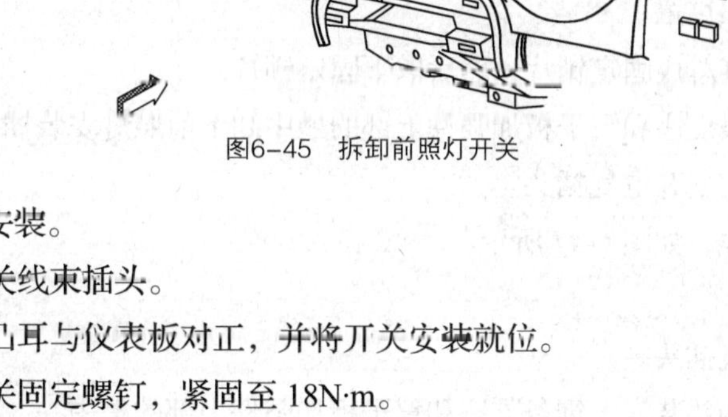

图6–45　拆卸前照灯开关

② 前照灯开关的安装。

- 连接前照灯开关线束插头。
- 将前照灯开关凸耳与仪表板对正，并将开关安装就位。
- 安装前照灯开关固定螺钉，紧固至 18N·m。
- 安装组合仪表装饰衬板。

（2）自动前照灯控制模块的更换

① 自动前照灯控制模块的拆卸。

- 断开蓄电池负极接线。
- 拆卸左侧仪表板下护板。
- 抓住自动前照灯模块并向上滑动，使模块凸耳从车身控制模块支架固定槽上松开。
- 断开自动前照灯模块线束插头并拆卸模块，如图 6-46 所示。

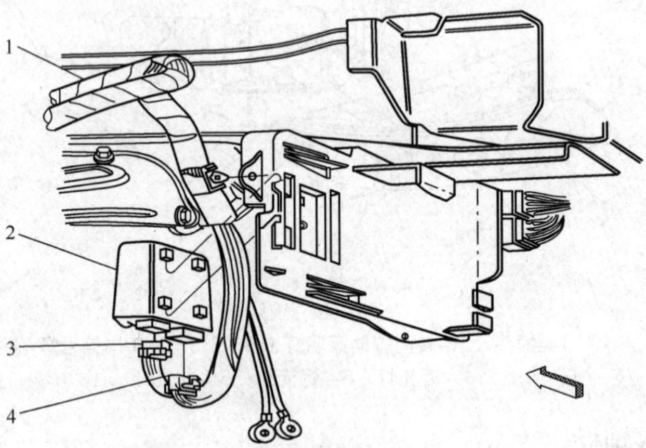

图6-46　拆卸自动前照灯控制模块

1—仪表线束　2—自动前照灯控制模块　3、4—自动前照灯

② 自动前照灯控制模块的安装。

- 连接自动前照灯控制模块线束插头。
- 将前照灯模块放到车身控制模块支架上，然后向下滑动将模块凸耳固定到支架固定槽中。
- 安装左侧仪表板下护板。
- 连接蓄电池负极接线。

（3）前照灯的更换

① 前照灯的拆卸。

- 打开发动机罩。
- 轻轻用力推前照灯罩。
- 向上提起前照灯总成固定锁片，然后取下固定锁片。
- 小心地从上饰条支座和翼子板加强件上部的槽中卸下前照灯安装插头。
- 从前照灯总成上断开电气插头。
- 拆卸前照灯总成，如图 6-47 所示。

② 前照灯的安装。

- 连接前照灯电气插头。
- 将前照灯安装插头装入上饰条支座和翼子板加强件上部的槽中。
- 轻轻用力推住前照灯罩。

● 将前照灯总成固定插片与前照灯总成装配凸耳上部对正，然后压下固定插片直至其完全就位，检查并确认前照灯总成安装牢固。

● 盖上发动机罩。

● 检查前照灯光束位置，并视情况校准。

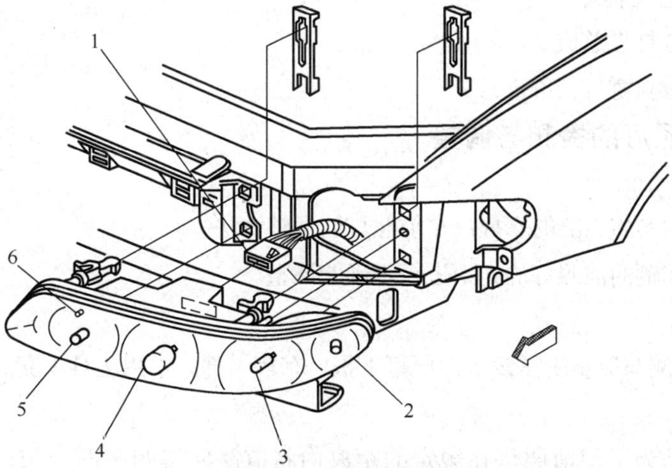

图6-47　拆卸前照灯

1—插头　2—转向辅助照明灯（GS+）　3—转向信号灯
4—近光灯　5—远光灯　6—前位灯

（4）前雾灯的更换

前雾灯安装在保险杠中，更换雾灯及其灯泡时需拆卸前保险杠，如图 6-48 所示。

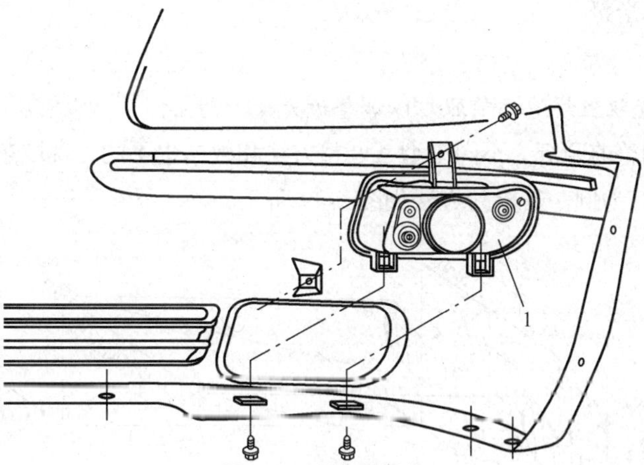

图6-48　拆卸前雾灯

1—前雾灯

① 前雾灯的拆卸。

● 打开发动机罩，拆下前保险杠杠皮总成。

● 断开前雾灯电气插头。

● 从前保险杠杠皮总成上拆卸固定前雾灯总成的 3 个螺钉。

- 卸下前雾灯。

② 前雾灯的安装。

- 将前雾灯在前保险杠杠皮总成上安放就位。
- 紧固 3 个前雾灯安装螺钉至 2 N·m。
- 连接前雾灯电气插头。
- 安装前保险杠杠皮总成。
- 检查或校准参见雾灯校准。

（二）汽车前照灯的检测与调整

1. 项目要求

① 通过该项目的实施，能够掌握汽车前照灯的调整方法。

② 能够对一般车辆的前照灯的光束进行正确的调整。

2. 项目准备

汽车前照灯的检测与调整所需设备：屏幕 1 张，车辆 1 部，常用工具 1 套。

3. 实施步骤

前照灯的调整是为了使前照灯在规定的距离内将道路照得明亮而均匀，并且不能使迎面开来的车辆的驾驶员眩目，以保证行车安全。如果前照灯光束调整不当或失调将严重影响行车安全、运输效率以及驾驶员的疲劳程度，因此国内外对前照灯的检验与调整均十分重视。

前照灯的检验可以采用屏幕检验法或仪器检验法。屏幕检验法简单直观，便于操作。

调整前的准备：轮胎气压应符合规定；前照灯配光镜表面应清洁；汽车空载；驾驶室内只准许乘坐 1 名驾驶员；场地平整。

注意 对装用远、近光双丝灯泡的前照灯以调整近光光形为主。

利用屏幕检验法调整前照灯，不同车型其调整方法和数据也不同，现以东风 EQ1 090 型汽车装用的 ND170-Ⅲ型前照灯为例。其检验方法如图 6-49 所示。

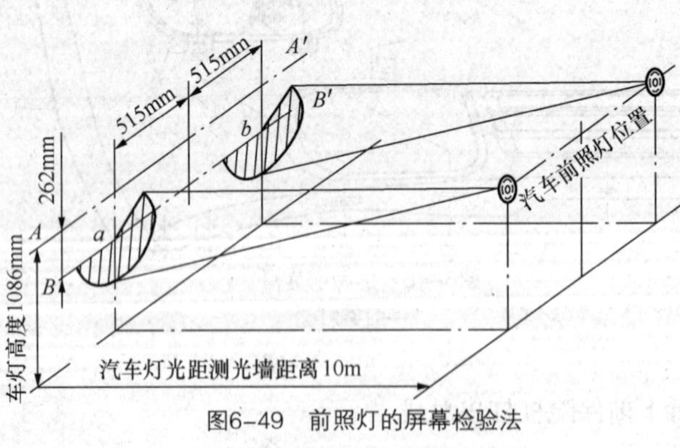

图6-49 前照灯的屏幕检验法

① 使车头正对幕布或墙壁，并使前照灯距离幕布或墙壁 10 m。

② 在屏幕上距地面高度 1 086 mm 的地方画 1 条水平线 AA'，在此线下 262 mm 处画 1 条水平

线 BB'，然后再在屏幕上画 3 条垂直线，1 条为中垂线，使它与汽车的中心线对正，另外 2 条分别位于中垂线的两侧，它们与中垂线的距离均为两前照灯中心距离的一半（515 mm），这 2 条垂直线分别与水平线 AA'和 BB'相交于 a 和 b 点，再画出明暗截止线。

③ 调整左前照灯时，将右前照灯遮住，接通近光灯丝，则左前照灯的近光光束中心应对准 a 点，明暗截止线应与屏幕上的近光明暗截止线相重合，即为合格。如不合规定，可调整前照灯外罩上方和水平方向的调整螺钉，使其符合要求即可。然后以同样的方法调整右侧前照灯，使其光束对准 b 点。

前照灯的调整部位如图 6-50 所示。

④ 前照灯的维护。

- 安装前照灯时，应根据标志，不得倾斜侧置。

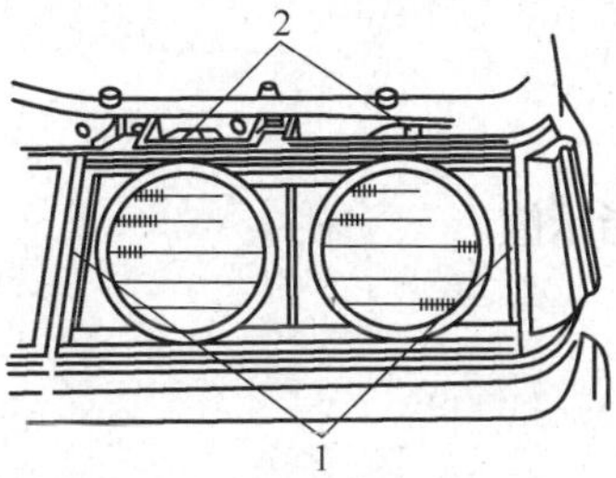

（a）外侧调整式

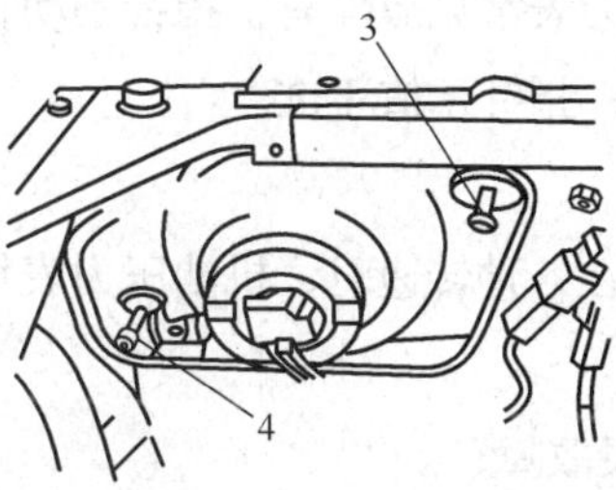
（b）内侧调整式

图6-50 前照灯的调整部位

1、3—左右调整螺钉 2、4—上下调整螺钉

- 散光玻璃应保持清洁，有灰尘时应及时清理干净。
- 聚光镜和反射镜之间的密封垫圈应固定良好，密封可靠。
- 更换灯泡时，应首先断开电源；接线时应注意远近光引脚位置。

（三）闪光继电器的检测

1. 实训内容及目的

掌握闪光继电器检测的一般方法，能够利用现有工具、仪器进行检测。

2. 实训器材

闪光继电器 3 个、导线、试灯、万用表、稳压电源、常用工具。

3. 操作步骤及工作要点

（1）闪光继电器的就车检查（以无触点电子闪光器为例，且在转向灯及转向指示灯完好时进行）

① 在点火开关置于“ON”位时，将转向灯开关打开，观察转向灯的闪烁情况。如果闪光继电器正常，那么相应转向灯及转向指示灯应随之闪烁；如果转向灯不闪烁（常亮或不亮），则为闪光继电器自身或线路故障。

② 用万用表检测闪光继电器电源接线柱 B 与搭铁之间的电压，正常值为蓄电池电压。如果无电压或电压过小，则为闪光继电器电源线路故障。

③ 用万用表 R × 1 挡，检测闪光继电器的搭铁接线柱 E 的搭铁情况，正常时电阻为零；否则为闪光继电器搭铁线路故障。

④ 在闪光继电器灯泡接线柱 L 与搭铁之间接入一个二极管试灯，正常情况下，灯泡应闪烁，否则为闪光继电器内部晶体管元件故障。

（2）闪光继电器的独立检测

将稳压电源、闪光继电器、试灯按照图 6-51 所示接入试验电路，检测闪光继电器工作情况。

将稳压电源的输出电压调至 12V，接通试验电路，观察灯泡闪烁情况。如果灯泡能够正常闪烁，则闪光继电器完好；如果灯泡不亮，则表明闪光继电器损坏。

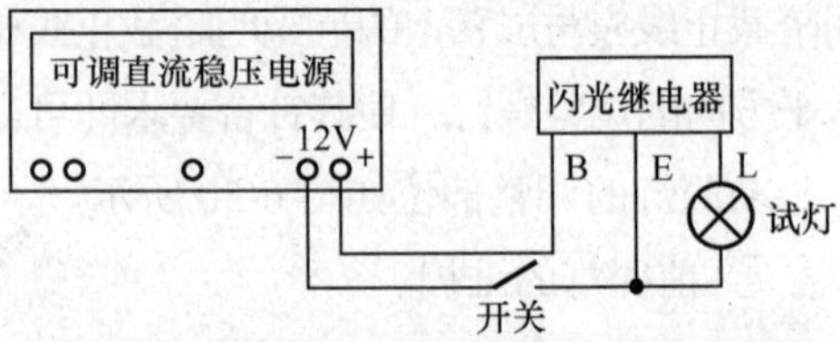

图6-51 闪光继电器试验电路

（四）传统仪表的故障诊断

1. 电热式机油压力表的故障诊断

电热式机油压力表常见故障有：指针不动；未启动发动机指针就动；指针示值不准。

（1）指针不动

现象：发动机在各种转速时，机油压力表均无指示值。

原因：

- 机油压力表故障；
- 机油压力传感器故障；
- 连接导线断路；
- 发动机润滑系统有故障。

诊断：故障诊断可按如图 6-52、图 6-53 和图 6-54 所示的步骤进行检查。

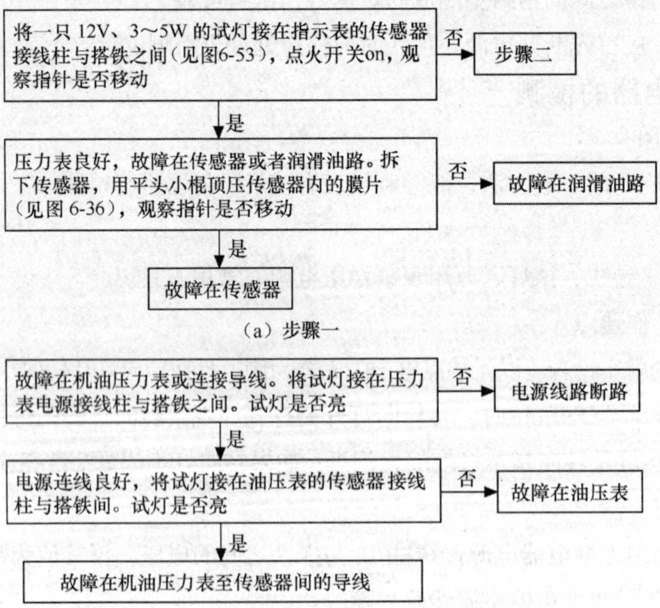

（a）步骤一

（b）步骤二

图6-52 电热式机油压力表（指针不动）的故障诊断

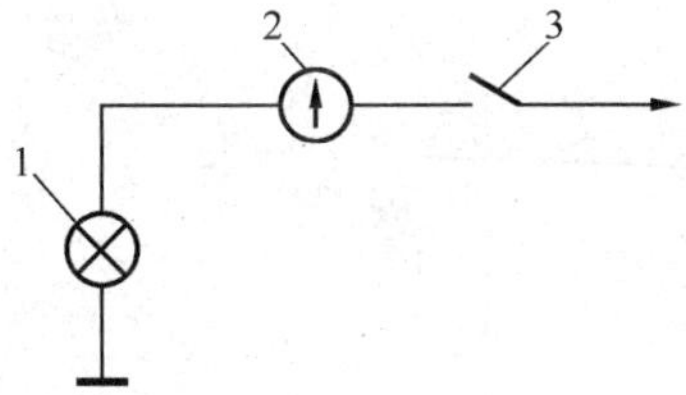

图6-53　串接试灯实验

1—试灯　2—指示表　3—点火开关

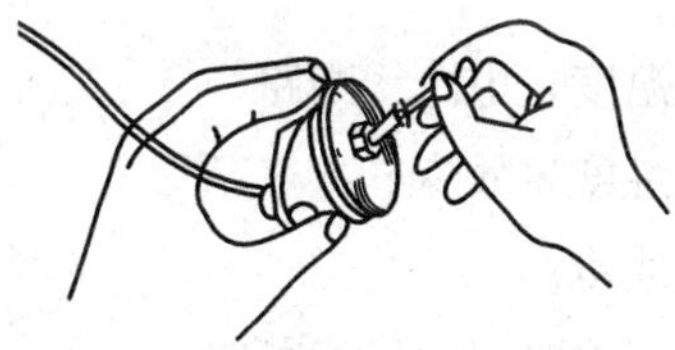

图6-54　机油压力传感器检测

（2）未启动发动机指针就动

现象：接通点火开关，发动机未启动，机油压力表指针就开始移动。

原因：

- 机油压力表故障；
- 机油压力传感器故障；
- 压力表至传感器间的导线搭铁。

诊断：故障诊断可按如图 6-55 所示的步骤进行检查。

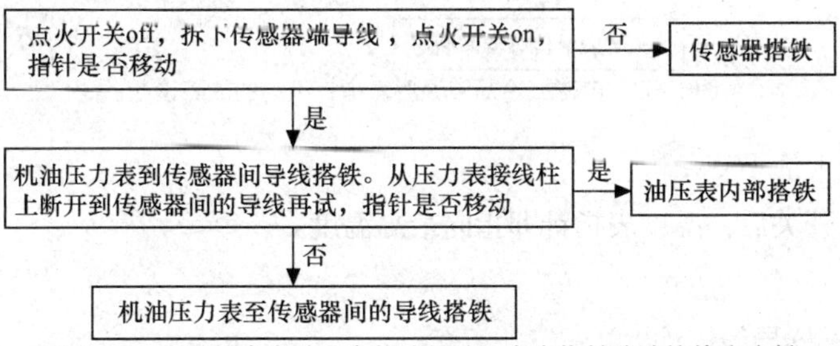

图6-55　发动机未启动，电热式机油压力表指针移动的故障诊断

（3）指针示值不准。

原因：

- 压力表故障；
- 传感器故障。

诊断：可在试验台上检查，如无试验台，可按如图 6-56 所示将毫安表、可变电阻器、机油压力表和蓄电池串联连接，进行检查调试。

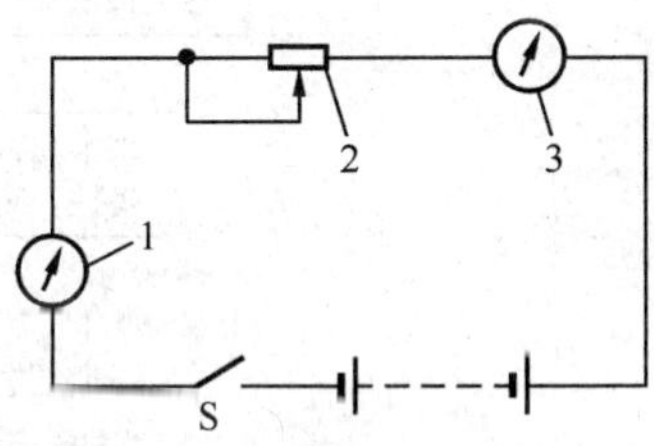

图6-56　机油压力表检查电路

1—毫安表　2—可变电阻　3—油压表

检查时先接通开关 S，调节可变电阻 2，使毫安表 1 指在 60 mA，观察油压表 3 指针应在“0”位。若有偏差，可用工具通过压力表表座背面的小孔拨转调整齿扇，直至消除偏差为止。然后调节可变电阻，使毫安表 1 指在 240 mA，油压表 3 应指在 0.49 MPa。若有偏差，可用工具通过表座背面的另一小孔拨转调整齿扇，使指针指在 0.49 MPa。

2. 电磁式冷却液温度表的故障诊断

（1）指针不动

现象：点火开关置 ON，指针不动。

原因：

- 冷却液温度表电源线断路；
- 冷却液温度表故障；
- 传感器故障；
- 温度表至传感器的导线断路。

诊断：电磁式冷却液温度表指针不动的故障诊断步骤可参照图 6-57 进行。

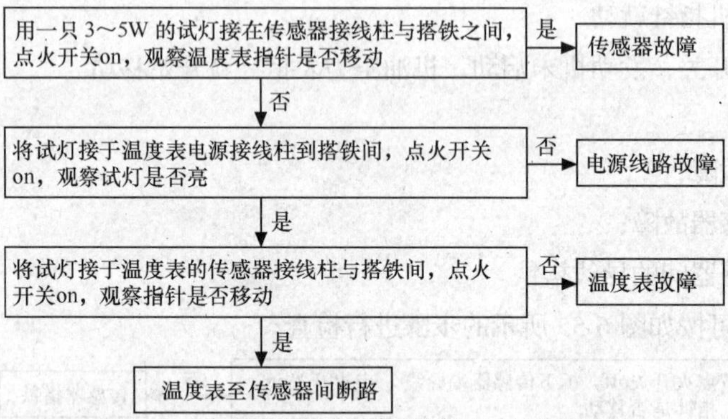

图6–57　电磁式冷却液温度表指针不动的故障诊断

（2）指针指向最大值不变

现象：接通点火开关后，温度表指针即指向最高温度。

原因：

- 温度表至传感器导线搭铁；
- 传感器内部搭铁；
- 温度表内部搭铁。

诊断：电磁式冷却液温度表指针指向最大值不变的故障诊断步骤可参照图 6-58 进行。

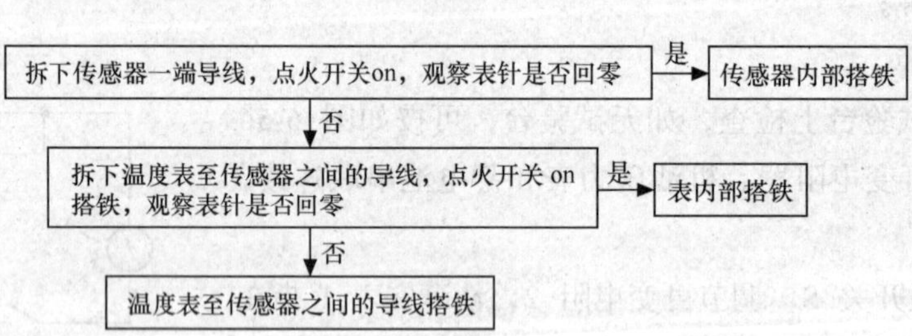

图6–58　电磁式冷却液温度表指针指向最大值不变的故障诊断

3. 燃油表的故障诊断

（1）指针总指示“1”（油满）

现象：点火开关置 ON 时，不论燃油量多少，燃油表指针总是指示“1”（油满）。

原因：

- 燃油表至传感器间导线断路；

- 传感器内部断路；
- 燃油表内部断路。

诊断：燃油表指针总指示“1”的故障诊断步骤可参照图 6-59 进行。

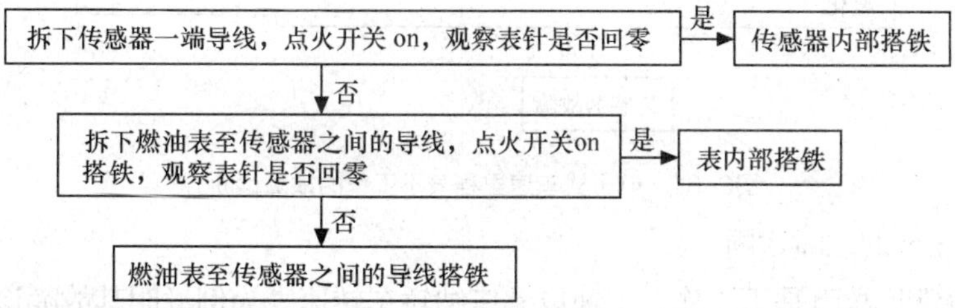

图6-59 燃油表指针总指示“1”的故障诊断

（2）指针总指向“0”（无油）

现象：点火开关 ON，不论燃油量多少，燃油表指针总是指示“0”（无油）。

原因：

- 传感器内部搭铁或浮子损坏；
- 燃油表至传感器间的导线搭铁；
- 燃油表电源线断路；
- 燃油表内部故障。

诊断：燃油表指针总指向“0”的故障诊断步骤可参照图 6-60 进行。

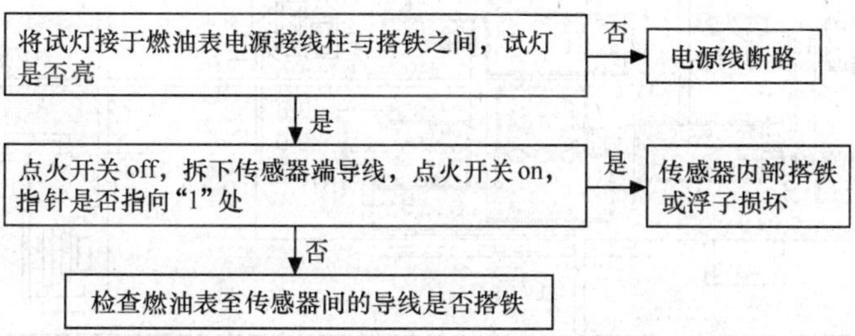

图6-60 燃油表指针总指向“0”的故障诊断

4. 电了式车速里程表的故障诊断

电子式车速里程表常见故障是不工作。

现象：汽车行驶中车速里程表指针不动。

原因：

- 传感器故障；
- 仪表故障；
- 线路故障。

诊断：电子式车速里程表不工作的故障诊断步骤可参照图 6-61 进行。

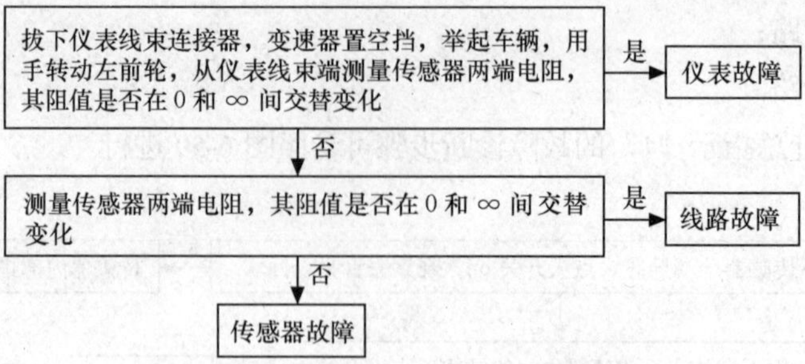

图6-61　电子式车速里程表不工作的故障诊断

5. 发动机转速表的故障诊断

发动机转速表常见故障是不工作，下面以桑塔纳轿车转速表为例说明其故障诊断方法。

原因：

- 仪表故障；
- 线路故障。

诊断：转速表的基本结构原理图如图6-62所示，发动机转速表不工作的故障诊断步骤可参照图6-63进行。

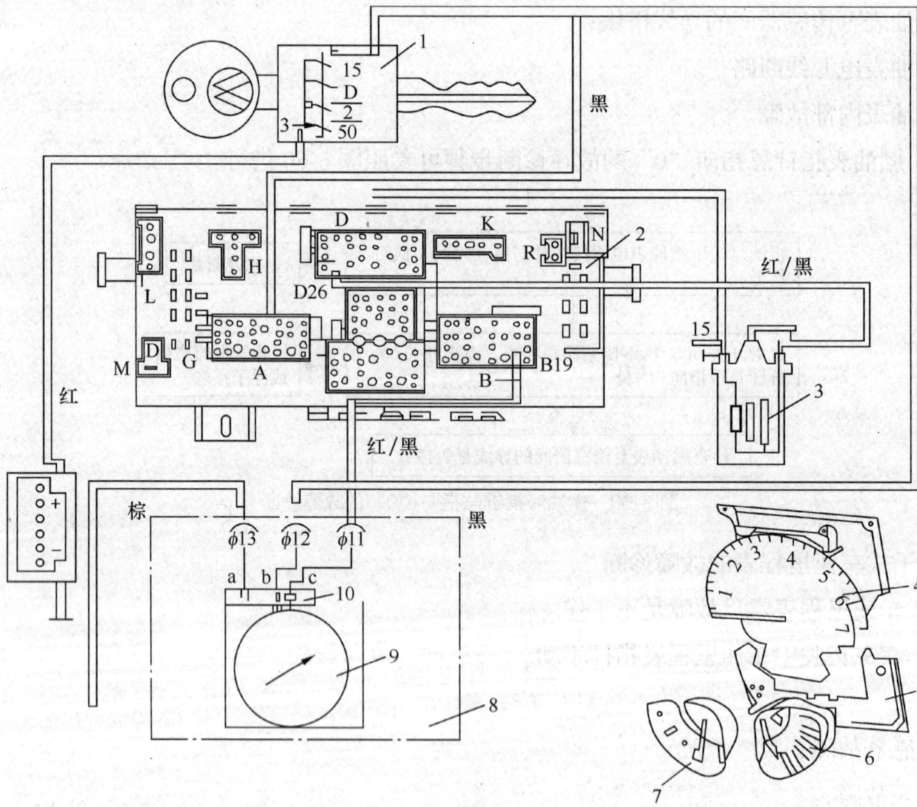

图6-62　转速表的基本结构原理图

1—点火开关　2—中央接线板　3—点火线圈　4—转速表盘　5—转速表支架
6—燃油表　7—冷却液温度表　8—仪表盘　9—转速表　10—黑色3端子插座

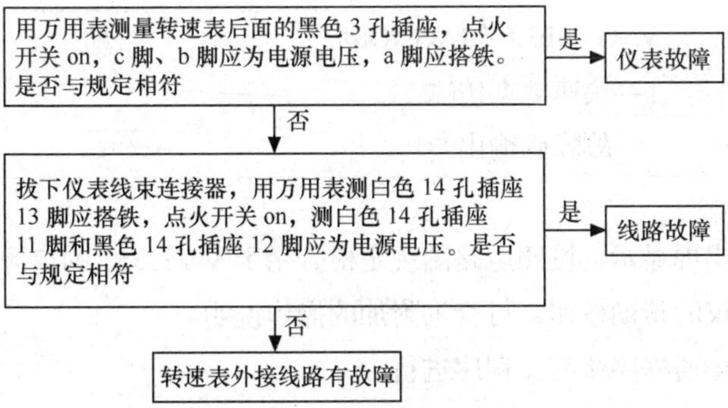

图6-63　发动机转速表不工作的故障诊断

（五）帕萨特 B5 轿车数字仪表的故障诊断

1. 主要内容及目的

掌握数字仪表的故障检测方法。

2. 帕萨特 B5 轿车数字仪表简介

① 新仪表安装使用前要进行编码，方可使用。在不同的国家地区，车辆的装备不同，编码也不同。

② 燃油表指示偏差能用 VAS5051（或 VAGl552）进行修正，修正量为 120 ~ 136。

③ 当行驶速度为 0 km 时，燃油表自动关闭阻尼装置，打开点火开关后能快速观看剩余油量。

④ 更换新仪表要用 VAS5051（或 VAGl552）设定原仪表的里程数，新仪表只能设定一次。

⑤ 到规定的保养 km 数时自动提醒。

⑥ 仪表具有自诊断功能，用 VAS5051（或 VAG1552）17-03 可以检查仪表的工作情况。

- 4 表到底，然后回到中间位置。
- 所有警告灯亮。
- 蜂鸣器响。
- 显示屏满屏显示。

⑦ 仪表数据可读，用 VAS5051（或 VAGl552）17-08 功能的 02 组可读出如下量值。

- 累计里程数。
- 燃油箱剩余油量。
- 燃油表传感器电阻值。
- 环境温度（上海 PASSAT 无）。

⑧ 冷却液实际温度在 75 ~ 107 ℃之间，组合仪表上总是显示 90 ℃。

⑨ 防盗系统和组合仪表一体化。

3. 帕萨特 B5 轿车数字仪表故障自诊断

（1）接通 VAG1551 故障阅读仪，并且选择功能

① 用 VAG1551/3 电源线接通故障阅读仪，显示器显示如下。

VAG –SELF DIAGNOSE 帮助
1—快速数据传输
2—故障码输出

② 说明如下。

- 如显示器中未出现显示，按照电路图规定检查用于 VAG1551 的电源。
- 按下故障阅读仪的帮助按钮，可查询附加的操作说明。
- 按下→键用于接通程序流程（程序进行）。
- 在“快速数据传输”操作状态 1 中，可执行“自动校验功能流程”功能 00。与此同时，自动地查询所有车辆的控制单元。

③ 接通点火开关，使用打印按钮接通打印机。按下“快速数据传输”操作状态的按钮。显示器显示如下。

快速数据传输 帮助
输入地址词 x x

④ 按下 1 键和 7 键，使用“17”输入“组合仪表”地址词，显示器显示如下。

快速数据传输 Q
17 组合仪表

⑤ 使用 Q 键确认输入，显示器显示如下。

快速数据传输 Q
测试器发送地址词 17

（2）查询控制单元版本

① 显示器显示如下。

3B091988 B5-KOMBIINSTR M73 V42 →
编码 00042 WSC00000

上行表示：控制单元的零件号；系统名称（组合仪表）、生产商代码；M73：Magneti-Mare11i；VDO = VDO 版本号。

下行表示：编码 00042（与发动机、传动机构和制动装置有关）；WSC00000 经销商编号，输入现有的系统时，自动地在控制单元中存储。

② 按下→键，显示器显示如下。

IMMO-ID ENTNR： →
VW5ZOT4311017

③ 显示器显示如下。

控制器不答应！ 帮助

对于 Magneti-Mareli 组合仪表，标识为 IMMO-IDENTNR，VWZ5；对于 VDO 组合仪表，标识为 IMMO-IDENTNR，VWZ7。

④ 通过按下 HELP 键，打印可能发生的出错原因。故障排除后，重新输入和使用 Q 键确认组合仪表的“地址词”17。显示器显示如下。

3B091988　B5-KOMBIINSTR M73　V42　→
编码 00042　WSC00000

⑤ 按下→键，显示器显示如下。

IMMO-IDE：　VW5ZOT4311017

⑥ 按下→键，显示器显示如下。

快速数据传输　帮助
选择功能 x x

⑦ 按下 HELP 键后，打印输出，见表 6-2。

表 6-2　功能选择

代　码	功　能	代　码	功　能
01	查询控制单元版本	06	结束输出
02	读取故障码	07	对控制单元
03	控制单元诊断	08	读测量数据组
05	清除故障码	10	匹配

⑧ VAGl551 返回到起始位置。显示器显示如下。

快速数据传输　帮助
选择功能 x x

（3）读取故障码

① 按下 0 键和 2 键（使用 02 选择“读取故障码”功能），显示器显示如下。

快速数据传输　Q
读取故障码

② 使用 Q 键确认输入，在显示器上显示存储的故障数量。显示器显示如下。

发现 x 故障！

③ 在“未发现故障”的情况下，程序在操作→键后返回到起始位置。显示器显示如下。

未发现故障！　→

快速数据传输　帮助
选择功能 x x

④ 结束输出（功能 06）。

（4）清除故障码

① 按下 0 键和 5 键（使用 05 选择“清除故障码”功能），显示器显示如下。

快速数据传输　Q

05 清除故障码

② 使用 Q 键确认输入，显示器显示如下。

快速数据传输	→
故障码已被清除	

③ 若故障码已被清除，按下→键，显示器显示如下。

快速数据传输	帮助
选择功能 x x	

④ 说明如下。

- 若显示器出现下列显示，则故障查询功能流程不正确。

注意！
未读取故障码！

- 若显示器出现下列显示，则故障查询功能流程不正确。

快速数据传输	→
未读取故障码！	

4. 执行部件诊断

（1）诊断项目

① 执行部件诊断包括车速表、转速表、冷却液温度指示器、汽油液位指示器、显示器显示（里程显示、数字时钟和多功能显示）和油压报警蜂鸣器等项目诊断。

② 在中档组合仪表中，还可对汽油存量的指示灯、冷却液温度指示灯/冷却液缺乏指示灯、机油压力指示灯、双回路制动和驻车制动指示灯及所有车辆的各种选装设备的指示灯进行诊断。

③ 高档组合部件中，还可检查指示灯和导航的显示设备。

（2）注意事项

① 如果部件诊断中出现过故障，则必须替换组合部件；如果部件没有出现过故障，则必须检查组合仪表的电源线和插头连接。

② 在发动机运转或车辆行驶的情况下不可进行或中断组合仪表的部件诊断，按故障阅读仪上的 C 键可以在任何时候退出测试功能流程。

（3）操作步骤

① 按下 0 键和 3 键（选择“执行机构诊断”功能），显示器显示如下。

快速数据传输	Q
03 部件诊断	

② 按 Q 键确认输入。无任何显示，且所有指示灯都熄灭。显示器显示如下。

快速数据传输	→
模拟显示	

③ 按下 Q 键后，同时做如下试验。

- 冷却液温度指针的运转经过整个指示范围。
- 转速表指针的运转经过整个指示范围。
- 车速表指针的运转经过整个指示范围。
- 汽油液位指示器指针的运转经过整个指示范围。
- 在指示范围内运转后，显示如下的固定值：

冷却液温度显示：90 ℃；

转速表：3 000 r/min；

车速表：100 km/h；

汽油液面显示：1/2。

④ 在每次点火开关接通和断开的情况下，已开始的指示动作被中止执行。

⑤ 按下→键，显示器显示如下。

部件诊断　　　　　　→
组合仪表控制灯试验

⑥ 按下→键，显示器显示如下。

部件诊断　　　　　　→
报警声

⑦ 油压报警蜂鸣器被激活，持续响起报警声音。

⑧ 按下→键，显示器显示如下。

部件诊断　　　　　　→
字段插测

中档组合仪表：所有速度指示器和速度表中的液晶显示器被激活，并且可见。

高档组合仪表：可以看见所有显示设备的字段，指示范围上侧为红色，下侧为绿色。

⑨ 按下→键，显示器显示如下。

部件诊断　　　　　　→
冷却液超温试验

⑩ 安全断路。

空调压缩机断开约 5 s 后执行安全断路功能；另外，对于带有制造厂代码 M73 的组合仪表，在安全断路后约 5 s 组合仪表中过热报警激活和闪光，同时响起 1 次报警声。

⑪ 按下→键，结束 VDO 的组合仪表，显示器显示如下。

功能未知或此刻不能记忆输出　　→

⑫ 按下→键，结束 VDO 的组合仪表的部件诊断。

⑬ 对于带有制造厂代码 M73 的组合仪表，显示器显示如下。

部件诊断　　　　　　→

结束

⑭ 按下 C 键，显示器显示如下。

部件诊断	→
中止程序执行	

⑮ 按下→键，重新显示所有实际的数值，显示器显示如下。

快速数据传输	帮助
选择功能 x x	

⑯ 按下→键，重新显示所有实际的数值，显示器显示如下。

快速数据传输	Q
06 结束输出	

⑰ 按 Q 键确认输入，显示器显示如下。

快速数据传输	帮助
输入地址词 x x	

⑱ 测试仪重新回到基本功能。

5. 组合仪表的设定和编码

（1）在更换新仪表时输入原仪表的里程数

① 假设原仪表的里程数为 28 888 km，将 VAS5 051（或 VAG1552）与诊断口连接，打开点火开关。

② 选择 17 进入组合仪表。

③ 选择 11，输入编码数（如 VDO 仪表编码数为 13861，其他仪表编码数选用防盗器密码）。如输入 3 次错误码，仪表将锁定。解除方法：关闭点火开关，再打开。

④ 选择 10-09，输入 028888。

（2）燃油表设定

① 将 VAS5051（或 VAG1552）与诊断口连接，打开点火开关。

② 选择 17 进入组合仪表。

③ 选择 08-02，检查燃油表传感器参数，是否存在短路和断路。

④ 选择 17-10-30，将燃油箱内剩余的汽油全部排出，然后加入 10L 汽油。观察燃油表指示位置，如指示到红线，说明油表的指示正确。出现偏差可进行修正（按↓或↑），修正量为 120 ~ 136。

（3）组合仪表的编码

选择 17-07，进入 B5 输入配置编码数 04142，上海帕萨特 B5 输入配置编码数 05145。

说明如下。

① 第 1、2 位表示车辆的装备：00——没有制动片磨损报警装置；01——制动片磨损报警装置；02——安全带报警装置；04——刮水器（清洗液不足）报警装置；16——导航装置。

② 第 3 位表示车辆是针对哪个地区销售的：0——德国；1——欧洲；2——美国。

③ 第 4 位表示发动机的汽缸数：数字为几就代表该车的发动机有几个汽缸。

④ 第 5 位表示装备哪种形式的发动机：2——汽油机；0——柴油机；5——国产发动机 ANQ。

如果有较多（2 个或 2 个以上）选装设备进行编码，则须将每个选装设备的代码相加，如制动片磨损显示和清洗液报警，01 + 04 = 05，编码前两位数字就是 05。

四、拓展知识

（一）汽车前照灯的发展

轿车大灯（前照灯）有 2 种功能，一种是照明，另一种是装饰。过去和现在，大灯的主要功能是照明。在将来，相信它的主要功能仍将是照明。但是在近十几年中，大灯的外形不断得到改造，与车身嵌装组合为一个整体，越来越显露出它的装饰作用。在今后几年内，大灯的内在结构也将发生一次重大的技术革命，灯具将会装上“脑袋”变成“聪明”的灯。

传统的大灯有 2 组灯丝，分别射出远和近的光束。远光束亮些，照得远些，主要用于高速行驶；近光束暗些，照得近些，主要用于会车。何时用远灯或近灯皆由驾车者操纵，而且前大灯的每组光束强弱是不可调的，角度也是在安装的过程中就调整好的。随着轿车的行驶速度的不断提升，传统大灯的照明弊端已经日益显露出来，在转弯、会车、雨雾天及在高速公路上行驶，两光束的大灯会使驾车者不易看清路面，视野狭窄，也容易造成对方驾车者眩目。

在 20 世纪 90 年代，欧洲开发了 AFS 灯光系统的前大灯，日本开发了 ILS 智能灯光系统。在 AFS 灯光系统中，每只大灯组件内有 8 个反射器，在转弯、高速行驶及雨雾天气等不同情况下，受控生成能适应各种驾驶环境的灯光模式。但由于其体积较大，存在装配上的局限性，且灯泡更换不方便，因此推广困难。而 ILS 正在向自动控制光线的方向发展，为驾车者提供比较理想的光束模式，这需要引入微电子技术，必须装入先进的电控元件。虽然当前的技术还无法做到这一点，但人们预测在今后 3 年内，这些技术难题将会得到解决，智能化灯光系统将会陆续面市。

智能化灯光系统能使汽车大灯随行驶状况的变化而实时变化，将会出现具有 10 ~ 15 种不同光束的大灯，相对行驶速度和路面而“随机应变”。例如，在高速公路上，汽车大灯会照亮前方不宽的区域，要远一点。当汽车行驶在弯道上，在车辆的转弯时外侧要亮度大些，使司机看清楚弯道情况，而内侧要暗些，为的是不会使对面会车的司机眩目。

目前有一款法国人研制出来的大灯样品，大灯组件内装置了 3 组灯泡，其中 1 组是活动的，其他 2 组是固定的。活动的部分由电脑操纵随行车状态灵活变化。例如，当方向盘转向时，会有传感器立即探明车辆要转弯，电脑接到信息后立即发指令指挥大灯内的活动组灯，随方向盘的角度变化来更改灯光的投射角度。

（二）新型汽车光源——LED 灯

现在汽车照明灯已有白炽灯、卤钨灯、氙气灯等。除了前大灯外，其他灯具例如小灯、指示灯、厢内照明灯等多是采用白炽灯。但近年也流行 LED 灯做室内照明灯及外部信号灯，如刹车灯、转向灯和尾灯等。

LED 灯与白炽灯比较有显著的优点。一是寿命长，一般可达几万乃至十万小时。有人认为如果未来的汽车照明灯使用 LED 灯，整个汽车使用期限内不用更换灯具。二是非常节能，比同等亮度的白炽灯起码节电一半以上。三是光线质量高，基本上无辐射，属于“绿色”光源。四是 LED 灯的结构简单，内部支架结构，四周用透明的环氧树脂密封，抗震性能好。五是无须热启动时间，亮灯响应速度快（ns 级），适用于移动速度快的物体使用。六是适用电压在 6～12 V 之间，完全可以应用在汽车上。七是 LED 灯占用体积小，设计者可以随意变换灯具模式，令汽车造型多样化。汽车厂商青睐 LED 灯，完全是 LED 灯本身的优点所决定的。

LED 是英文发光二极管（Light Emitting Diode）的缩写，早在 20 世纪 60 年代已经生产。20 世纪 80 年代已经普遍用于家用电器产品上，如音响的音量指示、开关指示等。在 20 世纪 90 年代，有些新型的国产汽车仪表上也已采用 LED 灯，主要用于充电指示，后来还有显示发动机转速状况的，如湖北襄樊生产的一种组合仪表上，里程表旁边竖一排 LED 灯，当司机踩油门时，LED 排灯就从下至上依次点亮；当松油门时，LED 排灯就从上至下依次熄灭，既醒目又好看。20 世纪 90 年代中，我国利用 LED 灯做高位刹车灯并在汽车上安装，由于 LED 灯亮灯快，能及早让尾随后面的汽车司机知道前方车辆的行驶状况，减少汽车追尾碰撞事故的发生。

LED 是一种可以自身发光的包含 PN 结的固体半导体元件。LED 的芯片是由 P 型半导体和 N 型半导体组成的晶片，在 P 型半导体和 N 型半导体之间有一个过渡层，称为 PN 结。当采用砷化镓（红外线）、砷磷化镓（红到黄）、磷化镓（绿）等半导体材料时，在这些半导体材料的 PN 结中，注入的少数载流子与多数载流子复合时会把多余的能量以光的形式释放出来，从而把电能直接转换为光能。当 PN 结施加正向电压，电流从 LED 的阳极流向阴极时，半导体晶体就发出从紫外线到红外线不同颜色的光线，光的强弱与电流大小有关。但是，由于 LED 的发光功率很小，一般只作指示，不能用作照明。作照明用途，则是近年才出现的新事物。

由于 LED 发光功率很小，一般是将许多只 LED 做成阵列式，以小积大的形式作为实用性的指示灯。但是，这样一来成本就会迅速上升。因为 1 只高品质的 LED 价格约 1.5 元左右，几十只集合在一起的价格远远超过白炽灯。由于 LED 发光亮度与电流呈正比，输入电流越大，发光亮度越高，因此，提高 LED 额定电流，提高光输出功率是厂方研究开发的重点。只有提高单只 LED 发光功率，才能减少阵列式的 LED 数目，甚至只用单只 LED，以减低成本。目前，照明业界已研制出单只白色 LED，发光效能已达到 15 lm/W，相当于白炽灯的发光效能。

在 2004 年北京车展上，法国雷奥公司展示了用 4 只 LED 做成的高位刹车灯技术，还有用 1 只 LED 来实现所有尾部信号灯功能，包括停车灯、后小灯、转弯指示灯、雾灯和倒车指示灯等。这种 LED 技术适用于所有尾部灯功能。而在福特汽车展台上，面向今后中国市场的福克斯（Focus）概念车前灯和后灯都采用了 LED 技术。有人预测，今后几年 LED 的发光功率和成本这 2 大瓶颈将得到解决。这样，不但汽车照明，甚至整个照明行业都会发生重大的变革。

（三）汽车仪表系统的新发展

1. 驾车者信息中心

可以将各种仪表、报警装置和舒适性控制装置等组合成驾车者信息中心或仪表台。信息中心可以很简单，也可以是一个无所不包的信息台，其作用都是为驾车者提供系统信息，信息类型和内容随系统不同也有所变化。

除了标准的报警信号外，信息中心还可以提供许多重要数据，如剩余燃油可用里程、平均或瞬时燃油消耗率、重置后的燃油消耗量、时间、日期、估计到达时间、至目的地的距离、已经行驶时间、平均车速、机油剩余寿命时间百分比和发动机的各种运转参数。在现代汽车上还可以见到其他的电子显示装置和控制装置。

2. 转向盘触摸控制装置

许多汽车上，转向盘触摸控制装置是标准配置，布置在转向盘上便于操纵的大按钮，可以对频繁使用的收音机和巡航控制功能等进行控制，使驾车者可以通过指尖进行控制。

3. 智能驾驶控制系统

智能驾驶控制系统是一种全新的、简单、安全和方便的未来驾驶概念，属于自动化信息化驾驶系统的范畴，某些高级轿车和概念车上配备了这项科技新技术。宝马轿车的智能驾驶控制系统称为“iDrive（intelligent-Drive system）”，而斯巴鲁力狮轿车的 SI-DRIVE 称为智能驾驶提升系统，它们都是以实现高水平的性能表现和驾驶乐趣为目标。

宝马轿车的“iDrive”系统从外部看是由一个位于传统轿车排挡杆位置的旋钮控制器（见图 6-64）和仪表台中部的显示屏组成。旋钮控制器的作用类似于电脑鼠标，通过推拉、旋转和下按等操作，可以控制液晶显示屏上 8 个主菜单下的多级菜单（见图 6-65），对数百个功能进行选控。这 8 个主菜单分别为车内气候、通信（车载电话等）、娱乐（DVD/电视等）、导航、信息、宝马服务支持、功能设置和帮助菜单。

图6-64　宝马“iDrive”系统旋钮控制器

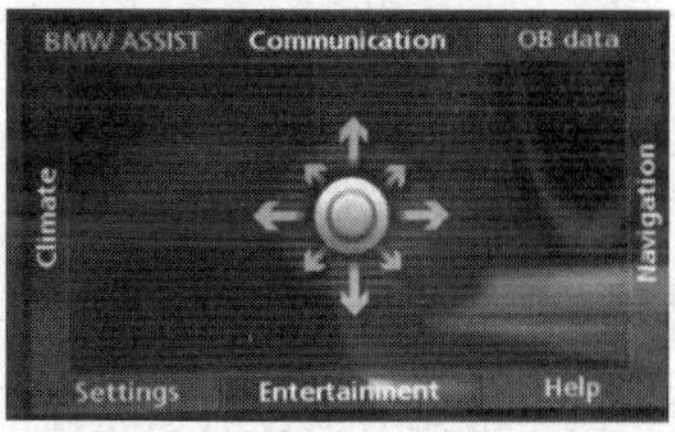

图6-65　宝马“iDrive”系统显示屏主菜单

智能驾驶控制系统能够控制各种驾驶功能，包括所有的主动控制过程，如与信息显示相关的过程，还可以控制汽车的舒适性及便利性装置。

智能驾驶控制系统显示屏是一个彩色液晶显示屏幕，具有背景照明，能够适应周围环境的光线变化。通过光传感器监测周围的光线强度，并使显示屏的照明程度对光线强度进行响应。有的液晶显示屏还支持触摸和手写输入。

小 结

汽车照明、信号、仪表、报警信息系统是汽车能够安全行驶并及时准确掌握车辆状况的保证。前照灯作为汽车重要的外部照明装置，必须掌握其相关电路原理、使用操作、调整及检测技能。汽车信号系统为保证复杂交通状况安全行车起到重要作用，而内部报警信息系统为车辆状况的监控提供最直接有效的指示，所以必须掌握其电路故障的检测及维修方法。汽车仪表作为人机交互的界面，肩负着重要的信息指示作用，一旦失效既影响行车安全，又失去对车辆状况的监控，所以其电路原理和故障检修尤为重要。

本项目以照明电路的分析以及前照灯、前灯灯具的检修，前照灯检测调整，闪光器检测，喇叭调整以及仪表检修为载体，将照明和信号系统、仪表及报警信息系统的作用、组成、电路工作原理等理论知识与检测维修技能融为一体，涉及电路识读分析、仪器仪表及维修工具的使用等多方面的实践技能及相关方面的安全操作事项。在学习过程中，除了能对常见故障进行检查之外，应着重加深对电路识读分析的能力的培养和检测方法的掌握。

习题及案例思考

1. 习题

① 简述前照灯的防眩目措施。

② 试述转向信号系统的电路工作原理。

③ 制动灯和倒车灯分别受什么开关控制？

④ 雾灯什么时候工作，雾灯的电路有什么特点？

⑤ 简述电喇叭的调整方法。

⑥ 汽车常见的报警信息都有哪些，能够检测哪些系统的工作状况？

⑦ 电子组合仪表一般都有哪些常见仪表？

⑧ 电子仪表的常见显示器件都有哪些类型，显示方式有哪些？

2. 案例思考

故障现象

一辆桑塔纳 2000GSi 轿车，打开车灯开关 I 挡时，示廓灯和仪表照明灯能亮，打开车灯开关 II 挡时，前照灯不亮。

故障检修过程

故障可能性分析：

a. 前照灯电路的熔断器均烧断；

b. 车灯开关的Ⅱ挡触点烧坏；

c. 变光开关的触点接触不良；

d. 前照灯电源线路有松脱或短路之处；

e. 两侧前照灯均烧坏。

故障诊断方法：操纵超车灯开关，前照灯也不亮，a、c、d、e 4 种故障原因的可能性均存在，其中 a 的故障概率最高，且检查也较为方便，故接下来首先检查前照灯熔断器（S9、S10、S21、S22），发现均已烧断。这说明前照灯电路有短路故障存在。

更换前照灯熔断器前，检查了前照灯线路，发现前照灯线束有一处破损，其中的一根导线（电源线）绝缘层已破损，且与车身的金属部分接触。

用绝缘胶带对破损的导线进行包扎，并将线束固定好，更换新的熔断器。处理完毕后再打开前照灯开关，前照灯仍然不亮。于是，用万用表电阻挡检查前照灯的灯泡，结果为两侧前照灯的灯泡均良好。

再次仔细检查前照灯线束、线路插接器连接，未发现异常。怀疑是车灯开关Ⅱ挡和变光开关触点已被烧坏，于是拆下组合开关外壳后，解体组合开关检查，发现前照灯开关触点及簧片均已烧坏变形，致使车灯开关打到Ⅱ挡时，开关触点不能接触而使前照灯不能通电点亮。

故障处理措施：由于车灯开关变形的触点及簧片很难修复，只能更换组合开关。在接通车灯开关Ⅱ挡时，前照灯、示廓灯及仪表照明灯均工作正常，故障排除。

故障实例分析

本故障可能是由于某种汽车零件之类的异物掉入前照灯线束中，前照灯的电源线被磨破且与车身金属接触而造成电路短路。很大的短路电流在熔断器熔断前，就已将前照灯开关触点和变光开关触点烧坏。

两侧前照灯同时烧坏的可能性通常是发生在电源电压突然过高的时候，这种故障的可能性较小，因为在前照灯的灯丝将要被烧断前，前照灯电路的熔断器可能早已被过大的电流熔断了。本案例熔断器烧断是由于前照灯电源线搭铁造成的，短路电流使熔断器烧断，而前照灯并没有流过短路电流。因此，在更换了熔断器和修复线路后，前照灯仍不能亮的故障原因应首先考虑前照灯以外的可能性。

Chapter 7

项目七 电动刮水器和清洗器的检修

一、项目要求

电动刮水器和清洗器的常见故障有电动刮水器不工作或动作迟缓无力（有时仅在某一挡时不工作或工作不良）、持续操作不停、不能复位及清洗器系统不工作等。该项目通过对刮水器和清洗器系统故障的诊断、折卸、检修、安装调整过程的实施与学习，使同学在掌握电动刮水器和清洗器的结构与工作原理等方面理论知识的同时，具备对上述故障进行分析与排除的能力。

【知识要求】

1. 熟悉电动刮水器和清洗器的组成与结构原理。
2. 掌握三刷永磁电动机的变速原理。
3. 掌握刮水器自动回位原理。
4. 掌握刮水器间歇工作原理。
5. 会分析电动刮水器和清洗器的工作过程。

重点掌握内容：电动刮水器的工作原理；电动刮水器和清洗器的工作过程分析。

【能力要求】

1. 能正确拆装电动刮水器和清洗器，并对雨刮臂与喷嘴位置进行调整。
2. 能正确检查电动刮水器和清洗器的工作线路，并能对常见故障进行检修。

二、相关知识

刮水器与清洗器是汽车的标准配置，属于汽车上的辅助电器，主要用来清洗和刷除风窗玻璃上的雨水、雪和灰尘，以保证驾驶员的视觉效果。有的汽车前照灯也有刮水器和清洗器系统，以保证雨雪天气尤其是夜间的行车安全。电动刮水器与清洗器的元部件在汽车上的位置如图 7-1 所示。

早期的刮水器由一个摇臂与夹有橡皮刮片的臂组成，由司机手工操作。为了提高驾驶员的视野，又在左右两侧都装上了刮水臂，用连杆连接，称为手动双刮水片，也就是今天汽车刮水器的原型。后来的刮水器用一条管子接到发动机，利用发动机的真空度所产生的气压差来代替人力，驱动刮水器里面的活塞，推动摆臂转动，称为真空刮水器。从 20 世纪 40 年代初期，汽车上陆续安装了电动刮水器取代真空刮水器。不过，直到 20 世纪 80 年代初，我国一些货车和客车仍然使用真空刮水器。现在，汽车已经全部使用电动刮水器了。

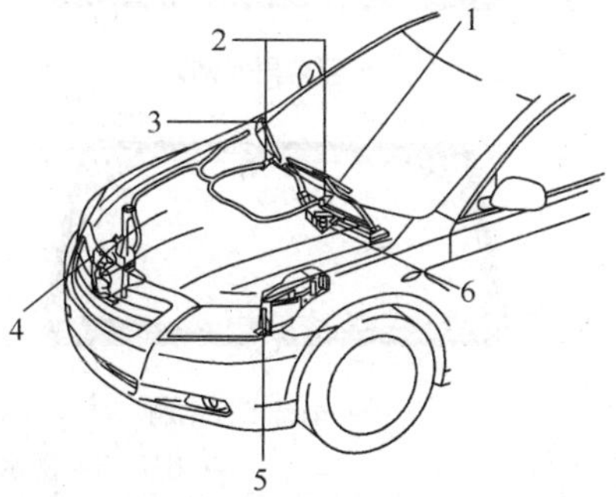

图7–1　电动刮水器与清洗器的元部件位置
1—前风挡玻璃左刮水片总成　2—喷嘴　3—前风挡玻璃右刮水片总成
4—储液罐和清洗泵总成　5—保险丝盒　6—刮水电动机总成

（一）电动刮水器的组成与分类

刮水器根据动力源不同，可分为电动刮水器、气动刮水器和机械式刮水器。现代汽车上广泛采用的是电动刮水器。电动刮水器通常由电动机、变速机构、传动机构、刮水片总成、控制装置等组成。电动刮水器的基本组成如图 7-2 所示。直流电动机 11 装在底板 12 上，杠杆联动机构由连杆 3、7、8 和摆杆 2、4、6 组成，摆杆 2、6 上连接有刮水片总成（由刮水臂、刮水片等组成）1 和 5。当驾驶员按下刮水器的开关时，电动机启动，电动机旋转运动经过蜗轮蜗杆的减速增扭作用，由轴端的蜗杆 10 传给蜗轮 9，蜗轮上的偏心销钉与连杆 8 铰接，蜗轮转动时通过连杆 8 使摆杆 4 摆动，然后经连杆 3、7 使刮水臂 1、5 带动刮水片总成往复运动，从而实现挡风玻璃的刮扫动作。

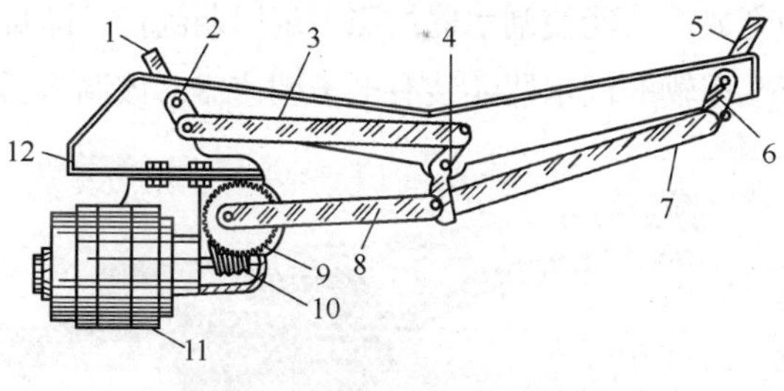

图7–2　电动刮水器的基本组成
1、5—刷架　2、4、6—摆杆　3、7、8—连杆　9—蜗轮
10—蜗杆　11—电动机　12—底板

刮水器根据刮刷方式的不同，可分为双臂同向刮刷、双臂对向刮刷、单臂可控刮刷和普通单臂刮刷 4 种，如图 7-3 所示。在前 2 种刮刷方式中，有的是 2 个雨刮臂共用 1 个电动机，称为“单机双臂”；也有每个雨刮臂带 1 个电动机，称为“单机单臂”。4 种刮水器中，普通单臂刮水器的结构最简单，成本最低，但刮刷面积较小；单臂可控刮水器的刮刷面积最大，但结构及控制方式较复杂；双臂对向刮刷和同向刮刷方式的刮刷面积较大，更符合空气动力学特性，既减小了空气阻力，又使刮刷更干净，具备伺服功能的双电动机对刮模式，是目前比较先进的刮刷方式。

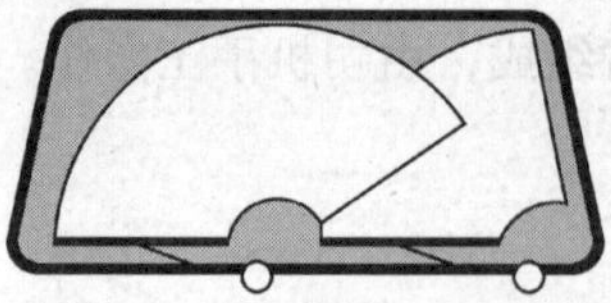

（a）双臂同向刮刷

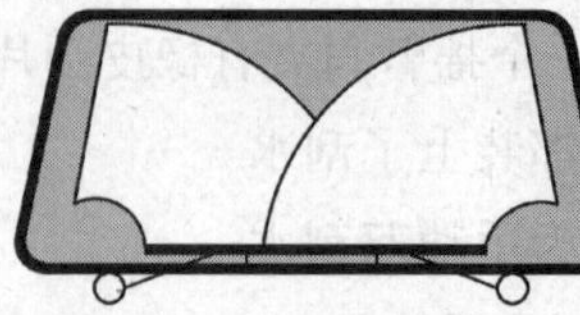

（b）双臂对向刮刷

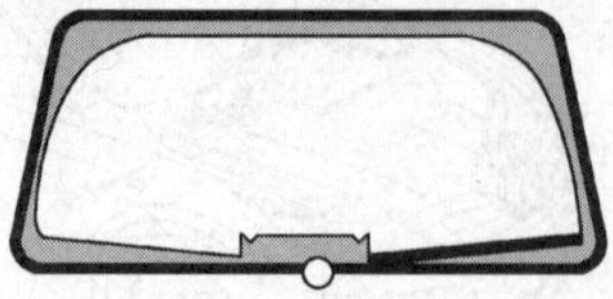

（c）单臂可控刮刷

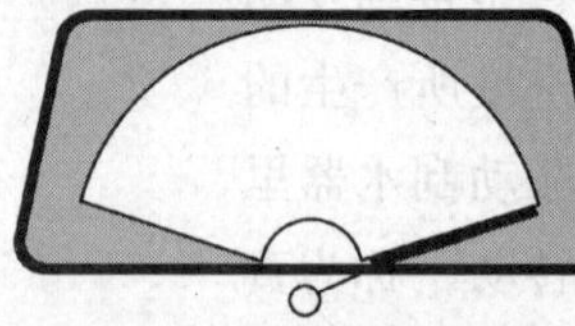

（d）普通单臂刮刷

图7–3　刮水器的刮刷种类

有些汽车刮水器的雨刮臂还附带胶水管，水管接至清洗器上，按一下开关会有水注喷向挡风玻璃。在一些中高级轿车上，不但前后挡风玻璃有雨刮器，就是前大灯也有一支小小的雨刮片，用以清除前灯玻璃上的尘埃。

早期的刮水器，当驾驶员将其关闭时，雨刮臂往往不停在适当的位置，容易阻碍驾驶员的视线。为解决这一问题，电动刮水器通常装有自动复位装置，它控制刮水器电机，以便在任意时刻关闭刮水器时，都能使雨刮臂停在挡风玻璃下侧的适当位置。

目前，汽车上使用的刮水器已经普遍具有高速、低速和间歇控制 3 个工作挡位。其中，间歇控制挡一般是利用电动机的复位开关触点与电阻电容的充放电功能使刮水器按照一定周期刮扫，即每动作 1 次停止 2 ~ 12 s 时间，对司机的干扰更少。有些车辆的刮水器还装有电子调速器，该调速器附带雨量感应功能，能根据雨量的大小自动调节雨臂的摆动速度，雨大刮水臂转得快，雨小刮水臂转得慢，雨停刮水臂也停。奥迪 A6 汽车上使用的刮水器就具有根据雨量大小自动调节刮水臂转动速度的功能，其雨刮电机控制单元如图 7-4 所示，它将雨量传感器与雨刮电机集成在同一个壳体内。

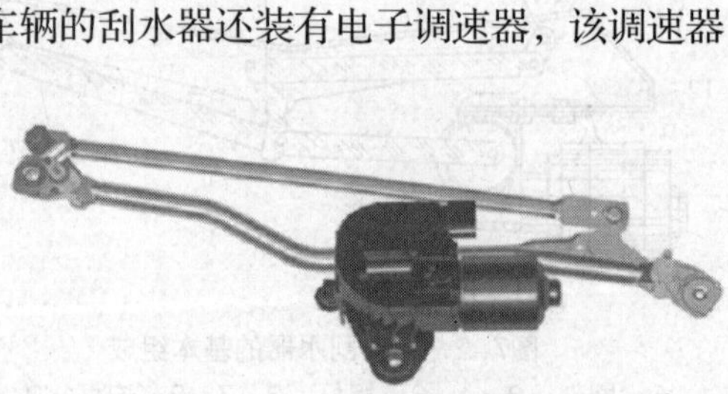

图7–4　具有自动调速功能的雨刮电机控制单元

（二）刮水器系统的工作原理

1. 刮水器变速原理

电动刮水器的变速是通过改变电机的速度来实现的。汽车刮水电动机是微型直流电动机，有励磁式和永磁式 2 种。其中，永磁电动机具有结构简单、重量轻、噪声低、扭矩大、可靠性强等优点，因而使用更为广泛。

直流电动机的转速公式为

$$n = (U - IR)/(KZ\phi) \tag{7-1}$$

式中：U——电动机端电压，单位为 V；

I——通过电枢绕组中的电流，单位为 A；

R——电枢绕组的电阻，单位为 Ω；

K——常数；

Z——正、负电刷间串联的导体数；

ϕ——磁极磁通，单位为 Wb。

由式（7-1）可知，在供电电压不变的情况下，对于定型的直流电动机，其 I、R、K 均为常数，可以通过改变ϕ或 Z 来改变电机的转速。

（1）励磁式刮水电动机的变速原理

励磁式刮水电动机一般有 2 种速度：低速和高速，它通过改变磁极的磁通来实现变速，其工作原理如图 7-5 所示。

励磁式刮水电动机有 A、B 两个开关，用以控制刮水器实现 2 种不同的工作速度。当 A 闭合，B 打开时，电动机激磁绕组 1 的回路中串入了附加电阻 3，使激磁电流减小，磁通较弱，根据电动机的特性，输出转矩在一定范围以内时，磁通减弱，则转速升高，此时刮水器高速工作；当 A、B 均闭合时，开关 B 将附加电阻 3 短接，激磁电流不通过附加电阻，电流增大，磁通增强，转速降低，此时刮水器低速工作；当 A 打开，B 闭合时，电动机的电流从触点 4 通过，触点 4 受蜗轮轴上的凸块控制，蜗轮每转 1 圈，凸块将触点打开 1 次，通常当刮水片运动到驾驶员视界之外时，触点断开，切断电源，刮水器停止工作。

（2）永磁式刮水电动机的变速原理

永磁式刮水电动机的结构如图 7-6 所示，蜗轮蜗杆变速装置与电动机装为一体，2 块磁极黏合在电动机外壳上，磁极采用铁氧体永久磁铁，具有永不退磁的优点，其磁场强弱不可改变。电机端部装有塑料通气管，以便将电刷由于电弧放电所产生的气体放出。1 对主电刷 B_1 和 B_3 相隔 180°压装在换向器上（见图 7-7（a）），为了获得 2 种速度，通常在电动机内还安装了第 3 个电刷 B_2，通过变换电刷，改变串联在电刷间的导体数，达到变速的目的。其变速原理如图 7-7 所示，图中 B_1 与 B_2 相差 60°，B_1 为低速电刷，B_2 为高速电刷，B_3 为高低速共用电刷。当直流电动机工作时，在电枢内所有线圈中同时产生反电动势 $E=cn\phi$，方向与电枢电流的方向相反。如要使电枢旋转，外加电压必须克服反电动势的作用，当电枢转速上升时，反电动势也相应上升，只有当外加电压几乎等于反电动势时，电枢的转速才趋于稳定，这一转速称为稳定转速。

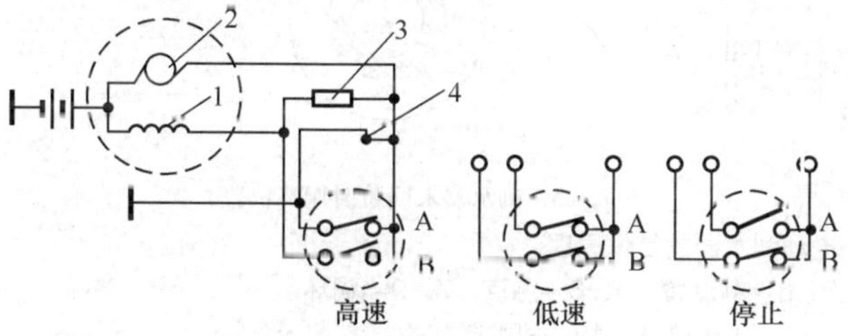

图7-5　励磁式刮水电动机的工作原理
1—电动机激磁绕组　2—电枢绕组
3—附加电阻　4—触点

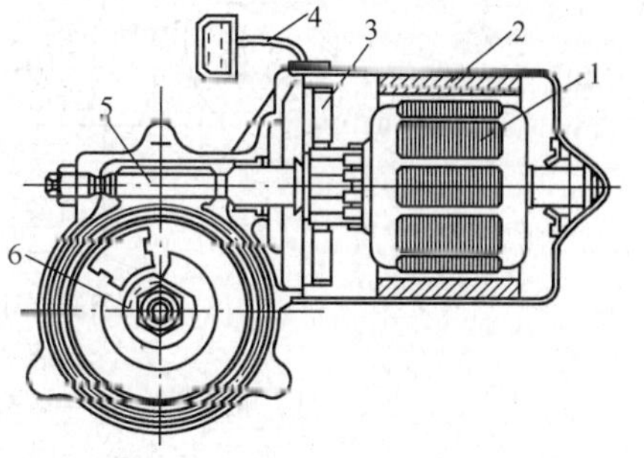

图7-6　永磁式刮水电动机的结构
1—电枢　2—永久磁铁　3—电刷　4—通气管
5—蜗杆　6—蜗轮

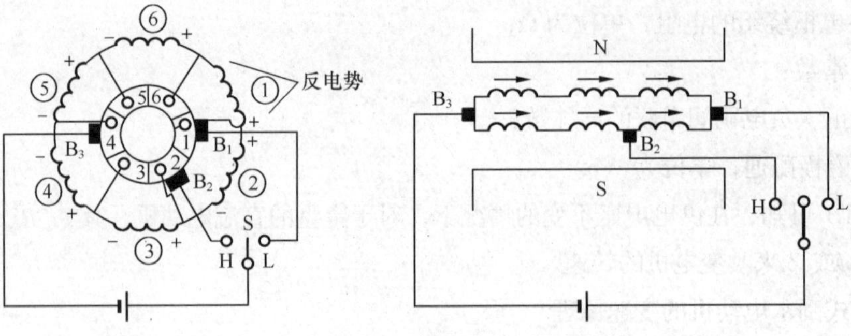

（a） （b）

图7-7 永磁式刮水电动机的变速原理

当刮水器开关拨向低速，即 S 与 L 接触时，电源电压加在 B_1 和 B_3 之间。在电刷 B_1 和 B_3 之间有 2 条并联支路，如图 7-7（b）所示，一条是由线圈①、⑥、⑤串联起来的支路；另一条是线圈②、③、④串联起来的支路，即在电刷 B_1 和 B_3 间有 2 条支路，各 3 个线圈。这 2 条支路产生的全部反电动势与电源电压平衡后，电动机便稳定旋转。由于有 3 个线圈串联的反电动势与电源电压平衡，故转速较低。

当刮水器开关拨向高速，即 S 与 H 接触时，电源电压加在 B_2 和 B_3 之间。此时，电枢绕组 1 条由 4 个线圈②、①、⑥、⑤串联，另 1 条内 2 个线圈③、④串联。其中线圈②的反电动势与线圈①、⑥、⑤的反电动势方向相反，互相抵消后，变为只有 2 个线圈的反电动势与电源电压平衡，因而只有转速升高使反电动势增大，才能得到新的平衡，故此时转速较高。可见，两电刷间的导体数减少，就会使电动机的转速升高。

2. 电动刮水器的自动复位原理

电动刮水器的复位原理如图 7-8 所示，其刮水器开关设有 3 个挡位，0 挡为复位挡，刮水器在不使用时应处于该挡位置，Ⅰ挡为低速挡，Ⅱ挡为高速挡。4 个接线柱分别接到触点臂、低速电刷 B_1、搭铁和高速电刷 B_2 上。在蜗轮上，嵌有铜环，其中较大的一片与电机的外壳相连而搭铁，触点臂用弹性材料制成，其一端铆有触点分别与蜗轮端面或铜环接触。

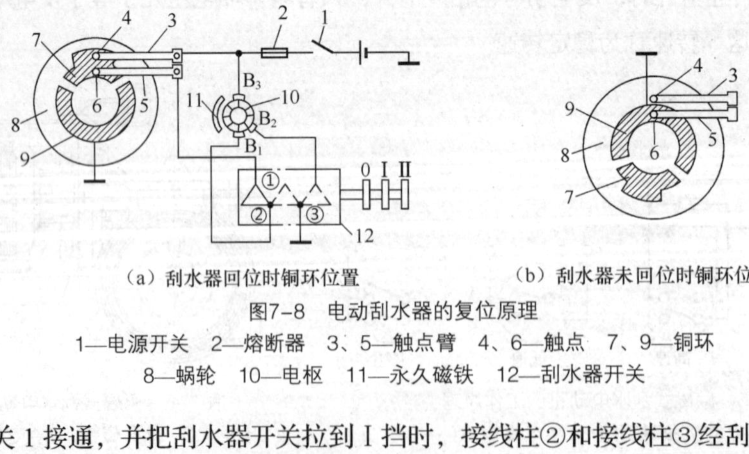

（a）刮水器回位时铜环位置 （b）刮水器未回位时铜环位置

图7-8 电动刮水器的复位原理

1—电源开关 2—熔断器 3、5—触点臂 4、6—触点 7、9—铜环
8—蜗轮 10—电枢 11—永久磁铁 12—刮水器开关

当电源开关 1 接通，并把刮水器开关拉到Ⅰ挡时，接线柱②和接线柱③经刮水器开关而连接在

一起。此时，电流从蓄电池正极→电源开关→熔断丝→电刷 B_3→电枢绕组→电刷 B_1→接线柱②→刮水器开关→接线柱③→搭铁→蓄电池负极，形成回路，电动机以低速运转。

当把刮水器开关拉到Ⅱ挡时，接线柱③和接线柱④经刮水器开关而连接在一起。此时，电流从蓄电池正极→电源开关→熔断丝→电刷 B_3→电枢绕组→电刷 B_2→接线柱④→刮水器开关→接线柱③→搭铁→蓄电池负极，形成回路，电动机以高速运转。

当刮水器开关退回到 0 挡位置，接线柱②和接线柱①经刮水器开关而连接在一起。如果此时刮水片没有停在如图 7-8（a）所示的规定位置，而是停在如图 7-8（b）所示的一般位置时，电流经蓄电池正极→电源开关→熔断丝→电刷 B_3→电枢绕组→电刷 B_1→接线柱②→刮水器开关→接线柱①→触点臂→铜环 9→搭铁，这时电动机将继续转动。当刮水器的刮水片运动到如图 7-8（a）所示的规定位置时，电路中断，但由于惯性电动机不能立刻停下来，电机以发电机方式运行，电枢绕组通过触点臂 3、5 与铜环 7 接触而构成回路，在电枢绕组产生很大的感应电流，因而产生制动扭矩，电动机迅速停止转动，使刮水器的刮水片停在风窗玻璃规定的位置。

3. 电动刮水器的间歇工作原理

汽车在雾天或小雨雪天气中行驶时，若刮水器不间断地工作，风窗玻璃上的微量水分和灰尘就会形成一个发粘的表面，这样玻璃不仅刮擦不净，反而会变得模糊，影响驾驶员的视线；同时，刮水片的刮擦阻力增大，影响刮水器的使用寿命。为处理好该问题，现代汽车上一般通过加装刮水器间歇控制系统，让刮水器按照一定的周期间歇工作，使驾驶员获得较好的视野。

刮水器间歇控制系统主要由脉冲发生电路（振荡电路）、驱动电路、继电器 3 部分组成，如图 7-9 所示。驱动电路在脉冲发生电路的控制下，驱动继电器定时接通和断开刮水电动机，实现间歇工作。

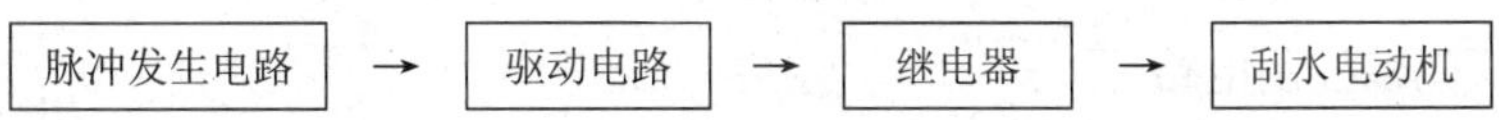

图7–9 刮水器间歇控制系统组成框图

常见的刮水器间歇控制电路分为不可调节式和可调节式 2 种。

（1）不可调节式间歇控制电路

刮水器的不可调节式间歇控制电路是利用自动复位装置和电子振荡电路来实现的。图 7-10 所示为一种用集成电路接成的不可调节式间歇控制电路原理图，NE555 与外围元件组成脉冲发生电路和驱动电路。

当刮水器间歇开关闭合时，NE555 集成块的引脚 3 输出高电位，使继电器 J 线圈通电，其常闭触点 S_1 断开，常开触点 S_2 闭合，刮水电动机电路经蓄电池正极→电源开关→熔断丝→电刷 B_3→电枢绕组→电刷 B_1→刮水器开关→继电器常开触点 S_2→搭铁→蓄电池负极，形成回路，刮水器工作。经延时 $0.693R_1C_1$ 秒后，集成块的引脚 3 输出电位翻转为低电位，继电器断电，常闭触点 S_1 闭合，常开触点 S_2 打开，此时若刮水片未达到停止位置，则刮水器在自动停位器控制下继续工作，直至自停开关断开，刮水片停在原始位置。再经延时 $0.693R_2C_1$ 秒后，刮水器又重复上述工作过程，实现循环间歇刮刷动作。

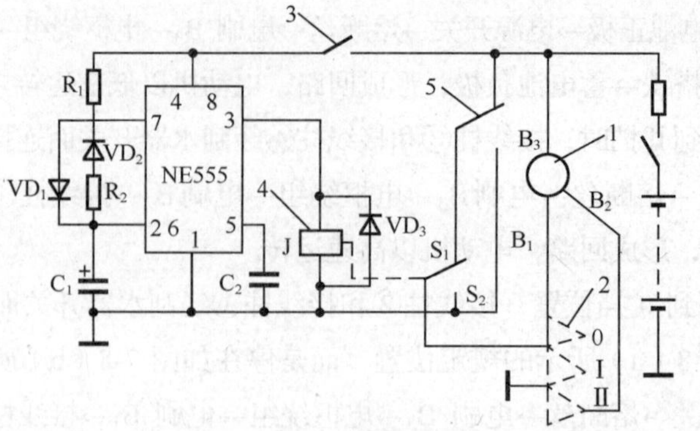

图7-10 NE555间歇控制电路

1—刮水电动机 2—刮水器开关 3—间歇刮水开关 4—继电器 5—自停开关

除了由集成电路构成的刮水器间歇控制电路之外，还有一些由分立元件构成的无稳态方波发生器、互补间歇振动电路等，如图 7-11 所示，均可实现刮水器的间歇工作。

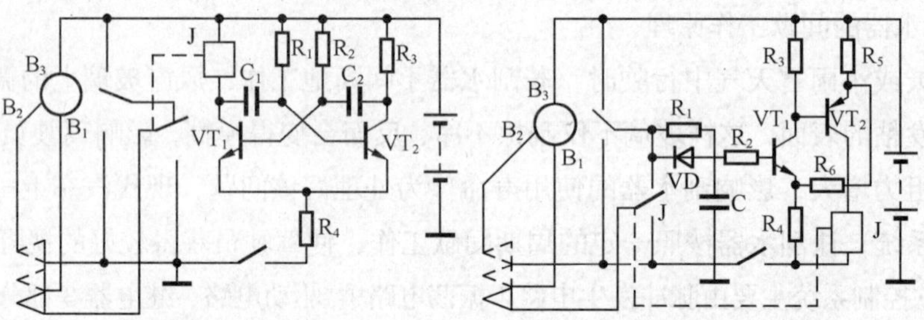

（a）无稳态方波发生器　（b）互补间歇振动电路

图7-11 电子间歇刮水器控制电路

（2）可调节式间歇控制电路

具有可调节式间歇控制功能的刮水器在遇到下雨时，由电子控制器驱动雨刮器运转，在雨停止时雨刮器自动停止运转，还可根据雨量的大小自动调节刮刷速度，并调节间歇时间，不需要驾驶员操心，舒适方便。可调式间歇控制电路通常由 1 个雨水传感器，加上调速控制电路构成。雨水传感器可能是 1 个流量检测电极，或者是 1 个光电雨水传感器（见图 7-12（a））。光电雨水传感器发射出红外线，射在车窗上，雨水使红外线的反射量发生变化，触发接通雨刮器的电开关，使雨刮器运转，这种雨刮器还可以做到下小雨时慢刮，下大雨时快刮，如图 7-12（b）所示。

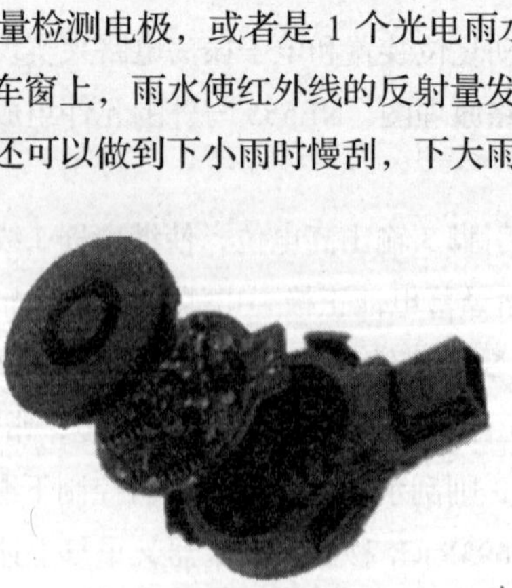

（a）传感器外形

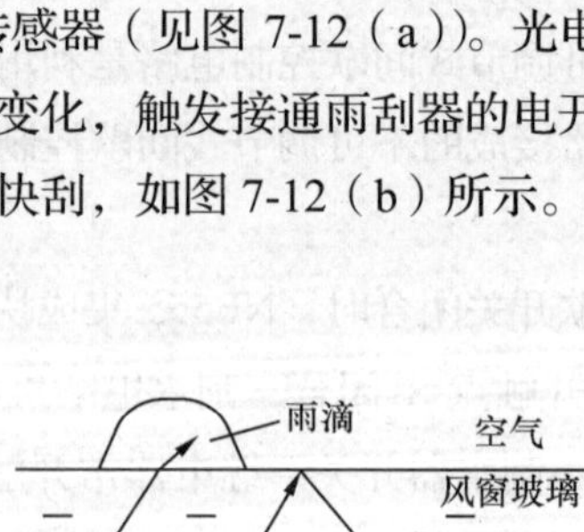

（b）传感器工作原理

图7-12 光电雨水传感器

（三）清洗器系统的组成

汽车在实际行驶过程中，会有一些灰尘飘落在风挡玻璃上，仅使用刮水器不能把玻璃刮刷干净。此时，常用清洗器与刮水器配合使用，先向风窗表面喷洒专用清洗液或水，再用刮水器刮刷，可以获得更好的清洁效果。

风窗清洗系统的组成如图 7-13 所示，它由储液罐、清洗泵、输液管、喷嘴和接头等组成。

储液罐由塑料制成，其内储有清洗液，通常用水、酒精或洗涤剂等按一定比例配制而成。清洗泵的作用是将清洗液加压，通过输液管和喷嘴喷洒到风窗表面。清洗泵在结构形式上有电动泵式和脚踏液囊式，其中电动清洗泵应用较广，它由永磁直流电动机和离心式叶片泵组装成一体，喷射压力可达 70 ~ 88 kPa。喷嘴安装在风窗玻璃下面，其方向可以调整，使水喷射在风窗玻璃的合适位置。电动清洗泵连续工作时间不宜过长，一般不超过 1 min。为达到良好的清洗效果，避免刮水器干刮，使用时应先打开清洗泵喷液，后开刮水器。在喷水停止后，刮水器应继续刮 2 ~ 5 次。因此，清洗器一般与刮水器联合工作。

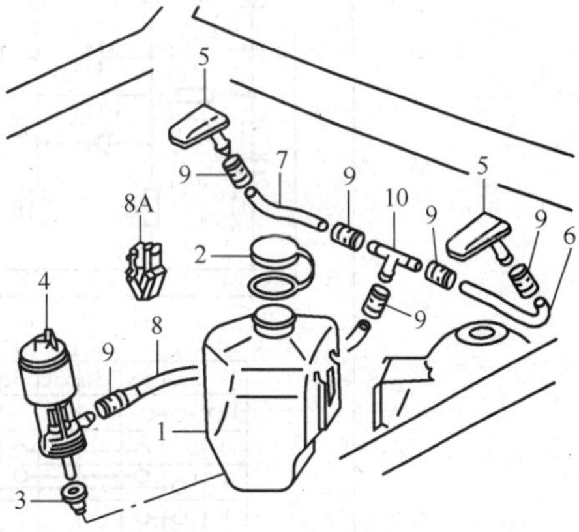

图7-13　风窗清洗系统的组成
1—储液罐　2—加液口盖　3—密封垫
4—清洗泵　5—喷嘴　6、7、8—塑料管
8A—软管夹子　9—橡胶管　10—三通接头

（四）电动刮水器和清洗器的应用实例

图 7-14 所示为奥迪轿车前风窗玻璃刮水器和清洗器电路图，该系统具有点动、慢速、快速、间歇、清洗和电动机自动复位 6 种功能，这 6 种功能可由刮水器与清洗器组合开关的不同挡位来实现。当刮水器开关在 I 挡位置时，刮水器处于间歇工作状态，利用自动复位触点及 C_2 充放电时间来实现间歇控制；刮水器开关处于 1 挡时，刮水器以低速工作；刮水器开关处于 2 挡时，刮水器以高速工作；当刮水器开关置于 Tip 位置时，刮水器电机短时间工作；松开刮水器开关，开关自动返回至 0 位置；刮水器开关置于 Wa 位置时，将完成清洗器和刮水器 2 项工作。具体工作过程如下。

（1）低速、高速与点动工作

组合开关的“53a”接线柱为电源接线柱，当接通刮水器变速开关的低速挡“1”、高速挡“2”、点动挡“Tip”时，刮水电动机的电源均经“53a”接线柱输入。

当变速开关置于“1”挡时，组合开关的“53a”接线柱与刮水电动机“53”接线柱被接通，刮水器以低速连续工作。当变速开关置于“2”挡时，组合开关的“53a”接线柱与刮水电动机“53b”接线柱连通，刮水器以高速连续工作。当扳动手柄使变速开关置于“Tip”挡时，组合开关的“53a”接线柱与刮水电动机“53”接线柱被接通，刮水器以低速工作，手一松开，开关自动返回“0”位，以实现点动工作。

当变速开关返回“0”时，刮水器由自动停位器控制。

（2）自动停位

奥迪轿车刮水电动机自动停位原理如图 7-15 所示，结合前面已述的刮水器自动停位原理，请读者自行分析其工作过程。

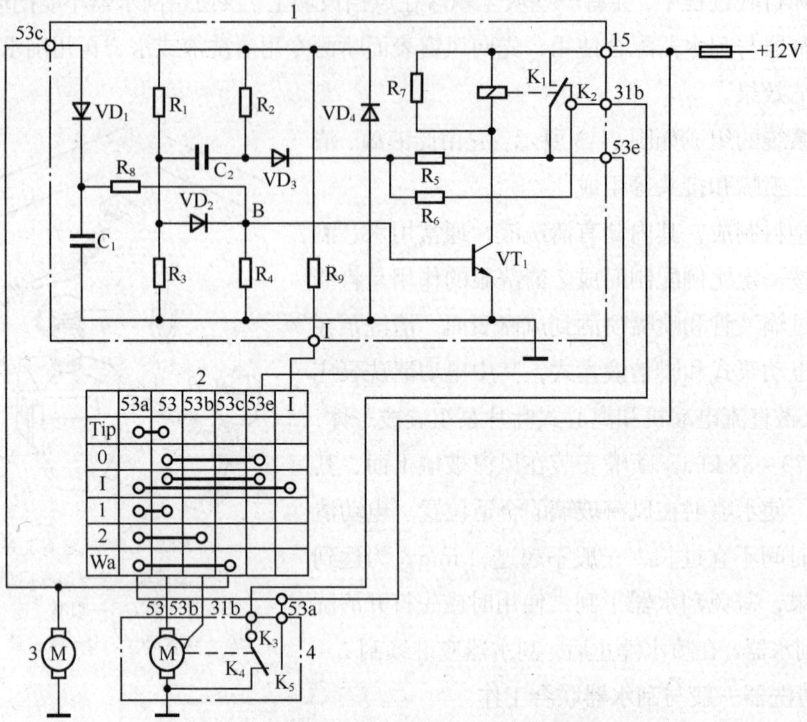

图7-14 奥迪轿车前风窗玻璃刮水器和清洗器电路图

1—间歇工作控制电路 2—刮水器与清洗器开关 3—清洗泵电机 4—刮水器电机

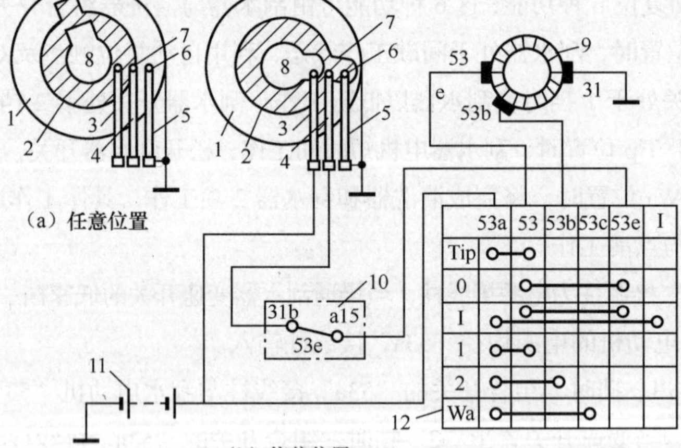

（a）任意位置

（b）停位位置

图7-15 奥迪轿车刮水电动机自动停位原理图

1—蜗轮 2—铜环 3、4、5—触点臂 6、7、8—触点

9—刮水电机 10—间歇控制器 11—蓄电池 12—组合开关

（3）刮水器与清洗器协同工作

当变速开关置于“Wa”挡时，系统处于刮水器与清洗器联合工作状态。

① 清洗器电路中的电流由蓄电池正极→熔断器→刮水器开关 2 的 53a 触点→刮水器开关 2 的

53c 触点→清洗器电机 3→搭铁→蓄电池负极构成回路，于是清洗器开始工作，将清洗液喷洒到风窗玻璃上。

② 上述电路中除清洗器工作外，同时电路中的工作电流由刮水器开关 2 的 53c 触点→间歇控制器 1 的 53c 触点→二极管 VD_1→电容 C_1→蓄电池负极构成回路，为 C_1 充电。在 C_1 充电的同时，电阻 R_8 与电阻 R_4 电路中的电流由小增大，B 点的电位逐渐升高。在此电压作用下，晶体三极管 VT_1 导通，间歇控制器的继电器线圈通电，触点 K_1 闭合，使间歇控制器中的触点 15 与 53e 接通，于是刮水器电机的电路接通。电路中的工作电流由蓄电池正极→熔断器→间歇控制器触点 15 与 53e→刮水器开关的触点 53e 与 53→刮水器电机→蓄电池负极构成回路，于是刮水器电机慢速工作。

松开开关手柄时，刮水器开关自动复位，清洗泵立刻停止喷水工作。但此时，间歇控制器中的电容 C_1，开始向电阻 R_8 及电阻 R_4 放电，使晶体三极管 VT_1 继续导通，刮水器电机仍慢速工作 4 s，即电容 C_1 放电的时间，其目的是为了刮干前风窗玻璃上的水滴。

（4）间歇工况

当组合开关置于间歇工作“I”挡时，组合开关的“53a”接线柱与“I”接线柱接通，间歇控制器的电源从其“I”接线柱引入。读者可结合前述内容分析其工作过程。

（五）电动刮水器和清洗器的维护与常见故障检修

根据国际驾驶安全调查显示：雨天驾车，由于雨刮片老化引起视野不清而导致的交通事故率比平常高出大约 5 倍！因此，刮水器的良好维护是雨雪天气安全行驶的必要保证。刮水器推荐维护周期一般为 6 个月或 1 万 km，刮水片至少 1 年更换 1 次，事实上，该数值恰好与大多数刮水片正常工作寿命相吻合。由于清洗器时常与刮水器同时使用，所以在维护刮水器的同时，也要对清洗器进行维护。

1. 电动刮水器和清洗器的维护

（1）电动刮水器的维护

① 检查刮水器电动机的固定及各传动机构的连接是否有松动，如图 7-16 所示，若发现松动，应予以拧紧。

② 检查刮水器橡胶刮水片的老化、磨损及其与玻璃贴附情况。当发现刮水片严重磨损或脏污时应及时更换或清洗。清洗刮水片时，可用蘸有酒精清洗剂的棉纱轻轻擦去刮片上的污物，注意不可用汽油清洗和浸泡，否则刮片会变形而无法使用。刮水片唇口必须与玻璃角度配合一致，否则应予以打磨或更换。

③ 用水润湿挡风玻璃后，打开刮水器开关，刮水器摇臂应摆动正常，电动机无异响。转换挡位开关，刮水器以相应的转速工作，并能自动复位。否则，应对刮水器电机及相关线路进行检查。

④ 检查后，在各运动铰链处滴注 2～3 滴机油或涂抹润滑脂，并再次打开雨刮器电机开关使雨刮器摇臂摆动，待机油或润滑脂浸到各工作面后，擦净多余的机油或润滑脂。

（2）清洗器的维护

① 检查清洗器系统的管路连接是否紧固，若有脱落或松动，应将其安装并固定好；塑料管路若

有老化、折断或破裂，应予以更换。

② 检查清洗器喷嘴，脏污时可用干净的毛刷清洗喷嘴；按动喷液开关，喷嘴应将清洗液喷射到风挡玻璃上的适当位置，如图 7-17 所示，否则应对喷嘴位置进行调整，或对喷射部分及电路部分进行检修。

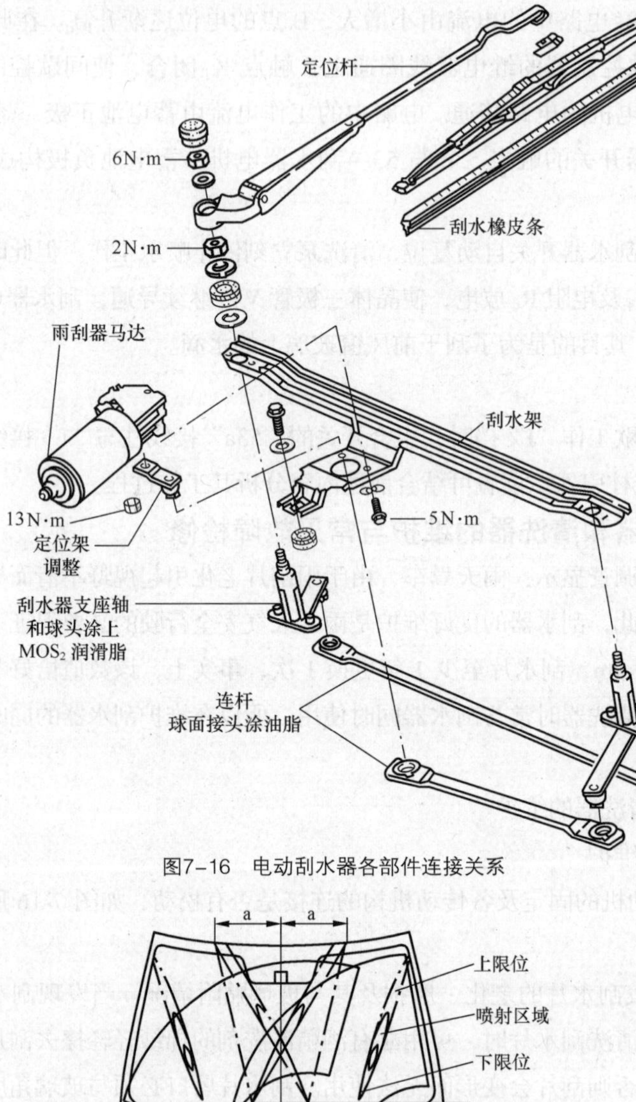

图7-16 电动刮水器各部件连接关系

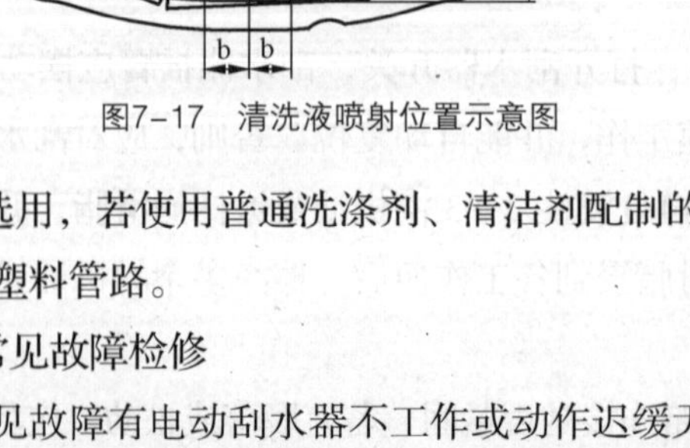

图7-17 清洗液喷射位置示意图

③ 清洗液应按原车要求选用，若使用普通洗涤剂、清洁剂配制的洗涤液，在进入冬季时，应予以清除，以防冻裂储液罐和塑料管路。

2. 电动刮水器和清洗器常见故障检修

电动刮水器和清洗器的常见故障有电动刮水器不工作或动作迟缓无力、不能复位、清洗器系统不工作或喷射压力过低等。

（1）电动刮水器不工作故障检修

电动刮水器的故障现象很多，但其故障原因归纳起来无外乎 2 个方面。从刮水器电动机上拆下机械传动装置，打开刮水器开关后，如电动机不能正常运行，说明是电动机或控制电路有故障；如电动机运行正常，则说明是机械故障。

对于电动刮水器不工作故障，先观察其故障现象是某一个速度挡不工作，还是所有挡位均不工作。如果仅是某一速度挡不工作，通常是电气方面故障，需结合该刮水器的电气原理图，确定其不工作的原因。如果是所有挡位均不工作，一般先检查是否有外来机械物品妨碍刮水器机械传动机构的动作。可接通刮水器开关，若电机微微振动或发热，则可能是刮水片、传动机构、减速机构或电机转子卡住。根据具体情况，排除异物，或者更换局部机构零件，重新安装调整好刮水器，并加以润滑。若排除了上述故障可能，则应检查刮水器控制电路，如电源电压是否足够，保险丝是否熔断，搭铁及连接线是否松脱、开关接触是否良好等，若前述各项完好，则故障可能在电动机上。

（2）清洗器不工作故障检修

发现风窗清洗器不工作时，可先检查电源电压是否过低，清洗泵电动机接线是否良好，搭铁是否可靠，若有故障予以排除。

然后接通清洗泵开关，用手触摸电动机外壳，若电机无反应，则说明清洗泵电动机有故障，进一步拆检电动机。

如若电动机正常，接下来应检查储液罐有无清洗液、输液管路及喷嘴是否堵塞或泄漏等。

查清故障后，根据相应的故障进行处理，若是管道破裂则应换上相同规格的输液管；若是喷嘴和三通阻塞，可用细钢丝疏通；若滤网堵塞则应拆下清洗；若清洗液喷射位置不合要求，则应对喷嘴位置进行调整；若是电动机损坏则应更换。

三、项目实施

（一）电动刮水器和清洗器的检修项目要求

① 通过该项目的实施，应能够对刮水器和清洗器进行拆装与调整，并掌握雨刮器故障诊断与检测的步骤与方法。

② 该项目应具备汽车雨刮器系统，螺丝刀、扳手、万用表等拆装与检修工具和汽车雨刮器电路图等资料。

（二）实施步骤

1. 电动刮水与清洗系统的故障诊断

电动刮水与清洗系统的故障诊断流程如图 7-18 所示。

2. 电动刮水与清洗系统的拆卸

电动刮水器与清洗器的拆卸可以参照制造厂说明书和维修手册推荐的操作步骤进行。本项目拓展知识中提供了奥迪 A6 轿车电动刮水器与清洗器的拆装步骤，可供参阅。

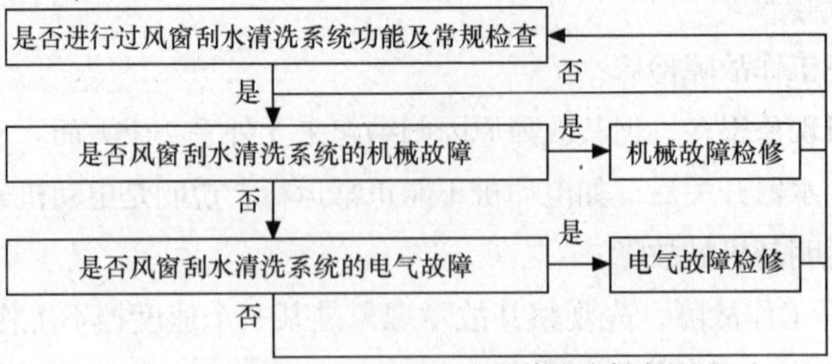

图7-18 电动刮水与清洗系统的故障诊断流程图

拆卸时，一般应先拆下不得不拆的有关部件，最后拆卸刮水器电机系统，拆下线束插接器、拆下连杆机构和电机总成连接螺栓等。拆卸时多加小心，以防损坏电机内部的永久磁铁。

3. 电动刮水与清洗系统的检修

（1）刮水器各联动机构的检修

① 检查刮水片总成。刮水片是否老化，刮水臂是否变形，如老化、变形则予以更换。

② 检查传动机构。各连杆等传动部件是否弯曲变形，如变形则予以校正，不可修复的，则需更换。

③ 检查连接球头等连接部位润滑是否良好，是否磨损严重。如润湿不良，则需添加润滑脂；如磨损严重，则应予以修理或更换。

（2）控制线路及开关的检修

可用万用表检测刮水器和清洗器组合开关处于各挡位时的通断情况。如线路问题，则对相应线路重新连接；如判断是开关内部触点接触不良或烧坏而引起的故障，则应拆开检修或更换。

（3）刮水器电机总成检修

① 检查蜗轮、蜗杆变速机构有无磨损，若磨损严重则应更换。

② 检查电刷高度，一般不应低于 8 mm，否则应予以更换。

③ 检查电机换向器表面是否烧蚀，若烧蚀可用细砂布打磨，若烧蚀或磨损严重的，则需更换或重新加工，使之符合要求。

④ 检查磁场线圈有无短路、断路或搭铁故障，若有，则应更换或重新绕线。

⑤ 检查电枢轴是否弯曲，轴与轴承的配合间隙是否符合要求，否则应予以更换。

（4）清洗器系统检修

① 检查储液罐中清洗液是否足够，否则应补充清洗液。

② 检查输液管是否通畅，是否泄漏，否则应更换，重新连接、密封。

③ 检查喷嘴、三通、滤网是否堵塞，否则可用细钢丝疏通喷嘴和三通，滤网则需清洗。

4. 电动刮水与清洗系统的安装与调整

电动刮水与清洗系统的安装一般与拆卸步骤相反，建议参照制造厂说明书和维修手册推荐的操作步骤进行。

安装时应注意刮水片的归位；注意喷水壶中的清洗液不要洒掉，若洒掉要补标准的清洗液；注意喷水管的接头要可靠；尤其要注意，根据制造厂提供的数据，调整好喷嘴的位置。

安装好后，应给电机接通电源，将组合开关打开到不同挡位进行检验，系统应工作正常、运转平稳、复位良好、刮刷干净。值得注意的是，检验时，不要让刮水器干刮，以免造成损伤。

四、拓展知识

（一）风窗除霜装置

在寒冷的季节，空气中的水分容易在汽车风窗玻璃上形成细小的雨滴（即雾）或结霜。在装有空调或暖风装置的汽车上，通过除霜风门可将热风吹向前面及侧面风窗玻璃，以防止水分凝结或使冰霜溶化。而后窗玻璃则需一个除霜器进行除霜，如图 7-19 所示。

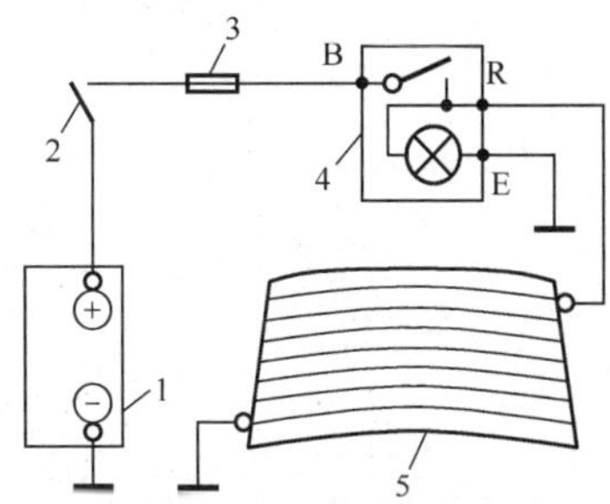

图7-19　后窗除霜装置

1　蓄电池　2—点火开关　3—熔断器　4—除霜器开关及指示灯　5—除霜器

后窗除霜器是一种电栅加热装置，通过加热，产生微热消除后窗玻璃上的雾和霜。图 7-19 中 5 是 1 组平行的含银陶瓷输电网线，在玻璃成型过程中烧结在玻璃表面内。玻璃两侧有汇流条，各焊有 1 个接线柱，其中 1 个用以供电，1 个是搭铁接线柱。这样就形成 1 组并联电路。由于后窗电栅消耗电流较大（可达 30 A），因此电路中除开关外，还需有 1 个定时继电器。这种继电器在通电 10 min 后，即自动将后窗电栅电流切断。如 10 min 后霜还没有除净，驾驶员可再次接通开关，但在此之后，每次只能通电 5 min。

（二）奥迪轿车风窗刮水和清洗系统的维修

1．电动刮水器系统的维修

（1）风窗刮水系统的拆装

① 拆卸刮水器臂。取下刮水片，用螺丝刀撬下刮水器臂上的 2 个盖帽，如图 7-20 所示。松开 6 角螺母，但不要完全拧下，轻轻转动以松开刮水器臂，完全拧下 6 角螺母并取下刮水器臂。拔下前罩板上的卡夹，撬下挡风玻璃边缘的前罩板，取下前罩板。

② 拆卸拉杆和电机的刮水器框。如图 7-21 所示，拧下螺栓，翻转刮水器框（箭头），取出总成后，拔下刮水器电机插头。

③ 从连接杆上拆下刮水器电机。从连接杆上拆下刮水器电机时，不可松开刮水器电机曲柄上的螺母。如图 7-22 所示，从球头节上撬下连接杆（箭头），拧下刮水器电机支架上的螺栓，取下刮水器电机。对拆下的各部件进行检查与维护。

④ 安装风窗刮水系统。将刮水器电机连同曲柄一起安装到刮水器电机支架上。接上连接杆，在图 7-22 所示 a 处调整其停止位置，插上刮水器电机插头。然后，按与拆卸相反的顺序进行安装。

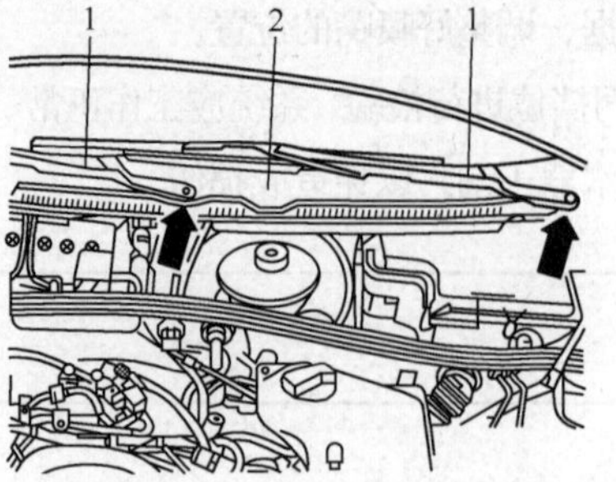

图7-20 拆卸刮水器臂
1—刮水器臂 2—前罩板

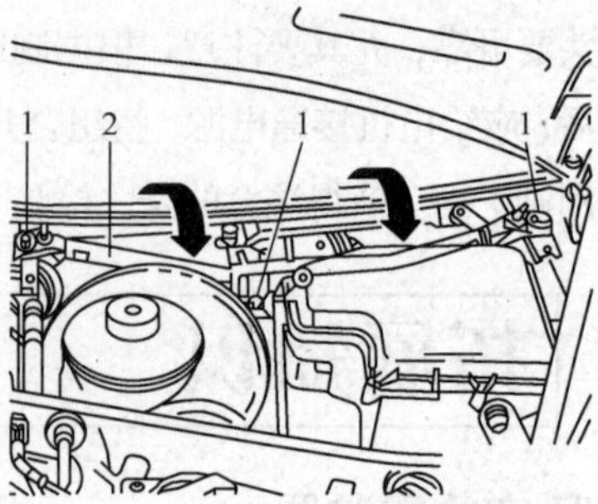

图7-21 拆卸拉杆和电机的刮水器框
1—6角螺栓 2—刮水器框

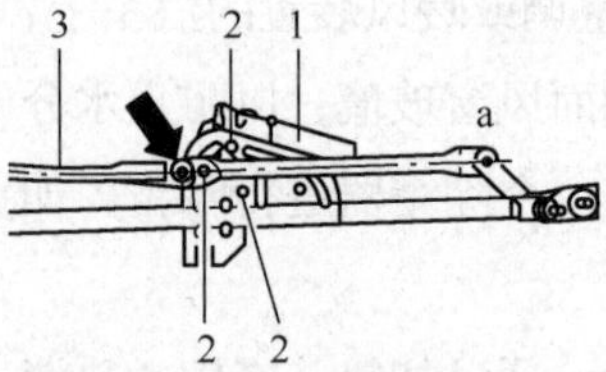

图7-22 拆下刮水器电机
1—刮水器电机 2—6角螺栓 3—连接杆

（2）雨刮片的停止位置调整

使刮水器电机回到停止位置，将雨刮片装到风挡玻璃上，校正后拧紧紧固螺母。调整停止位置时，应保证图 7-23 中雨刮片与风挡玻璃下边缘处压力舱附加板之间的距离 a 和 b 的值在允许范围之内。

（3）消除雨刮片震颤

雨刮片震颤的可能原因有如下几种。

① 风挡玻璃划伤。

② 刮水橡胶片与臂脱离或开裂。

③ 刮水器臂/片松动或弯曲。

④ 刮水片有蜡或成波纹状。

如雨刮片震颤，而又排除了以下原因，那么更换雨刮片。更换雨刮片之前应调整刮水臂的角度。将雨刮臂移到停止位置，拆下雨刮片。如图 7-24 所示，调整两侧雨刮臂角度至合适值。

图7-23 雨刮片停止位置

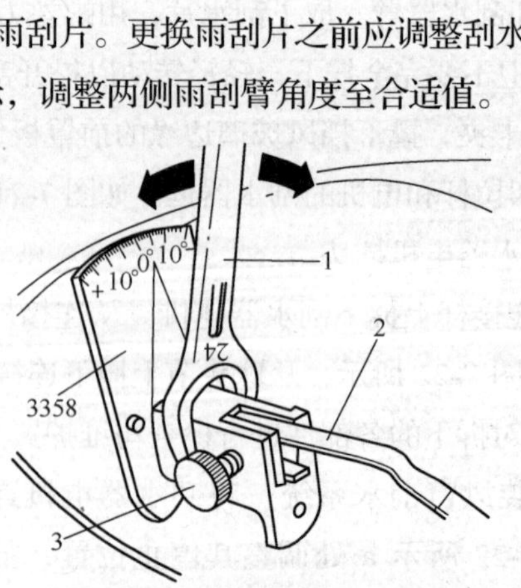

图7-24 检查调整雨刮臂角度
1—开口扳手 2—雨刮臂 3—锁止螺栓

2. 风窗清洗系统的维修

（1）储液罐的拆装

① 储液罐的拆卸。如图 7-25 所示，拧下 6 角螺栓，拔下插头，将清洗液罐向下从发动机舱中取出。拔下风挡玻璃清洗泵的供电插头。将清洗泵从清洗液罐上拔下，然后将清洗液罐取下。

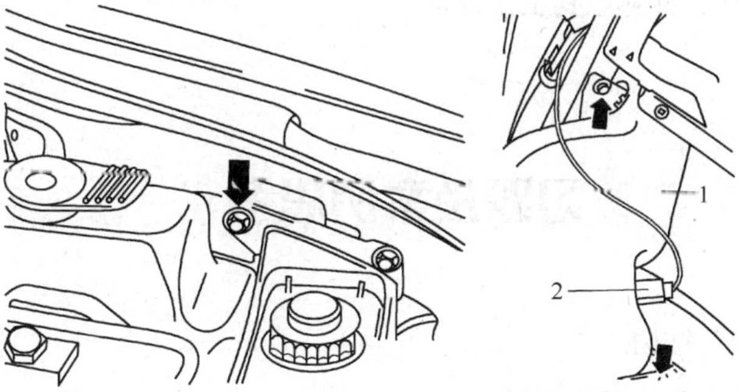

图7-25　拆卸储液罐

1—清洗液罐　2—插头

② 储液罐的安装可按与拆卸相反的顺序进行。

（2）喷嘴的维修

① 喷嘴的拆卸。如图 7-26 所示，从喷嘴上拔下软管，拔下喷嘴加热插头，用力将喷嘴从发动机罩上拔出。检查喷嘴并维护。

② 喷嘴的安装。喷嘴的安装可按与拆卸相反的顺序进行。

③ 喷嘴的调整。用记号笔在风挡玻璃上按如图 7-27 所示做上 4 点标记，相应尺寸应符合要求。调整后用专用工具检测喷嘴标记的位置。

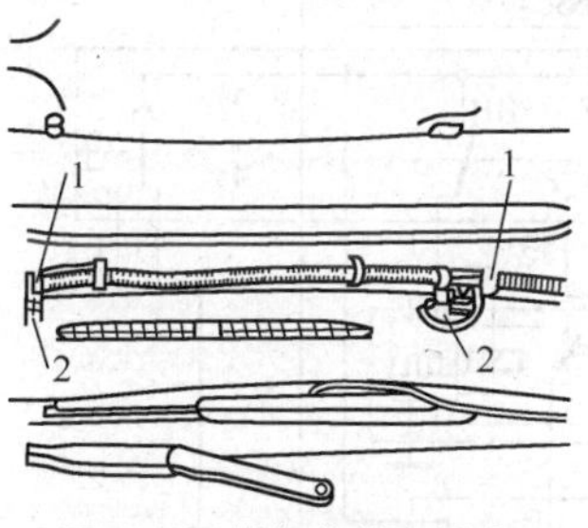

图7-26　拆卸软管和插头

1—软管　2—喷嘴加热插头

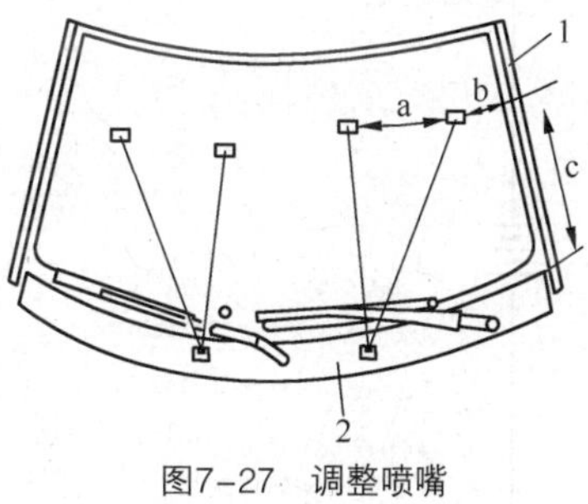

图7-27　调整喷嘴

1—风挡玻璃密封条　2—压力舱附加护板

小结

汽车电气附件的结构、原理、性能、诊断参数知识与汽车电气附件诊断与维修技能是在国家职业标准《汽车修理工》中明确列出的工作要求。刮水器与清洗器作为汽车重要辅助电气，必须掌握其相关知识与检修技能。

本项目以汽车刮水器和清洗器系统检修为载体，将刮水器和清洗器的结构、工作原理等理论知识与其故障检修技能融为一体，涉及机械传动、电机、低压电气、液压等多方面的理论知识以及相关方面的故障诊断与检修经验。在学习过程中，除了能对设定故障进行检修之外，应着重加深对刮水器和清洗器工作原理的理解，在对特定故障进行检修的基础上，掌握对汽车刮水器和清洗器常见故障进行检修的普适性方法，并熟悉其工作过程。

习题及案例思考

1. 习题

① 简述刮水器的组成与结构。

② 试述刮水器用永磁电机的变速原理。

③ 永磁式电动刮水器是如何实现自动回位的？

④ 电动刮水器采用间歇控制的目的是什么，如何实现间歇控制？

⑤ 汽车上为何要安装风窗除霜装置？

⑥ 下图为桑塔纳汽车的刮水器电路，试根据该图分析桑塔纳汽车电动刮水器的工作过程。

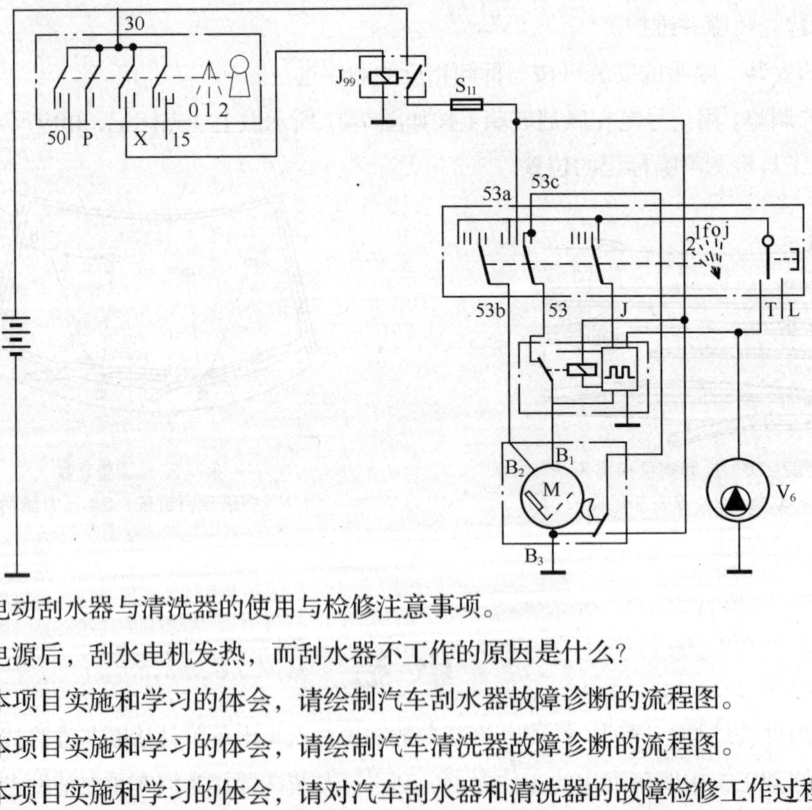

⑦ 试述电动刮水器与清洗器的使用与检修注意事项。

⑧ 接通电源后，刮水电机发热，而刮水器不工作的原因是什么？

⑨ 根据本项目实施和学习的体会，请绘制汽车刮水器故障诊断的流程图。

⑩ 根据本项目实施和学习的体会，请绘制汽车清洗器故障诊断的流程图。

⑪ 根据本项目实施和学习的体会，请对汽车刮水器和清洗器的故障检修工作过程进行总结。

2. 案例思考

案例：

故障现象

一辆富康 988 轿车，打开洗涤器开关时洗涤器喷嘴不喷洗涤液，但刮水器在各挡位时的工作正常。

故障检修过程

故障可能性分析：根据故障现象，该故障的原因可能是洗涤液罐没有洗涤液；或者是洗涤液罐破裂或喷嘴堵塞；或者是洗涤泵连接线路有断路之处；或者是洗涤泵损坏。

故障诊断方法：直观检查洗涤罐、洗涤液管和喷嘴，均无异常。

拔下洗涤泵线路插头，在接通洗涤泵开关时，用万用表直流电压挡测量洗涤泵线路插头两端子之间的电压，有 12V 电压，说明洗涤泵连接线路良好。

用万用表电阻挡测量洗涤泵两端子之间的电阻，电阻为∞，说明洗涤泵的电动机内部有断路故障。

故障处理措施：更换新的洗涤泵，洗涤器即可喷出洗涤液，故障排除。

故障实例分析

如果故障现象是在接通洗涤开关时不喷洗涤液，且刮水器也没有刮水动作，则故障的可能原因还包括电源电路及熔断器和右组合开关中的洗涤器开关。在检修故障时，首先应检查驾驶室内熔断器盒中的 FU9 熔断器，随后检查电源线路和组合开关。

Chapter 8

项目八 电动车窗玻璃升降器的检修

一、项目要求

【知识要求】

掌握电动车窗升降器的结构特点和工作原理。

【能力要求】

能够分析、判断和排除电动车窗常见故障。

二、相关知识

（一）电动车窗的组成与结构

1. 电动车窗的组成

电动车窗可使驾驶员或乘客坐在座位上，利用开关使车门玻璃自动升降，操作简便并有利于行车安全。

电动车窗系统由车窗、车窗玻璃升降器、电动机、继电器、开关等装置组成，奥迪轿车电动车窗的结构如图 8-1 所示。

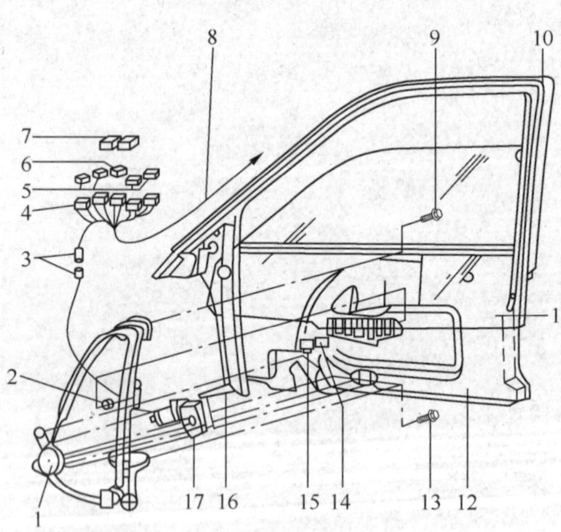

图8-1 奥迪轿车电动车窗（驾驶员侧）的结构

1—车窗升降器 2—垫 3—电机插座 4—开关总成插座 5—主开关 6—主开关的断路开关 7—插座架 8—线束 9—固定螺栓 10—车窗密封条 11—前左车窗玻璃 12—车窗附件支架 13—固定螺栓 14—垫 l5—车窗锁止夹子 16—固定螺钉 17—电动机

2. 电动车窗结构

有些汽车上的电动车窗由电动机直接作用于升降器，而有些则是通过驱动机构作用于升降器，从而把电动机的转动变换为车窗的上下移动。车窗升降器有 2 种形式。一种是钢丝滚筒式电动车窗玻璃升降器如图 8-2 所示；另一种是交叉传动臂式，如图 8-3 所示。

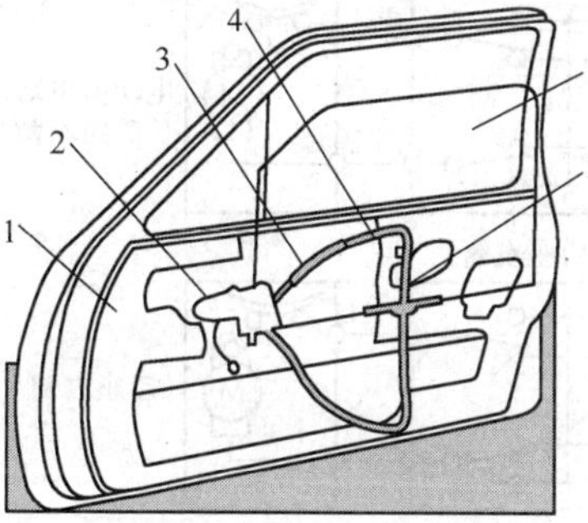

图8-2　钢丝滚筒式电动车窗玻璃升降器
1—盖板　2—永磁电动机及减速器
3—导向套　4—钢丝绳　5—玻璃

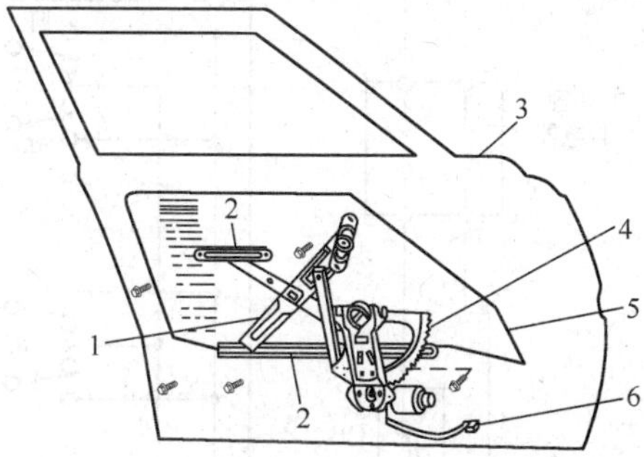

图8-3　交叉传动臂式电动车窗玻璃升降器
1—调整杆　2—支架与导轨　3—车门　4—驱动齿扇
5—车窗玻璃　6—电动机及插座

（二）电动车窗的工作原理

电动车窗使用的电动机是双向的，有永磁型和双绕组串激型 2 种。每个车窗都装有一个电动机，通过开关控制它的旋转方向，使车窗玻璃上升或下降。

一般电动车窗系统都装有 2 套控制开关。一套装在仪表板或驾驶员侧车门扶手上，为主开关，它由驾驶员控制每个车窗的升降；另一套分别装在每一个乘客门上，为分开关，可由乘客进行操纵。一般在主开关上还装有断路开关，如果它断开，分开关就不起作用。

为了防止电路过载，电路或电动机内装有 1 个或多个热敏断路开关，用以控制电流，当车窗完全关闭或由于结冰等原因使车窗玻璃不能自如运动时，即使操纵开关没有断开，热敏开关也会自动断路。有的车上还专门装有 1 个延迟开关，在点火开关断开后约 10 min 内，或在车门打开以前，仍有电源提供，使驾驶员和乘客能有时间关闭车窗。

1．永磁型直流电动机电动车窗

永磁型直流电动机是通过改变电枢的电流方向来改变电动机的旋转方向使车窗玻璃上升或下降。图 8-4 所示为日本凌志 LS400 轿车电动车窗控制系统线路图。

当点火开关打至点火挡时，电动车窗主继电器工作，触点闭合，给电动车窗提供了电源；如将主开关上的窗锁开关闭合，那么，所有车窗都可随时进入工作状态；若主开关上的车窗锁开关断开，则只有驾驶员侧车窗可进行工作。另外，驾驶员侧的车窗开关由点触式电路控制，驾驶员要使车窗玻璃下降时，只要点触一下下降开关，车窗玻璃就会自动下降到最低点，在下降过程中，如果要使玻璃停止在某一位置时，只要再点触一下开关即可。

2．双绕组串激型直流电动机电动车窗

双绕组串激型直流电动机有 2 个绕向相反的磁场绕组，一个称为“上升”绕组，一个称为“下降”绕组。在给不同绕组通电时，会产生相反方向的磁场，电动机的旋转方向也就不同，从而实现车窗玻璃上升或下降。典型控制电路如图 8-5 所示。

电动车窗的断路保护开关是双金属触点臂结构。当电动机超载电路中电流过大时，双金属片因温度上升，产生翘曲变形张开触点，切断电路。电流消失后，双金属片冷却，变形消失，触点再次闭合。如此周期动作，使电动机电流平均值不超过规定值，不致过热而烧坏。

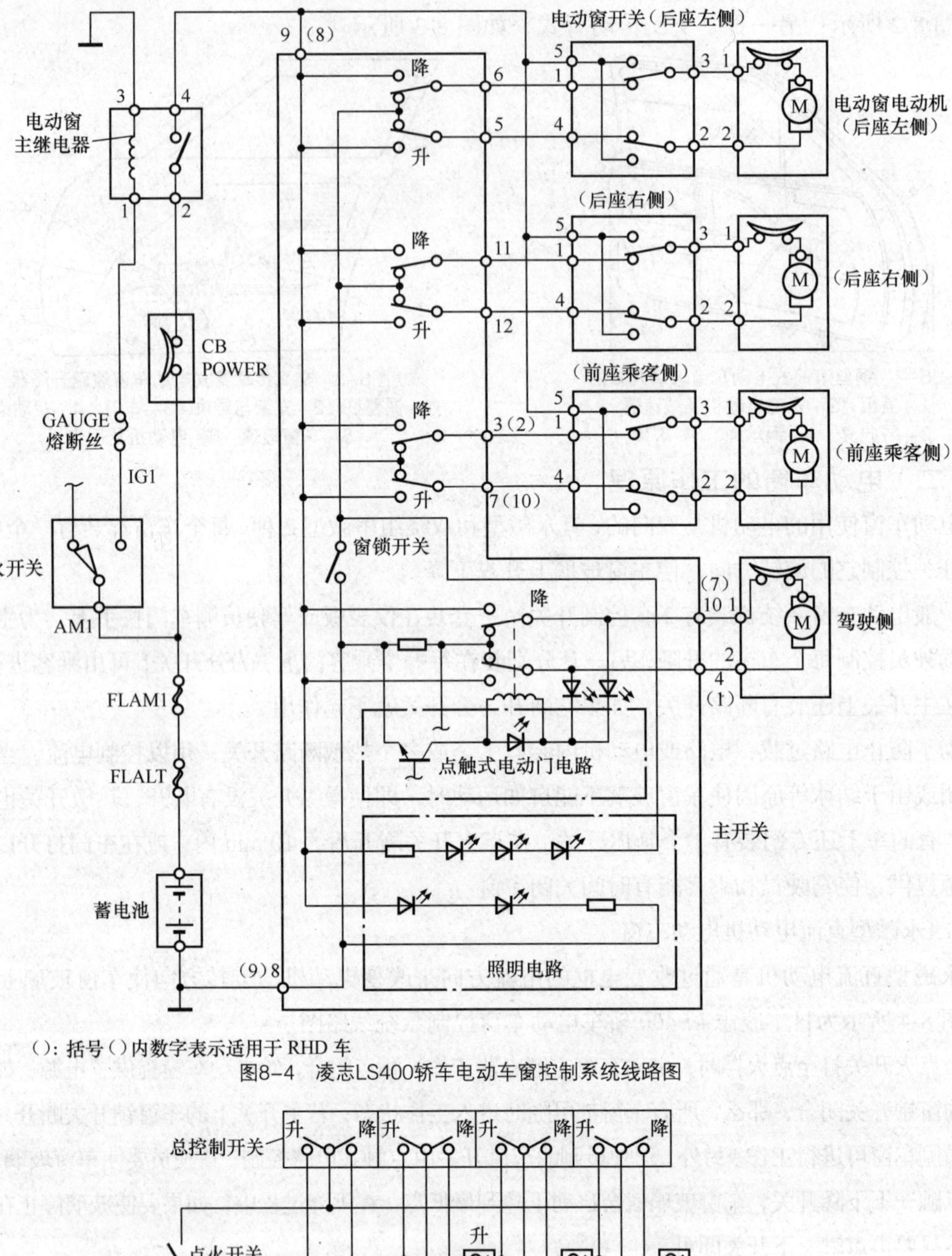

（）：括号（）内数字表示适用于 RHD 车

图8-4 凌志LS400轿车电动车窗控制系统线路图

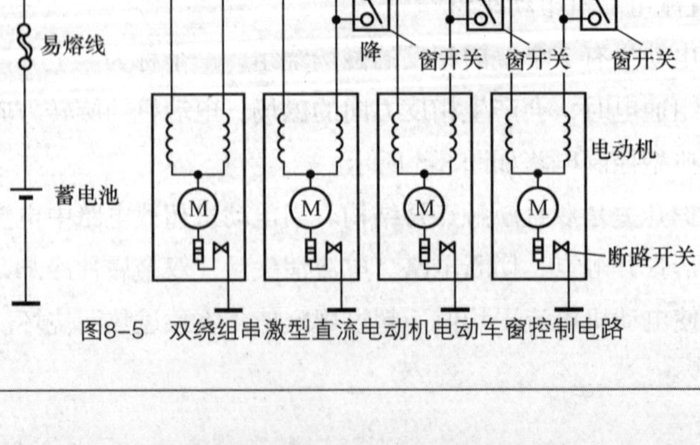

图8-5 双绕组串激型直流电动机电动车窗控制电路

3. 电动天窗

电动天窗主要由天窗组件、滑动机构、驱动机构和控制系统等组成，如图 8-6 所示。天窗组件包括天窗框架、天窗玻璃、遮阳板、导流槽、排水槽等部分。电动天窗执行机构主要由电动机、传动机构、滑动螺杆等组成，如图 8-6 所示。工作时，电动机驱动传动机构，使得天窗滑移开启或倾斜开启。

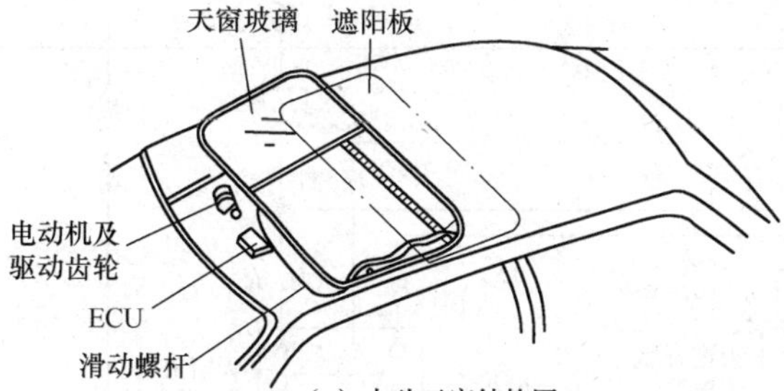

（a）电动天窗结构图

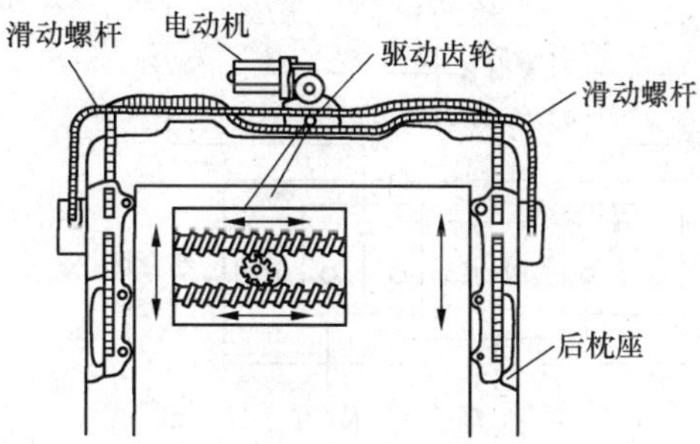

（b）电动天窗执行机构

图8-6　电动天窗结构图和执行机构

天窗控制系统主要包括天窗控制开关、电控单元（ECU）、继电器、限位开关等。

天窗控制开关有滑动开启和倾斜开启 2 种功能，如图 8-7 所示。滑动开关有滑动打开、滑动关闭和断开 3 个位置；倾斜开关也有斜升、斜降和断开 3 个位置。通过驱动电动机实现正反转，使天窗实现不同状态下的工作。

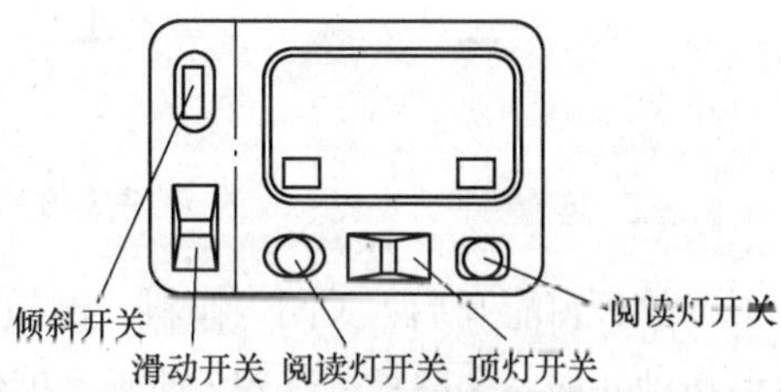

图8-7　电动天窗开关组

电动天窗玻璃具有遮挡视线（避免由外向内看）和前后倾斜功能。在没有打开任何车门的情况下，将点火开关从打开位置旋至关闭位置时，电动天窗仍能工作 10 min。本田雅阁轿车电动天窗控制电路图如图 8-8 所示。

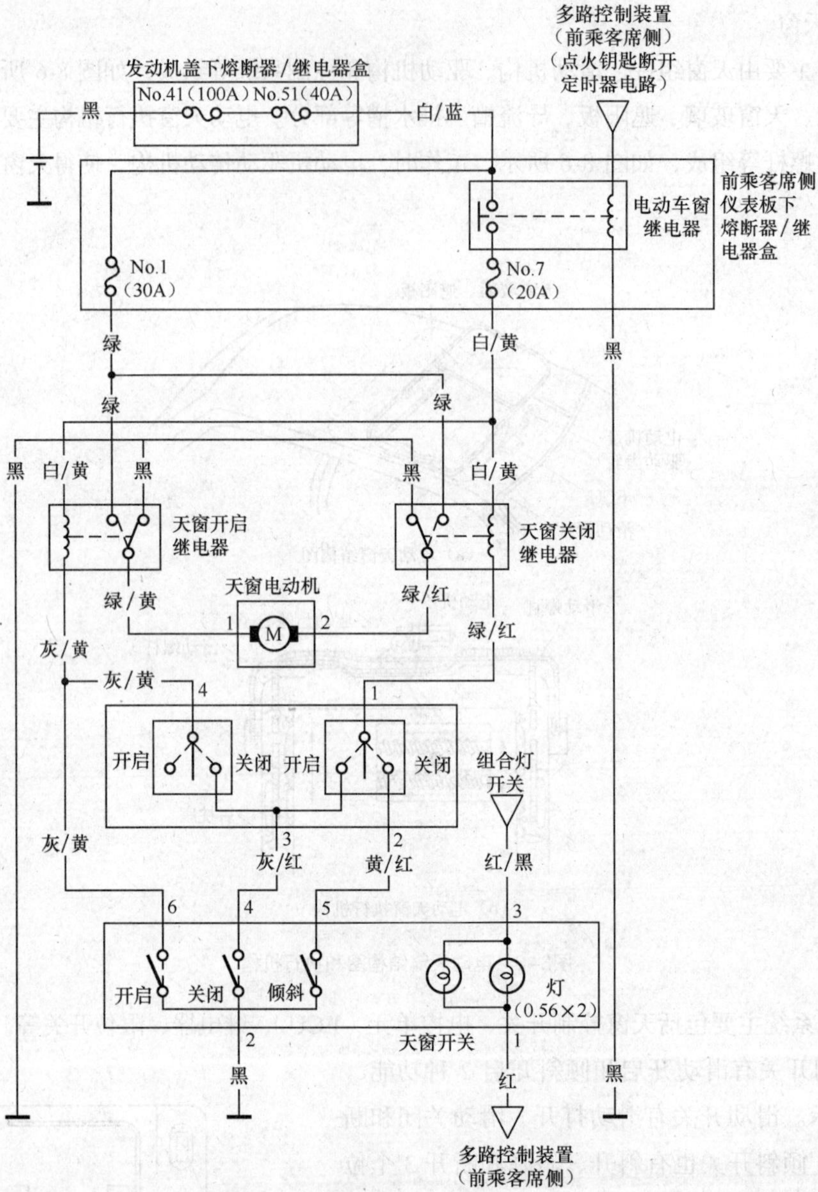

图8-8 本田雅阁轿车电动天窗控制电路图

该天窗能开启、关闭、倾斜。例如，天窗开启电路，当打开点火开关时，电路中的电流流向为蓄电池正极→多路控制装置（前乘客席侧）（点火开关断开定时器电路）→电动车窗继电器（前乘客席侧仪表板下熔断器/继电器盒）→黑线→搭铁→蓄电池负极，电动车窗继电器接通。

当电动天窗开关打到开启位置时，电路中的电流流向为蓄电池正极→黑线→No.41（100 A）、No.51（40 A）（发动机盖下熔断器/继电器盒）→白/蓝线→电动车窗继电器触点→熔断丝 No.7（20 A）（前乘客席侧仪表板下熔断器/继电器盒）→白/黄线→天窗开启继电器线圈→灰/黄线→天窗开关 6 端子→天窗开关 2 端子→黑线→搭铁→蓄电池负极，天窗开启继电器接通，将触点吸到图 8-8 中左边位置。

此时，电路中的电流流向为蓄电池正极→黑线→No.41（100 A）、No.51（40 A）（发动机盖下熔断器/继电器盒）→白/蓝线→熔断丝 No.1（30 A）（前乘客席侧仪表板下熔断器/继电器盒）→绿线→天窗开启继电器触点→绿/黄线→天窗电动机 1 号端子→天窗电动机 2 号端子→绿/红线→天窗关闭继电器触点→黑线→搭铁→蓄电池负极，天窗电动机开始工作，天窗开启。

（三）电动车窗的故障诊断

（1）所有车窗均不能升降

① 主要故障原因：熔断器断路；连接导线断路；有关继电器、开关损坏；电动机损坏；搭铁点锈蚀、松动。

② 诊断步骤：首先检查熔断器是否断路。若熔断器良好，则应将点火开关接通，检查有关继电器和开关火线接线柱上的电压是否正常。电压为零，应检查电源线路；电压正常，则应检查搭铁线是否良好。搭铁不良时，应清洁、紧固搭铁线；若搭铁良好，应对继电器、开关和电动机进行检测。

（2）某车窗不能升降或只能一个方向运动

① 主要故障原因：按键开关损坏；电动机损坏；连接导线断路；安全开关故障。

② 诊断步骤：如果车窗不能升降，首先检查安全开关是否工作，该车窗的按键开关工作是否正常；再通电检查该车窗的电动机正反转是否运转稳定。若有故障，应检修或更换新件；若正常，则应检修连接导线。如果车窗只能一个方向运动，一般是按键开关故障或部分线路断路或接错所致，可以先检查线路连接是否正常，再检修开关。

三、项目实施

（一）项目实施的要求

① 通过该项目的实施，应能够对电动车窗进行拆卸与检修，并掌握电动车窗故障诊断与检测的步骤与方法。

② 该项目应具备完成项目的车辆和该车辆的电路图等资料。

③ 实训设备及仪器。有全车电气试验台，或带有电动车窗升降器的车辆及相关拆装与检修工具、仪器。

（二）实施步骤

1. 电源线路的检查

以桑塔纳轿车为例说明，桑塔纳 2000 型轿车采用的电动车窗装置由翘板按键开关、传动机构、升降器及电动机组成，控制电路如图 8-9 所示。按键开关 E_{39}、E_{40}、E_{41}、E_{52}、E_{53} 被安置在中央通道面板上的开关盘上，其中，黄色按键开关 E_{39} 为安全开关，可以使后车窗开关 E_{53} 和 E_{55} 不起作用；E_{40}、E_{41}、E_{52} 和 E_{54} 分别为左前、右前、左后和右后门玻璃升降开关。为使左后和右后门玻璃能独立升降，在两后门上分别设置了 E_{53} 和 E_{55}2 个按键开关。V_{14}、V_{15}、V_{26} 和 V_{27} 分别为左前、右前、左后和右后车窗电动机，电动机为永磁直流电动机，正常工作电流为 4～15 A，电动机内带有过载断路保护器，以免电动机超载烧坏。延时继电器 J_{52} 是保证在点火开关断开后，使车窗电路延时约 50 s 后再断开，使用方便、安全；自动继电器 J_{51} 用于控制左前门车窗电机。

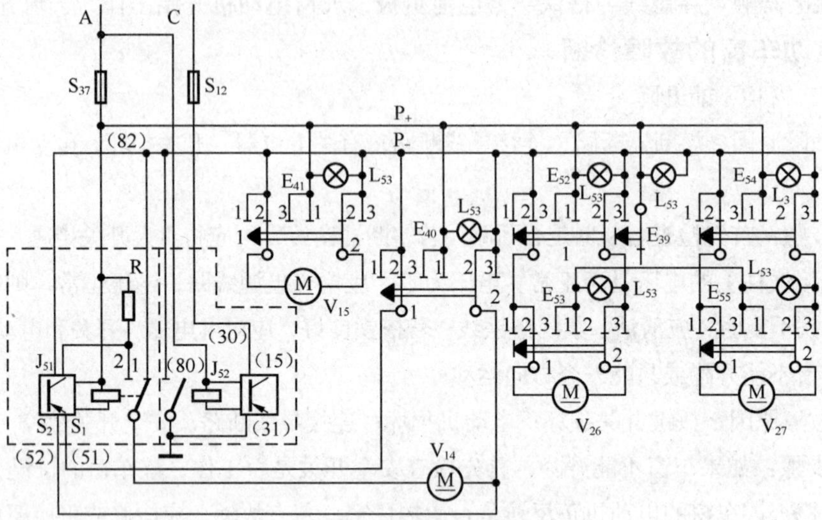

图8–9 桑塔纳轿车电动车窗控制电路

实现点动控制工作原理如下。

接通点火开关后，延时继电器 J_{52} 与 C 路电源相通，其常开触点闭合，按键开关内的 P_-通过该触点接地，而 P_+通过熔断器 S_{37} 与 A 路电源相通，此时，按动按键开关便可使车窗电动机转动。

（1）发动机熄火后的延时控制

关闭点火开关后，C 路电源断电，延时继电器 J52 由 A 路电源供电，延时 50 s 后，继电器触点断开，按键开关的搭铁线被切断，所有按键开关失去控制作用。

（2）后车窗电动机的控制

左后门和右后门的车窗电动机各有 2 个按键开关 E_{52}、E_{53} 和 E_{54}、E_{55} 控制，E_{52} 和 E_{54} 安装在中央通道面板上，供驾驶员控制，E_{53} 和 E_{55} 分别安装在两后门上，供后座乘客控制。同一后门的 2 个开关采用级联方式连接，当 2 个开关被同时按下时没有控制作用，只有当某一个开关被按下时，才有控制作用。在安全开关 E_{39} 被按下的情况下，E_{39} 的常闭触点断开，切断了后车门上控键开关 E_{53} 和 E_{55} 的电源，使其失去了对各自车窗电动机的控制。因而，起到了保护儿童安全的作用。

① 车窗玻璃上升：在安全开关 E_{39} 没有被按下的情况下，将 E_{52}（E_{54}）置上升位，车窗电动机 V_{26}（V_{27}）正转，带动左后（右后）车窗玻璃上升，此时电路为：A 路电源→熔断器 S_{37}→E_{52}（E_{54}）→E_{53}（E_{55}）→左后（右后）车窗电动机 V_{26}（V_{27}）→E_{53}（E_{55}）→E_{52}（E_{54}）→P_-→J_{52} 触点→接地→电源负极；如果按下左后（右后）车窗上 E_{53}（E_{55}）的上升键，车窗电动机 V_{26}（V_{27}）同样可带动车窗玻璃上升，此时电路为：A 路电源→熔断器 S_{37}→P_+→E_{39}→E_{53}（E_{55}）→左后（右后）

车窗电动机 V_{26}（V_{27}）→E_{53}（E_{55}）→E_{52}（E_{54}）→P_-→J_{52}→触点→接地→电源负极。

② 车窗玻璃下降：在安全按键开关 E_{39} 没有被按下的情况下，按下 E_{52}（E_{54}）或 E_{53}（E_{55}）的下降位，车窗电动机 V_{26}（V_{27}）电枢电流的方向与上升情况相反，电机反转，带动左后（右后）车窗玻璃下降。

（3）前车窗电动机的控制

右前门车窗电动机 V_{15} 由按键开关 E_{41} 控制，而左前门车窗电机 V_{14} 由按键开关 E_{40} 和自动继电器 J_{51} 控制，且具有点动自动控制功能。

① 车窗玻璃上升：按下按键开关 E_{41} 的上升键时，车窗电动机正转，带动右前门车窗玻璃上升，其电路为：A 路电源→熔断器 S_{37}→P_+→E_{41}→车窗电动机 V_{15}→E_{41}→P_-→J_{52} 触点→接地→电源负极；按下按键开关 E_{40} 的上升键时，P_+和 P_-经 E_{40} 分别接至自动继电器 J_{51} 的输入端 S_2 和 S_1，此时，自动继电器 J_{51} 触点 1 闭合，触点 2 断开，车窗电动机 V_{14} 正转，带动左前门车窗玻璃上升，其电路为：A 路→熔断器 S_{37}→P_+→E_{40}→车窗电动机 V_{14}→J_{51} 常闭触点 1→P_-→J_{52} 触点→接地→电源负极，按键开关 E_{40} 复位时，上述电路被切断，电动机 V_{14} 停转。

② 车窗玻璃下降：按下按键开关 E_{41} 的下降键时，车窗电动机 V_{15} 反转，带动右前门车窗玻璃下降，其电流通路与上升时相反；按下按键开关 E_{40} 的下降键时，P_+和 P_-经 E_{40} 分别接至自动继电器 J_{51} 的输入端 S_2 和 S_1，此时，自动继电器触点 J_{51} 的触点 2 闭合，触点 1 断开，其电路为：A 路电源→熔断器 S_{37}→P_+→取样电阻 R→J_{51} 触点 2→车窗电动机 V_{14}→E_{40}→P_-→J_{52} 触点→接地→电源负极，流过电动机 V_{14} 的电流方向与上升时相反，电机反转，带动玻璃下降，将手抬起时 E_{40} 复位，J_{51} 的触点也复位（触点 2 断开，触点 1 闭合），切断了上述电路，电动机停转。

③ 点动自动控制：当按下按键开关 E_{40} 下降键的时间≤300 ms 时，自动继电器 J_{51} 判断为点动自动下降操作，于是继电器动作，使触点 2 闭合。流过车窗电动机 V_{14} 的电流方向与正常下降操作时间相同，电动机反转，车窗玻璃下降。如果在下降期间 E_{40} 的上升键不被按下，继电器 J_{51} 的触点 2 将一直处于闭合状态，直至玻璃下降到底，电动机 V_{14} 停转，此时，电枢电流将增大，当电流增至约 9 A 时，取样电阻 R 上的电压使继电器 J_{51} 动作，触点 2 断开，自动切断车窗电动机的通电回路，电动机停转；如果在下降期间，按下 E_{40} 的上升键，继电器 J_{51} 将判断为下降操作结束，触点 2 断开，车窗电动机 V_{14} 停转。这样，通过对按键开关 E_{40} 进行点动控制就可以使左前车窗玻璃停止在任意位置。

若出现所有车窗均不能升降、某车窗不能升降或只能一个方向运动的故障时，根据上述介绍的电路的工作过程检查相应的熔断器、有关继电器和相关的开关火线接线柱上的电压，对电动机进行检测。

2. 机械机构的检查与维护

（1）电动玻璃升降器的拆卸

电动玻璃升降器的构造如图 8-10 所示。

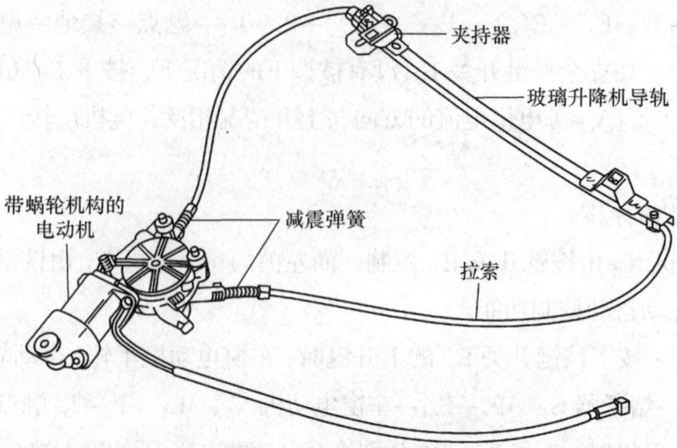

图8-10 电动玻璃升降器的构造

① 电动玻璃升降器接线插头的分离与连接，如图 8-11 所示，分离时抓住插头（2 孔）1 的两侧向后拉，将其从插头外壳（3 孔）2 中拉出。连接时，只要将插头从后向里推至定位处即可。

② 用扎带 1 将驱动器盖 2 和塑料轴承盖在 2 个钢绳出口处（箭头所指）连接固定（保险装置朝向凸起处），将驱动器盖 2 固定，拧出螺钉 3（箭头处）。整个修理过程中，均不允许去掉扎带 1 否则不可能修复，如图 8-12 所示。

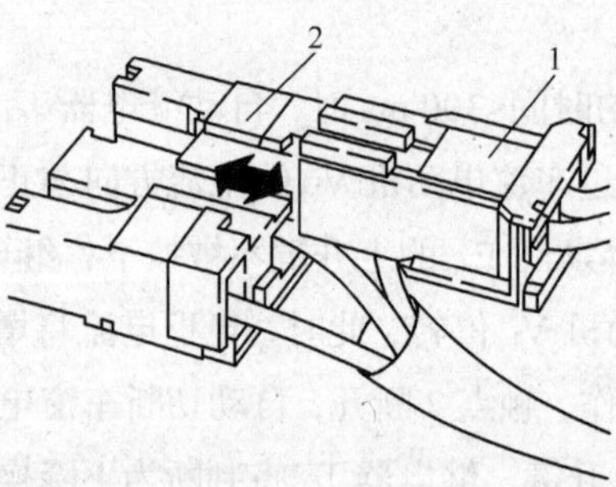

图8-11 电动玻璃升降器接线插头的分离与连接
1—插头（2孔） 2—插头外壳（3孔）

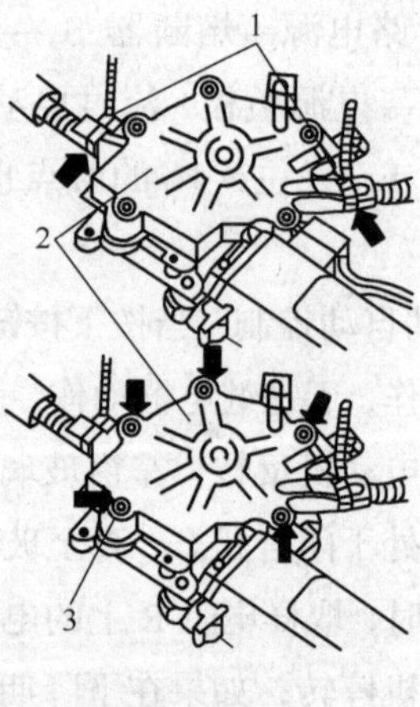

图8-12 电动玻璃升降器的分解（一）
1—扎带 2—驱动器盖

③ 拆下驱动器盖 1 时，让驱动器盖 1 与驱动器壳 2 相互间稍微倾斜，用手将盘绳滚筒（在驱动盖 1 内）沿箭头方向从驱动器壳 2 中拉出，不要损伤密封面，如图 8-13 所示。

（2）电动玻璃升降器的组装

① 更换新的驱动器时，沿箭头方向从新驱动器上将防尘和防止运输损伤防护盖 3 拉下，注意保证法兰密封垫和 3 扇支架成形件 2 在驱动器壳体 1 上（保持表面清洁，使用专用油脂，不允许粘上灰尘和污物），将 3 扇支架成形件 3 沿箭头方向从曲动轴 4 上拉出。橡胶成形垫 5 必须留在驱动器壳体 1 中，如图 8-14 所示。

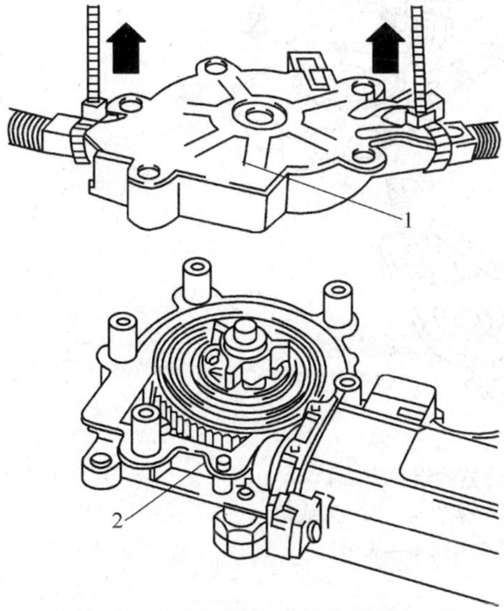

图8-13 电动玻璃升降器的分解（二）
1—驱动器盖 2—驱动器壳

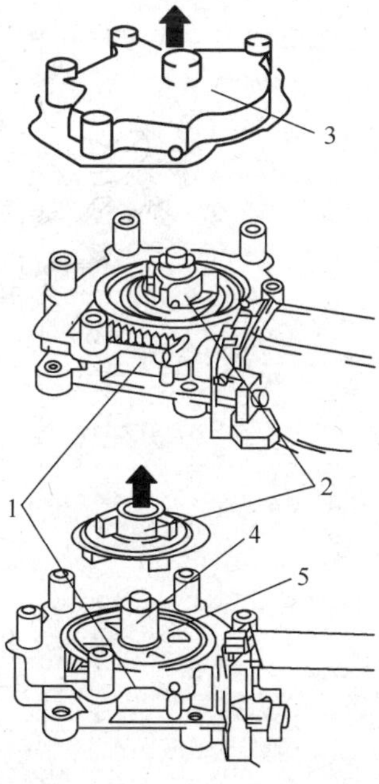

图8-14 电动玻璃升降器的组装（一）
1—驱动器壳体 2、3 3扇支架成形件
4—防护盖 5—驱动轴

② 将 3 扇支架成形件 3 放入在驱动器盖 2 内的盘绳滚筒 3 内，3 个缓冲件必须小心放入盘绳滚筒 3 的空缺处，电动玻璃升降器驱动壳 4 沿箭头方向与盘绳滚筒 3 相结合。将 3 扇支架成形件 1 的 4 个卡鼻与驱动器壳体 4 中的橡胶成形垫上的空缺必须对齐。安装时，法兰密封垫 5 和驱动器壳体 4 中的齿轮，必要时可涂一层油脂，防止其掉出来，驱动器壳体 4 与盘绳滚筒 3 相结合，但不能相互接触，可稍微移动夹子 6 改变橡胶成形垫的位置，以达到相互配合（螺钉达到力矩要求），如图 8-15 所示。

③ 按规定顺序拧紧螺钉（力矩 3N·m），将车窗玻璃升降器安装到定位支架上前，需进行功能检测，并割掉多余扎带（防止产生刮磨噪声）。

（3）维修时注意事项

① 由于电动车窗与中央门锁、电动天线共用搭铁线，如果搭铁线处理不当，会导致中央门锁失灵。

② 拆装电动车窗时一定要注意正确的安装位置，其所有的螺栓连接孔为椭圆孔，定位前车窗升降一定不要发生干涉。

③ 车门导槽尺寸精度将严重影响车窗升降器电动机的使用寿命。

④ 注意车门的密封与防尘，车门内板有一层塑料防护层，其破损后会导致灰尘进入车门内，严重时将干涉电动车窗的运动。

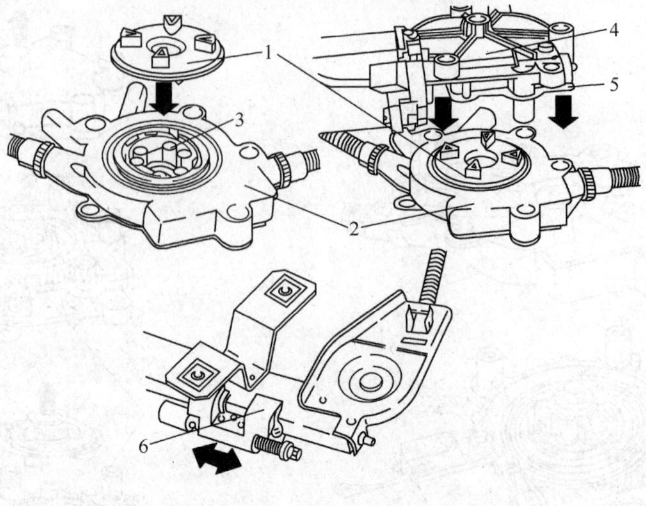

图8-15 电动玻璃升降器的组装（二）
1、3—3扇支架成形件 2—驱动器 3—盘绳滚
4—驱动壳体 5—密封垫 6—夹子

四、拓展知识

（一）电动座椅

汽车座椅的主要功能是为驾驶员提供便于操作、舒适而又安全的驾驶位置；为乘客提供不易疲劳、舒适而又安全的乘坐位置。其应满足以下要求。

① 座椅在车厢内的布置要合适，尤其是驾驶员的座椅，必须处于最佳的驾驶位置。

② 按人体工程学的要求，座椅必须具有良好的静态与动态舒适性。其外形必须符合人体生理功能，在不影响舒适性的前提下，力求美观大方。

③ 座椅应采用最经济的结构，尽可能地减少质量。

④ 座椅是支撑和保护人体的构件，必须十分安全可靠，应具有充分的强度、刚度与耐久性。对可调的座椅，要有可靠的锁止机构，以保证安全。

⑤ 座椅应有良好的振动特性，能吸收从车厢地板传来的振动。

⑥ 座椅应具有各种调节机构，为适应不同驾驶员、乘客在不同条件下获得最佳驾驶位置与提高乘坐舒适性所不可缺少的手段。

作为人和汽车之间联系部件的座椅，对其性能的要求越来越高，已从过去的固定式座椅发展到今天的多功能动力调节座椅。

1. 电动座椅的结构

电动座椅一般由电动机、传动装置和座椅调节器等组成，如图 8-16 所示。

（1）电动机

电动机的数量取决于电动座椅的类型，通常两向移动座椅装有 2 个电动机，四向移动的座椅装有 4 个电动机，最多可达 6 个电动机。大多数电动座椅使用永磁式电动机，通过开关来操纵电动机按不同方向运转。为防止电动机过载，大多数永磁式电动机内装有断路器。

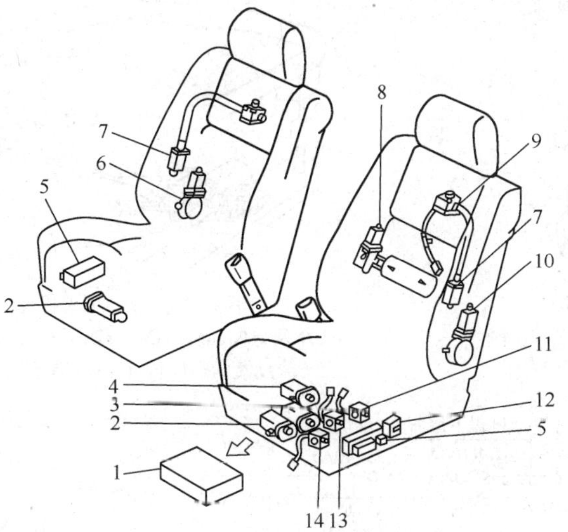

图8–16　电动座椅的结构

1—电动座椅ECU　2—滑动电动机　3—前垂直电动机　4—后垂直电动机
5—电动座椅开关　6—倾斜电动机　7—头枕电动机　8—腰垫电动机
9—位置传感器（头枕）　10—倾斜电动机和位置传感器
11—位置传感器（后垂直）　12—腰垫开关
13—位置传感器（前垂直）　14—位置传感器（滑动）

（2）传动（机构）

电动机的旋转运动，通过传动（机构）改变座椅的空间位置。

① 高度调整机构。如图 8-17 所示，高度调整机构由蜗杆轴、蜗轮、心轴等组成，调整时蜗杆轴在电动机的驱动下，带动蜗轮转动，从而保证心轴旋进或旋出，实现座椅的上升与下降。

② 纵向调整机构。如图 8-18 所示，纵向调整机构由蜗杆、蜗轮、齿条、导轨等组成，齿条装在导轨上。调整时，电动机转矩经蜗杆传至两侧的蜗轮 4，经导轨上的齿条，带动座椅前后移动。

③ 靠背倾斜调整机构。该机构由 2 个调整齿轮与连杆组成。调整时，电动机带动两端的调整齿轮转动，调整齿轮与连杆联动，通过连杆的动作，达到调整靠背倾斜度的目的。

（3）电动座椅的控制电路

广州本田雅阁轿车驾驶席座椅有 8 种可调方式：前端上、下调节；后端上、下调节；前、后调节；向前、向后倾斜调节，如图 8-19 所示。

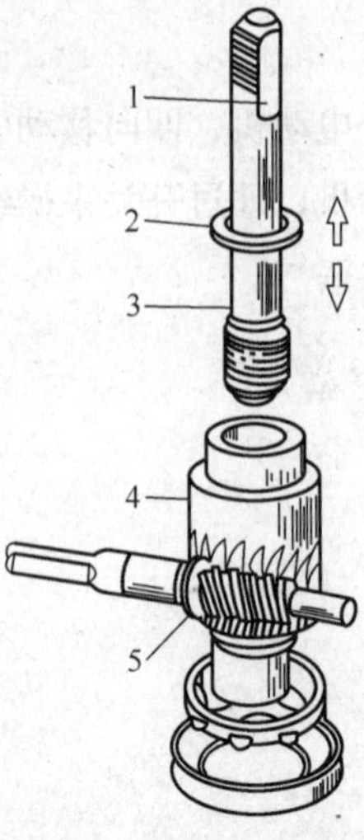

图8-17 高度调整机构

l—铣平面 2—止推垫片 3—心轴 4—蜗轮 5—挠性驱动蜗杆轴

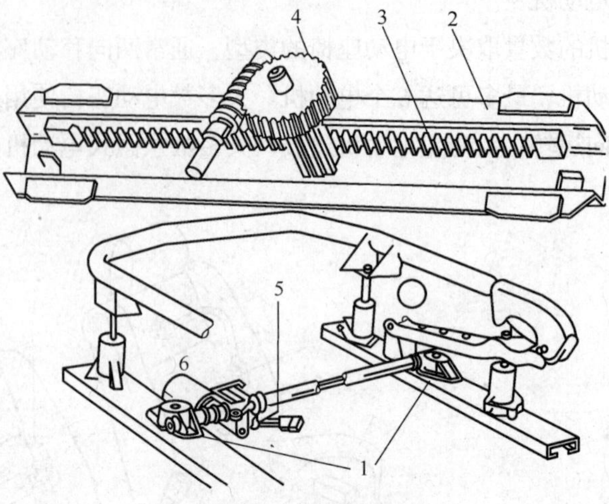

图8-18 纵向调整机构

1—支承及导向元件 2—导轨 3—齿条 4—蜗轮 5—反馈信号电位计 6—调整电动机

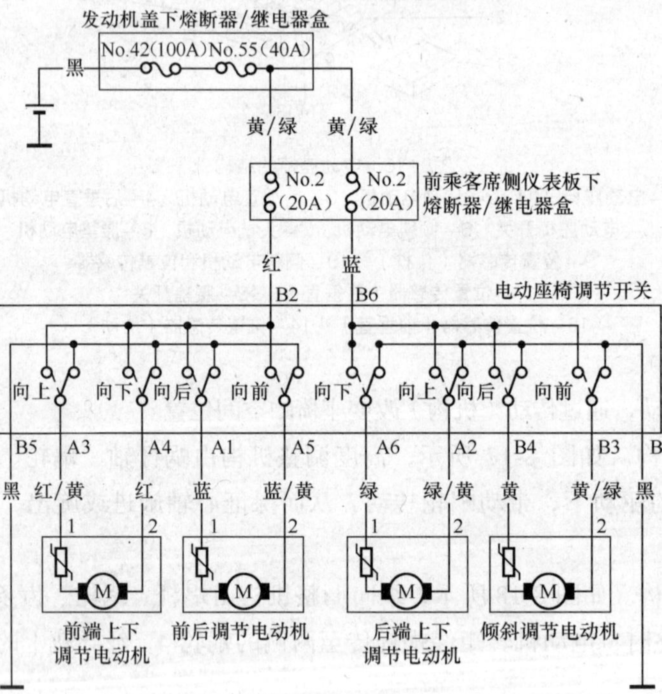

图8-19 广州本田雅阁轿车驾驶席电动座椅电路

通过电动座椅调节开关，即可完成不同的调节功能，如电动座椅前端上、下调节，其电路如下。

① 向上调节。当将电动座椅前端上、下调节开关打到“向上”位置时，电路中的电流为：蓄电池正极→黑线→No.42（100 A）、No.55（40 A）（发动机盖下熔断器/继电器盒）→黄/绿线→No.2（20 A）（前乘客席侧仪表板下熔断器/继电器盒）→红线→电动座椅开关端子端 B2→前端上、下调节开关端子 A3→红/黄线→前端上、下调节电动机端子 1→前端上下调节电动机→前端上、下调节电

动机端子 2→红线→A4→B5→黑线→搭铁→蓄电池负极。前端上、下调节电动机启动，座椅前端向上移动。

② 向下调节。当将电动座椅前端上、下调节开关打到“向下”位置时，电路中的电流为：蓄电池正极→黑线→No.42（100 A）、No.55（40 A）（发动机盖下熔断器/继电器盒）→黄/绿线→No.2（20 A）（前乘客席侧仪表板下熔断器/继电器盒）→红线→电动座椅开关端子 B2→电动座椅开关端子 A4→红线→前端上、下调节电动机端子 2→前端上下调节电动机→前端上、下调节电动机端子 1→红/黄线→A3→B5→黑线→搭铁→蓄电池负极。前端上、下调节电动机启动，座椅前端向下移动。

2. 带存储功能的电动座椅

带存储功能的电动座椅采用了微机控制，它能将选定的座椅调节位置进行存储，使用时只要按指定的按键开关，座椅就会自动地调节到预先选定的座椅位置上。带存储功能的电动座椅的控制示意图如图 8-20 所示。

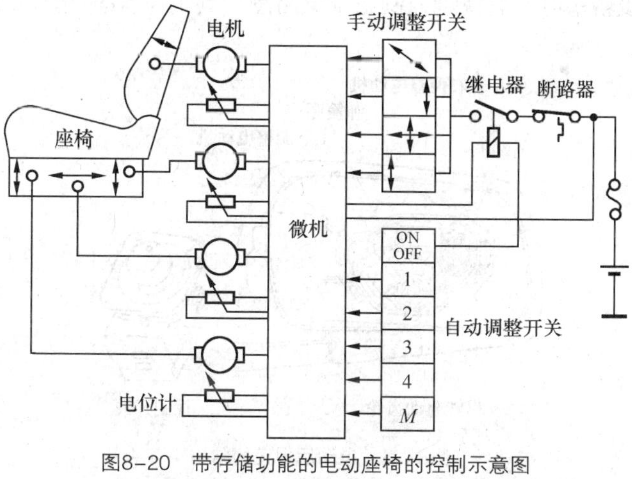

图8-20　带存储功能的电动座椅的控制示意图

该系统有 1 个存储器，存储装置通过 4 个电位计来控制座椅的调定位置。只要座椅位置调定后，驾驶员按下存储器的按钮，电子控制装置就把这些电压信号存储起来，作为重新调整位置时的基准。使用时，只要一按按钮，就能按存储的座椅位置的要求调整座椅位置。

3. 座椅的调节

座椅调节的目的就是使驾驶员和乘客乘坐舒适。通过调节还可以变动坐姿，减少乘客长时间乘车的疲劳。

座椅的调节正向多功能化发展，使座椅的安全性、舒适性、操作性日益提高。其种类很多，还可以有不同的组合方式，如具有 8 种调节功能的电动座椅，其动作方式有座椅的前后调节、上下调节、座位前部的上下调节、靠背的倾斜调节、侧背支撑调节、腰椎支撑调节以及靠枕上下、前后调节。

电动座椅前后方向的调节量一般为 100 ~ 160 mm，座位前部与后部的调节量约为 30 ~ 50 mm。

全程移动所需时间约为 8 ~ 10 s。

（二）电动后视镜

1. 电动后视镜的组成与功用

汽车上的后视镜位置直接关系到驾驶员能否观察到车后的情况，与行车的安全性有着密切联系。而后视镜的调整一般来说比较麻烦，采用电动后视镜，可通过开关进行调整，操作起来十分方便。

电动后视镜的结构如图 8-21 所示。电动后视镜的背后装有 2 套电动机和驱动器，可操纵反射镜上下及左右转动。通常上下方向的转动用一个电动机控制，左右方向的转动由另一个电动机控制。通过改变电动机的电流方向，即可完成后视镜的上下及左右调整。

有的电动后视镜还带有伸缩功能，由伸缩开关控制伸缩电动机工作，使整个后视镜回转伸出或缩回。

2. 电动后视镜的工作原理

图 8-22 所示为红旗轿车电动后视镜控制系统电路图，其工作状态如图 8-23 所示。

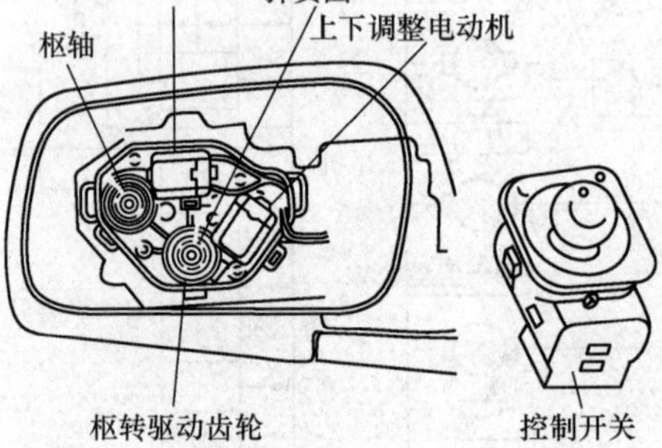

图8-21 电动后视镜的结构

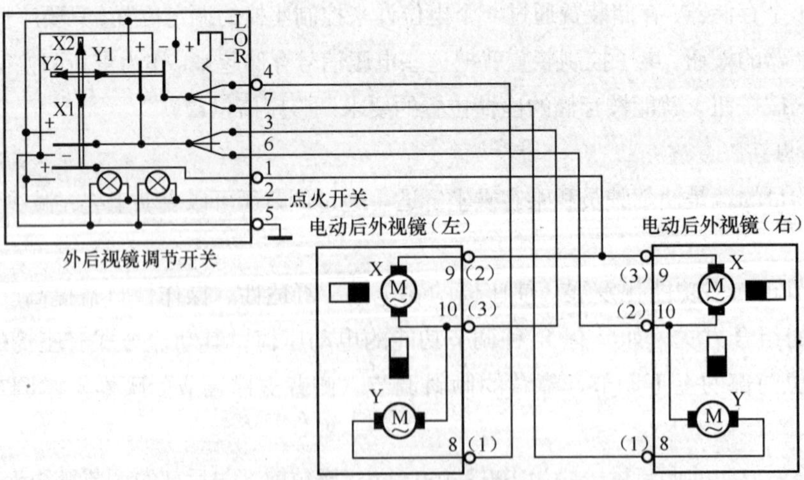

图8-22 红旗轿车电动后视镜控制系统电路图

外后视镜调节开关闭合表

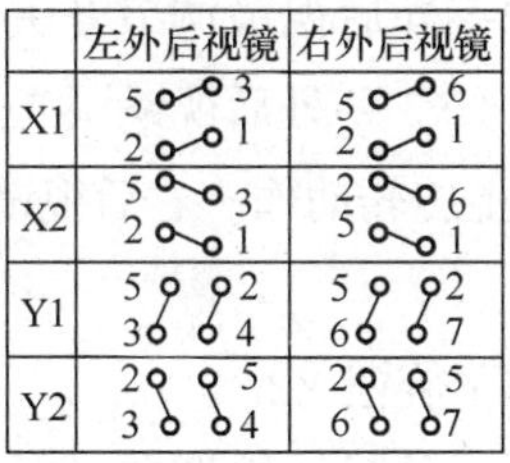

左外后视镜调节工作表

电机 X

旋转		4	3	1
外	X1	0	−	+
里	X2	0	+	−
上	Y1	+	−	0
下	Y2	−	+	0

电机 Y

右外后视镜调节工作表

电机 X

旋转		7	6	1
外	X1	0	−	+
里	X2	0	+	−
上	Y1	+	−	0
下	Y2	−	+	0

电机 Y

图8–23　红旗轿车电动后视镜工作状态图

在进行调整时，首先通过左/右选择开关选择要调整的后视镜，如果要调整左后视镜就选择“L”，调整右后视镜选择“R”。

（1）向外旋转

如果让左后视镜向外旋转，按下外后视镜调节开关向外旋钮 X1，开关相应接脚的连接状态如图 8-23 所示的左外后视镜调节工作表。

电流从点火开关→外后视镜调节开关接脚 2→外后视镜调节开关接脚 1→左（电动）后视镜接脚（2）→左后视镜 X 电动机→左电动后视镜接脚（3）→外后视镜调节开关接脚 3→外后视镜调节开关接脚 5→搭铁→蓄电池负极，左后视镜完成向外旋转动作。

如果让右后视镜向外旋转，按下外后视镜调节开关向外旋钮，开关相应接脚的连接状态如图 8-23 所示的右外后视镜调节工作表。

电流从点火开关→外后视镜调节开关接脚 2→外后视镜调节开关接脚 1→右电动后视镜接脚（3）→右后视镜 X 电动机→右电动后视镜接脚（2）→外后视镜调节开关接脚 6→外后视镜调节开关接脚 5→搭铁→蓄电池负极，右后视镜完成向外旋转动作。

（2）向里旋转

如果让左后视镜向里旋转，按下外后视镜调节开关向里旋钮 X2，开关相应接脚的连接状态如图 8-23 所示的左外后视镜调节工作表。

电流从点火开关→外后视镜调节开关接脚 2→外后视镜调节开关接脚 3→左电动后视镜接脚（3）→左后视镜 X 电动机→左电动后视镜接脚（2）→外后视镜调节开关接脚 1→外后视镜调节开关接脚 5→搭铁→蓄电池负极，左后视镜完成向里旋转动作。

如果让右后视镜向里旋转，按下外后视镜调节开关向里旋钮，开关相应接脚的连接状态如图 8-23 所示的右外后视镜调节工作表。

电流从点火开关→外后视镜调节开关接脚 2→外后视镜调节开关接脚 6→右电动后视镜接脚（2）→右后视镜 X 电动机→右电动后视镜接脚（3）→外后视镜调节开关接脚 1→外后视镜

调节开关接脚 5→搭铁→蓄电池负极，右后视镜完成向里旋转动作。

（3）向上旋转

例如调节左后视镜，按下外后视镜调节开关向上旋钮 Y1。

电流从点火开关→外后视镜调节开关接脚 2→外后视镜调节开关接脚 4→左电动后视镜接脚（1）→左后视镜 Y 电动机→左电动后视镜接脚（3）→外后视镜调节开关接脚 3→外后视镜调节开关接脚 5→搭铁→蓄电池负极，左后视镜完成向上旋转动作。右后视镜向上旋转调节与此类似。

（4）向下旋转

例如调节左后视镜，按下外后视镜调节开关向下旋钮 Y2。

电流从点火开关→外后视镜调节开关接脚 2→外后视镜调节开关接脚 3→左电动后视镜接脚（3）→左后视镜 Y 电动机→左电动后视镜接脚（1）→外后视镜调节开关接脚 4→外后视镜调节开关接脚 5→搭铁→蓄电池负极，左后视镜完成向下旋转动作。右后视镜向下旋转调节与此类似。

有的电动后视镜还带有伸缩功能，由伸缩开关控制伸缩电动机工作，使整个后视镜回转伸出或缩回。如图 8-24 所示为丰田皇冠轿车可伸缩式电动后视镜控制系统电路图。

在进行调整时，首先通过左/右调整开关选择好要调的后视镜，如调整左镜时，开关打向左侧，此时开关分别与 7、8 接点接通，再通过控制开关即可进行该镜的上下或左右调整。如果进行向上调整时，可将控制开关推向上侧，此时控制开关分别与向上接点、左向上接点结合。电路由蓄电池正极→熔断器→点火开关→控制开关向上接点→左/右调整开关→7 接点→左侧镜上下调整电机→1 接 点→电动镜开关 2 接点→控制开关左上接点→电动镜开关 3 接点→蓄电池负极，形成回路，左镜上下调整电动机运转，完成调整过程。其他调整过程与向上调整过程类似，通过接通不同的开关即可完成。

电动后视镜的伸缩是通过电动镜开关上的伸缩开关控制的，该开关控制继电器动作，使左右两镜伸缩电动机工作，来完成伸缩功能。

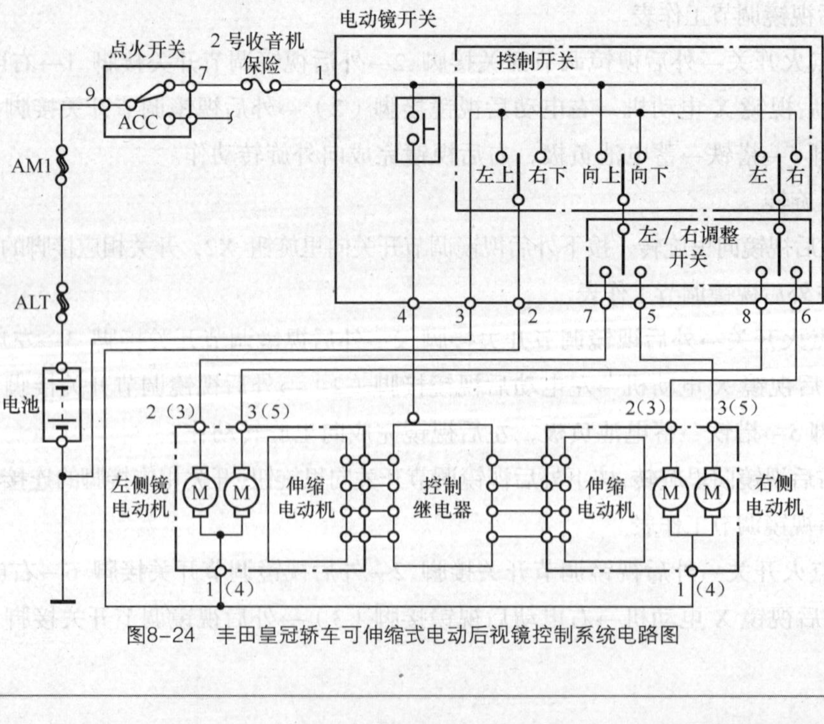

图8-24 丰田皇冠轿车可伸缩式电动后视镜控制系统电路图

小 结

① 永磁型直流电动机电动车窗是通过改变永磁型直流电动机电枢的电流方向来改变电动机的旋转方向使车窗玻璃上升或下降。

② 双绕组串激式直流电动机有 2 个绕向相反的磁场绕组，一个称为“上升”绕组，一个称为“下降”绕组，通电后产生相反方向的磁场即可改变电动机旋转方向，使车窗玻璃上升或下降。

③ 电动车窗玻璃升降器传动机构常见有钢丝滚筒式和交叉传动臂式 2 种。

④ 电动后视镜的背后装有 2 套电动机和驱动器，可操纵反射镜上、下及左、右转动。通常上下方向的转动用一个电动机控制，左右方向的转动由另一个电动机控制。通过改变电动机的电流方向，即可完成后视镜的上、下及左、右调整。有的电动后视镜还带有伸缩功能，由伸缩开关控制伸缩电动机工作，使整个后视镜回转伸出或缩回。

⑤ 电动座椅一般由电动机、传动装置和座椅调节器组成，有的还带存储功能。

习题及案例思考

1. 习题

① 汽车座椅应满足哪些要求，电动座椅一般具有哪些调整功能？

② 结合图 8-19 分析本田雅阁轿车电动座椅前、后位置移动调整的工作电路。

③ 结合图 8-22、图 8-23 分析红旗轿车右侧电动后视镜上、下旋转调整的工作电路。

2. 案例思考

故障现象

一辆桑塔纳 2000 型轿车，驾驶席侧电动车窗在关窗时，电动玻璃上升很慢，但开窗时电动玻璃下降速度正常。

故障检修过程

故障可能性分析：由于其他 3 个车门的电动车窗工作正常，可以排除电动车窗电源线路的故障可能。前左电动车窗只是上升很慢的故障可能性是驾驶席侧电动车窗电动机性能不良；或者是驾驶席侧电动车窗电动机控制线路有接触不良之处，或者是驾驶席侧电动车窗的上升控制开关触点接触不良；或者是驾驶席侧电动车窗举升机构有卡滞。

故障诊断方法：打开饰盖，直观检查电动车窗机械传动装置，未发现碰擦之处。

检查电动车窗控制线路连接，也未发现异常。

检查电动车窗电动机，用导线将蓄电池电压直接加在电动车窗的电动机上，结果与用开关控制的情况相似，因而判断为电动车窗的驱动电动机有故障。

故障处理措施：更换电动车窗驱动电动机。按关窗开关时电动车窗上升速度正常，故障排除。

故障实例分析

电动车窗驱动电动机性能不良最常见的原因是其电枢总成上的转换器表面脏污或烧蚀、电刷严重磨损或电刷弹簧失效，使得电刷与转换器的接触不良，电枢电流减少，电磁转矩下降，当车窗玻璃下降时，由于电动机的负载相对较小，下降速度基本正常，而在车窗玻璃上升时，电动机的负载较大，电动机运转无力，从而造成车窗玻璃上升速度减慢。

直流电动机的转向器烧蚀。电刷磨损不太严重时，可用砂纸清洁转换器表面，使电刷与转向器保持良好的接触，即可恢复电动机的性能。

Chapter 9

项目九 拆画分析汽车系统电路图

一、项目要求

【知识要求】

1. 掌握汽车电路中常用图形符号、标志的具体含义。
2. 掌握汽车电路的基本绘制方法与识图要领。

重点掌握内容：汽车电路的基本识图与绘制方法。

【能力要求】

1. 能读懂汽车总电路图。
2. 能分析系统工作原理。
3. 能分析线路电流走向。
4. 能拆画子系统电路图。

二、相关知识

（一）汽车电路图的种类

汽车电路图有部分电路和整车电路之分。部分电路即局部电路或叫单元电路，通常有电源电路、启动电路、点火电路、照明电路、信号及仪表电路等；整车电路即汽车电气总电路，通常将汽车上各种用电设备按照它们各自的工作特点和相互关系，通过各种开关、保险等装置，用导线把它们合理的连接起来而构成一个整体电路。现代汽车电路图的种类繁多，电路图按车型不同，也存在一定差别，归纳起来汽车电路图主要有线路图（布线图）、电路原理图、线束图。

1. 汽车电气线路图

通常根据汽车电气的外形，用相应的图形符号进行合理布线，线路图是电气设备之间用导线相互连接的真实反映，所连接的电气设备的安装位置、外形和线路所走的路径与实际情况一致，便于对汽车电气故障进行判断与排除。通常图的左边代表汽车的前部，右边代表汽车的尾部，同时，图中的电气设备大多以实物轮廓的示意形状表示，给人以真实感。解放 CA1092 汽车线路图如图 9-1

所示。

汽车电气线路图的作用是指示原理图中各元件在电气线路图上的位置及整车走线颜色、直径及去向，供检修电路时查找。检修中，通过故障现象和对电气原理图的分析，在电气原理图上建立逻辑的检查步骤，再通过电气线路图的指示，在电气线路图上具体实施。

优点是较好地再现了电路的实际情况，线路走向清楚；缺点是识读比较困难，不能反映电路内部结构与工作原理。

2. 汽车电路原理图

电路原理图是根据国家或有关部门制定的标准，用规定的图形符号绘制的较简明的电路。电路原理图也称电路图，通常是根据电气线路图简化而来的。这种图的作用是表达电路的工作原理和连接状态，不讲究电气设备的形状、位置和导线走向的实际情况。图中电气设备均采用符号表示（较特殊的符号则辅以图例说明），这种图对于了解电气设备的工作原理和工作过程以及分析判断故障的大概部位很有用处。

汽车电路原理图是识读汽车电气线路图、线束图以及分析汽车电路工作原理和判断故障大致部位的基础图。

电路图描述的连接关系仅仅是功能关系，不是实际的连接导线，所以电路原理图不能代替布线图。

3. 汽车线束图

线束图主要用来说明哪些电气的导线汇合在一起组成线束，与何处进行连接等。汽车上导线的种类和数量较多，为保证安装可靠，走向相同的各类导线常被包扎成电缆，即线束。线束外形图反映的是已制成的线束外形，故也叫作线束包扎图。图中一般都标明线束中每根导线所连接的电气设备的名称，有的还标注了每根导线的长度。线束图是一种突出装配记号的电路表现形式，非常便于安装、配线、检测与维修，若与布线图或电路原理图结合使用，会起到更大的作用。汽车线束图如图9-2所示。

线束图通常分为主线束图和辅助线束图。主线束图分为底盘线束图和车身线束图。辅助线束图类型较多，多用于主线束的支路，并与各种辅助电气相连（通过插接器），如空调线束、车顶线束、电动车窗线束、ABS线束、自动变速器线束、电动座椅线束等。

（二）常见图形符号、文字符号及标志

汽车电路图是利用图形符号和文字符号，表示汽车电路构成、连接关系和工作原理，而不考虑其实际安装位置的一种简图。为了使电路图具有通用性，便于进行技术交流，构成电路图的图形符号和文字符号，是有统一的国家标准和国际标准的。要熟练阅读和运用汽车电路图必须了解图形符号和文字符号的含义、标注原则和使用方法。图形符号是用于电气图或其他文件中的表示项目或概念的一种图形、标记或字符，是电气技术领域中最基本的工程语言。因此，为了读懂汽车电路图，应熟练掌握图形符号。

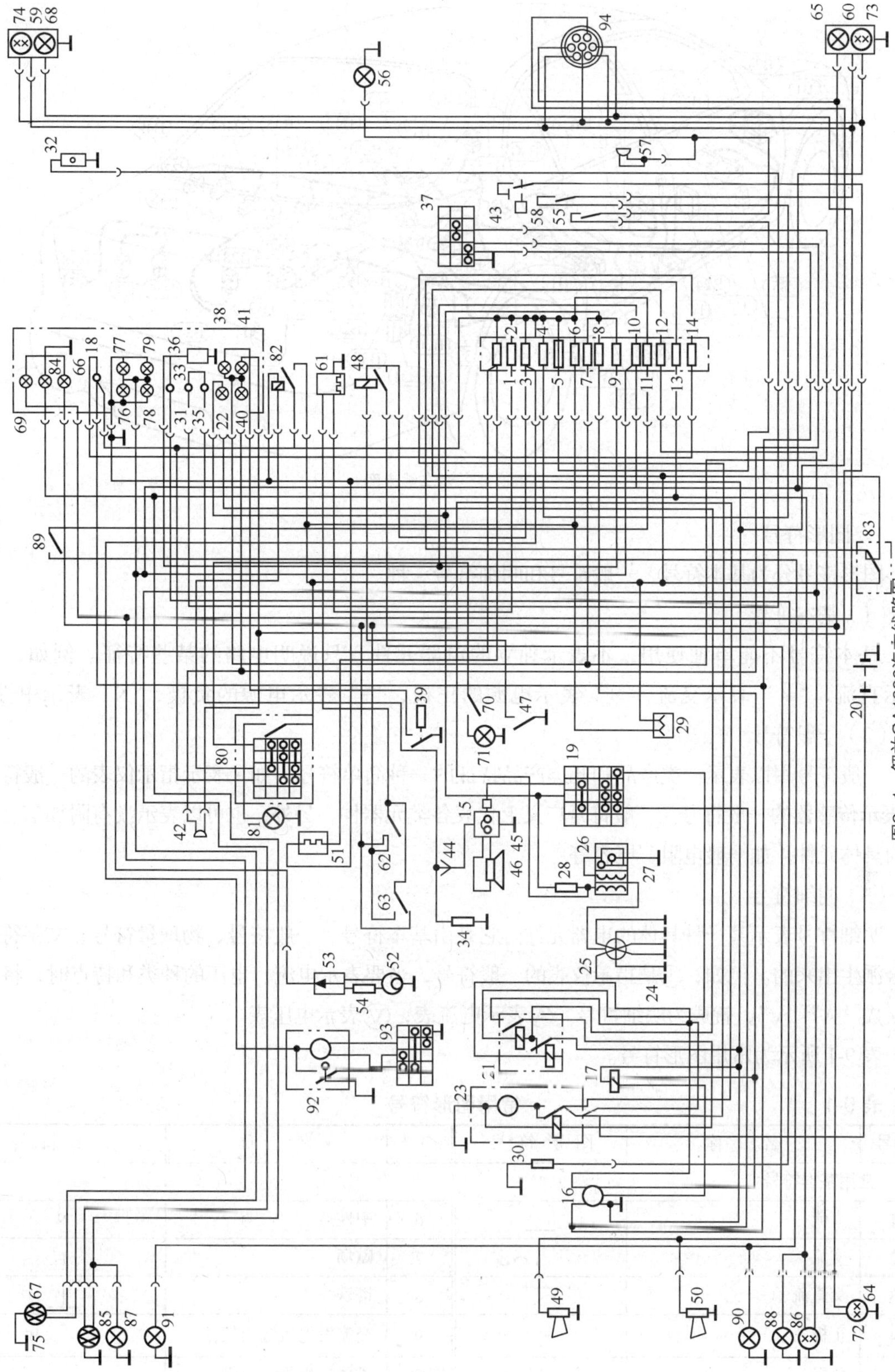

图9-1　解放CA1092汽车线路图

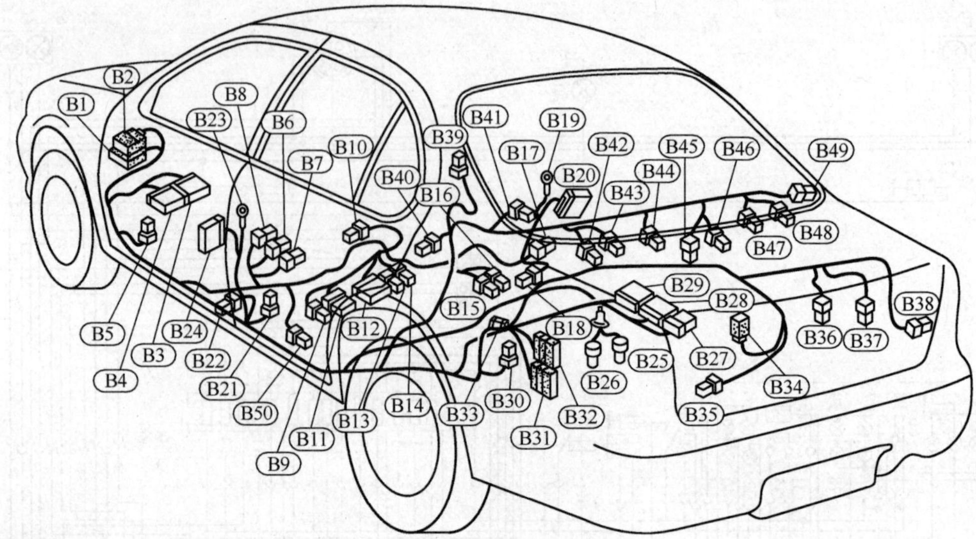

图9-2　汽车线束图

1. 图形符号

图形符号分为基本符号、一般符号和明细符号 3 种。

（1）基本符号

基本符号不能单独使用，不表示独立的电器元件，只说明电路的某些特征。例如，“—”表示直流，“ ~ ”表示交流，“+”表示电源的正极，“-”表示电源的负极，“N”表示中性线。

（2）一般符号

一般符号用以表示一类产品和此类产品特征的一种简单符号，如⊙表示指示仪表的一般符号，⊠表示传感器的一般符号。一般符号广义上代表各类元器件，另外，也可以表示没有附加信息或功能的具体元件，如一般电阻、电容等。

（3）明细符号

明细符号表示某一种具体的电器元件。它是由基本符号、一般符号、物理量符号、文字符号等组合派生出来的。例如，⊙是指示仪表的一般符号，当要表示电流、电压的种类和特点时，将“*”处换成“A”“V”，就成为明细符号。Ⓐ表示电流表，Ⓥ表示电压表。

表 9-1 所示为常用图形符号。

表 9-1　　常用图形符号

序号	名　称	图 形 符 号	序号	名　称	图 形 符 号
一、常用基本符号					
1	直流	—	6	中性点	N
2	交流	～	7	磁场	F
3	交直流	≂	8	搭铁	⊥
4	正极	+	9	交流发电机输出接柱	B
5	负极	—	10	磁场二极管输出端	D_+

续表

序号	名　称	图形符号	序号	名　称	图形符号
二、导线端子和导线连接					
11	接点		18	插头和插座	
12	端子		19	多极插头和插座（示出的为3极）	
13	导线的连接				
14	导线的分支连接				
15	导线的交叉连接		20	接通的连接片	
16	插座的一个极		21	断开的连接片	
17	插头的一个极		22	屏蔽导线	
三、触点开关					
23	动合（常开）触点		40	制动压力控制	BP
24	动断（常闭）触点		41	液位控制	
25	先断后合的触点		42	凸轮控制	
26	中间断开的双向触点		43	联动开关	
27	双动合触点		44	手动开关的一般符号	
28	双动断触点		45	定位开关（非自动复位）	
29	单动断双动合触点		46	按钮开关	
30	双动断单动合触点		47	能定位的按钮开关	
31	一般情况下手动控制		48	拉拨开关	
32	拉拨操作		49	旋转、旋钮开关	
33	旋转操作		50	液位控制开关	
34	推动操作		51	机油滤清器报警开关	OP
35	一般机械操作		52	热敏开关动合触点	t°
36	钥匙操作		53	热敏开关动断触点	t°
37	热执行器操作		54	热敏自动开关的动断触点	
38	温度控制	t	55	热继电器触点	
39	压力控制	P	56	旋转多挡开关位置	1 2 3

续表

序号	名　称	图形符号	序号	名　称	图形符号
57	推拉多挡开关位置		59	多挡开关、点火、启动开关，瞬时位置为2能自动返回到1（即2挡不能定位）	
58	钥匙开关（全部定位）		60	节流阀开关	
四、电器元件					
61	电阻器		80	光电二极管	
62	可变电阻器		81	PNP型三极管	
63	压敏电阻器		82	集电极接管壳三极管（NPN）	
64	热敏电阻器		83	具有2个电极的压电晶体	
65	滑线式变阻器		84	电感器、线圈、绕组、扼流圈	
66	分路器		85	带铁芯的电感器	
67	滑动触点电位器		86	熔断器	
68	仪表照明调光电阻器		87	易熔线	
69	光敏电阻		88	电路断电器	
70	加热元件、电热塞		89	永久磁铁	
71	电容器		90	操作器件一般符号	
72	可变电容器		91	1个绕组电磁铁	
73	极性电容器				
74	穿心电容器		92	2个绕组电磁铁	
75	半导体二极管一般符号				
76	稳压二极管		93	不同方向绕组电磁铁	
77	发光二极管				
78	双向二极管（变阻二极管）		94	触点常开的继电器	
79	三极晶体闸流管		95	触点常闭的继电器	
五、仪表					
96	指示仪表		97	电压表	

续表

序号	名　称	图形符号	序号	名　称	图形符号
98	电流表	A	104	温度表	t°
99	电压、电流表	A/V	105	燃油表	Q
100	欧姆表	Ω	106	车速里程表	V
101	瓦特表	W	107	时钟	
102	油压表	OP	108	数字式时钟	
103	转速表	n			
六、传感器					
109	传感器的一般符号	*	116	空气流量传感器	AF
110	温度表传感器	t°	117	氧传感器	λ
111	空气温度传感器	t_n°	118	爆震传感器	K
112	水温传感器	t_w°	119	转速传感器	n
113	燃油表传感器	Q	120	速度传感器	V
114	油压表传感器	OP	121	空气压力传感器	AP
115	空气质量传感器	m	122	制动压力传感器	BP
七、电气设备					
123	照明灯、信号灯、仪表灯、指示灯		131	报警器、电警笛	
124	双丝灯		132	信号发生器	G
125	荧光灯		133	脉冲发生器	G
126	组合灯		134	闪光器	G
127	预热指示器		135	霍尔信号发生器	
128	电喇叭		136	磁感应信号发生器	
129	扬声器		137	温度补偿器	t° comp
130	蜂鸣器		138	电磁阀一般符号	

续表

序号	名　称	图形符号	序号	名　称	图形符号
139	常开电磁阀		164	分电器	
140	常闭电磁阀		165	火花塞	
141	电磁离合器		166	电压调节器	
142	用电动机操纵的怠速调整装置		167	转速调节器	
143	过电压保护装置		168	温度调节器	
144	过电流保护装置		169	串励绕组	
145	加热器（除霜器）		170	并励或他励绕组	
146	振荡器		171	集电环或换向器上的电刷	
147	变换器、转换器		172	直流电动机	
148	光电发生器		173	串激直流电动机	
149	空气调节器		174	并激直流电动机	
150	滤波器		175	永磁直流电动机	
151	稳压器		176	起动机（带电磁开头）	
152	点烟器		177	燃油泵电动机、洗涤电动机	
153	热继电器		178	晶体管电动汽油泵	
154	间歇刮水继电器		179	加热定时器	
155	防盗报警系统		180	电子点火组件	
156	天线一般符号		181	风扇电动机	
157	发射机		182	刮水电动机	
158	收音机		183	电动天线	
159	内部通信联络及音乐系统		184	直流伺服电动机	
160	收放机		185	直流发电机	
161	天线电话		186	星形连接的三相绕组	
162	传声器一般符号		187	三角形连接的三相绕组	
163	点火线圈		188	定子绕组为星形连接的交流发电机	

续表

序号	名　称	图形符号	序号	名　称	图形符号
189	定子绕组为三角形连接的交流发电机	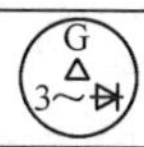	192	蓄电池	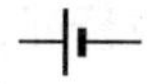
190	外接电压调节器与交流发电机	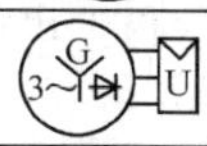	193	蓄电池组	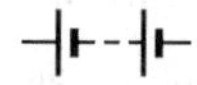
191	整体式交流发电机	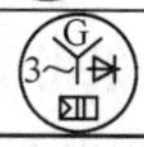			

对标准中没有规定的符号，可以选取标准中给定的基本符号、一般符号和明细符号，按规定的组合原则进行派生，以构成完整的元件或设备的图形符号，但在图样的空白处必须加以说明。表 9-2 所示为将天线的一般符号和直流电动机的一般符号进行组合，就构成了电动天线的图形符号。

表 9-2　电动天线的组合示例

图形符号	说　明
	天线的一般符号
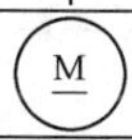	直流电动机的一般符号
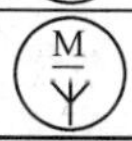	电动机天线的派生符号

（4）图形符号的使用原则

① 首先选用优选形。

② 在满足条件的情况下，首先采用最简单的形式，但图形符号必须完整。

③ 在同一份电路图中同一图形符号采用同一种形式。

④ 符号方位不是固定的，在不改变符号意义的前提下，符号可根据图面布置的需要旋转或成镜像放置，但文字和指示方向不得倒置。

⑤ 图形符号中一般没有端子代号，如果端子代号是符号的一部分，则端子代号必须画出。

⑥ 导线符号可以用不同宽度的线条表示，如电源线路（主电路）可用粗实线表示，控制、保护线路（辅助电路）则可用细实线表示。

⑦ 一般连接线不是图形符号的组成部分，方位可根据实际需要布置。

⑧ 符号的意义由其形式决定，可根据需要进行缩小或放大。

⑨ 图形符号表示的是在无电压、无外力的常规状态。

⑩ 图形符号中的文字符号、物理量符号，应视为图形符号的组成部分。当用这些符号不能满足标注时，可按有关标准加以补充。

⑪ 电路图中若未采用规定的图形符号，必须加以说明。

2. 开关和警示灯标志

汽车仪表盘和转向柱上通常装有许多开关、警报灯和指示灯（常称“警示灯”）。为区分功能，常用各种各样的图形标志刻印在其表面，有些进口车辆还用英文字母表示。这些图形标志国际通用，大都形象、简明，一看便知道其功能。

为避免分散驾驶员注意力，指示灯、警报灯在其所指示系统工作正常时不亮。当系统工作不正常时，代表其工况的指示灯、警报灯点亮。警报灯多用红色，表示情况紧急，需及时检修，如制动气压过低报警灯、发动机过热报警灯、机油压力报警灯等。有些作为工作状况指示采用橘黄色指示灯，如空气滤清器堵塞指示灯、驻车制动指示灯等。还有一些属于正常工作状态的指示灯，如转向指示灯（绿色）、前照灯远光（蓝色）。

指示灯和警报灯多采用小功率灯泡（1 ~ 3.5 W），也有采用发光二极管的（加合适的限流电阻）。指示灯和警报灯在正常工作状态下不点亮，如果灯泡损坏也会带来错觉，因此在点火开关接通而不启动发动机的情况下可检验大多数指示灯和警报灯的好坏，如充电指示灯、机油压力报警灯、SRS指示灯等，有些需要使用专门的检验开关并加接许多隔离二极管来检验。

汽车上部分开关和警示灯标志见表9-3。

表 9-3　开关和警报灯标志

序号	图形或文字符号	说　明	序号	图形或文字符号	说　明
1	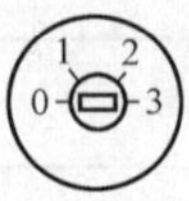	点火开关（4 挡）： 锁止方向盘　0—OFF 或（S） 附件　1—ACC 或（A） 点火、仪表　2—IGN 或（M） 启动　3—START 或（D）	7		节气门关闭时灯亮
2	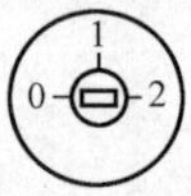	点火开关（3 挡）： 锁止　0—OFF 或（S） 工作　1—ON 或 MAR 启动　2—START 或 AVV	8	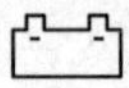 VOLT AMP CHARGE 电压（伏特）表 电源（安培）表	蓄电池充电指示灯：发电机不发电时灯亮，正常发电时灯灭
3		柴油车电源开关： 0—OFF　断开 1—ON　接通 2—START　启动 3—ACC　附件 4—PREHEAT　预热	9	 WATER OVER HEAT	水温报警灯：冷却液温度过高时报警灯亮
4		点火开关（5 挡）： 0—LOCK　锁定方向盘 1—OFF　断开 2—ACC　附件 3—ON　接通 4—START 预热	10	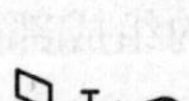 OIL-P	机油压力报警灯：当机油压力过低时灯亮
5	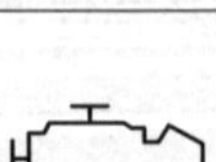 CHECK	发动机故障代码显示灯（自诊断）：电控发动机喷油与点火的传感器与电脑出故障时灯亮，通过人工或仪器可将故障代码调出，迅速查明故障	11	 FUEL	燃油不足报警灯：燃油不足报警灯亮
6		化油器阻风门关闭指示：冷车启动时阻风门关闭，指示灯亮，启动后应及时打开阻风门，否则发动机冒黑烟	12	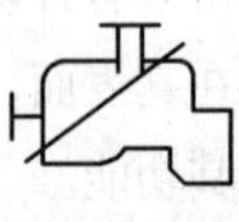	柴油机停止供油（熄火）拉杆（钮）标志

续表

序号	图形或文字符号	说　明	序号	图形或文字符号	说　明
13	 PKB	停车制动指示灯：在手制动起作用时灯亮	28	EXP TEMP	排气温度过高报警（温度高于750℃）
14	 BRAKE AIR	制动气压低报警：制动液面低、制动系统故障报警灯亮	29	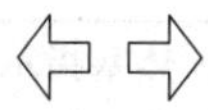	转向信号灯指示灯
15	r/min RPM	发动机转速表	30		危急报警指示灯：当汽车遇到交通事故要呼救或需要别车避让时，左右转向灯齐闪
16	km/h	车速表	31	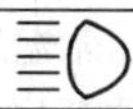 BEAM	前照灯远光指示灯
17	20:08	数字显示时钟	32	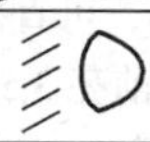	前照灯近光指示灯
18	 COOLANT LEVEL WATER LEVEL	冷却液水位指示灯：当冷却系统水位低于规定值时，报警灯亮	33		灯光开关指示灯：可接通示宽灯、尾灯、仪表、牌照灯等
19		机油液面指示灯：当发动机机油量少于规定值时，报警灯亮	34	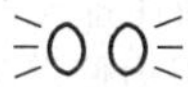	汽车示宽灯开关指示
20		机油温度过高报警灯：机油温度超过规定值时，报警灯亮	35		驻车制动灯开关指示：手制动起作用时，该指示灯亮
21	kPa 	真空度指示灯	36	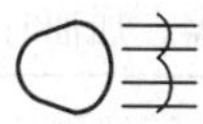	后雾灯开关指示灯
22	SRS	安全气囊指示灯	37	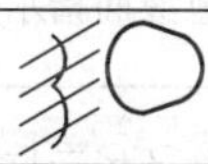	前雾灯开关指示灯
23	TRAC	牵引力控制指示灯	38	 TEST	指示灯、报警灯灯泡好坏的检查开关
24	CRUISE	巡航指示灯：装置起作用时灯亮，有故障时显示故障码	39		倒车灯开关指示
25	AIR SUSP	电子调整空气悬挂指示灯	40	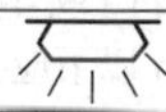	室内灯（顶灯）开关指示
26	O/D OFF	退出超速挡时，O/D OFF灯亮	41	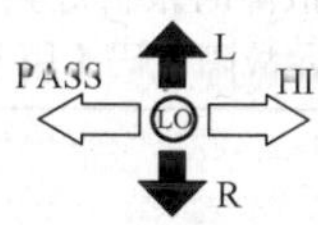	转向灯开关与超车灯开关：L—左转向，R—右转向；PASS—超车；HI—远光；LO—定位中间挡（近光）
27	VOLT	电压表	42	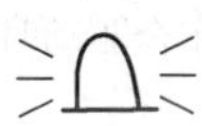	旋转灯标志：警车、救护车、消防车的车顶旋转警灯开关标志

续表

序号	图形或文字符号	说　明	序号	图形或文字符号	说　明
43	 BELT	安全带指示灯：当点火开关接通，安全带未系时灯亮或伴有蜂鸣器	54		空气滤清器堵塞指示灯
44	 HEAT GLOW	电热预热塞指示灯：常温下启动亮 0.3 s，可直接启动；低温启动前亮 3.5 s，表示“等待预热”，灯灭可启动	55		液力变扭器开关指示灯
45	 GLOW	预热塞（电热或火焰预热塞）指示灯：常温下启动亮 0.3 s，可直接启动；低温启动前亮 3.5 s,表示“等待预热”，灯灭可启动	56		柴油粗滤器中积水超限报警灯
46	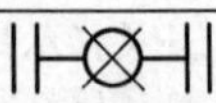 DIFF LOCK	差速锁连锁指示灯：车辆转弯时必须脱开	57	 HORN	喇叭按钮标志
47	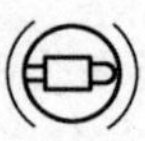	排气制动指示灯：下长坡时，堵住排气管，利用发动机阻力使汽车减速，踩离合器、加油时自动解除	58		点烟器标志：按下点烟器手柄即接通电路，发热体烧红后（约几秒）自动弹出，可供点烟用
48	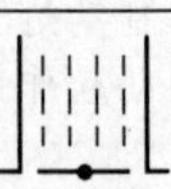 EXH-BRAKE	排气制动指示灯：下长坡时，堵住排气管，利用发动机阻力使汽车减速，踩离合器、加油时自动解除	59		发动机罩开启拉手指示
49	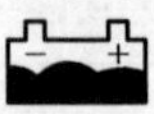	蓄电池液面指示灯	60	 TRUNK	行李舱盖开启拉手或电动按钮指示
50		拖车制动指示灯	61	 DOOR	门未关报警灯：仪表盘上设置此灯
51		制动蹄片磨损超限报警灯	62		坐垫加热指示灯
52		防抱死制动指示灯：钥匙在启动挡或车速在 5～10 km/h 以下应亮；ABS 出现故障时报警灯亮，并可显示故障代码（用工具）	63		室内灯门控挡：当门关严后室内灯灭，此外还有手控长明挡（ON）及断开挡（OFF）
53	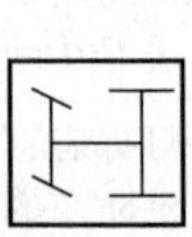	分动器前桥接入指示灯：越野车全驱动时，灯亮	64	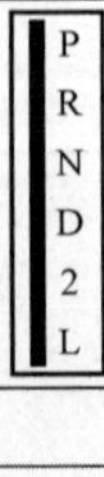	自动变速器档位指示灯

续表

序号	图形或文字符号	说　明	序号	图形或文字符号	说　明
65	ECTPWR	电控自动变速器有 2 种已编好程序的换挡方式：即正常模式（Normal）和动力模式（Power），用开关选择动力模式时，指示灯亮	77	 HEAT	空调系统加热（吹脚）挡
66		增热器开关指示除霜线指示灯和开关指示：常为后窗碳粉加热	78	 BI-LEVEL	空调系统双层（上冷下热）挡
67		风挡玻璃刮水开关指示	79	 DEF-HEAT	空调系统除霜与加热（吹脚）挡
68	 WASHER	风挡玻璃洗涤开关指示	80	 DEF	风挡玻璃除霜除雾指示
69	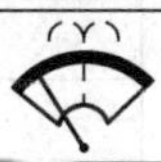	风挡玻璃刮水洗涤开关指示	81	 Outside	车外新鲜空气循环风道开启指示（FRESH）
70		后窗玻璃刮水指示灯和开关标志	82	 Inside	车内空气循环风道开启指示（REC）
71		后窗玻璃洗涤开关指示	83		驾驶室锁止：可倾翻的驾驶室回位时没有到达规定锁止状态，报警灯亮
72	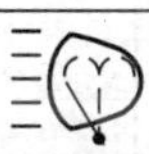	前照灯刮水洗涤开关指示	84	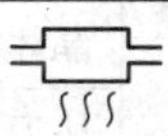 EXH TEMP	排气温度超过一定限度时此灯亮
73		车窗玻璃升降开关：UP—升起；DOWN—降下	85		后视镜加热指示
74	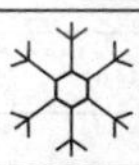 A/C	空调系统制冷压缩机开启指示	86	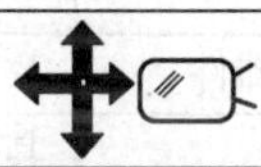	后视镜镜面上下调节和左右调节开关标志
75	 FAN	空调系统鼓风机指示	87	 AIR MPa	空气压力表：常用于气压制动系统中双管路气压指示
76	 VENT	空调系统通风吹脸（FACE）挡	88		空气滤清器堵塞信号报警灯

3．文字符号

文字符号是由电气设备、装置和元器件的种类（名称）字母代码和功能（与状态、特征）字母代码组成。用于电气技术领域中技术文件的编制，也可标注在电气设备、装置和元器件上或其近旁，以表明电气设备、装置和元器件的名称、功能、状态和特征。此外，还可与基本图形符号和一般图形符号组合使用，以派生新的图形符号。

文字符号分为基本文字符号和辅助文字符号 2 大类，基本文字符号又分为单字母符号和双字母符号。

（1）基本文字符号

① 单字母符号。单字母符号是按拉丁字母将各种电气设备、装置和元器件划分为 23 大类，每大类用一个专用单字母符号表示，如“C”表示电容器类，“R”表示电阻类等。

② 双字母符号。双字母符号是由一个表示种类的单字母符号与另一字母组成，其组合形式应以单字母符号在前而另一字母在后的次序列出，如“R”表示电阻，“RP”就表示电位器，“RT”表示热敏电阻；“G”表示电源、发电机、发生器，“GB”就表示蓄电池，“GS”表示同步发电机、发生器，“GA”表示异步发电机。

常用基本文字符号见表 9-4。

表 9-4　　常用基本文字符号

设备、装置元器件种类	举　例	基本文字符号	
		单　字　母	双　字　母
组件 部件	分离元件放大器调节器	A	
	电桥		AB
	晶体管放大器		AD
	集成电路放大器		AJ
	印刷电路板		AP
	抽屉柜		AT
	支架盘		AR
非电量到电量变换器或电量到非电量变换器	送话器	B	
	扬声器		
	晶体换能器		
	压力变换器		BP
	温度变换器		BT
电容器	电容器	C	
二进制元件、延迟器件、存储器件	数字集成电路和器件	D	
其他元器件	其他元器件	E	
	发热器件		EH
	照明灯		EL
保护器件	过电压放电器件避雷器	F	
	熔断器		FU
	限压保护器件		FV
发生器 发电机 电源	振荡器	G	
	发生器		GS
	同步发电机		GA
	异步发电机		
	蓄电池		GB
信号器件	声响指示	H	HA
	光指示器		HL
	指示灯		HL

续表

设备、装置元器件种类	举　　例	基本文字符号	
		单　字　母	双　字　母
继电器 接触器	交流继电器	K	KA
	双稳态继电器		KL
	接触器		KM
	簧片继电器		KR
电感器 电抗器	感应线圈 电抗器	L	
电动机	电动机	M	
	同步电动机		MS
	力矩电动机		MT
模拟元件	运算放大器 混合模拟/数字器件	N	
测量设备 试验设备	指示器件信号发生器	P	
	电流表		PA
	（脉冲）计数器		PC
	电度表		PJ
	电压表		PV
电力电路的开关器件	断路器	Q	QF
	电动机保护开关		QM
	隔离开关		QS
电阻器	电阻器 变阻器	R	
	电位器		RP
	热敏电阻器		RT
	压敏电阻器		RV
控制、记忆、信号电路的开关器件 选择器	控制开关 选择开关	S	SA
	按钮开关		SB
	压力传感器		SP
	位置传感器		SQ
	温度传感器		ST
变压器	电流互感器	T	TA
	控制电路电源用变压器		TC
	电力变压器		TM
	电压互感器		TV

续表

设备、装置元器件种类	举　例	基本文字符号	
		单 字 母	双 字 母
电子管 晶体管	二极管 晶体管 晶闸管	V	
	电子管		VE
传输通道波导天线	导线 母线 波导 天线	W	
端子 插头 插座	连接插头和插座 接线焊柱 接端子板	X	
	连接片		XB
	测试插孔		XJ
	插头		XP
	插座		XS
	端子板		XT
电气操作的机械器件	气阀	Y	
	电磁铁		YA
	电动阀		YM
	电磁阀		YV
终端设备 混合变压器 滤波器 均衡器 限幅器	晶体滤波器	Z	

（2）辅助文字符号

辅助文字符号表示电气设备、装置和元器件以及线路的功能、状态和特征。例如，“SYN”表示同步，“L”表示限制、左或低，“RD”表示红色，“ON”表示闭合，“OFF”表示断开等。

常用辅助文字符号见表 9-5。

表 9-5　常用辅助文字符号

序　号	文字符号	名　称	序　号	文字符号	名　称
1	A	电流	5	ACC	加速
2	A	模拟	6	ADD	附加
3	AC	交流	7	ADJ	可调
4	A AUT	自动	8	AUX	辅助

续表

序号	文字符号	名称	序号	文字符号	名称
9	ASY	异步	41	N	中性线
10	B BRK	制动	42	OFF	断开
11	BK	黑	43	ON	闭合
12	BL	蓝	44	OUT	输出
13	BW	向后	45	P	压力
14	C	控制	46	P	保护
15	CW	顺时针	47	PE	保护搭铁
16	CCW	逆时针	48	PEN	保护搭铁与中性线共用
17	D	延时（延迟）	49	PU	不搭铁保护
18	D	差动	50	R	记录
19	D	数字	51	R	右
20	D	降低	52	R	反
21	DC	直流	53	RD	红
22	DEC	减	54	R RST	复位
23	E	接地	55	RES	备用
24	EM	紧急	56	RUN	运转
25	F	快速	57	S	信号
26	FB	反馈	58	ST	启动
27	FW	正，向前	59	S SET	置位，定位
28	GN	绿	60	SAT	饱和
29	H	高	61	STE	步进
30	IN	输入	62	STP	停止
31	INC	增	63	SYN	同步
32	IND	感应	64	T	温度
33	L	左	65	T	时间
34	L	限制	66	TE	无噪声（防干扰）搭铁
35	L	低	67	V	真空
36	LA	闭锁	68	V	速度
37	M	主	69	V	电压
38	M	中	70	WH	白
39	M	中间线	71	YE	黄
40	M MAN	手动			

（3）文字符号的使用规则

① 单字母符号应优先选用。

② 只有当用单字母符号不能满足要求，需要将大类进一步划分时，才采用双字母符号，以便

较详细和更具体地表述电气设备、装置和元器件等。如“F”表示保护器类，“FU”表示熔断器，“FV”表示限压保护器件。

③ 辅助文字符号也可放在表示种类的单字母符号后边组成双字母符号，如“ST”表示启动，“DC”表示直流，“AC”表示交流。为简化文字符号，若辅助文字符号由 2 个字母组成时，允许只采用其第 1 位字母进行组合，如“MS”表示同步电动机，“MS”中的“S”为辅助文字符号“SYN”（同步）的第 1 位字母。辅助文字符号还可以单独使用，如“ON”表示接通，“N”表示中性线，“E”表示搭铁，“PE”表示保护搭铁等。

4. 图形符号、文字符号的识读

基本元器件的图形符号、文字符号都是相同的，如电阻、电容、照明灯、蓄电池等。

由于目前国际上还没有汽车电气设备图形符号、文字符号的统一标准，各个汽车生产厂家对某些汽车电器所采用的图形符号、文字符号有所不同，与标准规定有一些差异，这给识读电路图造成一定困难；但图形符号基本结构的组成是相似的，只要了解它们的区别，就能避免识读错误。下面通过具体示例来说明不同车型在表示同一元器件的图形符号时，在汽车电路图中的差异。

图 9-3 所示为表示导线连接的 2 种形式。上海桑塔纳、南京依维柯采用图 9-3（a）所示的形式，神龙富康、天津夏利则采用图 9-3（b）所示的形式。

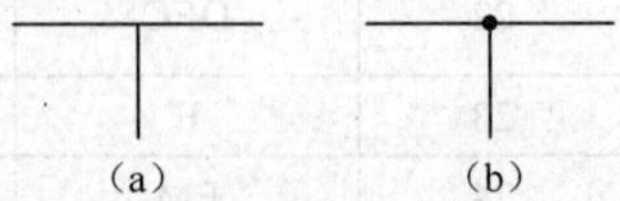

图9–3 导线连接2种表示形式

汽车都装有硅整流发电机和电压调节器，不同的是有的采用内装式，有的采用外装式，即使同一结构形式，不同的车型所采用的电路图形符号也有所不同。

图 9-4 所示为富康轿车内装调节器硅整流发电机图形符号；图 9-5 所示为夏利轿车内装调节器硅整流发电机图形符号（国家标准规定的符号）。

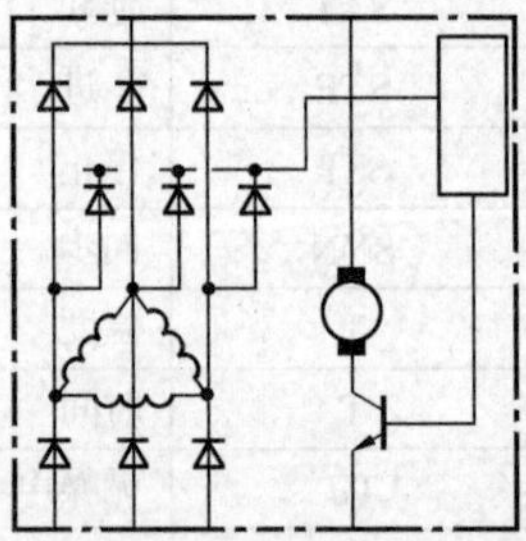
图9–4 富康轿车内装调节器硅整流发电机图形符号

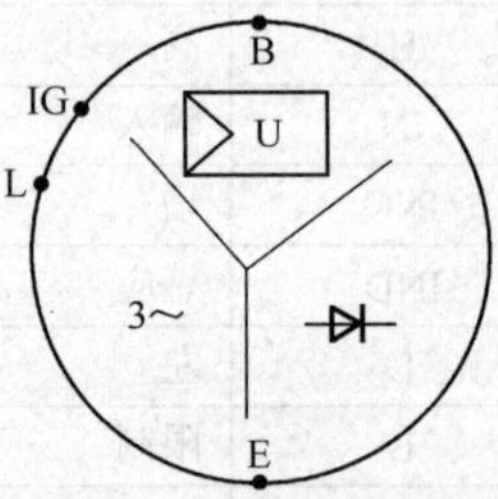

图9–5 夏利轿车内装调节器硅整流发电机图形符号

现代汽车上都装有用于启动发动机的起动机，且中、小型汽车起动机的结构基本相同，但在不同车型的电路图中，所采用的符号差别很大。图 9-6 所示为天津夏利轿车起动机的图形符号；图 9-7 所示为富康轿车起动机图形符号，两者与国家标准中规定图形符号差异较大。

很多车上都装有 3 挡 4 接柱的点火开关，其表示方法采用方框符号，表示接线柱和挡位的符号有 2 种，如图 9-8 所示；上海桑塔纳则采用与前两者截然不同的另一种符号，如图 9-9 所示。

通过上述示例可知，汽车电路图形符号目前还没有统一的标准，国产汽车制造企业大都采用电气技术行业标准，而合资汽车制造企业大都沿用国外的原标准，所以在识图过程中应不断地总结经验，找出不同的电路中采用的图形符号有哪些相同点和不同点，这样可以提高读图速度。

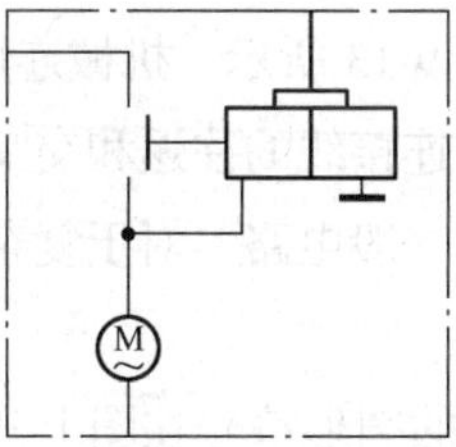

图9-6　夏利轿车起动机图形符号

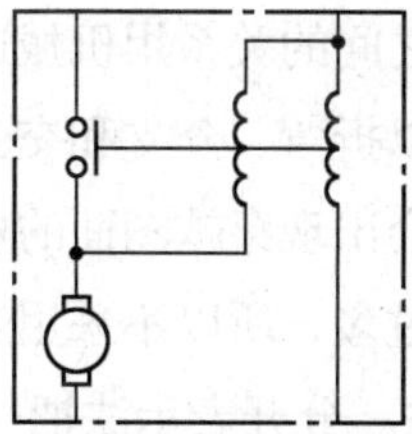

图9-7　富康轿车起动机图形符号

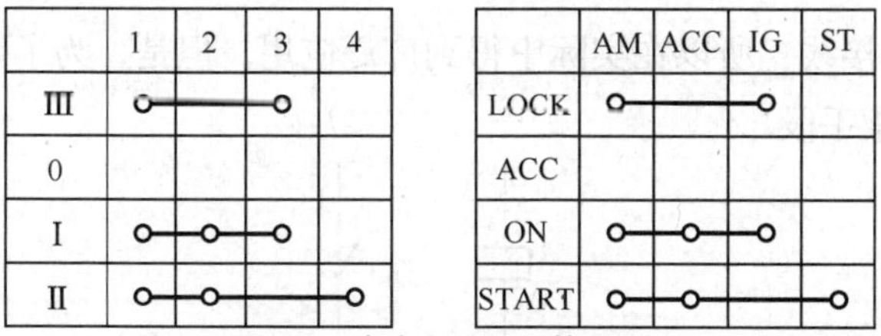

图9-8　点火开关图形符号

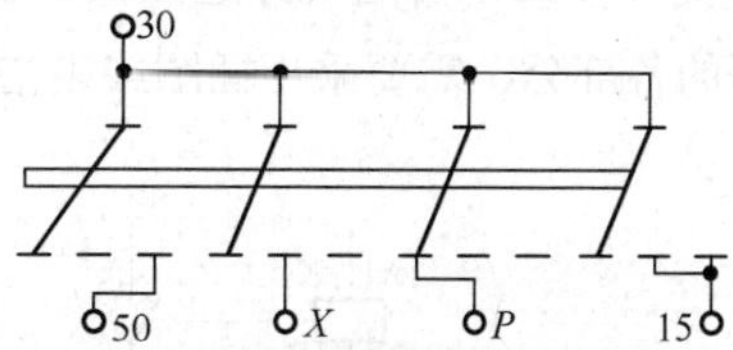

图9-9　上海桑塔纳轿车点火开关图形符号

（三）汽车电路绘制及识图要领

1. 汽车电路原理图的绘制及识图要领

（1）汽车电路原理图的绘制原则

① 元器件的表示方法。电路图的一个重要特征是元器件采用国家标准所规定的图形符号来表示。

绘图时，国家标准中规定的图形符号均可选用。有些元器件没有国家标准对应的图形符号，可根据标准中给出的规则，使用一般符号、基本符号来派生所需要的新符号。图 9-10 所示的手动控制非自动复位的 3 极多位开关就是使用一般符号和基本符号派生出来的。对于不常用的符号，应增加文字注释，以便于理解，如图 9-11 所示。对于新研制的元器件，在尚无标准的图形符号之前，可采用其简化的外形图来表示，以便于反映该元器件的工作原理。

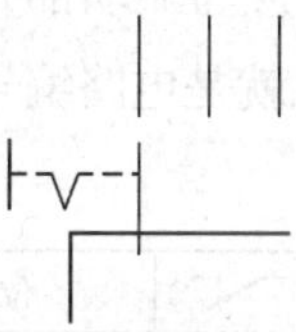

图9-10　派生图形符号示例

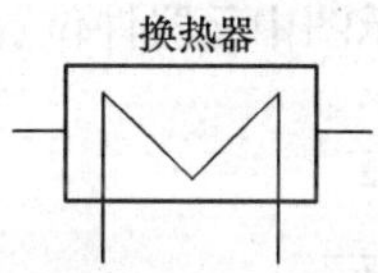

图9-11　图形符号加文字说明示例

为了便于对电路进行分析和检查，在电路图中除了用图形符号表示元器件外，还应在图形符号旁标注项目代号，必要时还应在图形符号旁标注元器件的主要技术参数。

② 图形符号的布置。在电气系统中，有大量的元器件的驱动部分和被驱动部分采用机械连接，如继电器、按钮开关、光电耦合器等都属于这一类。其表示方法有 3 种：集中表示法、半集中表示法和分开表示法。不管采用何种表示方法，所给出的信息量都是相等的，在同一张图纸上可以根据需要使用一种或同时使用几种表示方法。

- 集中表示法。集中表示法是把元器件各组成部分的图形符号绘制在一起的方法，如图 9-12 所示。其特点是易于寻找项目的各个部分，元器件整体印象完整，但仅适用于较为简单的电路。

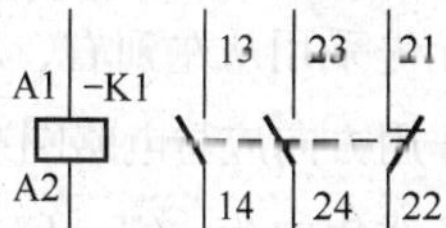

图9-12　集中表示法示例

- 半集中表示法。半集中表示法是把一个元器件某些组成部分（不是全部）的图形符号在图上分开布置，它们之间的关系用机械连接线表示的方法。如图 9-13 所示，机械连接线用虚线表示，可以是直线，也可以折弯、分支和交叉。其特点是可减少电路连接线的往返和交叉，使图面清晰，便于识读。但是，会出现穿越图面的机械连接线，所以适用于一般电路，对于复杂电路，由于穿越图面的机械连接线过多，所以不采用这种方法。

- 分开表示法。分开表示法把一个元器件的各组成部分的图形符号在图上分开布置，它们之间各部分的关系用项目代号表示的方法，如图 9-14 所示。显然，分开表示法既减少了电路连接线的往返和交叉，又不会出现穿越图面的机械连接线，所以在实际中得到广泛应用。但是，为了寻找被分开的各部分，需要采用插图或表格等检索手段。

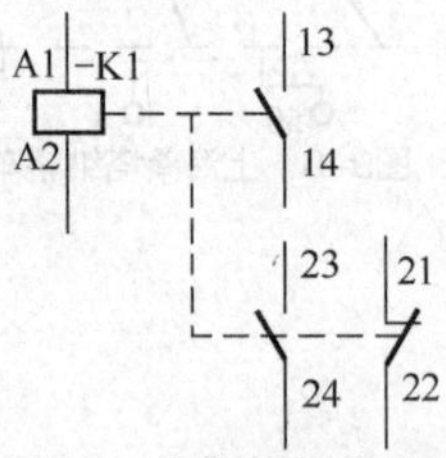

图9–13　半集中表示法示例

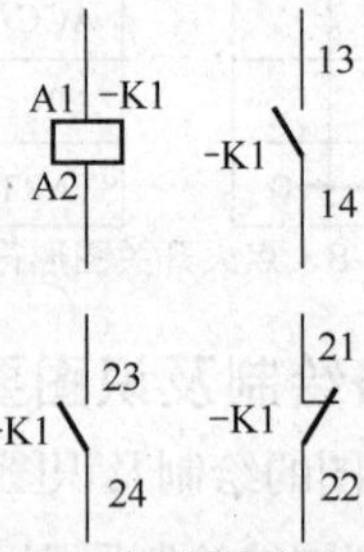

图9–14　分开表示法示例

在图上，把分解绘制在图中不同位置的同一项目不同部分的图形符号，集中绘制在一起并给出位置信息就成为插图，如图 9-15 所示。插图可以与该项目的驱动部分的图形符号对齐，也可以集中布置在图的空白处，甚至还可以绘制在另一张图纸上，当然，把插图直接绘制在紧靠驱动部分的图形符号旁，看图是最方便的。

在图上，把分散绘制在图中不同位置的同一项目不同部分的图形符号，集中在一张表格中，绘制方法如图 9-16 所示。表格中的名称可以用图形符号来代替，表格应与驱动部分的图形符号对齐。在采用电路编号法表示图中元器件位置的图上，表格中的位置信息就是电路编号。

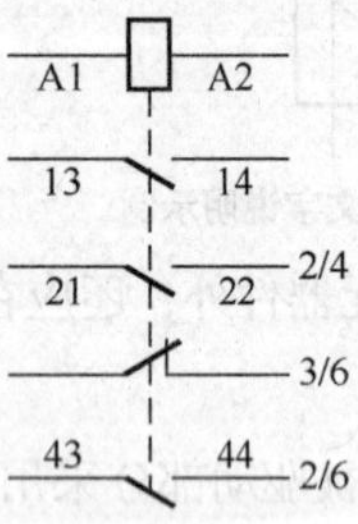

图9–15　插图示例

动合触点（ ）	动断触点（ ）	位　置
13–14		
21–22		2/4
	21–22	3/6
43–44		2/6

图9–16　表格示例

③ 电路与导线的排列。电路的安排要求有清楚、一目了然的图示效果，各个电路的排列必须优先采用从左到右、从上到下的原则，尽可能用直线、无交叉点、不改变方向的标记方式。另外，作用方向应与电路图边沿平行，如果出现许多平行线重叠成堆的情况，那么可将其编组，通常是把 3 条线集中为一组，留出距离，再表示下一组线。图 9-17 所示为多条平行线的分组画法。

④ 分界线与边框。电路的各部分用点画线或边框线限制，以此表明仪器、部件功能或结构上的属性。在汽车电气设备中，用点画线表示仪器和电器中不导电的边框，这种图示可以不与外壳相一致，

也不用来表示仪器的搭铁线。

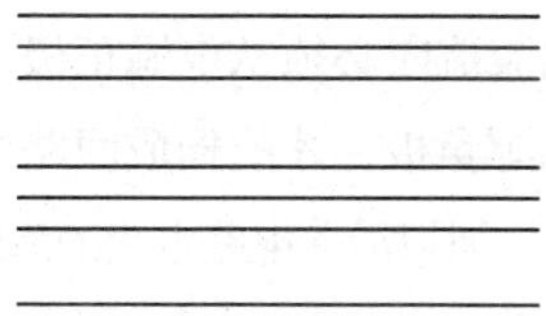

图9-17　多条平行线的分组画法

⑤ 区段识别。区段识别符号标注在电路图的下沿，有助于更方便地寻找电路部件，以往区段识别标记也称为电路，可能的标记方式有3种。

- 用连续数字以相同的距离从左到右标注。

例如：1　2　3　4　5　6　7…

- 标明电路区段的内容。

例如：

电　源	启动装置	点火装置……

- 以上2种方法的结合。

例如：1　2　3　4　5　6　7　8　9　10…

电　源	启动装置	点火装置……

汽车电路大多数都在电路图中指明电路区段的内容。

⑥ 标注。利用字母和数码可对设备、部件或电路图中线路符号作标注，标注位于线路符号的左边或下边，如果设备的定义明确，标准内所规定的几种设备可不作标注。

（2）汽车电路原理图的识图要领

电路原理图的特点主要有以下几点。

① 对全车电路有完整的概念，既是一幅完整的全车电路图，又是多幅互相联系的局部电路图。

② 图上建立了高低电位的概念。负极搭铁电位最低，用图中最下面一条导线表示；正极火线电位最高，用最上面的导线表示，电流流向基本上是从上到下。

③ 尽可能减少导线的曲折与交叉。布局合理，画面简洁清晰，图形符号兼顾元件外形和内部结构，便于分析、易读、易画。

④ 电路系统的相互关联关系清楚。

汽车电路原理图的识图要领如下。

① 认真阅读几遍图注。图注说明了汽车所有电气设备的名称及其数码代号，通过阅读图注可以初步了解汽车都安装了哪些电气设备，然后通过电气设备的数码代号在电路图中找出该电气设备，再进一步找出相互连线、控制关系。这样可了解汽车电路的特点和构成。

② 牢记电气图形符号。汽车电路图是利用电气图形符号来表示其构成和工作原理的。因此，必须牢记电气图形符号的含义，才能看懂电路原理图。对于电气线路图，因其电路中零部件或元器件多以外形轮廓的示意形状表示，因此对于这些外形轮廓的形状也应熟记。

③ 熟记电路标记符号。为便于绘制和识读汽车电路图，有些电气装置或其接线柱等上面都赋予不同的标志代号。例如，接至电源端接线柱用“B”或“+”表示，接至点火开关的接线柱用“SW”表示，接至起动机的接线柱用“S”表示，接至各灯具的接线柱用“L”表示，发电机中性点接线柱用“N”表示，发电机磁场接线柱用“F”表示，励磁电压输出端接线柱用“D+”表示，发电机电枢输出端接线柱用“B+”表示等。

④ 牢记回路原则。任何一个完整的电路都是由电源、熔断器、开关、用电设备、导线等组成。

电流流向必须从电源正极出发，经过熔断器、开关、导线等到达用电设备，再经过导线或搭铁回到电源负极，才能构成回路，这样的电路才是正确的，否则就是读错了或者查错了。

可以沿着电路电流的流向，由电源正极出发，顺藤摸瓜查到用电设备、开关等，回到电源负极；可以逆着电路电流的方向，由电源负极（搭铁）开始，经过用电设备、开关等回到电源正极；也可以从用电设备开始，依次查找其控制开关、连线、控制单元，到达电源正极和搭铁（或电源负极）。尤其是查询一些不太熟悉的电路，后者比前者更为方便。实际应用时，可视具体电路选择不同思路，但有一点值得注意：随着电子控制技术在汽车上的广泛应用，大多数电气电路同时具有主回路和控制回路，读图时要兼顾两回路。

⑤ 牢记搭铁极性。汽车电气电路均为负极搭铁。

⑥ 掌握各种开关在电路图中的作用。对多层多挡接线柱开关，要按层、按档位、按接线柱逐级分析其各层各挡功能。有的用电设备受两个以上单挡开关（或继电器）的控制，有的受两个以上多挡开关的控制，其工作状态比较复杂。当开关接线柱较多时，首先抓住从电源来的一两个接线柱，逐个分析与其他各接线柱相连的用电设备处于何种档位，从而找出控制关系。

对于组合开关，实际线路是在一起的，而在电路图中又按其功能画在各自的局部电路中，遇到这种情况必须仔细研究识读。

⑦ 掌握开关、继电器的初始状态。在电路图中，各种开关、继电器都是按初始状态画出的，即按钮未按下，开关未接通，继电器线圈未通电，其触点未闭合（指常开触点）或未打开（指常闭触点），这种状态称为原始状态。在识图时，不能完全按原始状态分析，否则很难理解电路的工作原理，因为大多数用电设备都是通过开关、按钮、继电器触点的变化而改变回路的，进而实现不同的电路功能。所以，必须进行工作状态的分析。例如，刮水器就是通过刮水开关挡位的变化来实现间歇、低速、高速刮水功能的，必须把3种工作状态的电路走通。

⑧ 掌握电气装置在电路图中的位置。在汽车电气系统中，有大量电气装置是机电合一的，如各种继电器，还有多层多挡组合开关。这些电气装置在电路图上表示时，厂家为了使画法既简单又便于识图，多根据实际情况采用集中表示法、半集中表示法和分开表示法来反映电路的连接情况。

⑨ 熟记各局部电路之间的相互关系。汽车全车电路基本上由电源电路、充电电路、点火电路、启动电路、照明电路、辅助电气设备电路等单元电路组成。从整车电路来讲，各局部电路除电源电路公用外，其他单元电路都是相对独立的，但它们之间也存在着内在联系。因此，识图时，不但要熟悉各局部电路的组成、特点、工作过程和电流流经的路径，还要了解各局部电路之间的联系和相互影响。这是迅速找出故障部位、排除故障的必要条件。

⑩ 先易后难各个击破。有些汽车电路图的某些局部电路可能比较复杂，一时难以看懂，可以暂时将其放一边，待其他局部电路都看懂后，结合所看懂的电路图中与该电路有联系的有关信息，再进一步识读这部分电路。

⑪ 善于请教和查找资料。由于新的汽车电气设备不断出现和应用到汽车上，汽车电路图的变化很大。对于看不懂的电路要善于请教有关人员，同时还要善于查找资料，直至看懂弄明白为止。

⑫ 浏览全图，框画各个系统。要读懂汽车电路图，首先必须掌握组成电路的各个电气元件的基本功能和电气特征。在大概掌握全车电路图的基本原理的基础上，再把一个个单独的电气系统框出

来，这样就容易抓住每一部分的主要功能及特征。

在框画各个系统时，应注意既不能漏掉各个系统中的组件，也不能多框画其他系统的组件，一般规律是，各电器系统只有电源和总开关是共用的，其他任何一个系统都应是一个完整的独立的电气回路，即包括电源、熔断器、开关、电器、导线等。并从电源的正极经导线、熔断器、开关至电器后搭铁，最后回到电源负极，否则所框画出的系统图就不正确。

2. 汽车线路图绘制及识图要领

（1）汽车线路图的绘制原则

汽车电路的布线图在画法上比较注重各电气设备在汽车上的实际位置，虽然识读比较困难，但只要掌握一定的方法，便能识图，并且能将线路图改画成电路图。线路图的特点是：由于电气设备的外形和实际位置都和原车一致，因此，查找线路时，导线中的分支、接点很容易找到，线路的走向和车上实际使用的线束的走向基本一致。

线路图的绘制原则如下。

① 布线图中的元器件、部件、组件、设备等项目，采用其简化外形（如圆形、方形、矩形）表示，为便于识图，必要时使用图形符号表示。

② 在线路图中，接线端子用端子代号表示。

③ 导线用连续线或中断线表示。连续线是用连续的实线来表示端子之间实际存在的导线；中断线是用中断的实线来表示端子之间实际存在的导线，并在中断处标明去向。

（2）汽车线路图的识读要领

识读布线图的要领如下。

① 对该车所使用的电气设备结构、工作原理有一定的了解，对其电气设备规范比较清楚。

② 通过识读认清该车所有电气设备的名称、数量及在汽车上的实际安装位置。

③ 通过识读认清该车每一种电气设备的接线柱数量、名称，了解每一接线柱的实际意义。

布线图的识读可按浏览、展绘、整理 3 个阶段进行。

① 浏览。拿到布线图后，先认真阅读图注，然后对照图注，了解整车有哪些电气，并找出各主要电气设备在布线图上的位置。主要电气设备包括组成电源电路、启动电路、点火电路等的电气设备。各电气设备在线路图上以阿拉伯代号标注，在图注中能找到该数字或代号所代表的电气设备名称。识图时，也可在图注中找到待查找的电气设备名称，并根据其数字或代号在线路图中找到该电气设备。

② 展绘。浏览后虽然可以基本了解电气各系统的组成和原理，但由于整车电气系统支路数较多，浏览不一定能完全了解电路原理及连接特点。因此，需着手把图中的每条线准确地展绘出来，无法避免展绘会出现差错，可用直尺或纸条把每一条电流通路找出，并把它详细的绘下来。为防止遗漏失误，展绘应找一段记录一条，直到绘制到最后一条导线为止，展绘时每条支路一般按电源火线—熔断丝—继电器或开关等中间环节—用电器—搭铁—电源的顺序找线。目前汽车上的熔断丝、插接器、继电器、报警指示灯数量较多，这些元件应仔细标注清楚，由于灯光总开关、刮水器开关、点火开关、仪表板的接线端子较多，且绘制导线密集，展绘时应仔细观察，展绘不一定要求绘出简洁规范的原理图，展绘的目的是把布线图展开。

③ 整理。展绘是“化整为零，找出通路”的过程，展绘得到的图一般较散乱，分布无规则，为便于分析保存，一般要反复改绘几次才能整理出简洁整齐的原理图。改绘的电路原理图布局应有统一的格式，元器件符号应尽量采用标注符号，有些特殊元器件，图注中还需要用文字简要说明，原理图上接线柱的标号、导线的标号、元器件的标号应尽可能与原图编号一致。

识读一定数量的汽车电路布线图后，会发现不同车型全车线路有许多共性，归纳总结这些共性，找出差异，对今后快速读图起到很大的作用。

3. 汽车线束图绘制及识图要领

（1）汽车线束图的绘制原则

汽车线束图主要以线束的形式出现，图面的线条较少，各部件之间连接的表达是其主要内容。线束图的绘制原则如下。

① 汽车线束图由多个线束组成，有主线束，辅助线束。线束图表现了每个线束上有几个分支，每个分支上有多少根导线，及导线的颜色和条纹。

② 汽车上电气数量多而复杂，为使连线准确，各个连接点都标注了接线端子的代号。

③ 线束的长度包括线束的总长、每个分支的长度和线端间隔长度。

④ 由于线束有多个，线束与线束、分支与线束、分支与电气之间都通过插接器进行连接，表示出插接器上有几根导线，每根导线位于插接器接线孔的具体位置，插接器的具体形状。

（2）汽车线束图的识读要领

线束图是汽车制造厂把汽车上实际线路排列好后，并将有关导线汇合在一起扎成线束以后画成的树枝图。线束图的特点是：在图面上着重标明各导线的序号、连接的电气名称及接线柱的名称、各插接器插头和插座的序号。安装操作人员只要将导线或插接器按图上标明的序号，连接到相应的电气接线柱或插接器上，便完成了全车线路的装接，该图线路简单，有利于安装与维修，但不能说明线路的走向。

线束图的识读要点如下。

① 认清整车共有几组线束、各线束名称以及各线束在汽车上的实际安装位置。

② 认清每一线束上的分支通向车上哪个电气设备、每一分支有几根导线、它们的颜色与标号以及它们各连接到电气的哪个接线柱上。

③ 认清有哪些插接件，它们应该与哪个电气设备上的插接器相连接。

线束图的识读与线路图的识读基本一致。

三、项目实施

（一）汽车总电路图拆画分析项目要求

① 通过该项目的实施，应能够对各种车型的电路图进行拆画和分析。

② 该项目应具备汽车总电路图 1 张，万用表、绘图工具及常用电路检测工具等。

（二）实施步骤

解放 CA1092 型汽车全车电路图如图 9-18 和图 9-19 所示。

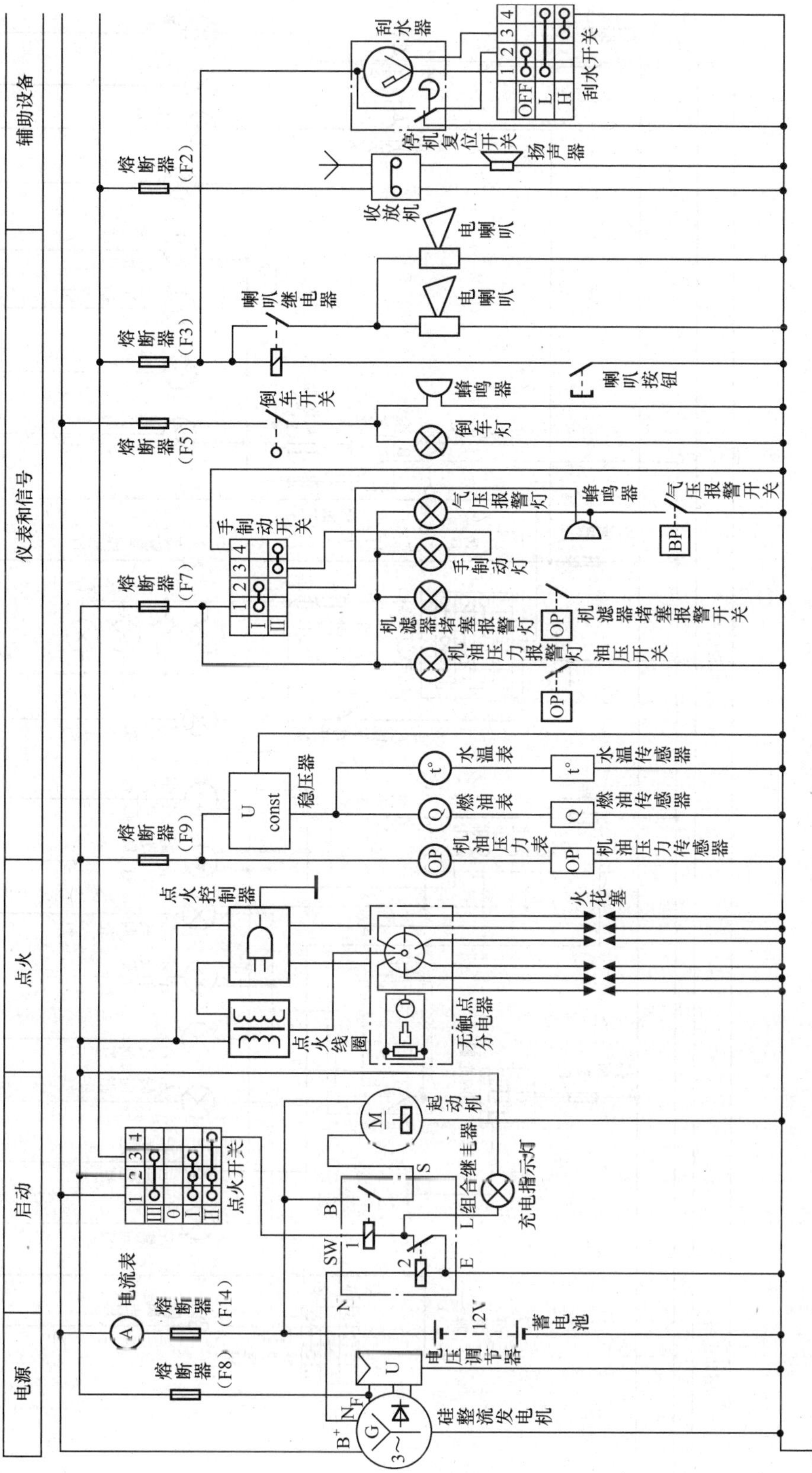

图9-18　解放CA1092型汽车全车电路图（一）

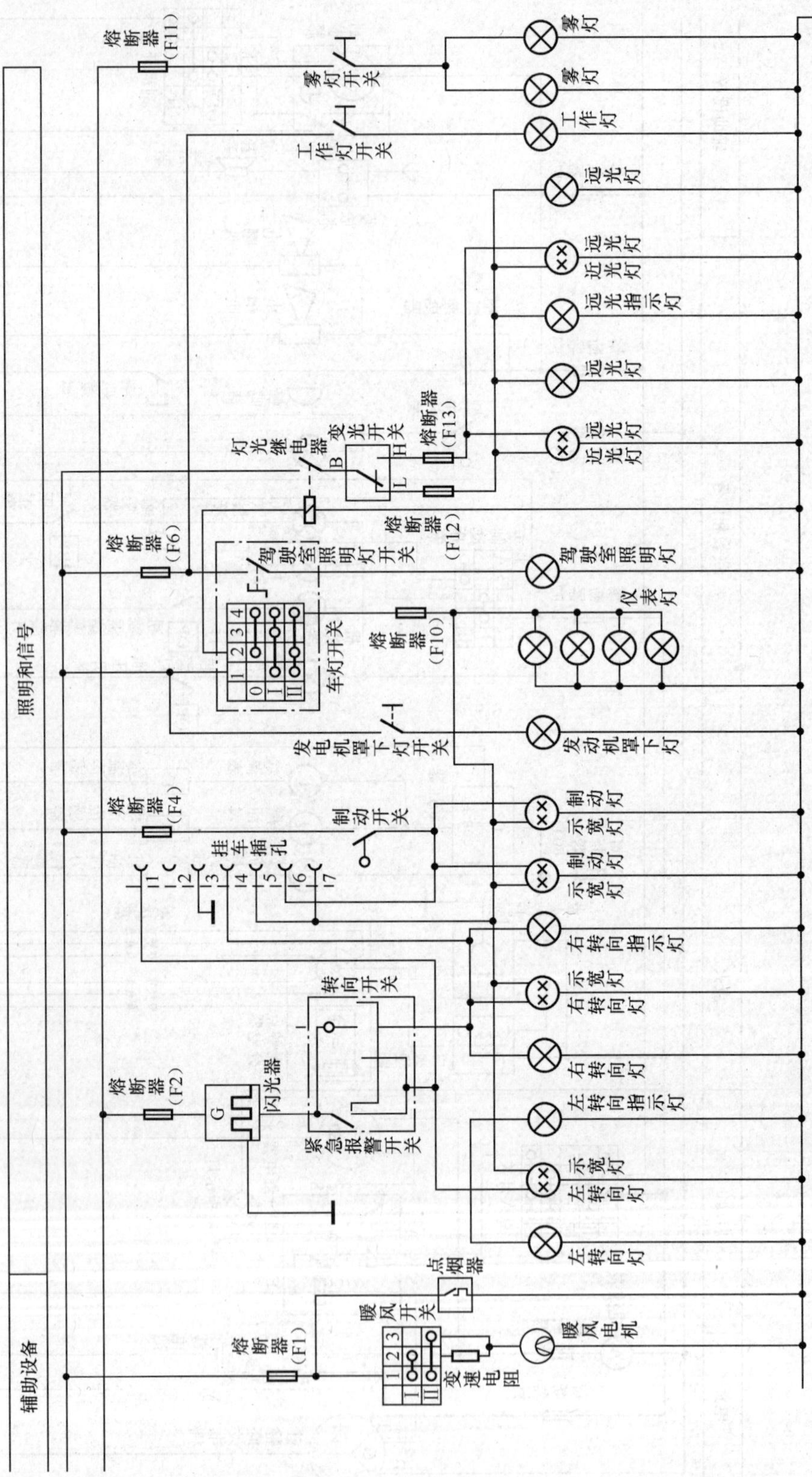

图9-19 解放CA1092型汽车全车电路图（二）

（1）电源电路

解放 CA1092 汽车电源电路组成如图 9-20 所示。发电机和电压调节器内部电路如图 9-21 所示。

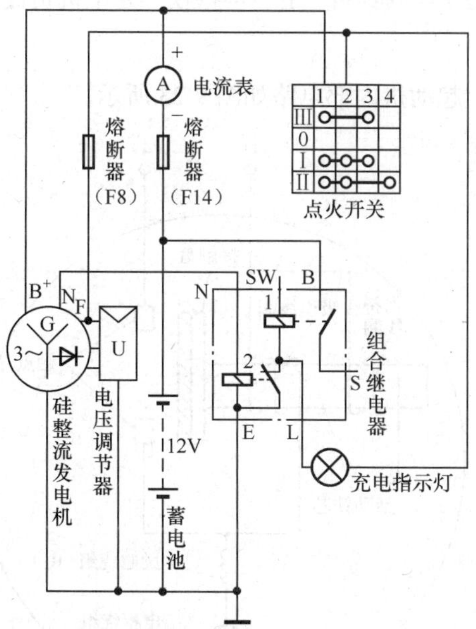

图9-20　解放CA1092汽车电源电路组成图

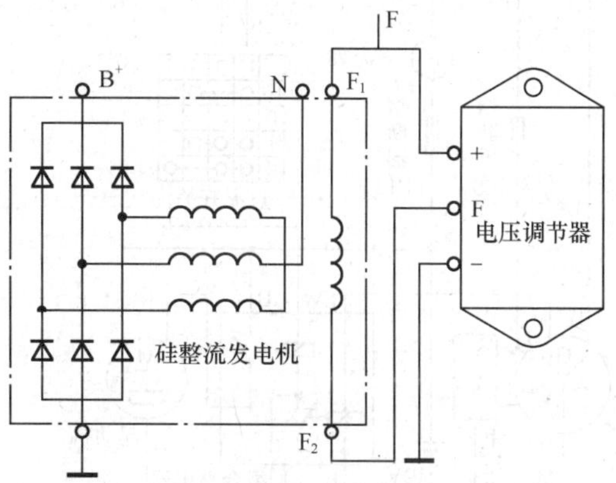

图9-21　发电机和电压调节器内部电路

① 电源电路特点。

- 发电机中性点接线柱“N”。中性点电压用于控制充电指示灯的工作，充电指示灯熄灭表示发电机正常工作。
- 蓄电池充电和放电电流的大小用电流表指示。电流表指针摆向“+”侧，表示发电机给蓄电池充电，电流表指针摆向“-”侧，表示蓄电池放电。正常行车时，电流表指针几乎指向“0”，表明电源系统工作正常。
- 发电机励磁电流由点火开关控制。
- 硅整流发电机为外搭铁型。

② 电源电路识图。发电机与蓄电池并联，发电机启动或低速运转时，发电机的电压低于蓄电池电动势，蓄电池是电源，发电机的励磁绕组由蓄电池提供励磁电流（他励）。电路为：蓄电池正极→熔断器（F14）→电流表（-→+）→点火开关（1→2）→熔断器（F8）→发电机的“F1”接线柱→发电机励磁绕组→发电机的“F2”接线柱→电压调节器（F→-）→搭铁→蓄电池负极。此时蓄电池放电，充电指示灯点亮。电路为：蓄电池正极→熔断器（F14）→电流表（-→+）→点火开关（1→2）→充电指示灯→组合继电器“L”接线柱→常闭触点→搭铁接线柱“E”→搭铁→蓄电池负极。

发动机启动后，随着发动机转速的升高，发电机转速也逐渐升高，当发电机输出电压大于蓄电池电动势时，发电机是电源，蓄电池是负载，发电机给蓄电池充电，并给磁场绕组提供励磁电流（自励）。充电电路为：发电机正极→电流表（+→-）→熔断器（F14）→蓄电池→搭铁→蓄电池负极。励磁电路为：发电机正极→点火开关（1→2）→熔断器（F8）→发电机“F1”接线柱→发电机励磁绕组→发电机“F2”接线柱→电压调节器（F→-）→搭铁→发电机负极。此时，发电机的中性点电压作用在组合继电器线圈（2）上，常闭触点打开，充电指示灯熄灭。充电指示灯控制电路为：发电机“N”接线柱→组合继电器“N”接线柱→线圈（2）→接线柱“E”→搭铁→发电机负极。

（2）启动电路

解放CA1092汽车启动系统电路如图9-22所示。起动机内部电路如图9-23所示。

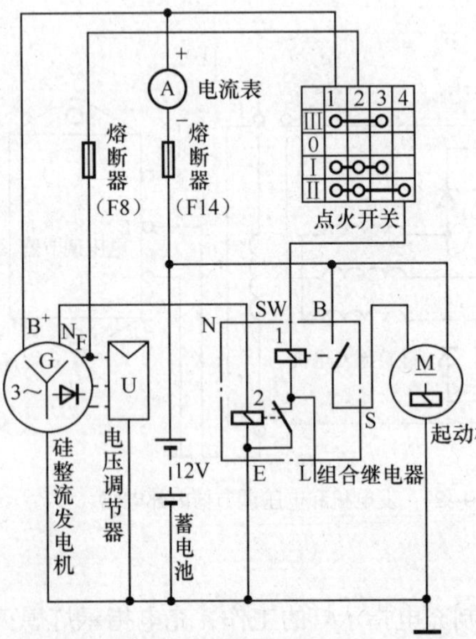

图9-22 解放CA1092汽车启动系统电路图

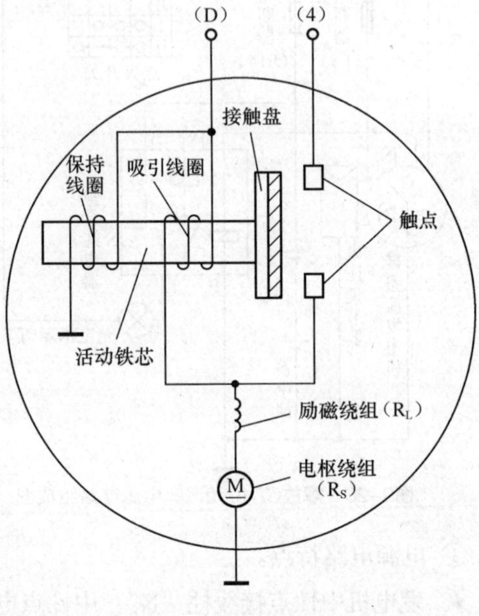

图9-23 解放CA1092汽车起动机内部电路图

① 启动电路特点。

- 起动机的电磁开关由组合继电器中的启动继电器控制。
- 启动继电器由点火开关的Ⅱ挡控制。
- 启动电路具有防止误启动功能。

② 启动电路识图

- 起动机控制电路。启动时，点火开关打到Ⅱ，接通启动继电器电路，电路为：蓄电池正极→熔断器（F14）→电流表（-→+）→点火开关（1→4）→组合继电器“SW”接线柱→启动线圈（1）→常闭触点→组合继电器“E”接线柱→搭铁→蓄电池负极。启动继电器动作，常开触点闭合，接通起动机电磁开关电路，电路为：蓄电池正极→组合继电器“B”接线柱→常开触点（已闭合）→组合继电器“S”接线柱→起动机电磁开关“D”接线柱→

{ 吸拉线圈（2）→励磁绕组（RL）→电枢绕组（RS）→搭铁→蓄电池负极。
{ 保持线圈（1）→搭铁→蓄电池负极。

吸拉线圈和保持线圈通电，产生电磁吸力，接触盘将电磁开关的两主接线柱连接，接通主电路。

- 起动机主电路。蓄电池正极→起动机电源接线柱（4）→电磁开关接触盘→电磁开关触点→起动机励磁绕组（RL）→电枢绕组（RS）→搭铁→蓄电池负极。起动机通电，产生电磁转矩，启动发动机。

● 起动机防止误启动电路。发动机启动后，发电机正常工作，发电机中性点电压作用在组合继电器保护线圈（2）上，使常闭触点断开，切断起动机控制电路，即使发动机启动后没有及时断开启动开关，起动机也会自动停止工作。发动机工作时，即使误接通启动开关，起动机也无法工作，起到保护作用。保护电路为：发电机中性点“N”接线柱→组合继电器“N”接线柱→线圈（2）→组合继电器“E”接线柱→搭铁→发电机负极。

（3）点火电路

解放 CA1092 汽车采用无触点点火系统，电路组成如图 9-24 所示。

① 点火电路特点。

● 点火电路由低压电路和高压电路组成。

● 低压电路由点火开关Ⅰ挡或Ⅱ挡控制，利用电磁脉冲信号控制低压电路的接通和断开。

② 点火电路识图。解放 CA1092 汽车采用全密封结构的 6TS2107 型电子点火控制器，点火控制器有 6 个接线柱，“1”搭铁，“2”和“3”接收磁脉冲传感器的信号，“4”空位，“5”接电源正极，“6”接点火线圈。当传感器的点火信号电压下降到某一值时，输出管导通，接通低压电路，点火线圈储存磁场能，电路为：蓄电池正极→熔断器(F14)→电流表(-→+)→点火开关(1→2)→低压线圈→点火控制器(6→1)→搭铁→蓄电池负极。当传感器点火信号电压上升到某值时，输出管截至，切断点火线圈的低压电路，在高压线圈中感应出高压电，高压电通过火花塞放电，点燃混合气。

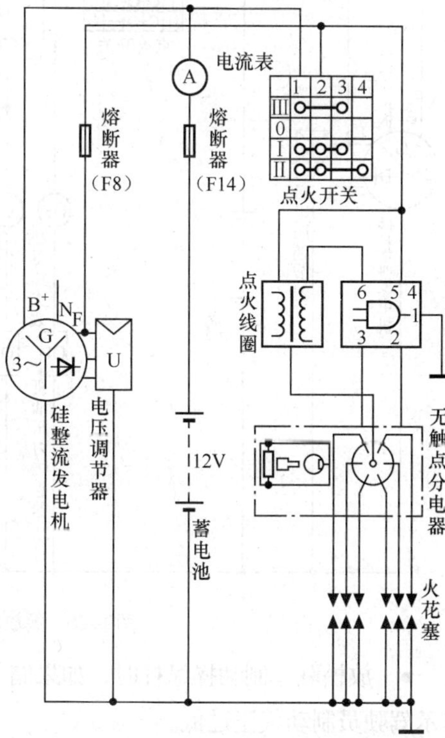

图9-24　解放CA1092汽车点火系统电路图

当发动机启动后，发电机正常工作，其电路为：发电机（B^+）→点火开关（1→2）→低压线圈→点火控制器（6→1）→搭铁→发电机负极。当传感器点火信号电压上升到某值时，输出管截至，切断点火线圈的低压电路，在高压线圈中感应出高压电，高压电通过火花塞放电，点燃混合气。

（4）仪表和信号电路

解放 CA1092 汽车仪表和信号电路组成如图 9-25 所示。

① 仪表和信号电路特点。

● 点火开关的Ⅰ挡或Ⅱ挡控制仪表系统的电路。

● 燃油表和水温表通过仪表稳压器供电，仪表稳压器保证燃油表和水温表的电源电压恒定。

● 仪表稳压器必须可靠搭铁。

● 警报电路均有 2 个开关控制，即点火开关和各自的控制开关。

● 所有的警报信号灯都集中设在仪表板总成上。

● 驻车制动开关安装在停车制动操纵杆支架上，由驻车制动操纵杆控制。当驻车制动操纵杆处于制动位置时，驻车制动灯点亮。

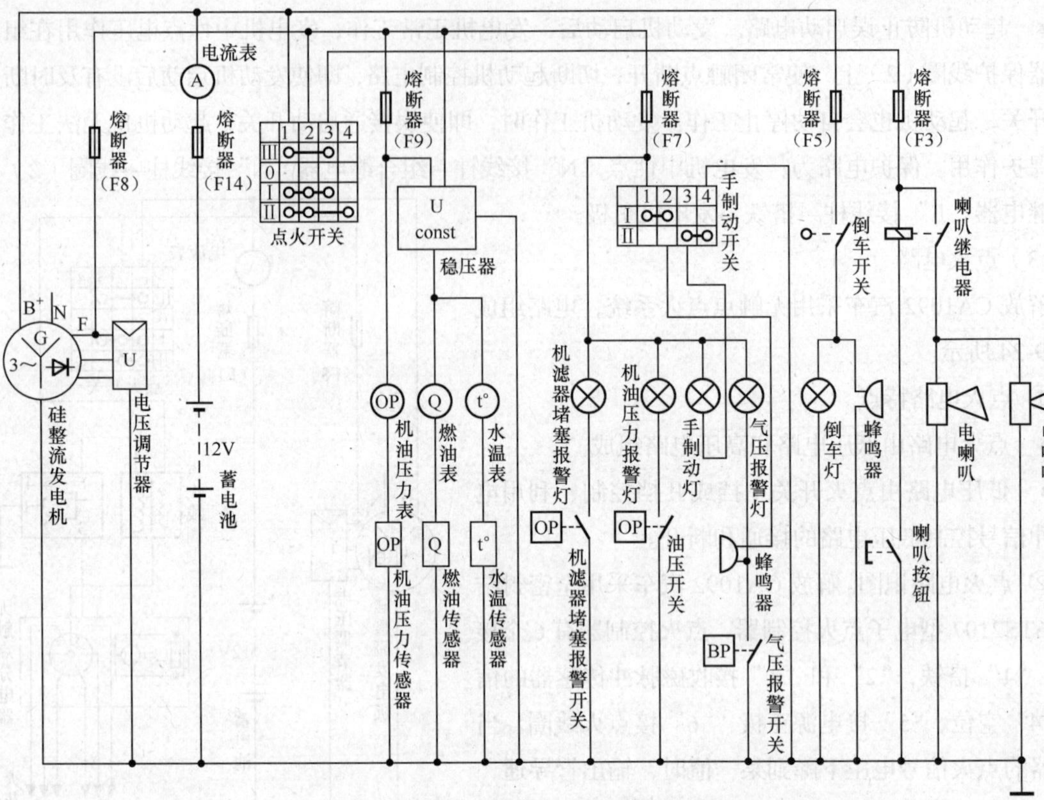

图9-25　解放CA1092汽车仪表和信号电路组成图

- 放松驻车制动操纵杆时，如果储气筒压缩空气压力过低，蜂鸣器电路被接通，蜂鸣器鸣叫，提示驾驶员制动气压过低。
- 倒车灯由倒车灯开关控制，电源直接供电。
- 喇叭由点火开关Ⅰ挡或Ⅲ挡控制。

② 仪表和信号电路识图。

- 仪表电路。点火开关闭合，接通仪表电路，各仪表工作。电路为：蓄电池正极→熔断器（F14）→电流表→点火开关（1→2）→熔断器（F9）→

{机油压力表→机油压力传感器；稳压器→{水温表→水温传感器；燃油表→燃油传感器}}→搭铁→蓄电池负极。

当发动机启动后，发电机正常工作。其电路为：发电机（B^+）→点火开关（1→2）→熔断器（F9）→

{机油压力表→机油压力传感器；稳压器→{水温表→水温传感器；燃油表→燃油传感器}}→搭铁→发电机负极。

- 信号电路。机油压力报警灯电路。点火开关闭合，油压报警开关闭合，油压报警灯点亮。电路为：蓄电池正极→熔断器（F14）→电流表→点火开关（1→2）→熔断器（F7）→机油压力报警灯→

油压开关→搭铁→蓄电池负极。

当发动机启动后，发电机正常工作，机油压力低于规定值时，油压报警灯点亮。电路为：发电机（B^+）→熔断器（F14）→电流表→点火开关（1→2）→熔断器（F7）→机油压力报警灯→油压开关→搭铁→发电机负极。

机油滤清器堵塞报警灯电路。点火开关闭合，若机油滤清器堵塞，报警开关闭合，机油滤清器堵塞报警灯点亮。电路为：蓄电池正极→熔断器（F14）→电流表→点火开关→（1→2）→熔断器（F7）→机油滤清器堵塞报警灯→机油滤清器堵塞报警开关→搭铁→蓄电池负极。

当发动机启动后，发电机正常工作，若机油滤清器堵塞，报警开关闭合，机油滤清器堵塞报警灯点亮。电路为：发电机（B^+）→点火开关→（1→2）→熔断器（F7）→机油滤清器堵塞报警灯→机油滤清器堵塞报警开关→搭铁→发电机负极。

气压报警灯电路。气压报警开关闭合时，气压报警灯点亮。电路为：蓄电池正极→熔断器（F14）→电流表→点火开关（1→2）→熔断器（F7）→气压报警灯→气压报警开关→搭铁→蓄电池负极。同时低气压蜂鸣器发出报警声。电路为：蓄电池正极→熔断器（F14）→电流表→点火开关（1→2）→熔断器（F7）→驻车制动开关（1→2）→蜂鸣器→低气压报警开关→搭铁→蓄电池负极。

当发动机启动后，发电机正常工作，气压报警开关闭合时，气压报警灯点亮。电路为：发电机（B^+）→点火开关（1→2）→熔断器（F7）→气压报警灯→气压报警开关→搭铁→发电机负极。同时，低气压蜂鸣器发出报警声。电路为：发电机（B^+）→点火开关（1→2）→熔断器（F7）→驻车制动开关（1→2）→蜂鸣器→低气压报警开关→搭铁→发电机负极。

驻车制动报警灯电路。驻车制动开关闭合，驻车制动报警灯点亮。电路为：蓄电池正极→熔断器（F14）→电流表→点火开关（1→2）→熔断器（F7）→驻车制动报警灯→驻车制动开关（3→4）→搭铁→蓄电池负极。此时，若断开点火开关，驻车制动报警灯熄灭。

倒车灯电路。倒车灯开关闭合，接通倒车灯及倒车蜂鸣器电路。倒车灯电路为：蓄电池正极→熔断器（F14）→电流表→熔断器（F5）→倒车灯开关→倒车灯→搭铁→蓄电池负极。倒车蜂鸣器电路为：蓄电池正极→熔断器（F14）→电流表→熔断器（F5）→倒车灯开关→倒车蜂鸣器→搭铁→蓄电池负极。

电喇叭电路。按下电喇叭按钮，喇叭继电器线圈通电，喇叭继电器触点闭合，接通喇叭电路，喇叭工作。继电器控制电路为：蓄电池正极→熔断器（F14）→电流表→点火开关（1→3）→熔断器（F3）→喇叭继电器线圈→喇叭按钮→搭铁→蓄电池负极。喇叭电路为：蓄电池正极→熔断器（F14）→电流表→点火开关（1→3）→熔断器（F3）→喇叭继电器触点（闭合）→电喇叭→搭铁→蓄电池负极。

（5）辅助电气电路

解放 CA1092 汽车辅助电气电路如图 9-26 所示。

① 辅助电气电路特点。

- 收放机和刮水器电路由点火开关控制。
- 暖风和点烟器由各自开关控制。

② 辅助电气电路识图。

- 收放机电路。点火开关处于 I 挡或III挡时，收放机自身开关控制收放机工作。电路为：蓄电池正极→熔断器（F14）→电流表→点火开关（1→3）→熔断器（F15）→收放机→搭铁→蓄电池负极。

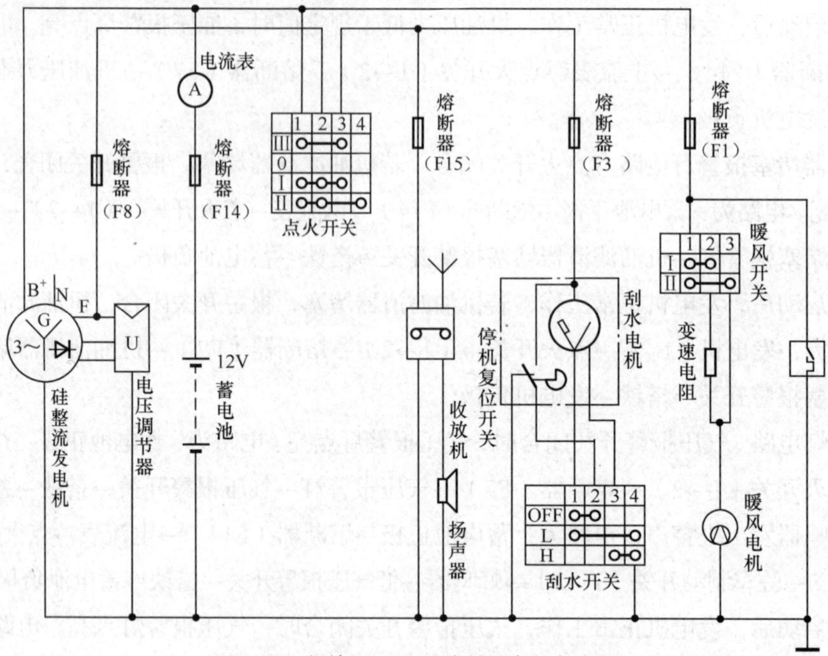

图9-26 解放CA1092汽车辅助电气电路图

- 刮水器电路。刮水电动机为永磁式双速电动机，通过改变绕组的匝数实现变速。当点火开关处于Ⅰ挡或Ⅲ挡时，刮水器开关拨至“L”位时，刮水电动机低速运转，电路为：蓄电池正极→熔断器（F14）→电流表→点火开关（1→3）→熔断器（F3）→刮水电动机→刮水开关（1→4）→搭铁→蓄电池负极。刮水器开关拨至“H”位时，刮水电动机高速运转，电路为：蓄电池正极→熔断器（F14）→电流表→点火开关（1→3）→熔断器（F3）→刮水电动机→刮水开关（3→4）→搭铁→蓄电池负极。当刮水器开关拨回 OFF 挡时，如果雨刮片未复位，刮水电动机内的停机复位开关处于闭合状态，此时，刮水电动机仍然工作，刮水器继续低速运转，当刮水器雨刮片复位时，刮水电动机内的停机复位开关自动断开，此时，电动机控制电路被切断，电动机停止转动。其控制电路为：蓄电池正极→熔断器（F14）→电流表→点火开关（1→3）→熔断器（F3）→刮水电动机→刮水开关（1→2）→停机复位开关→搭铁→蓄电池负极。

- 暖风机电路。暖风电动机为永磁式电动机，暖风电动机开关和变速电阻配合实现变速。暖风开关拨至Ⅰ挡时，暖风电动机低速运转。电路为：蓄电池正极→熔断器（F14）→电流表熔断器（F1）→暖风开关（1→2）→变速电阻→暖风电动机→搭铁→蓄电池负极。暖风开关拨至Ⅱ挡时，由于变速电阻被短路，暖风电动机高速运转。电路为：蓄电池正极→熔断器（F14）→电流表→熔断器（F1）→暖风开关（1→3）→暖风电动机→搭铁→蓄电池负极。

- 点烟器电路。按下点烟器控制按钮，点烟器电路接通，电热丝达到一定温度后，点烟器自动弹出。电路为：蓄电池正极→熔断器（F14）→电流表→熔断器（F1）→点烟器→搭铁→蓄电池负极。

（6）照明和信号电路

解放 CA1092 汽车照明和信号电路如图 9-27 所示。

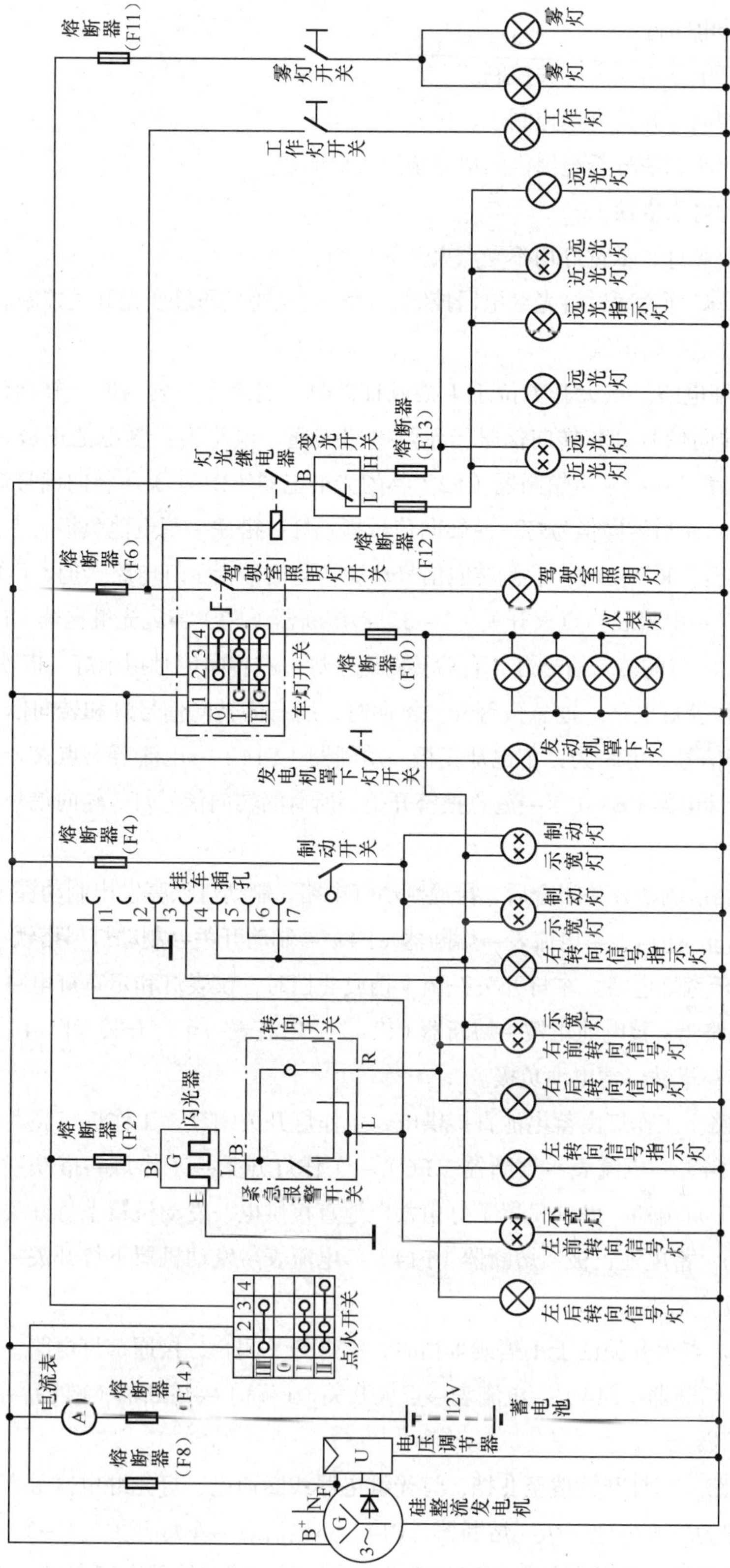

图9-27 解放CA1092汽车照明和信号电路图

① 照明和信号电路特点。

- 转向信号灯电路由点火开关控制。
- 制动灯由制动灯开关直接控制。
- 蓄电池给照明和信号系统提供的电流都经过电流表。
- 闪光器必须可靠搭铁。
- 前照灯、仪表灯、示宽灯均不受点火开关控制。
- 前照灯由车灯开关通过灯光继电器控制，远、近光变光通过变光开关控制。

② 照明和信号电路的识读。

- 转向信号灯电路。点火开关位于Ⅰ挡或Ⅲ挡时，当汽车左转弯时，转向信号灯开关拨至“L”位时，左侧转向信号灯和转向信号指示灯电路接通。电路为：蓄电池正极→熔断器（F14）→电流表→点火开关（1→3）→熔断器（F2）→闪光继电器（B→L）→转向信号灯开关（B→L）→左前转向信号灯、左后转向信号灯、左转向信号指示灯→搭铁→蓄电池负极。当汽车右转弯时，转向信号灯开关拨至“R”位时，右侧转向信号灯和转向信号指示灯电路接通，电路为：蓄电池正极→熔断器（F14）→电流表→点火开关（1→3）→熔断器（F2）→闪光继电器（B→L）→转向信号灯开关（B→R）→右前转向信号灯、右后转向信号灯、右转向信号指示灯→搭铁→蓄电池负极。

- 危急信号报警灯电路。危急报警开关接通时，所有的转向信号灯和转向信号指示灯同时闪烁，发出危急报警信号。电路为：蓄电池正极→熔断器（F14）→电流表→点火开关（1→3）→熔断器（F2）→闪光继电器（B→L）→危急报警开关→所有的转向信号灯、转向信号指示灯→搭铁→蓄电池负极。

- 制动灯电路。制动开关闭合后，接通制动灯电路，制动灯点亮发出制动提示信号。电路为：蓄电池正极→熔断器（F14）→电流表→熔断器（F4）→制动开关→制动灯→搭铁→蓄电池负极。

- 仪表灯和示宽灯电路。车灯开关拨至Ⅰ挡或Ⅱ挡时，仪表灯和示宽灯电路都接通，仪表灯和示宽灯点亮。电路为：蓄电池正极→熔断器（F14）→电流表→车灯开关（1→4）→熔断器（F10）→仪表灯、示宽灯→搭铁→蓄电池负极。

- 工作灯电路。工作灯由蓄电池直接供电，工作灯开关闭合，工作灯点亮。电路为：蓄电池正极→熔断器（F14）→电流表→熔断器（F6）→工作灯开关→工作灯→搭铁→蓄电池负极。

- 发动机罩下灯电路。发动机罩下灯由蓄电池直接供电，发动机罩下灯开关闭合，发动机罩下灯点亮。电路为：蓄电池正极→熔断器（F14）→电流表→发动机罩下灯开关→发动机罩下灯→搭铁→蓄电池负极。

- 雾灯电路。点火开关位于Ⅰ挡或Ⅲ挡时，雾灯开关闭合，接通雾灯电路，雾灯点亮。电路为：蓄电池正极→熔断器（F14）→电流表→点火开关（1→3）→熔断器（F11）→雾灯开关→雾灯→搭铁→蓄电池负极。

- 前照灯电路。车灯开关拨至Ⅱ挡，灯光继电器线圈通电，灯光继电器触点闭合，接通前照灯电路。控制电路为：蓄电池正极→熔断器（F14）→电流表→车灯开关（1→2）→灯光继电器线圈→搭铁→蓄电池负极。此时，若变光开关近光挡位接通，前照灯近光灯点亮。电路为：蓄电池正极→熔断器（F14）→电流表→灯光继电器触点（已闭合）→变光开关（B→L）→熔断器（F12）→近光灯（2 个）→搭铁→蓄电池负极。若变光开关远光挡位接通，前照灯远光灯和远光指示灯均点亮。电路为：蓄电池正极→熔断器（F14）→电流表→灯光继电器触点（已闭合）→变光开关（B→H）→熔断器（F13）→远光灯（4 个）、远光指示灯→搭铁→蓄电池负极。

在对 CA1092 汽车各系统电路进行分析过程中，对一部分系统电路分析了发动机工作，发电机正常工作时，系统工作电路，其他系统未过多赘述，在掌握汽车电路识图方法的基础上，可以做到举一反三，触类旁通。

四、拓展知识

（一）典型车系统电路分析

1. 大众车系统电路分析

大众汽车公司的电路图遵循德国工业标准 DIN725572，其电路原理图采用“纵向排列式画法”，给读图提供了方便。

（1）大众汽车电路图中的符号含义

大众汽车电路图中的符号含义见表 9-6。

表 9-6　　大众汽车电路图中的符号含义

序号	图形或文字符号	说　明	序号	图形或文字符号	说　明
1		熔断器	7	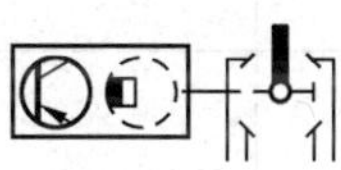	分电器（电子式）
2	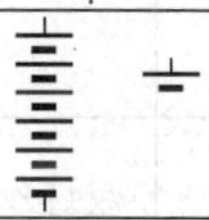	蓄电池	8		火花塞
3	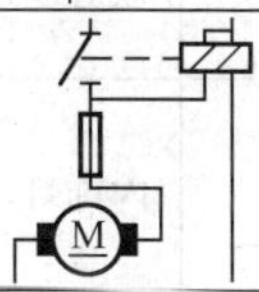	起动机	9		加热器加热电阻
4	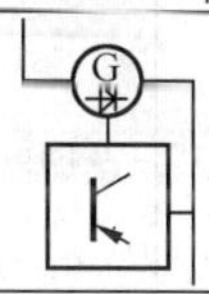	发电机	10	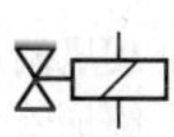	电磁阀
5	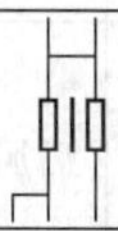	点火线圈	11		电动机
6	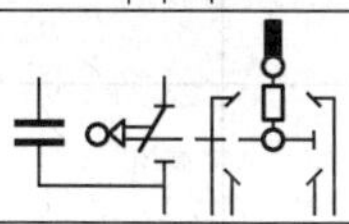	分电器（机械式）	12	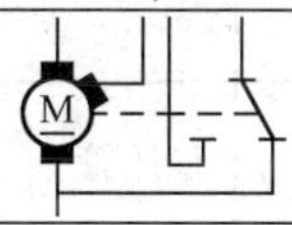	双速刮水器电机

续表

序号	图形或文字符号	说　　明	序号	图形或文字符号	说　　明
13	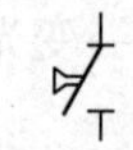	手动开关	28		发光二极管
14		热敏开关	29		指针式仪表
15	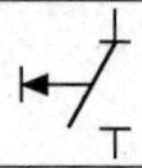	手动按钮开关	30		电子式控制器
16		机械控制开关	31		指针式时钟
17	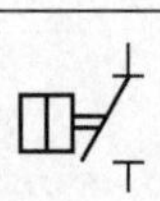	压力开关	32	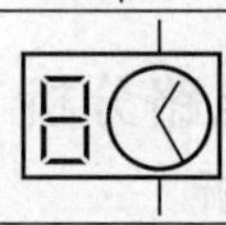	数字式时钟
18	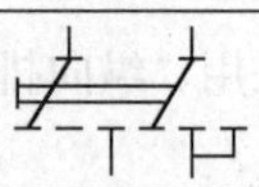	手动多挡开关	33	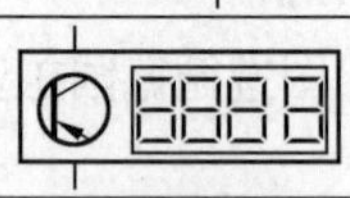	多功能显示器
19	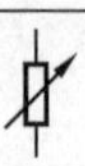	可变电阻	34	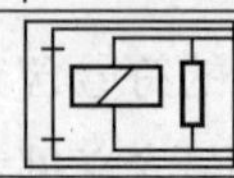	蜂鸣器
20	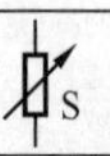	热敏电阻	35	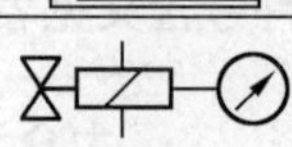	燃油指示器
21	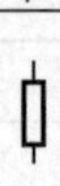	电阻	36	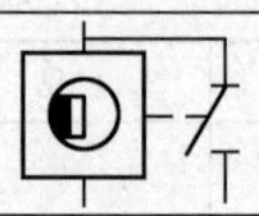	速度传感器
22		热敏时控阀	37		白炽灯
23	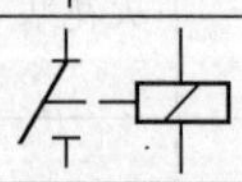	继电器	38	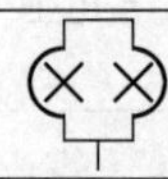	双灯丝白炽灯
24	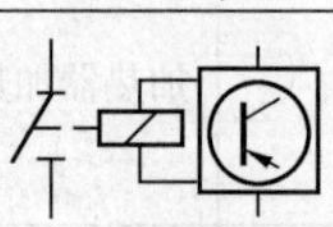	继电器（电子控制式）	39		内饰灯
25		暖风调节器 附加空气阀	40		点烟器
26		二极管	41	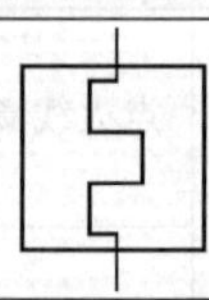	后风窗加热装置
27		稳压管	42	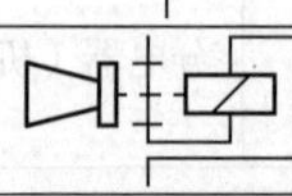	喇叭

续表

序号	图形或文字符号	说　　明	序号	图形或文字符号	说　　明
43		插接	48		在元件内部的连接
44		多孔插接	49	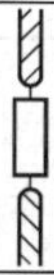	电阻导线
45		线路分配器	50	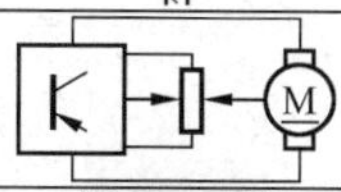	灯光调节电机
46	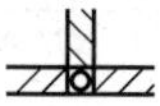	可拆式线路连接	51	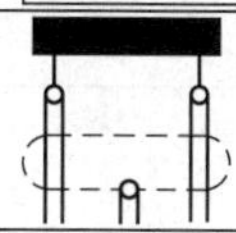	上止点传感器（感应式传感器）
47	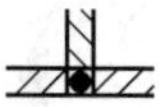	不可拆式线路连接	52		滑动触点

（2）大众汽车电路图特点

① 电路采用纵向排列，垂直布置。电源线为上“+”下“−”，从左到右同一系统的电路归纳到一起，按电源电路、启动电路、点火电路、进气预热电路、仪表电路、灯光照明电路、信号与报警装置电路、刮水和清洗装置电路、电动后视镜电路、电动车窗电路、中控门锁电路、空调电路、喇叭电路的顺序排列。

② 采用断线代号法解决交叉问题。一些比较复杂的电气设备（如前照灯）工作时要涉及点火开关、灯光开关和变光开关等配电设备，而这 3 个开关不在同一条直线上，如按传统画法，要画一些横线把它们连接起来，使图面上出现较多的横线，增加读图的难度，所以在电路图中，采用“断线代号法”解决这个问题，即用导线连接端方框内的数字表明电路中与其连接导线的电路编号，如 98 表示与电路编号 98 处的导线连接。

③ 全车电路图分为 3 部分。最上面部分表示中央继电器盒电路，其中标明了熔断器的位置、容量和继电器位置编号及插脚号等，中间部分是车上的电气元件及连接导线，最下面的横线是搭铁线。

④ 全车电气系统电源正极分为 3 路（30、15、X）。整车电气系统正极电源分为 3 路，30 号线与蓄电池正极直接相连，称为常火线。在发动机停转时，需要工作的用电设备与 30 号线连接。15 号线在点火开关位于“ON”和“ST”位置时与蓄电池正极连接，称为点火开关控制火线，主要为点火开关控制的小功率用电设备供电。X 线为卸荷线，在点火开关位于“ON”位置时，通过中间继电器控制，点火开关置于“ST”位置时，中间继电器不工作，大功率用电设备（如雾灯、雨刮等）与 X 线连接，启动发动机时，如果忘记关掉这些大功率的用电设备，它们会自动断电，以保证发动机顺利启动。

⑤ 整个电路以继电器盒为中心。汽车电气线路以中央线路板为中心进行控制，大部分熔断器和继电器安装在中央线路板的正面，插接器和插座安装在线路板的背面，英文字母为插座的位置代号，阿拉伯数字为线束插头的端子代号。根据电路图上导线与中央线路板下框线交点处的代号就能

找到该导线在哪个线束中，接在第几个插孔上。

（3）大众车系电路分析范例

大众汽车电路图识别方法如图 9-28 所示。

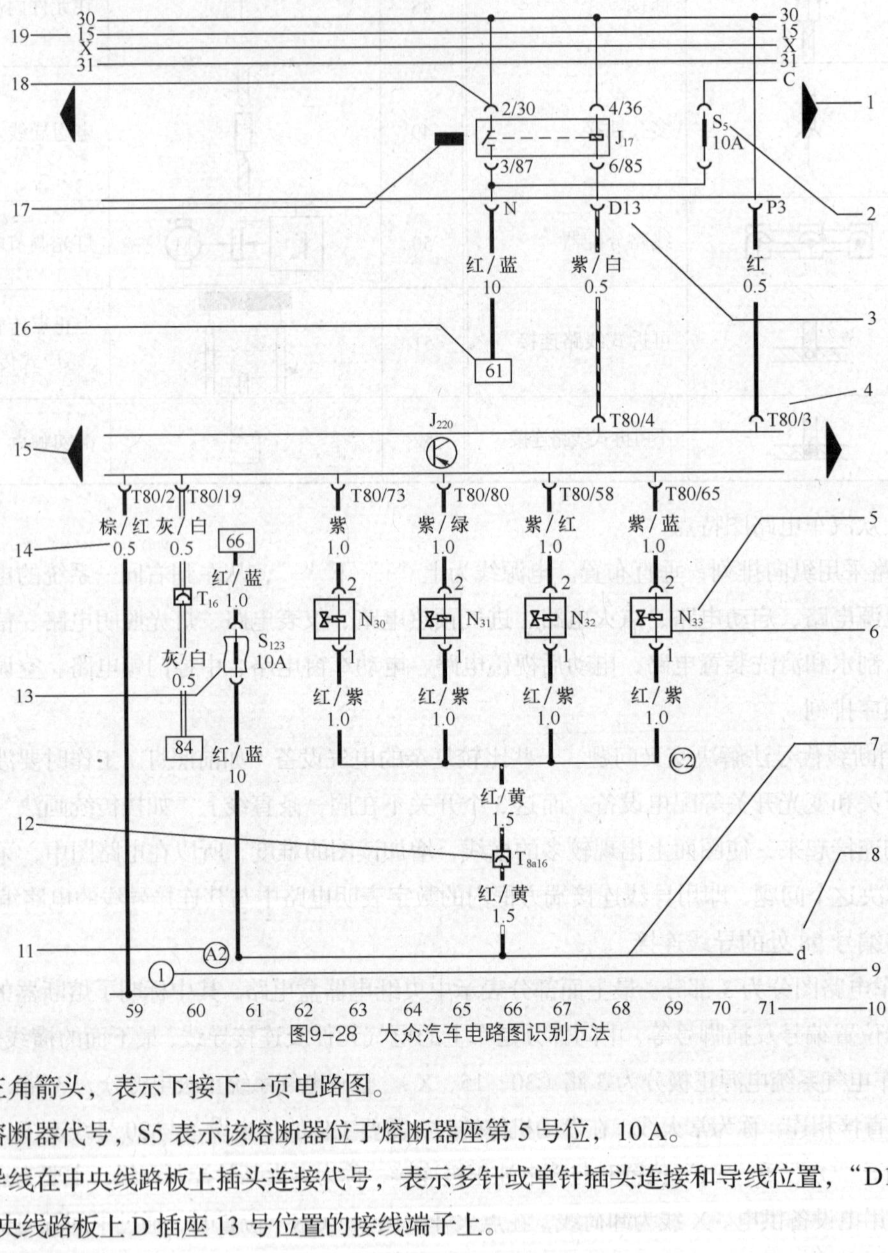

图9-28 大众汽车电路图识别方法

1—三角箭头，表示下接下一页电路图。

2—熔断器代号，S5 表示该熔断器位于熔断器座第 5 号位，10 A。

3—导线在中央线路板上插头连接代号，表示多针或单针插头连接和导线位置，“D13” 表示该导线在中央线路板上 D 插座 13 号位置的接线端子上。

4—接线端子代号，“80/3” 表示电气元件上插接器的接线端子数为 80，3 为接线端子的位置代码。

5—电气元件代号，在电路图下方可查到元件名称。

6—电气元件符号，参见电路图符号说明。

7—内部连接（细实线），该连接不是导线，而是表示元件的内部电路或线束的铰接点。

8—指示内部接线的去向，字母表示内部接线在下一页电路图中与标有相同字母的内部接线连接。

9—搭铁点代号，在电路图下方可查到该代号接地点在汽车上的位置。

10—电路接续号，用此标志对电路图中的线路进行定位。

11—线束内的铰接点代号，在电路图下方可查到该铰接点位于哪个线束内。

12—插接器，插接器 T8a/6 表示 8 针 a 插接器上的第 6 针接线端子。

13—附加熔断器代号，“S123”表示中央配电盒上第 23 号熔断器，10 A。

14—导线的颜色和截面积，“棕/红”表示导线主色是棕色，辅色是红色，“2.5”表示导线截面积为 2.5 mm^2。

15—三角箭头指示该电气元件续接上一页电路图。

16—指示导线的去向，方框内的数字 61 表明该导线与电路代码 61 的导线是同一条导线（见电路代码 61 处导线的方框内的数字是本线路的电路代码 66）。

17—继电器位置编号，“2”表示该继电器位于配电盒上 2 号位。

18—继电器或控制器与继电器板的接线端子代号，“2/30”表示继电器板上该继电器插座的 2 号插孔，“30”表示继电器上的 30 号接线端子。

19—线路代码。“30”表示常火线，“15”为点火开关接通时的小容量火线，“X”表示点火开关接通时，通过卸荷继电器供电的大容量火线，“31”表示搭铁线，“C”为中央配电盒的内部接线。

（4）大众车系电路识图实例

捷达轿车散热器风扇控制电路如图 9-29 所示。

① 冷却水温控制。当散热器中冷却液温度达到 92～97℃时，双温开关 F18 接通一挡（96℃开关闭合）。电路为：继电器盒（30 常火线）→19 号位熔断器（30A）→继电器盒 A1/5→F18（3 号接线柱）→F18（2 号接线柱）→F18（3 号接线柱）→风扇电机 V7（2 号接线柱）→风扇电机 V7（1 号接线柱）→搭铁，形成回路，风扇低速（1 600 r/min）运转。当温度超过 97℃时，双温开关 F18 接通二挡（105℃开关闭合），风扇二挡继电器 J69 工作，电路为：继电器盒（30 常火线）→19 号位熔断器（30A）→J69（2/30 接线柱）→J69（8/87 接线柱）→风扇电机 V7（3 号接线柱）→风扇电机 V7（1 号接线柱）→搭铁，形成回路，风扇高速（2 400 r/min）运转。

② 发动机舱温度的控制。风扇启动温度开关 F87 在点火开关断开的情况下，如果机舱温度达到 70℃时，风扇启动温度开关 F87 将闭合，风扇启动控制单元 J138 工作，风扇启动控制单元 J138 的 8/87 接线柱输出电压。工作电路为：J138（8/87 接线柱）→T1b 插接件→风扇电机 V7（2 号接线柱）→风扇电机 V7（1 号接线柱）→搭铁，形成回路，风扇低速运转。

③ 空调系统工作状态控制。散热器风扇同时受空调系统工作状态的控制。当空调开关处于制冷除霜位置时，电流从继电器盒（N/2 接线柱）→风扇电机 V7（2 号接线柱）→风扇电机 V7（1 号接线柱）→搭铁，形成回路，散热器风扇低速运转。当制冷管路中压力上升到 1.6 MPa 时，高压开关 F23 闭合，电流从继电器盒（N/2 接线柱）→F23→风扇二挡继电器 J69（4/86 接线柱）→风扇二挡继电器 J69（6/85 接线柱）→搭铁，形成回路，风扇二挡继电器 J69 吸合，电路为：继电器盒（30 常火线）→19 号位熔断器（30A）→J69（2/30 接线柱）→J69（8/87 接线柱）→风扇电机 V7（3 号接线柱）→风扇电机 V7（1 号接线柱）→搭铁，形成回路，风扇高速（2 400 r/min）运转。

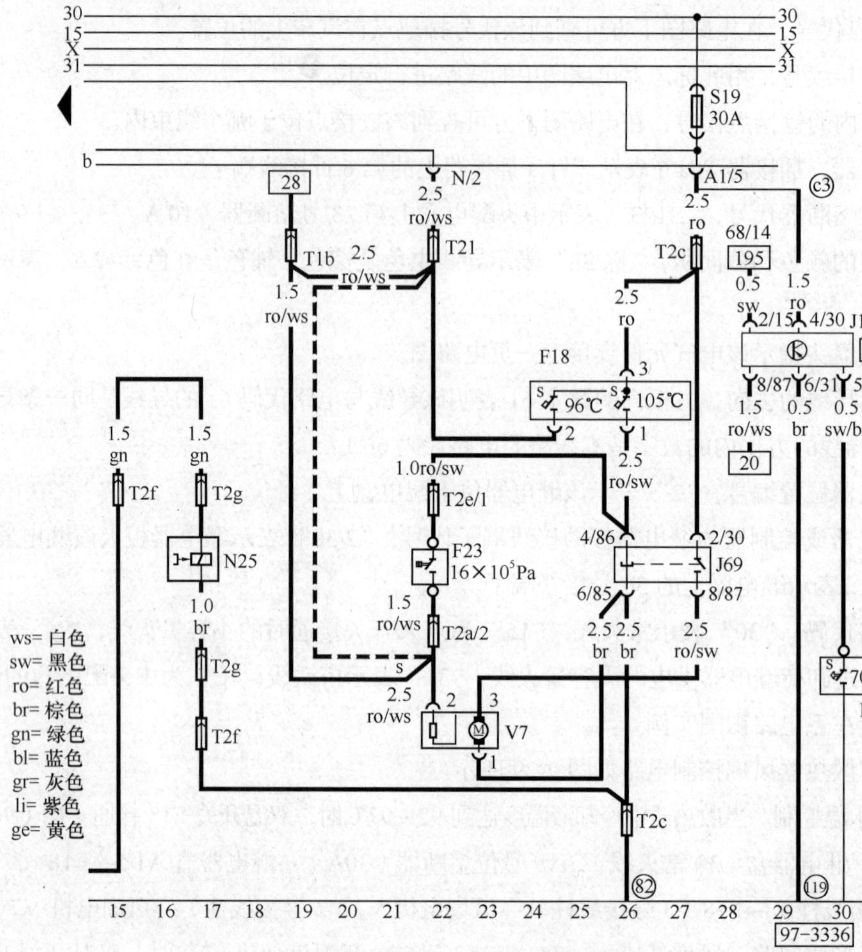

图9-29　捷达轿车散热器风扇控制电路

F18—散热器风扇热敏开关　F23—高压开关　J69—风扇二挡继电器　J138—风扇启动控制单元　N25—空调电磁离合器　T1b—单孔插接件　T2c—2孔插接器（发动机舱前）　T2e—2孔插接器（发动机舱前）　T2f—2孔插接器（发动机舱前）　T2g—2孔插接器（发动机舱前）　T2i—2孔插接器（发动机舱前）　V7—散热器风扇　F87—风扇启动温度开关　⑧②—接地点，左前线束内

2. 爱丽舍轿车电路分析

（1）爱丽舍轿车电路图中的符号含义

爱丽舍轿车电路图中的图形符号含义见表 9-7。

表 9-7　　爱丽舍轿车电路图形符号含义

序号	图形或文字符号	说　明	序号	图形或文字符号	说　明
1		线头焊片接点	3	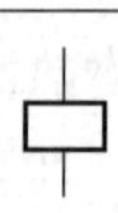	插接器接点
2	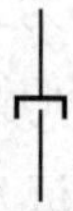	插头接点	4	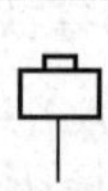	带有分辨记号（防误槽）的插接器接点

续表

序号	图形或文字符号	说　明	序号	图形或文字符号	说　明
5		不可拆接点（铰接点）	19	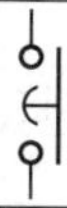	延时断开触点
6		不可拆接点（铰接点）	20	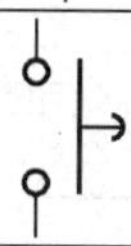	钥匙闭合触点
7		经线头焊片搭铁	21		摩擦式触点
8	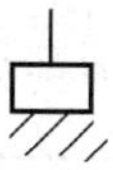	经插接器搭铁	22	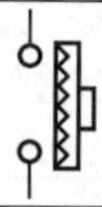	带电阻手动开关（点烟器）
9		经零件外壳搭铁	23		电阻
10		开关（无自动回位）	24	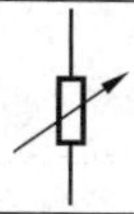	可变电阻
11		手动开关	25	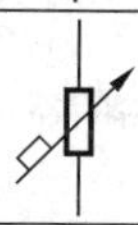	手动可变电阻
12		转换开关	26	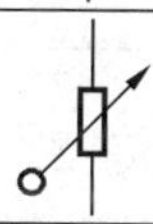	机械可变电阻
13	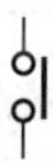	常开触点（自动回位）	27	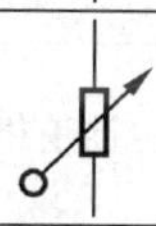	热敏电阻
14	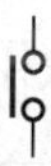	常开触点（自动回位）	28	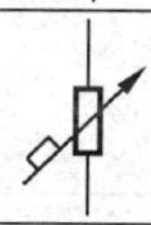	压力可变电阻
15	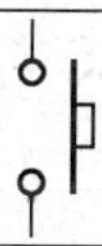	手动开关	29		可变电阻
16	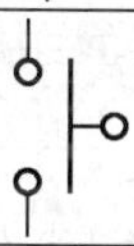	机械开关	30		分流器
17	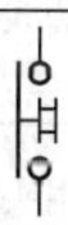	压力开关	31		线圈（继电器、电动阀……）
18	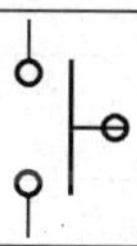	温度开关	32		指示灯

续表

序号	图形或文字符号	说　明	序号	图形或文字符号	说　明
33		照明灯	48		继电器组件
34	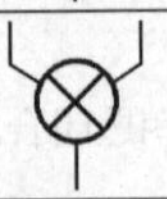	双灯丝照明灯	49		零件框图（带有原理图）
35		发光二极管	50		零件框图（无原理图）
36		光电二极管	51	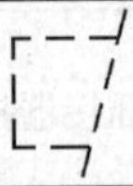	零件部分框图
37		二极管	52		零件部分框图
38		熔断器	53		指示器
39		热熔断器	54		热电器
40	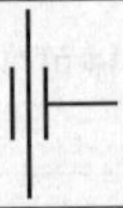	屏蔽装置	55		电极
41		蓄电池单格	56		氧气探测器
42		电容器	57		接线柱
43		电动机	58		NPN 三极管
44		双速电动机	59		PNP 三极管
45		交流发电机	60	— · —	联动线（轴）
46		发声元件（电喇叭、扬声器……）	61	（ ）	备用头
47		电子控制组件			

（2）爱丽舍轿车电路导线颜色代码

爱丽舍轿车电路导线颜色代码见表 9-8。

表 9-8 爱丽舍轿车电路导线颜色代码

颜色代码	颜色
N	黑色
M	栗色
R	大红（瓦伦加红）
Ro	玫瑰红（粉红）
Or	橙色
J	柠檬黄
V	翠绿
Bl	湖蓝
Mv	深蓝
Vi	紫罗兰
G	灰色
B	白色
Lc	透明

（3）爱丽舍轿车电路线束代码

爱丽舍轿车电路线束代码见表 9-9。

表 9-9 爱丽舍轿车电路线束代码

代号	线束名称
AV	前部
CN	蓄电池负极电缆
CP	蓄电池正极电缆
EF	行李厢照明灯
FR	尾灯
GC	空调
HB	驾驶室
MT	发动机（和发动机电控喷油泵）
MV	电动风扇
PB	仪表板
PC	驾驶员侧门
PD	右后门
PG	左后门
PL	顶灯
PP	乘客侧门
RD	右后部
RG	左后部

续表

RL	侧转向灯
UD	右制动蹄片磨损指示器
UG	左制动蹄片磨损指示器

（4）爱丽舍轿车插接器

插接器分为 3 种类型。

① 单列插接器。单列插接器构造特点为插接器的接线板仅有 1 层，如插接器 8B2 中，8 表示该插接器有 8 个通道，B 表示该插接器的颜色为白色，2 表示该插接器上的第 2 号通道。

② 多列插接器。如插接器 15M A6，15 表示该插接器共有 15 个通道，M 表示该插接器为栗色，A 表示该插接器的 A 列。

③ 圆形插接器。如插接器 23M 11，圆形插接器的列数与通道数都较多，但其识别方法与单列插接器相同。

（5）爱丽舍轿车电路图的识别方法

爱丽舍轿车电路图的识别方法如图 9-30 所示。

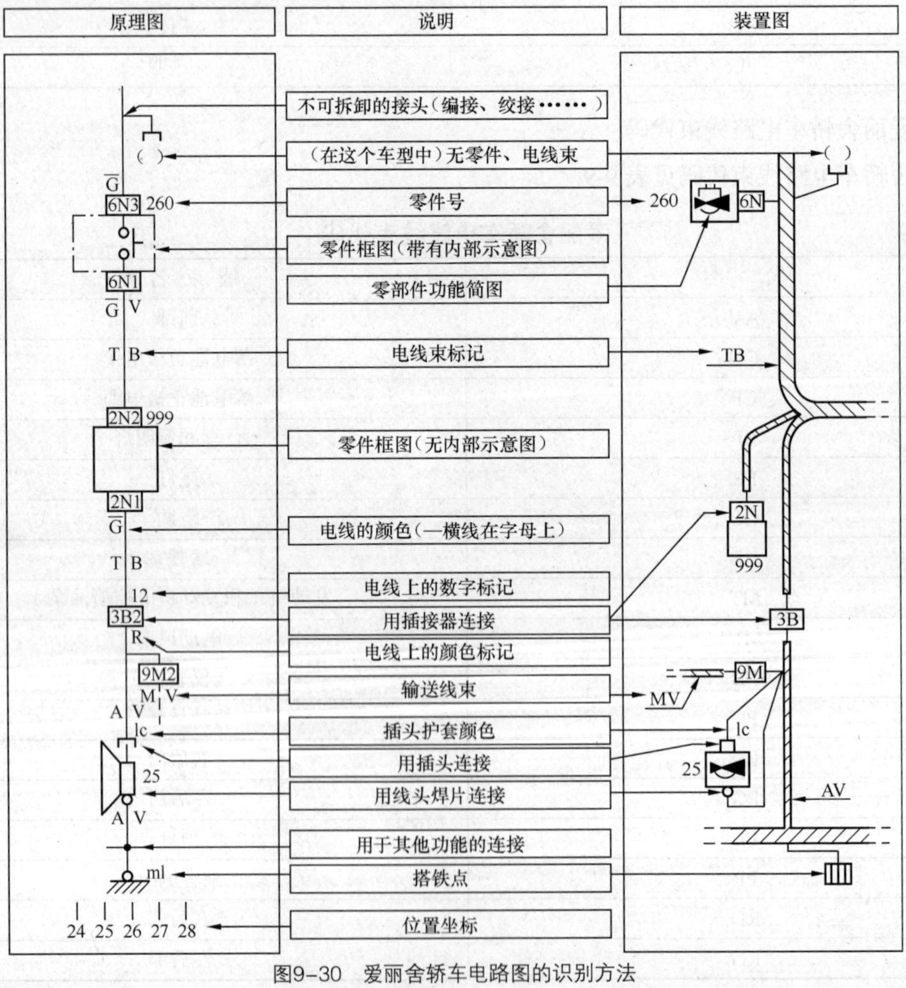

图9-30 爱丽舍轿车电路图的识别方法

（6）爱丽舍轿车电路识图实例

爱丽舍轿车充电系统、启动系统电路原理图和布线图如图 9-31 和图 9-32 所示。

① 充电系统电路。点火开关打至 A 挡或 M 挡时，发动机未启动。交流发电机 15 的励磁电流为：蓄电池正极→黑色的蓄电池正极电缆线 CP→黑色 2 脚插接器的 1 号线→点火开关 300→灰色 2 脚插接器的 1 号线（点火开关输出端）→熔断器 F28→仪表板 40→粟色 23 脚圆插接器的第 5 号线从仪表线束 PB 进入前部线束 AV→黑色 14 脚插接器的 3 号线→发动机线束 MT→交流发电机 15 的励磁绕组→搭铁→蓄电池负极，形成回路。此时，仪表板 40 中充电指示灯点亮。发动机启动后，发电机发电，发电机处于自励阶段，仪表板 40 中的充电指示灯熄灭。

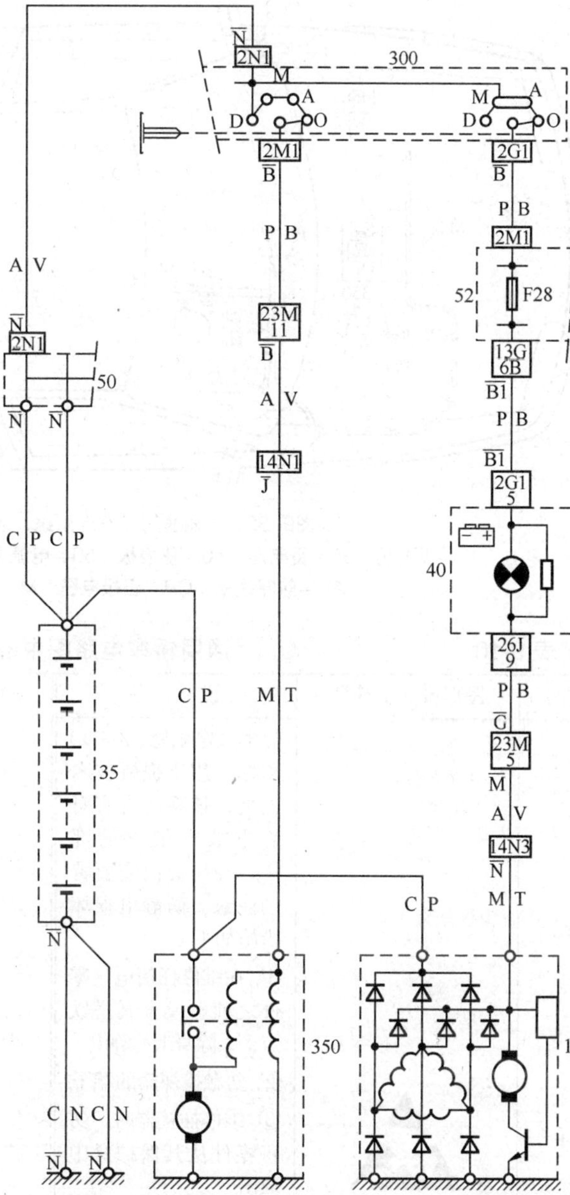

图9-31　爱丽舍轿车充电系统、启动系统电路原理图
15—发电机　35—蓄电池　40—仪表板　50—电源盒
52—驾驶室熔断器盒　300—点火开关　AV—前部线束
CP—正极电缆　MT—发动机线束　PB—仪表板

② 启动系统电路。点火开关打至 D 挡，起动机工作。起动机电磁开关控制电路电流为：蓄电池正极→黑色的蓄电池正极电缆线 CP→黑色 2 脚插接器的 1 号线→点火开关 300→粟色 2 脚插接器 1 号线（点火开关输出端）→粟色 23 脚圆形插接器（第 11 号线）从仪表线束 PB 进入前部线束 AV→黑色 14 脚插接器 1 号线（柠檬黄色）→发动机线束 MT→起动机 350 的吸拉线圈和保持线圈→搭铁→蓄电池负极，形成回路。此时，起动机 350 的电磁开关闭合，起动机的直流电机由蓄电池通过正极电缆线 CP 供电，起动机工作。

3. 通用轿车电路分析

（1）通用轿车电路图中的符号含义

通用轿车电路图中的符号含义见表 9-10。

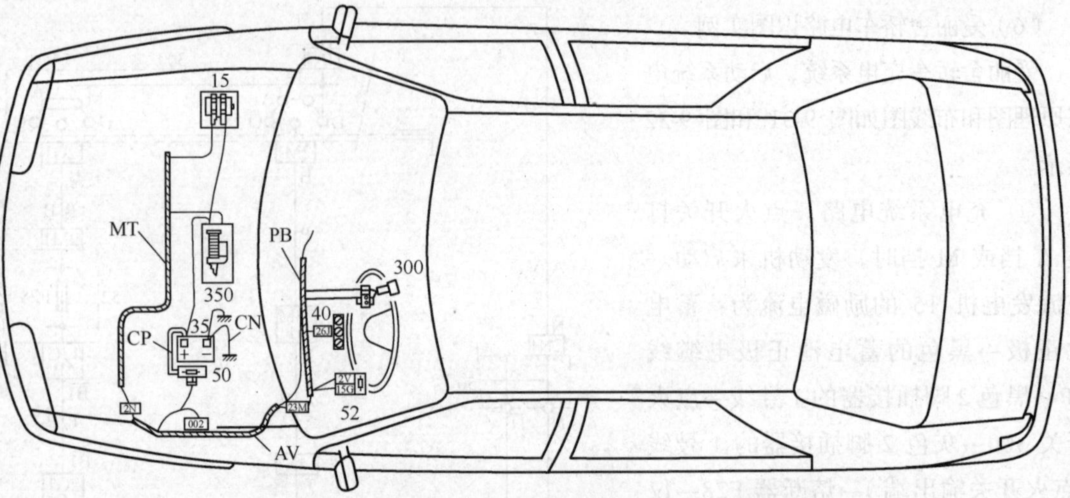

图9-32 爱丽舍轿车充电系统、启动系统电路电气布线图
15—发电机 35—蓄电池 40—仪表板 50—电源盒 52—驾驶室熔断器盒 300—点火开关
AV—前部线束 CP—正极电缆 MT—发动机线束 PB—仪表板

表 9-10 通用轿车电路图中的符号含义

序号	图形或文字符号	说 明	序号	图形或文字符号	说 明
1		静电放电敏感（ESD）图标，用于提醒技术人员，该系统含有对静电放电敏感的部件，在维修前需要特别注意。防静电损坏措施如下 ① 在维修任何电气零件之前触摸金属搭铁点，去除身上的静电 ② 勿触摸裸露的端子 ③ 维修插接器时，勿将零件从其保护盒中取出 ④ 避免采取以下行动（除非诊断步骤中有要求） • 将零部件或插接器跨接或搭铁 • 将测试设备探针与零部件或插接器相连接 ⑤ 打开零部件保护性包装之前将其搭铁	2		辅助充气式保护装置（SRS）安全气囊图标，用于提醒技术人员，该系统含有辅助充气式保护装置（SIS）/辅助充气式保护系统（SRS）安全气囊部件，在维修时需要特别以下几点 ① 在进行任何进一步检查之前要执行 SIR 诊断系统的检查 ② 在进行维修工作前要使安全气囊失效 ③ 在完成维修工作后应使安全气囊系统生效 ④ 在把车辆交给用户前要执行 SIR 的诊断系统检查

续表

序号	图形或文字符号	说　明	序号	图形或文字符号	说　明
3		车载诊断（OBD Ⅱ）图标，用于提醒技术人员，该电路对 OBD Ⅱ排放控制电路的操作十分重要。任一电路如果出现故障将导致故障指示灯（MIL）亮，该电路就属于OBD Ⅱ电路	14	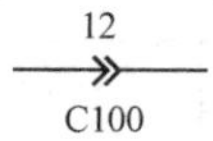	直列线束插接器
4		重要注意事项图标，用于提醒技术人员还有其他附加系统维修的信息	15		接头
5	所有时间热 于运行发热 开始时发热 附件和运行时发热 运行和启动时发热 于运行、灯泡测试和启动时热 驻车或正前方时前照灯开关发热 固定式附件电源（RAP）发热	电压指示器框，示意图上的这些框格用于指示何时熔断器上有电压	16	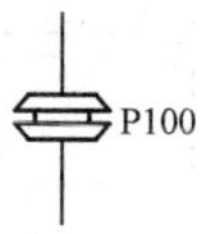	贯穿式密封圈
6		局部部件，当部件采用虚框表示时，部件或导线均未完全表示	17		搭铁
7	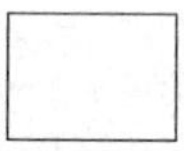	完整部件，当部件采用实框表示时，部件或导线表示完整	18		壳体搭铁
8		熔断器	19	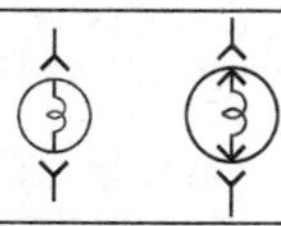	单丝灯泡
9		断路器	20	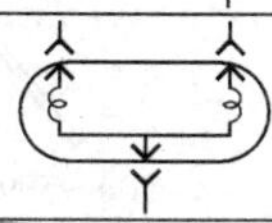	双丝灯泡
10		易熔线	21	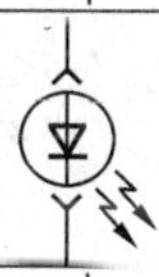	发光二极管
11	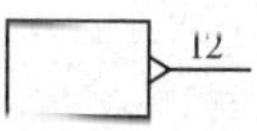	部件上连接的插接器	22		电阻
12	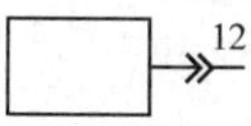	部件引出线上的插接器	23		可变电阻
13	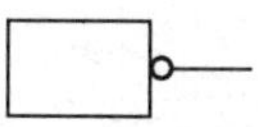	带螺栓或螺钉连接孔的端子	24	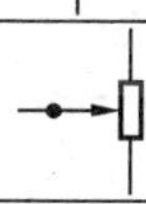	位置传感器

续表

序号	图形或文字符号	说明	序号	图形或文字符号	说明
25	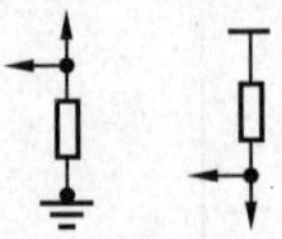	输入/输出电阻	30		天线
26	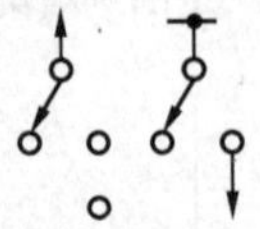	输入/输出开关	31		屏蔽
27		晶体	32	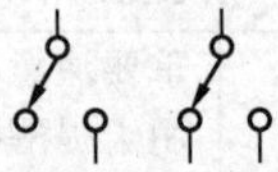	开关
28	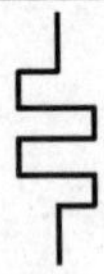	加热电阻丝	33	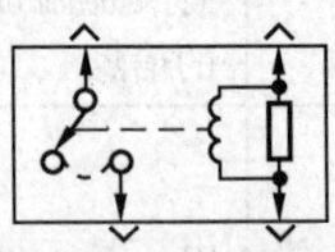	单级单掷继电器
29	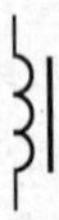	电磁阀	34	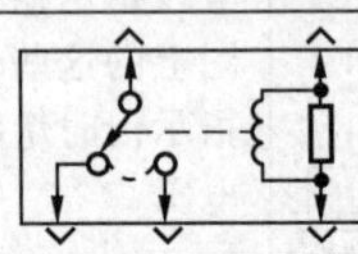	单级双掷继电器

（2）通用轿车车辆位置分区代码

通用轿车电路图上所有的接地、直接连接器、贯穿式密封圈和接头都给定识别代码，并与其在车辆上的位置相对应如图 9-33 所示。车辆位置分区情况见表 9-11。

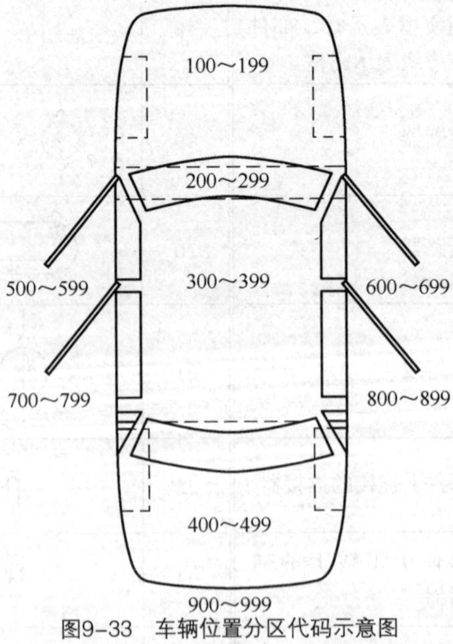

图9-33　车辆位置分区代码示意图

表 9-11　车辆位置分区表

车辆位置分区代码	区位说明
100 ~ 99	发动机舱（全部在仪表板前部） 001 ~ 099 为发动机舱内附加号（仅在使用完所有 100 ~ 199 后使用）
200 ~ 299	位于仪表板区域内
300 ~ 399	乘客室（从仪表板到后车轮罩）
400 ~ 499	行李厢（从后车轮罩到车辆后部）
500 ~ 599	位于左前车门内
600 ~ 699	位于右前车门内
700 ~ 799	位于左后车门内
800 ~ 899	位于右后车门内
900 ~ 999	位于行李箱盖或储物仓盖

（3）通用轿车电路分析范例

以别克君越轿车倒车灯电路如图 9-34 所示为例，说明通用轿车电路图中各部分的含义。

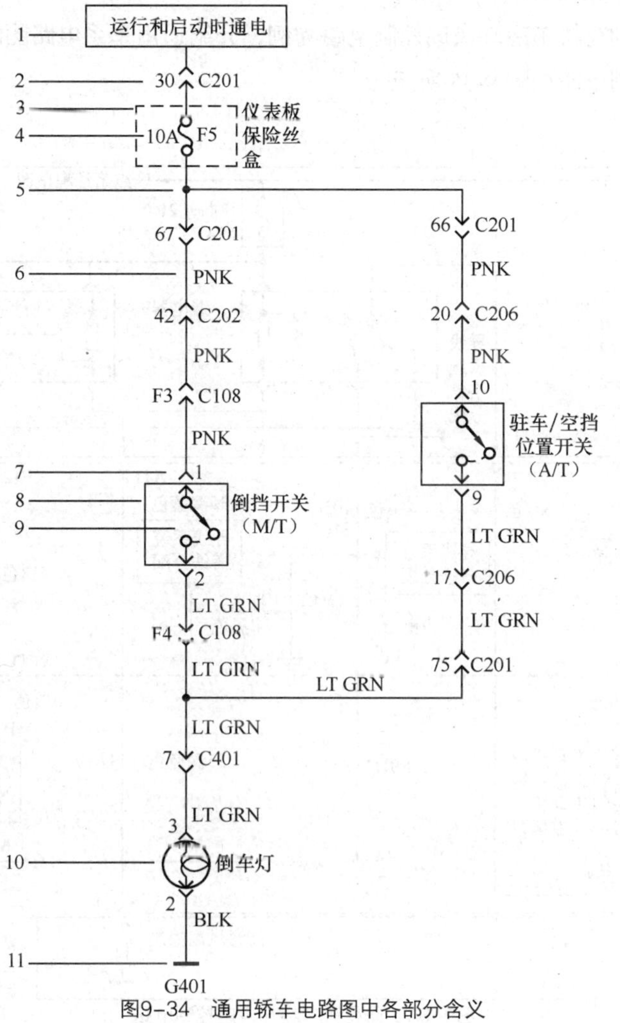

图9-34　通用轿车电路图中各部分含义

1—“运行和启动时通电”表示点火开关处于点火或启动挡时有电，电压为蓄电池工作电压。

2—表示导线由仪表板罩下导线接线盒的 C201 连接插头的 30 号插脚引出，连接插头编号 C201 写在右侧，插脚标号 30 写在左侧。

3—虚线框表示没有完全表示出接线盒所有部分。

4—仪表板保险丝盒中第 5 号，10 A 熔断器。

5—表示接头（铰接点）。

6—表示导线颜色为粉红色。

7—表示电气元件上的插头号。

8—实线框表示完整部件。

9—表示开关。

10—表示倒车灯为单丝灯泡。

11—表示搭铁点，该搭铁点位于车辆行李舱。

（4）通用轿车电路识图实例

下面以上海通用别克轿车冷却风扇控制电路为例，介绍通用车系电路图的分析方法。上海通用别克轿车冷却风扇控制电路如图 9-35 所示。

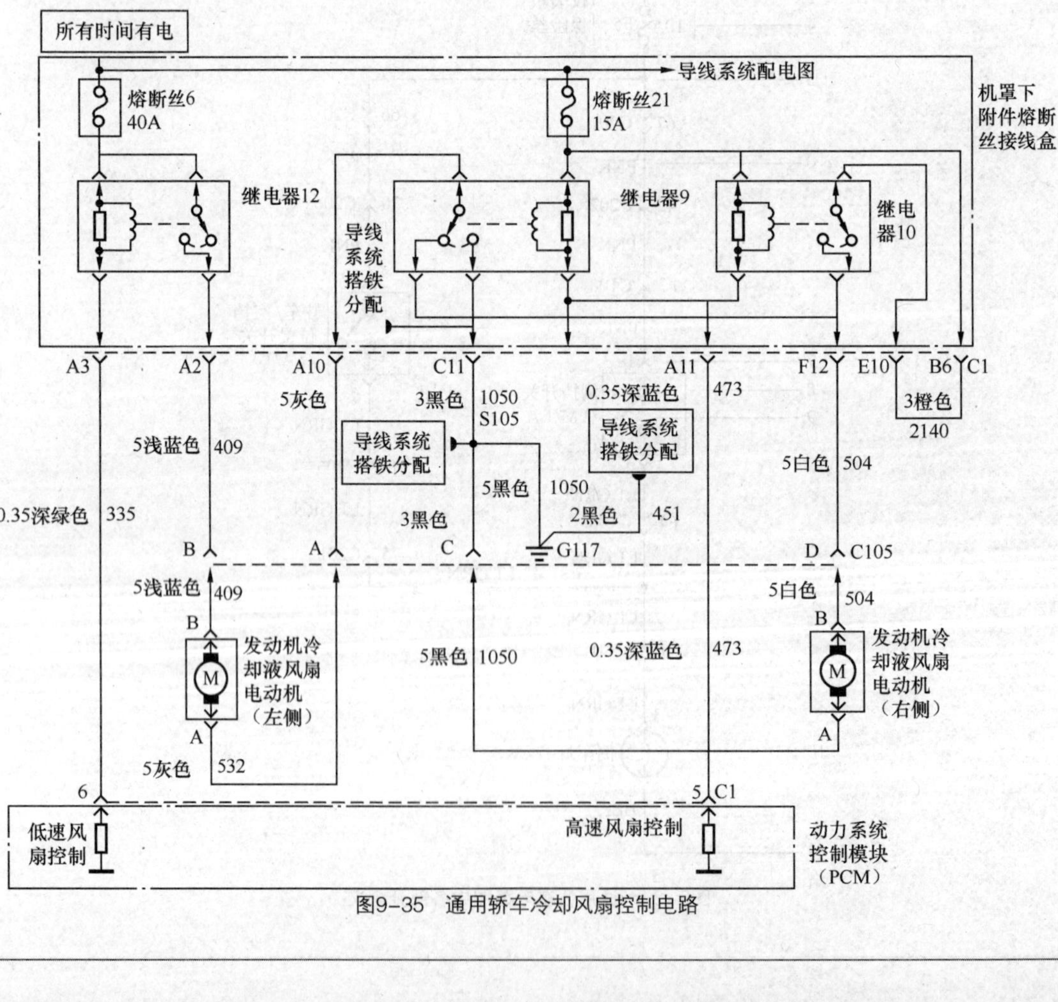

图9-35 通用轿车冷却风扇控制电路

① 冷却风扇低速工作时电路。PCM 控制继电器 12 的电磁线圈通电。其电路为：所有时间有电→熔断器 6→继电器 12→PCM 的低速风扇控制电路搭铁。继电器 12 的线圈中有电流通过，控制继电器 12 的常开触点闭合，向冷却风扇电机供电，此时，由于左侧冷却风扇电机与右侧冷却风扇电机串联，所以风扇低速运转。电流通路为：所有时间有电→熔断器 6→继电器 12→左侧冷却风扇电机→继电器 9 的常闭触点→右侧冷却风扇电机→导线系统搭铁分配器搭铁，形成回路。

② 冷却风扇高速工作时电路。PCM 首先经低速风扇控制电路对继电器 12 提供搭铁路径。经 3 s 延时后，PCM 经高速风扇控制电路为继电器 9 和继电器提供搭铁。左侧风扇电机继续由熔断器 6 提供电流。但熔断器 21 为右侧风扇电机提供电流。各风扇通过不同的路径搭铁。此时风扇高速运行。左侧风扇电机电流通路为：所有时间有电→熔断器 6→继电器 12→左侧冷却风扇电机→继电器 9 常开触点（已闭合）→导线系统搭铁分配器搭铁，形成回路。右侧风扇电机电流通路为：所有时间有电→熔断器 21→继电器 10 的常开触点（已闭合）→右侧冷却风扇电机→导线系统搭铁分配器搭铁，形成回路。

4. 本田轿车电路分析

（1）本田轿车电路图中的符号含义

本田轿车电路图中的符号含义见表 9-12。

表 9-12　本田轿车电路图中的符号含义

序号	图形或文字符号	说　明	序号	图形或文字符号	说　明
1	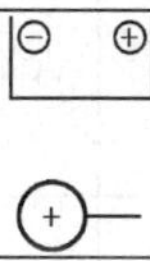	蓄电池	8	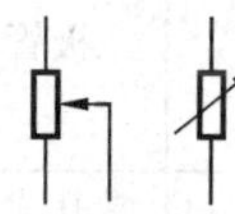	可变电阻
2		搭铁点	9	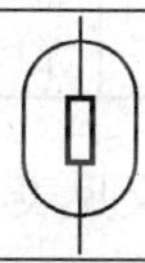	热敏电阻
3		元件外壳搭铁	10	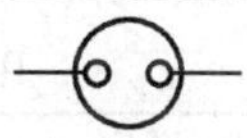	点火开关
4		熔断丝	11		灯泡
5		电磁线圈	12		加热器
6		点烟器	13		电动机
7		电阻	14		泵

续表

序号	图形或文字符号	说　明	序号	图形或文字符号	说　明
15		断电器	22	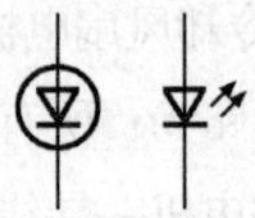	发光二极管
16	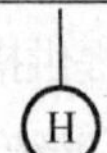	喇叭	23	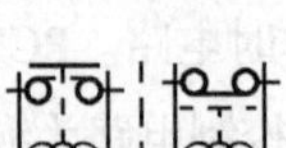	常开式、常闭式继电器
17		二极管	24		电容器
18	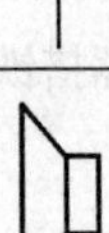	扬声器	25	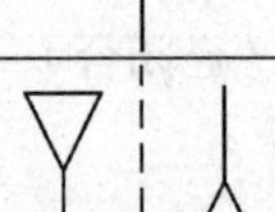	输入、输出
19	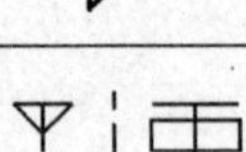	桅杆式、窗式天线	26	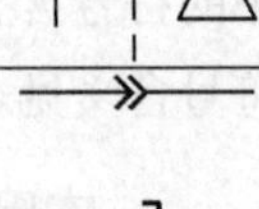	插接器
20	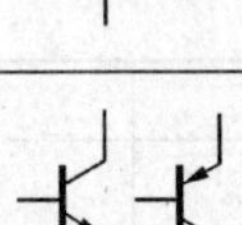	三极管	27	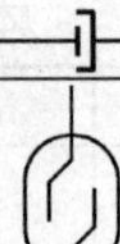	舌簧开关
21	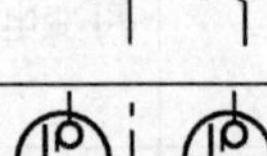	常开式、 常闭式开关			

电路图中其他符号的含义见表9-13。

表9-13　　电路图中其他符号的含义

序号	电 路 符 号	说　明
1. 线路符号		
1	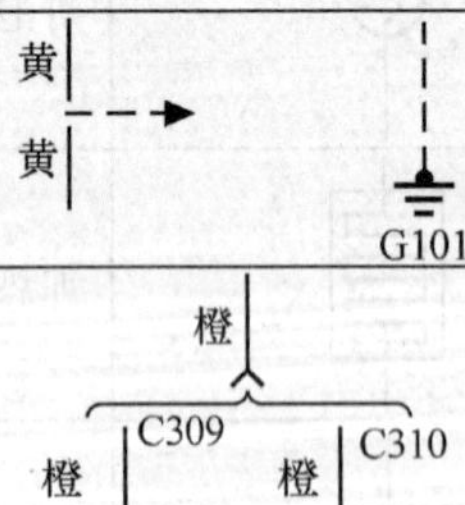	虚线表示图中只显示了部分电路（完整的电路参见箭头所指的系统和元件电路）
2	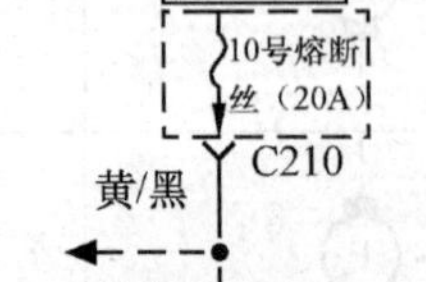	根据不同的车型或选装件来选择不同的线路（左边或右边）
3	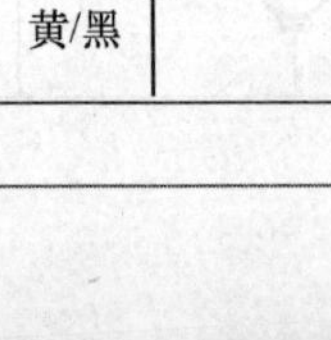	在导线的连接处只标出了线接头，接线的详情参见箭头所指的系统或元件的电路

续表

序号	电路符号	说　明
4	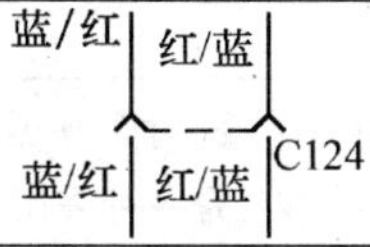	虚线表示蓝/红和红/蓝导线端子均在 C124 接头上
5		线端的波浪表示该导线在下页继续
6	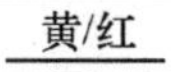	导线的绝缘皮可为单色或 1 种颜色配上不同颜色的条纹
7	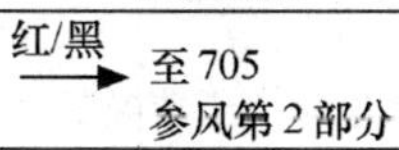	表示导线接至另一侧（箭头表示电流方向）
8	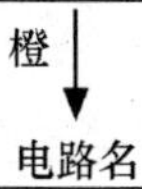	表示导线与另一电路相接
2. 接头、搭铁线连接符号		
1	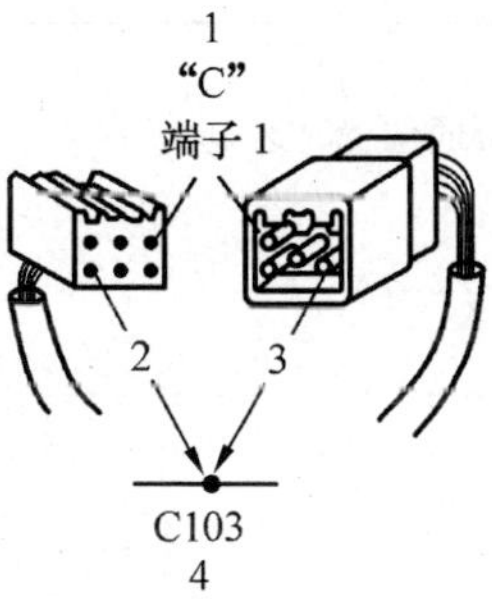	1—表示接头“C” 2—插孔 3—插头 4—每个接头都标有接头号（以字母“C”开头）以备在元件位置索引中查找，从左上开始，对每个接头的插孔和插头进行编号，使对应的插孔和插头号相同。在电路图上，接头端子标在每个端子旁
2		表示接头直接与元件连接
3		表示接头与元件的引线连接
4	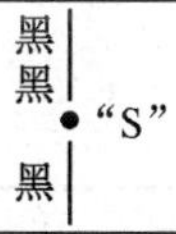	导线连接，线路图上的“S”圆点表示线接头
5	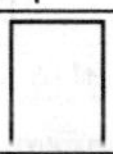	实线表示显示了整个元件
6		虚线表示只显示了元件的一部分
7		元件名称出现在符号的右上角，下面是有关元件功能的说明
8		表示接线端子与汽车的车身连接（每根导线的搭铁都标有以字母“G”开头的搭铁符号，以备在元件位置索引中查找）
9		表示元件的外壳直接与汽车的车身连接搭铁

续表

序号	电路符号	说明
3. 开关、熔断器符号		
1	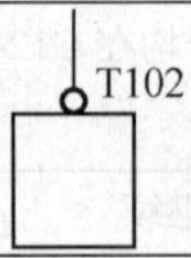	螺纹连接（每个端子都标有以字母“T”开头的端子号，以备在元件位置索引中查找，端子“T”是一种采用螺钉或螺丝连接的接头而不是采用推拉型的插接器连接）
2	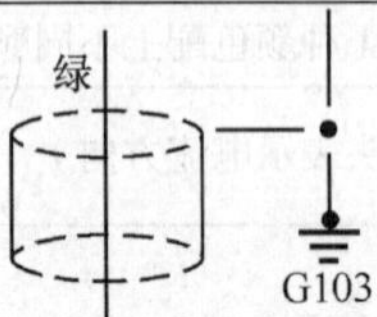	屏蔽（代表导线周围的无线电频率干涉屏蔽，该屏蔽总是搭铁）
3		联动开关（虚线表示开关之间的机械连接）
4	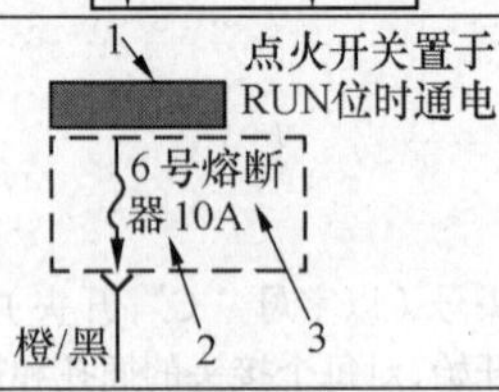	1—表示点火开关处在接通位置时通电 2—熔断器编号 3—熔断器的额定电流
5		二极管
6	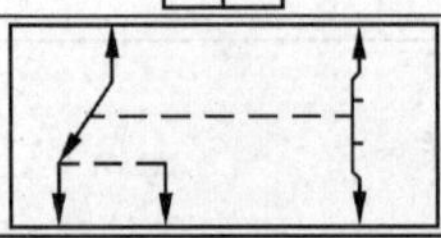	继电器

（2）本田轿车电路导线标注

在电路图中，线路部分都是以粗实线画出，每条导线上都有颜色，有单色线和双色线之分，以英文缩写来表示，对应关系见表9-14。

表9-14　　本田轿车电路导线标注

代号	颜色
BLK	黑色
WHT	白色
RED	红色
YEL	黄色
BLU	蓝色
GRN	绿色
ORN	橙色
PNK	粉红色
BRN	棕色
GRY	灰色
PUR	紫色

续表

代　　号	颜　　色
LT BLU	淡蓝色
LT GRN	淡绿色

如果颜色是双色，则以 2 种颜色英文缩写共同组成，例如"WHT/BLK"，"/"前面的"WHT"指导线颜色的本色或底色，"/"后面的"BLK"指条纹部分为黑色，称为白黑导线。同一电气系统中颜色相同的不同导线用上角标以示区别，如 BLK^2 和 BLK^3 是不同的导线。本田轿车的电路图导线没有标出导线的截面积，根据和导线相连接的熔断丝的通电电流大小判断导线的截面积大小。

（3）本田轿车电路识图范例

本田轿车电路识图范例如图 9-36 所示。

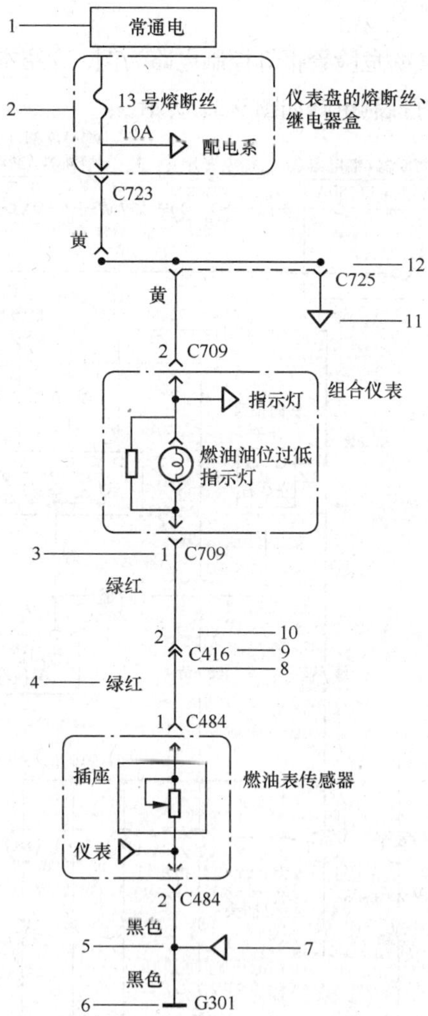

图9-36　本田轿车电路识图范例

1—黑线框内指示电源的通断情况。

2—三角箭头指示该电路将接往的电路。

3—端子编号。

4—导线颜色。

5—分叉电路连接点。

6—搭铁点。

7—此箭头表明与另一电路连接，此处表示电流流入。

8—表示插接器的插头。

9—插接器编号。

10—表示插接器的插座。

11—此箭头表明与另一电路相连，箭头方向表示电流流向。

12—插接器内有 1 根或多根汇流条，每根汇流条与 2 个或更多的端子相连。

（4）本田轿车电路识图实例

下面以本田雅阁轿车转向信号/危险警报灯控制电路为例，介绍本田轿车电路图的分析方法。本田雅阁轿车转向信号/危险警报灯控制电路如图 9-37 所示。

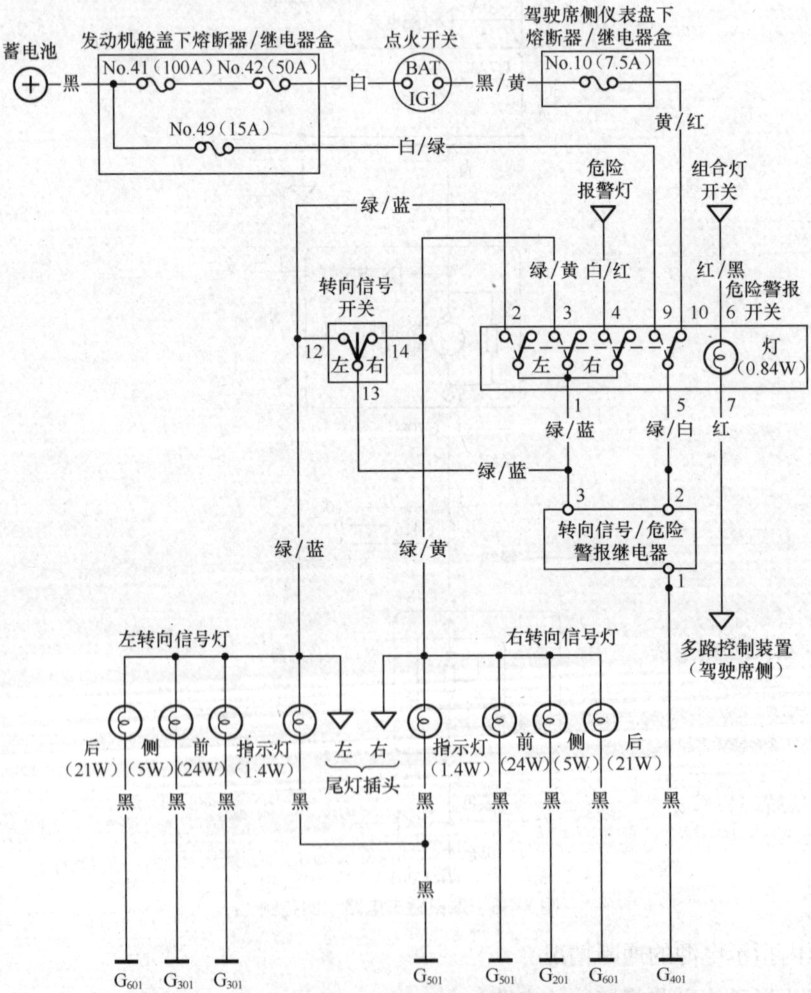

图9-37　广州本田雅阁轿车转向信号/危险警报灯控制电路

① 左转向信号灯电路。如图 9-37 所示，将点火开关打到点火挡，当将转向开关打到左位置时，电路为：蓄电池正极→发动机舱盖下熔断器/继电器盒熔断器 No.41（100 A）→No.42（50 A）→点火开关→驾驶席侧仪表盘下熔断器/继电器盒熔断器 No.10（7.5 A）→危险警报开关（10 号插脚）→危险警报开关（5 号插脚）→转向信号/危险警报继电器（2 号插脚）→转向信号/危险警报继电器（3 号插脚）→转向信号开关（13 号插脚）→转向信号开关（12 号插脚）→左转向指示灯（1.4 W）→G501 搭铁，形成回路，左转向指示灯（1.4 W）点亮。

同时，蓄电池正极→发动机舱盖下熔断器/继电器盒熔断器 No.41（100 A）→No.42（50 A）→点火开关→驾驶席侧仪表盘下熔断器/继电器盒熔断器 No.10（7.5 A）→危险警报开关（10 号插脚）→危险警报开关（5 号插脚）→转向信号/危险警报继电器（2 号插脚）→转向信号/危险警报继电器（3 号插脚）→转向信号开关（13 号插脚）→转向信号开关（12 号插脚）→左转向信号灯（左前（24 W）、左侧（5 W）、左后（21 W））→分别通过（G301、G301、G601）搭铁，形成回路，左前转向信号灯（24 W）、左侧转向信号灯（5 W）和左后转向信号灯（21 W）均点亮。

② 右转向信号灯电路。如图 9-37 所示，将点火开关打到点火挡，当将转向开关打到右位置时，电路为：蓄电池正极→发动机舱盖下熔断器/继电器盒熔断器 No.41（100 A）→No.42（50 A）→点火开关→驾驶席侧仪表盘下熔断器/继电器盒熔断器 No.10（7.5 A）→危险警报开关（10 号插脚）→危险警报开关（5 号插脚）→转向信号/危险警报继电器（2 号插脚）→转向信号/危险警报继电器（3 号插脚）→转向信号开关（13 号插脚）→转向信号开关（14 号插脚）→右转向指示灯（1.4 W）→G501 搭铁，形成回路，右转向指示灯（1.4 W）点亮。

同时，蓄电池正极→发动机舱盖下熔断器/继电器盒熔断器 No.41（100 A）→No.42（50 A）→点火开关→驾驶席侧仪表盘下熔断器/继电器盒熔断器 No.10（7.5 A）→危险警报开关（10 号插脚）→危险警报开关（5 号插脚）→转向信号/危险警报继电器（2 号插脚）→转向信号/危险警报继电器（3 号插脚）→转向信号开关（13 号插脚）→转向信号开关（14 号插脚）→右转向信号灯（右前（24 W）、右侧（5 W）、右后（21 W））→分别通过（G201、G201、G601）搭铁，形成回路，右前转向信号灯（24 W）、右侧转向信号灯（5 W）和右后转向信号灯（21 W）均点亮。

③ 危险警报信号电路。如图 9-37 所示，当按下危险警报开关时，接通危险报警电路。电路为：蓄电池正极→发动机舱盖下熔断器/继电器盒熔断器 No.49（15 A）→危险警报开关（9 号插脚）→危险警报开关（5 号插脚）→转向信号/危险警报继电器（2 号插脚）→转向信号/危险警报继电器（3 号插脚）→危险警报开关（1 号插脚）→危险警报开关（2、3、4 号插脚），同时将左、右转向信号灯及指示灯和危险报警灯点亮，发出警报信号，警示其他车辆和行人。

（二）汽车电路检修常识

1．汽车电路故障诊断与检修流程

汽车电路故障诊断与检修通常有以下几个步骤，其流程如图 9-38 所示。

（1）听取客户陈述故障现象

详细了解故障现象及发生故障时的情况及环境，包括以下信息：车型、气候条件、路况系统症状、操作条件、维修保养情况及购车后是否加装其他附件等。

（2）确认故障症状

运转系统，必要时进行路试。查看客户所反映的情况是否属实，同时注意观察运行后的种种现象。如不能再现故障，可进行故障模拟试验。

（3）识读系统电路，分析相关电路原理

仔细阅读该车型电路及相关资料，拆画与故障现象相关的系统电路，弄清电路的工作原理及系统工作电流走向，对系统电路进行关联性分析以缩小故障诊断范围。

（4）分析故障原因

详细分析造成该故障现象的可能原因，根据理论分析和工作经验对故障现象可能原因遵循由易到难进行排查。

（5）具体诊断、修复电路

选择合适的诊断检测设备及工具确诊故障点并修复。

（6）验证电路是否恢复正常

对电路进行系统检修之后，在所有模式下运转系统，确认系统在所有工况下运转正常，确认在诊断和修理过程中没有造成新的故障。

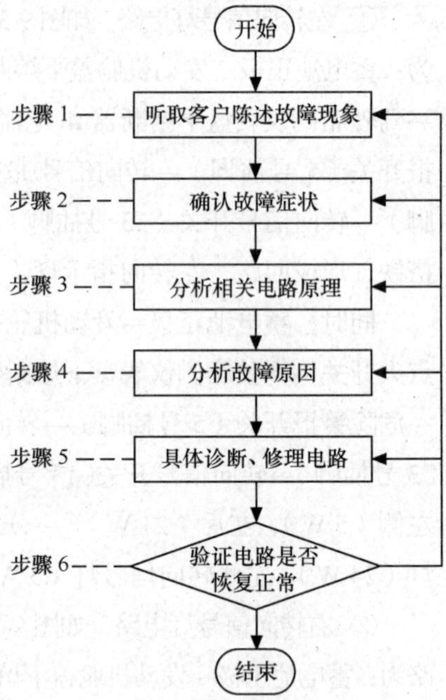

图9-38　汽车电路故障诊断流程

2. 汽车电路故障检修注意事项

汽车电气系统检修的首要原则是不要随意更换导线、电气设备和换接线路，这些操作可能会损坏汽车或因短路、过载而引起火灾。同时，应注意以下事项。

① 拆卸蓄电池时，应首先拆下蓄电池负极电缆，安装蓄电池时，最后连接蓄电池负极电缆。拆卸或安装蓄电池电缆时，应确保点火开关或其他开关都已关闭，否则可能会导致半导体元器件的损坏。切勿将蓄电池极性接反。

② 为避免电流过载损坏晶体三极管，应使用欧姆表及万用表的R × 100以下低阻欧姆挡进行检测。

③ 拆卸及安装元件时，应切断电源。如无特殊说明，元件引脚距焊点应在10 mm以上，以免电烙铁烫坏元件，且宜使用恒温或功率小于75 W的电烙铁。

④ 更换烧坏的熔断器时，应使用相同规格的熔断器。使用比规定容量大的熔断器会导致电气设备的损坏或引发火灾。

⑤ 靠近振动部件（如发动机）的线束应用卡子固定，将松弛部分拉紧，以免由于振动造成线束与其他部件接触。

⑥ 电气设备应轻拿轻放，以避免过大的冲击载荷造成电气设备的损坏。

⑦ 与尖锐边缘摩擦的线束部分应使用胶带缠绕，以免损坏。安装固定装置时，应确保线束不被夹住或损坏，同时应确保插接件连接牢固。

⑧ 进行维护保养时，若温度超过80℃（如进行焊接时），应先拆下对温度敏感的元件（如ECU）。

⑨ 通导性测试笔不能接在一个带电的电路中，否则，测试笔中的灯泡会被烧坏。

⑩ 要定期用欧姆表对跨接导线本身进行通导性的测试。导线自身接头产生的电阻将影响故障诊断的正确性。

⑪ 熔断器熔断后，必须真正找到故障原因，彻底排除故障。一定不要使用更高额定值的熔断器进行更换。一定要参阅维修手册或用户手册，以确认更换的电路保护装置符合规定。

⑫ 绝对不允许换用比规定容量大的易熔线。易熔线熔断，可能是主要电路发生短路，因此需要仔细检查，彻底排除隐患。不能和其他导线绞合在一起。

小结

① 汽车电路图全面地反映了汽车电路的原理、连接关系和位置等信息，是现代汽车维修不可缺少的维修技术资料，为维修技术人员提供了当汽车电气系统出现故障时如何进行故障诊断的逻辑诊断思路，对汽车电路图的正确识读是维修技术人员进行电气系统故障诊断与排除的一项基本技能。

② 汽车电路图种类繁多，自成体系，都有各自的规范，给维修技术人员正确的电路识图带来了一定的难度和挑战。但是，只要掌握了汽车电路识图的规律，并选择一些典型的汽车全车电路进行全面深入的分析，便可做到举一反三，全面掌握汽车电路识图的基本技能。

③ 通过对汽车电路图的种类及各种电路图的特点及识图要领进行了全面的概括，选取了解放CA1092汽车的全车电路作为范本，并对其各电气系统的电路组成及电流走向进行了详细的分析。

④ 对一些典型车系统的电路识图方法进行了概括。

习题及思考题

① 电路原理图的识读要点有哪些？

② 线路图的识读要点有哪些？

③ 线束图的识读要点有哪些？

④ 如何进行汽车电路故障的诊断与检修？

⑤ 汽车电路故障检修注意事项有哪些？